突发事件应对法
重点解读与实务指引

主 编：任佳慧 崔俊杰
副主编：钱 方 任 娜 郑澎旭 施乃溪 吴孟旭 翁 飞

中国法治出版社
CHINA LEGAL PUBLISHING HOUSE

主　编

任佳慧，北京端和律师事务所高级合伙人，北京市律师协会行政复议法专业委员会主任，全国律协法律顾问专业委员会委员。担任多家行政机关常年及专项法律顾问，承办行政复议及行政诉讼案件五千余起，审查行政规范性文件三千余件，在行政法相关法律服务业务领域积累了丰富的全流程行政机关法律顾问实践经验。

崔俊杰，首都师范大学政法学院副教授，法学博士，中国法学会行政法学研究会理事。曾主持北京市社会科学基金、司法部国家法治和法学理论研究课题、中国法学会部级研究课题等多项省部级课题，参与《建设工程抗震管理条例》《北京市安全生产条例》等立法工作，在《中国行政管理》《法学》《行政法学研究》等刊物发表学术论文数十篇。

副 主 编

钱方，北京市应急指挥保障中心应急工程副高级工程师。长期从事应急管理法治工作，承担了《北京市安全生产条例》《北京市生产经营单位安全生产主体责任规定》等法规规章的制修订工作，深度参与了北京市应急救援队伍建设地方标准编制工作，并实际参与了市级应急指挥场所突发事件指挥保障等工作，有丰富的理论基础和实践经验。

任娜，北京市应急管理局法制处干部，参与了《北京市安全生产条例》等法规规章的制定及修订工作，长期从事北京市应急管理重要文件的合法性审核、地方标准管理工作，参与本市应急管理系统多项重要文件、地方标准起草和审核工作，有丰富的应急管理法学理论和实践工作经验，入选北京市法学会"百名法学青年英才"培养计划。

郑澎旭，中国兵器工业集团有限公司振华石油控股有限公司储运业务部工程经理，负责国家级原油仓储库工程建设、安全管理工作。负责工程建设全过程监督管理，以及原油仓储库安全风险管控，监督指导项目单位编制完善专项突发事件应急应对工作方案，协调组织大型央企在建油库应急演练预案等处突工作。

施乃溪，北京市应急管理科学技术研究院干部，应急工程专业工程师。长期从事应急管理辅助决策、韧性城市建设、安全生产考试等领域研究工作。参与北京市应急管理局科技攻关项目"北京市韧性评价标准验证和社区韧性压力测试"的研究以及北京市地方标准《城市韧性评价导则》编制。

吴孟旭，北京市森林消防综合救援总队干部，应急工程专业工程师。长期从事突发事件应对指挥调度处置、应急值守、信息化保障等相关工作。参与应急值守体系建设以及京津冀三地协调联动相关工作。

翁飞，北京大成律师事务所合伙人律师，法学硕士。兼任第十二届北京市律师协会行政复议法专业委员会副秘书长、第四届北京市朝阳区律师协会行业规则工作委员会副主任、北京市朝阳区人民法院执行局调解员、北京市多元调解发展促进会调解员。

目　　录

第一章　总　　则 ·· 001
第 一 条　【立法目的和根据】 ································ 001
第 二 条　【概念、调整范围和适用规则】 ················ 006
第 三 条　【突发事件分级标准】 ······························ 010
第 四 条　【指导思想和治理体系】 ·························· 020
第 五 条　【工作原则和理念】 ································· 026
第 六 条　【社会动员机制】 ····································· 032
第 七 条　【信息发布】 ·· 035
第 八 条　【新闻报道和宣传】 ································· 038
第 九 条　【投诉与举报】 ··· 042
第 十 条　【比例原则】 ·· 044
第十一条　【特殊群体保护】 ····································· 047
第十二条　【财产征用】 ··· 048
第十三条　【时效和程序中止】 ································· 052
第十四条　【国际合作与交流】 ································· 055
第十五条　【表彰和奖励】 ·· 057

第二章　管理与指挥体制 ······································ 062
第十六条　【管理体制和工作体系】 ·························· 062
第十七条　【分级负责、属地管理和报告机制】 ········ 065
第十八条　【协调配合与协同应对】 ·························· 069

第十九条　【行政领导机关和应急指挥机构】 …………… 072
第二十条　【应急指挥机构职责权限】 ………………… 076
第二十一条　【部门职责】 ………………………………… 080
第二十二条　【基层职责】 ………………………………… 084
第二十三条　【公民、法人和其他组织义务】 …………… 087
第二十四条　【解放军、武警部队和民兵组织参与】 …… 090
第二十五条　【本级人大监督】 …………………………… 093

第三章　预防与应急准备 ……………………………………… 097
第二十六条　【应急预案体系】 …………………………… 097
第二十七条　【应急预案衔接】 …………………………… 101
第二十八条　【应急预案制定依据与内容】 ……………… 103
第二十九条　【应急体系建设规划】 ……………………… 109
第三十条　【国土空间规划等考虑预防和处置突发事件】 …… 112
第三十一条　【应急避难场所标准体系】 ………………… 116
第三十二条　【突发事件风险评估体系】 ………………… 120
第三十三条　【安全防范措施】 …………………………… 125
第三十四条　【及时调处矛盾纠纷】 ……………………… 131
第三十五条　【安全管理制度】 …………………………… 135
第三十六条　【矿山和危险物品单位预防义务】 ………… 139
第三十七条　【人员密集场所经营单位或者管理单位的预防义务】 …… 143
第三十八条　【应对管理培训制度】 ……………………… 147
第三十九条　【应急救援队伍】 …………………………… 150
第四十条　【应急救援人员人身保险和资格要求】 ……… 157
第四十一条　【解放军、武警和民兵专门训练】 ………… 160
第四十二条　【应急知识宣传普及和应急演练】 ………… 165
第四十三条　【学校的应急教育和演练义务】 …………… 169

第四十四条	【经费保障】	173
第四十五条	【应急物资储备保障制度和目录】	176
第四十六条	【应急救援物资、装备等生产、供应和储备】	182
第四十七条	【应急运输保障】	188
第四十八条	【能源应急保障】	190
第四十九条	【应急通信和广播保障】	193
第 五 十 条	【卫生应急体系】	197
第五十一条	【急救医疗服务网络建设】	200
第五十二条	【鼓励社会力量支持】	203
第五十三条	【紧急救援、人道救助和应急慈善】	206
第五十四条	【救援资金和物资管理】	210
第五十五条	【巨灾风险保险体系】	214
第五十六条	【技术应用、人才培养和研究开发】	218
第五十七条	【专家咨询论证制度】	224

第四章 监测与预警 228

第五十八条	【突发事件监测制度】	228
第五十九条	【突发事件信息系统】	231
第 六 十 条	【突发事件信息收集制度】	234
第六十一条	【突发事件信息报告制度】	237
第六十二条	【突发事件信息评估制度】	240
第六十三条	【突发事件预警制度】	242
第六十四条	【预警信息发布、报告和通报】	244
第六十五条	【预警信息发布】	247
第六十六条	【三级、四级预警措施】	249
第六十七条	【一级、二级预警措施】	252
第六十八条	【预警期保障措施】	258
第六十九条	【社会安全事件信息报告制度】	260

第七十条　【预警调整和解除】 …………………………………… 261

第五章　应急处置与救援 …………………………………………… 264

第七十一条　【应急响应制度】 ………………………………… 264
第七十二条　【应急处置机制】 ………………………………… 267
第七十三条　【自然灾害、事故灾难和公共卫生事件应急
　　　　　　　处置措施】 ………………………………………… 271
第七十四条　【社会安全事件应急处置措施】 ………………… 276
第七十五条　【严重影响国民经济运行的突发事件应急
　　　　　　　处置机制】 ………………………………………… 279
第七十六条　【应急协作机制和救援帮扶制度】 ……………… 280
第七十七条　【群众性基层自治组织组织自救与互助】 …… 283
第七十八条　【突发事件有关单位的应急职责】 ……………… 285
第七十九条　【突发事件发生地的公民应当履行的义务】 … 287
第 八 十 条　【城乡社区组织应急工作机制】 ………………… 289
第八十一条　【心理援助工作】 ………………………………… 291
第八十二条　【遗体处置及遗物保管】 ………………………… 294
第八十三条　【政府及部门信息收集与个人信息保护】 …… 296
第八十四条　【有关单位、个人获取信息及使用限制】 …… 299
第八十五条　【信息用途、销毁和处理】 ……………………… 301

第六章　事后恢复与重建 …………………………………………… 303

第八十六条　【应急响应解除】 ………………………………… 303
第八十七条　【影响、损失评估与恢复重建】 ………………… 307
第八十八条　【支援恢复重建】 ………………………………… 314
第八十九条　【扶持优惠和善后工作】 ………………………… 317
第 九 十 条　【公民参与应急的保障】 ………………………… 322
第九十一条　【伤亡人员保障】 ………………………………… 324

第九十二条　【突发事件调查、应急处置总结】…… 327
第九十三条　【资金和物资审计监督】…… 331
第九十四条　【应对工作档案管理】…… 334

第七章　法律责任 …… 338

第九十五条　【地方政府、有关部门及其人员不依法
　　　　　　履责的法律责任】…… 338
第九十六条　【突发事件发生地的单位不履行法定义务的
　　　　　　法律责任】…… 343
第九十七条　【编造、传播虚假信息的法律责任】…… 349
第九十八条　【单位和个人不服从、不配合的法律责任】… 353
第九十九条　【单位和个人违反个人信息保护规定的
　　　　　　法律责任】…… 356
第 一 百 条　【民事责任】…… 360
第一百零一条　【紧急避险】…… 365
第一百零二条　【治安管理处罚和刑事责任】…… 369

第八章　附　则 …… 374

第一百零三条　【紧急状态】…… 374
第一百零四条　【域外突发事件应对】…… 376
第一百零五条　【境内的外国人、无国籍人义务】…… 379
第一百零六条　【施行日期】…… 381

《中华人民共和国突发事件应对法》修改前后对照表 …… 382

第一章 总 则

第一条 【立法目的和根据】 为了预防和减少突发事件的发生，控制、减轻和消除突发事件引起的严重社会危害，提高突发事件预防和应对能力，规范突发事件应对活动，保护人民生命财产安全，维护国家安全、公共安全、生态环境安全和社会秩序，根据宪法，制定本法。

【条文主旨】

本条是关于立法目的和根据的规定。

【条文解读】

《中华人民共和国突发事件应对法》（以下简称《突发事件应对法》）作为我国公共应急法律制度之基本，其立法目的表明在制定突发事件应对法律制度时所追求的目标与宗旨，并以此为基本导向，确保其能够满足社会需要，解决突发事件所带来的一系列社会问题，保障与促进整体社会利益。自2007年《突发事件应对法》颁布施行以来，其对于预防和减少突发事件的发生，控制、减轻和消除突发事件引起的严重社会危害，规范突发事件应对活动，保护人民生命财产安全，维护国家安全、公共安全、生态环境安全和社会秩序发挥了重要作用。以《突发事件应对法》等为骨干建立起来的应急法制和各级各类应急预案体系为我国应急体系建设奠定了重要制度基础。党的十八大以来，我国进一步改革完善了应急管理体制，组建了应急管理部，应急管理体系不断健全，应急响应、应急协作等机制相继建立。但随着社会的发展，突发事件应对工作面临着新形势新任务，突发事件应对能力有待进一步加强。

《"十四五"国家应急体系规划》明确了我国近期和中长期应急体系建设的目标。到2025年，形成统一指挥、专常兼备、反应灵敏、上下联动的中国特色应急管理体制，建成统一领导、权责一致、权威高效的国家应急能力体系，全社会防范和应对处置灾害事故能力显著增强。到2035年，建立与基本实现现代化相适应的中国特色大国应急体系，全面实现依法应急、科学应急、智慧应急，形成共建共治共享的应急管理新格局。党的二十大报告提出，坚持安全第一、预防为主，建立大安全大应急框架，完善公共安全体系，推动公共安全治理模式向事前预防转型。党的二十届三中全会就进一步全面深化改革，完善公共安全治理机制作出部署，要求健全重大突发公共事件处置保障体系，完善大安全大应急框架下应急指挥机制，强化基层应急基础和力量，提高防灾减灾救灾能力。习近平总书记强调，我们要打赢防范化解重大风险攻坚战，必须坚持和完善中国特色社会主义制度、推进国家治理体系和治理能力现代化，运用制度威力应对风险挑战的冲击。[1]因此，立足于实现中国特色大国应急体系建设的法治化宏伟目标，为实现中国式现代化、在法治轨道上建设社会主义现代化国家提供保障，有必要完善突发事件应对的法治保障。修改《突发事件应对法》就是题中之义。

《突发事件应对法》的修订坚持实践导向、问题导向，从而就立法目的的表述进行了适度的完善，增设了"提高突发事件预防和应

---

[1] 习近平：《关于〈中共中央关于坚持和完善中国特色社会主义制度 推进国家治理体系和治理能力现代化若干重大问题的决定〉的说明》，载《人民日报》2019年11月6日，第4版。

能力"这一立法目标。同时,将"环境安全"变为"生态环境安全",与其他法律表述相协调。新的立法目的,以适应突发事件应对管理工作中出现的新形势,进一步明确未来突发事件应对工作的功能定位与任务需要。

"预防和减少突发事件的发生"是指在突发事件发生之前,有关行政机关在形势相对不确定的情形下,遵循法律法规所形成的规范化应对方案,提前采取应对措施,减少突发事件的发生,降低突发事件发生所引起的危害,形成一种居安思危、防风险、"治未病"、早干预的法律导向。

"控制、减轻和消除突发事件引起的严重社会危害"是指在突发事件已经发生后,突发事件必然会引起严重的社会危害,所以必须通过有效的应对措施控制其影响,减轻其对社会的危害,并尽可能消除其后果,使社会从应急状态逐步恢复到稳定状态。

"提高突发事件预防和应对能力"作为新增立法目的,是系统总结应对突发事件实践经验后形成的新认识,即只有与时俱进地加强突发事件预防和应对能力建设,才能充分发挥突发事件应急制度的效能,提高突发事件应对工作水平。

"规范突发事件应对活动"是指突发事件的预防与应急准备、监测与预警、应急处置与救援、事后恢复与重建等应对活动必须要做到规范化、制度化、法治化,充分发挥突发事件相关规定对应对活动的规范与保障作用。

"保护人民生命财产安全"是指对突发事件的治理要时刻以人民为中心,切实保障人民的生命财产安全不受突发事件的损害,最大限度地减少突发事件造成人员伤亡的危害后果。

"维护国家安全、公共安全、生态环境安全和社会秩序"是指突发事件应对法律规范要发挥对国家安全、公共安全、生态环境安全和社会秩序的作用,是总体国家安全观的重要体现。维护国家安全,就是保障国家的政治稳定、经济独立、社会秩序、文化传承等方面不受突发事件的威胁；维护公共安全，就是降低突发事件对社会与公民个人从事一定活动所需要的外部环境与秩序的影响；维护生态环境安全，则是强调对自然环境和生态系统的完整性和可持续性的保护；维护社会秩序，则是强调在突发事件发生后，保障社会的有序性，减少社会矛盾的发生，促进社会公正和谐。

此外，条文新增"根据宪法，制定本法"，明确了宪法是本法的立法根据，使得本法的合宪性、合法性和正当性得以凸显，确定了本法是规范和保障各类突发事件应对活动的基础性与综合性的基本法律地位。

【实务指引】

在本次《突发事件应对法》修订以后，"预防和减少突发事件的发生"以及"提高突发事件预防和应对能力"等立法目的均明确指向预防性的突发事件治理，这既是对新时代治理需求的提炼，也是对提升治理的要求，需要在实践中予以系统把握。

保障安全，始终是政府对公民最重要的承诺。对威胁生命、健康、财产的因素予以排除也是政府的基本任务，这在强调以人民为中心的社会主义国家更是如此。但是早期的政府不过多参与社会生活的塑造过程，行政权力也大多局限于事件发生后的应对。不过，如果政府根据对危险状态的掌握和分析诊断，以相关事实的认定、客观经验以及事理法则为基础，通过对预测性因果关系的考察，认定损害的发生存在高度盖然性时，是可以事先采取行动以防止危害发生的，亦即危险防卫的观念。但是为了防止权力滥用，法律仍然要求有充分的根据，遵循必要的行政程序方能采取行动。

不过，科技的迅猛发展极大地改变了人类的生活，但由于认知上的局限性，这种改变是否会给我们带来意想不到的伤害，很多时候难以得到盖然性的回答。此时，在并不存在明显且现实的危险但又无法排除危害可能性的情况下，政府是否应当干预、如何干预，对决策者而言是一个非常严峻的考验。因此，以"危险"的确信作为政府干预的起点，有可能过度束缚政府的行为，无法有效维护公共安全。就目前而言，诸如《安全生产法》等保障社会公共安全的立法已经明确风险分级管控与隐患排查治理双重治理机制。此处的隐患，就是危险的范畴。这意味着法律制度需要就风险社会作出回应，即将政府干预的界限适度前置于危险前端的风险。因此，对《突发事件应对法》中预防的理解，即需适配风险社会条件下社会主义现代化国家建设的现实需求，穿透于盖然性确定的危险之外，引入风险概念，并提前政府干预的界限，将之作为政府权力发动的原因，使得突发事件应对的国家安全任务从消极的危险防卫，转变为更为积极的风险预防。当然，从规范政府权力行使，保障公民、法人、其他组织合法权益的法治政府建设要求出发，对于风险，政府可以干预，但是这种干预是相对的，必须考虑干预技术是否有可能性，干预手段与所欲达到的目的之间的衡量是否合乎比例原则的要求，以及干预的程序是否正当等。

【关联规范】

《中华人民共和国防洪法》（2016年修正）

第一条　为了防治洪水，防御、减轻洪涝灾害，维护人民的生命和财产安全，保障社会主义现代化建设顺利进行，制定本法。

《中华人民共和国防震减灾法》（2008年修订）

第一条　为了防御和减轻地震灾害，保护人民生命和财产安全，促进经济社会的可持续发展，制定本法。

第三条　防震减灾工作，实行预防为主、防御与救助相结合的方针。

《中华人民共和国安全生产法》（2021年修正）

第一条　为了加强安全生产工作，防止和减少生产安全事故，保障人民群众生命和财产安全，促进经济社会持续健康发展，制定本法。

第二条 【概念、调整范围和适用规则】本法所称突发事件，是指突然发生，造成或者可能造成严重社会危害，需要采取应急处置措施予以应对的自然灾害、事故灾难、公共卫生事件和社会安全事件。

突发事件的预防与应急准备、监测与预警、应急处置与救援、事后恢复与重建等应对活动，适用本法。

《中华人民共和国传染病防治法》等有关法律对突发公共卫生事件应对作出规定的，适用其规定。有关法律没有规定的，适用本法。

【条文主旨】

本条文是关于突发事件的概念、本法的调整范围以及本法的适用规则的规定。

【条文解读】

本条第一款是解释性条款，对突发事件基本性质与基本类型作出明确规定。突发事件，是指突然发生，造成或者可能造成严重社会危害，需要采取应急处置措施予以应对的自然灾害、事故灾难、公共卫生事件和社会安全事件。突发事件具有突然发生性、严重社会危害性与措施采取必要性等三项基本性质。依据社会危害程度的不同，可将应急领域分为低危险性的突发情况、突发事件（四级）、高危险性的紧急状态。突发事件与紧急状态的应对工作都在本法予以规定。而突发情况则需要有责行政机关参照《突发事件应对法》的基本工作原则、工作理念予以应对，分级分类进行预防与管理。

突发事件依据发生的原因与过程、性质与机理可分为自然灾害、事故灾难、公共卫生事件和社会安全事件四种基本类型。

1. 自然灾害，是指突然发生，由自然因素引起的社会危害事件，主要包括水旱灾害、气象灾害、地震灾害、地质灾害、海洋灾害、生物灾害和森林草原火灾等。

2. 事故灾难，是指在人民生产活动过程中，突然发生的由人为引发且严重违反事故人意志的，具有严重社会危害后果的事件，主要包括工矿商贸等企业的各类安全事故、交通运输事故、公共设施和设备事故、环境污染和生态破坏事件等。

3. 公共卫生事件，是指突然发生，造成或者可能造成社会公众健康严重损害的事件，主要包括传染病疫情、群体性不明原因疾病、食品安全和职业危害、动物疫情，以及其他严重影响公众健康和生命安全的事件。

4. 社会安全事件，是指突然发生，由行为人故意引发的，造成或可能造成社会秩序严重损害的事件，主要包括恐怖袭击事件、刑事案件、群体性事件等。

本条第二款将在应对突发事件的事前、事中、事后全过程中所形成的全部法律关系作为本法的调整对象，同时梳理了突发事件应对活动的整体脉络，包括预防与应急准备、监测与预警、应急处置与救援、事后恢复与重建等应对活动。

此外，为了处理好本法与有关法律的适用和衔接问题，防止出现法律适用不明确的问题，增设法律适用规则之具体规定。本法作为突发事件应对活动的一般法，有很多差异化的下位概念，需要特定的法律、法规进行规定。例如，根据"特别法优于一般法"的适用原则，传染病引起的突发公共卫生事件主要由《传染病防治法》专门规定调整。而在特别法没有具体规定时，则需要适用本法的相关规定，以加强突发事件应对领域中一般法与特别法的衔接与适用。

【实务指引】

突发事件细分为自然灾害、事故灾害、公共卫生事件、社会安全事件四个大类。在这四个大类中，已经制定了《传染病防治法》《消防法》等法律，正在起草制定的有"突发公共卫生事件应对法""自然灾害防治法"等法律。同为全国人大常委会制定的法律，存在对《传染病防治法》等法律中规定的紧急措施和《突发事件应对法》规定的应急处置措施如何适用的问题。对上述问题的解决关系在法治轨道上实施行政应急的重大问题。

总体来看，对有关法律适用问题的解决都要遵循《立法法》确立的两项基本的适用原则，即"新法优于旧法"和"特别法优于一般法"。在本轮应急管理相关立法修订之前，应急管理法律体系当中确实可能存在"新的一般法与旧的特别法冲突"这样的规范难题，由此带来法律适用难题。但在本轮应急管理相关立法修订完成后，本领域法律体系更加成熟，有关规范难题基本得以解决。在实践中运用相关法律，需要把握不同法律在立法思路方面的相同点与不同点，予以体系化适用。

就相同点而言，为了确保政府有应对突发的、难以事先预见的危机的能力，有关应急相关立法均倾向于授予行政机关灵活采取必要管控措施的权力。就不同点而言，《突发事件应对法》作为一般性突发事件应对的法律，与各细分领域、不同类型应急相关立法而言，在具体立法思路方面仍然有明显的不同。具体类型突发事件应对的立法就是针对具体类型突发事件发生的情况而设计的，相关制度措施是基于历来该具体类型突发事件应对的经验总结出来的，因此，通常比较具体，在立法中往往以列举的方式展现。例如，《传染病防治法》即对政府可以采取的紧急措施有明确列举，包括限制或者停止人群聚集的活动，停工、停业、停课，封闭或者封存水源、食品以及相关物品，控制或者扑杀动物，封闭可能造成传染病扩散的场所等。但整体而言，2007年《突发事件应对法》以第四十九条为中心，关于政府的应急处置措施不仅未对适用条件作明确规定，在行政机关可以采取何种措施方面亦高度开放,大量使用"其他控制措施""其他保护措施""必要措施"等概括条款。即便在本轮修订后,于本法第七十三条增加列举了相关事项,但依旧保留了大量概括条款。这说明《突发事件应对法》授予了政府更高的灵活性。但如果只强化突发事件应对的灵活性,与构建应急法治的初衷不符。为了构建一种非常情况依据非常法律的特殊法治,而非放任应急权力超越法律,一方面,需要坚持"特别优于一般"的原则,优先适用特别法律的具体化规定。在此情况下,《突发事件应对法》第七十三条作为自然灾害、事故灾难和公共卫生事件、社会安全事件应急处置的通用规范,在存在特别立法的情况下,应当经由特别法而得到限缩。因为恣意超越具体突发事件类型而采取的应对措施,存在因缺乏经验基础而过度实施的风险,除非行政机关能够证明确属必要,并由正当程序所确认。另一方面,《突发事件应对法》可以作为维护具体类型突发事件的治理秩序的补充规范。这是因为,突发事件应对是一个系统。特别是在现代社会,各类交叉型、复合型突发事件频发,即便是单一类型突发事件,也可能继发演变成复合型突发事件。就此而言,为单一类型突发事件制定的特别法自身无法支撑复合型突发事件控制所需要的法律秩序。例如,传染病的防治不仅需要采取《传染病防治法》所规定的相关医学防控措施,还可能产生出衍生的管制需求,如基本生活物品供应的管制、交通管控的特殊要求等。对此,如果相关特别法不能提供相应的规则供给时,在满足有关实体和程序要求后,方可依据《突发事件应对法》建立管制秩序。

【关联规范】

《中华人民共和国防震减灾法》(2008 年修订)

第二条 在中华人民共和国领域和中华人民共和国管辖的其他海域从事地震监测预报、地震灾害预防、地震应急救援、地震灾后过渡性安置和恢复重建等防震减灾活动，适用本法。

《中华人民共和国立法法》（2023年修正）

第一百零三条　同一机关制定的法律、行政法规、地方性法规、自治条例和单行条例、规章，特别规定与一般规定不一致的，适用特别规定；新的规定与旧的规定不一致的，适用新的规定。

《国家突发事件总体应急预案》（2025年）

1.3　突发事件分类分级

本预案所称突发事件是指突然发生，造成或者可能造成严重社会危害，需要采取应急处置措施予以应对的自然灾害、事故灾难、公共卫生事件和社会安全事件。

（1）自然灾害。主要包括水旱、气象、地震、地质、海洋、生物灾害和森林草原火灾等。

（2）事故灾难。主要包括工矿商贸等生产经营单位的各类生产安全事故，交通运输、海上溢油、公共设施和设备、核事故，火灾和生态环境、网络安全、网络数据安全、信息安全事件等。

（3）公共卫生事件。主要包括传染病疫情、群体性不明原因疾病、群体性中毒，食品安全事故、药品安全事件、动物疫情，以及其他严重影响公众生命安全和身体健康的事件。

（4）社会安全事件。主要包括刑事案件和恐怖、群体性、民族宗教事件，金融、涉外和其他影响市场、社会稳定的突发事件。

……

第三条　**【突发事件分级标准】**按照社会危害程度、影响范围等因素，突发自然灾害、事故灾难、公共卫生事件分为特别重大、重大、较大和一般四级。法律、行政法规或者国务院另有规定的，从其规定。

突发事件的分级标准由国务院或者国务院确定的部门制定。

【条文主旨】

本条是关于突发事件的分级标准的规定。

【条文解读】

依据突发事件造成或可能造成的社会危害程度、影响范围等因素将突发事件进行分级,并形成与之相对应的应对措施,以实现有效控制。

《突发事件应对法》第二条将突发事件分为自然灾害、事故灾难、公共卫生事件和社会安全事件。由于社会安全事件影响因素的复杂性与特殊性,对其的应急管理更强调具体案件分析后的灵活处理。预先设定级别会限制社会安全事件应对工作的实际效果,对其应对措施不能同其他类型的突发事件一样从法律层面进行分级,故本条将社会安全事件排除在外。

本条将突发自然灾害、事故灾难、公共卫生事件分为特别重大、重大、较大和一般四级。根据突发事件的危害程度去认定各级别的突发事件:一般突发事件是指突然发生,事态比较简单,仅对较小范围内的公共安全、政治稳定和社会经济秩序造成一定危害或威胁,已经或可能造成较小人员伤亡、财产损失或生态环境破坏的紧急事件;较大突发事件是指突然发生,事态较为复杂,对一定区域内的公共安全、政治稳定和社会经济秩序造成一定危害或威胁,已经或可能造成较大人员伤亡、财产损失或生态环境破坏的紧急事件;重大突发事件是指突然发生,事态复杂,对一定区域内的公共安全、政治稳定和社会经济秩序造成严重危害或威胁,已经或可能造成严重人员伤亡、财产损失或生态环境破坏的紧急事件;特别重大突发事件是指突然发生,事态非常复杂,对一定区域内公共安全、政治稳定和社会经济秩序造成严重危害或威胁,已经或可能造成特别重大人员伤亡、财产损失或重大生态环境破坏的紧急事件。部分突发事件根据法律、行政法规或国务院的规定，可能采用其他分类方法，优先适用特别规定。例如，核事故分为应急待命、厂房应急、场区应急、场外应急（总体应急）四级；传染病事件按病种分为甲类、乙类、丙类三级。

突发事件的分级标准依据社会危害程度和影响范围，具体由国务院或者国务院确定的部门制定。而实践中一般指根据死亡、失踪、重伤、中毒的人数，需要转移、安置、疏散的人数，经济损失，需要投入的物质力量等常见考量因素制定的一般分级标准。同时还包括根据地震灾害的震级，森林火灾中的受害森林草原面积，铁路行车与轨道交通运营事故中的干线中断行车的时间，民用航空器飞行事故中的特定情形，大面积停电事件中的减供负荷比例，核事故中的核设施安全损坏以及放射物质释放程度，环境突发事件中的因环境污染区域生态功能丧失程度、动植物损害程度和集中式饮用水水源地取水中断范围，通信应急事件中的通信中断面积大小，突发公共卫生事件中疾病的性质、类型和爆发范围等因素制定的专项分级标准。此外，突发事件分级标准与应急响应标准存在一定差异，分级标准只能由国务院或者国务院确定的部门制定，而响应标准则是各级政府及其部门通过遵循分级标准，从而区分的响应级别。

本条规定并未进行实质调整，仅在"自然灾害、事故灾难、公共卫生事件"前增加"突发"，使分级制度的适用对象更为明确。此外，本条规定突发事件的分级标准由国务院或者国务院确定的部门制定。突发事件的分级标准一般为可量化的危害结果，如死亡或失踪人数、直接或潜在经济损失等。但由于不同类型突发事件的诱因、发展机理、危害结果存在一定差异性，分级标准也各不相同。例如，地震灾害分级标准还包括地震级别，突发公共卫生事件的分级标准还包括疾病的性质等因素。这些差异需要政府部门科学论证形成具体的分级标准，以建立有针对性的应急预案，确保在突发事件发生时能够迅速有效地进行应急处置，最大限度地减少人员伤亡和财产损失，保障公共安全和社会稳定。

【实务指引】

在事故灾难类型中，突发事件的分级相较于自然灾害更加复杂，往往与相关领域事故调查处理的具体规定直接关联。实践中，需要明晰各细分领域事故灾难应对处理的相关法律以明确具体分级标准。表 1 为各事故灾难类型相关法律规定的具体分级标准。

表 1 不同事故灾难的分级标准

序号	领域	法律文件名称	相关条款主要内容
1	生产安全	《生产安全事故报告和调查处理条例》	第三条 根据生产安全事故（以下简称事故）造成的人员伤亡或者直接经济损失，事故一般分为以下等级： （一）特别重大事故，是指造成 30 人以上死亡，或者 100 人以上重伤（包括急性工业中毒，下同），或者 1 亿元以上直接经济损失的事故； （二）重大事故，是指造成 10 人以上 30 人以下死亡，或者 50 人以上 100 人以下重伤，或者 5000 万元以上 1 亿元以下直接经济损失的事故； （三）较大事故，是指造成 3 人以上 10 人以下死亡，或者 10 人以上 50 人以下重伤，或者 1000 万元以上 5000 万元以下直接经济损失的事故； （四）一般事故，是指造成 3 人以下死亡，或者 10 人以下重伤，或者 1000 万元以下直接经济损失的事故。 国务院安全生产监督管理部门可以会同国务院有关部门，制定事故等级划分的补充性规定。 本条第一款所称的"以上"包括本数，所称的"以下"不包括本数。
2	特种设备	《特种设备安全监察条例》	第六十一条 有下列情形之一的，为特别重大事故： （一）特种设备事故造成 30 人以上死亡，或者

续表

序号	领域	法律文件名称	相关条款主要内容
2	特种设备	《特种设备安全监察条例》	100 人以上重伤（包括急性工业中毒，下同），或者 1 亿元以上直接经济损失的； （二）600 兆瓦以上锅炉爆炸的； （三）压力容器、压力管道有毒介质泄漏，造成 15 万人以上转移的； （四）客运索道、大型游乐设施高空滞留 100 人以上并且时间在 48 小时以上的。 第六十二条　有下列情形之一的，为重大事故： （一）特种设备事故造成 10 人以上 30 人以下死亡，或者 50 人以上 100 人以下重伤，或者 5000 万元以上 1 亿元以下直接经济损失的； （二）600 兆瓦以上锅炉因安全故障中断运行 240 小时以上的； （三）压力容器、压力管道有毒介质泄漏，造成 5 万人以上 15 万人以下转移的； （四）客运索道、大型游乐设施高空滞留 100 人以上并且时间在 24 小时以上 48 小时以下的。 第六十三条　有下列情形之一的，为较大事故： （一）特种设备事故造成 3 人以上 10 人以下死亡，或者 10 人以上 50 人以下重伤，或者 1000 万元以上 5000 万元以下直接经济损失的； （二）锅炉、压力容器、压力管道爆炸的； （三）压力容器、压力管道有毒介质泄漏，造成 1 万人以上 5 万人以下转移的； （四）起重机械整体倾覆的； （五）客运索道、大型游乐设施高空滞留人员 12 小时以上的。 第六十四条　有下列情形之一的，为一般事故： （一）特种设备事故造成 3 人以下死亡，或者 10 人以下重伤，或者 1 万元以上 1000 万元以下直接经济损失的； （二）压力容器、压力管道有毒介质泄漏，造成 500 人以上 1 万人以下转移的； （三）电梯轿厢滞留人员 2 小时以上的；

续表

序号	领域	法律文件名称	相关条款主要内容
2	特种设备	《特种设备安全监察条例》	（四）起重机械主要受力结构件折断或者起升机构坠落的； （五）客运索道高空滞留人员3.5小时以上12小时以下的； （六）大型游乐设施高空滞留人员1小时以上12小时以下的。 除前款规定外，国务院特种设备安全监督管理部门可以对一般事故的其他情形做出补充规定。 第七十一条　本章所称的"以上"包括本数，所称的"以下"不包括本数。
3	电力安全	《电力安全事故应急处置和调查处理条例》	第三十四条　发生本条例规定的事故，同时造成人员伤亡或者直接经济损失，依照本条例确定的事故等级与依照《生产安全事故报告和调查处理条例》确定的事故等级不相同的，按事故等级较高者确定事故等级，依照本条例的规定调查处理；事故造成人员伤亡，构成《生产安全事故报告和调查处理条例》规定的重大事故或者特别重大事故的，依照《生产安全事故报告和调查处理条例》的规定调查处理。 电力生产或者电网运行过程中发生发电设备或者输变电设备损坏，造成直接经济损失的事故，未影响电力系统安全稳定运行以及电力正常供应的，由电力监管机构依照《生产安全事故报告和调查处理条例》的规定组成事故调查组对重大事故、较大事故、一般事故进行调查处理。
4	铁路安全	《铁路交通事故应急救援和调查处理条例》	第八条　根据事故造成的人员伤亡、直接经济损失、列车脱轨辆数、中断铁路行车时间等情形，事故等级分为特别重大事故、重大事故、较大事故和一般事故。 第九条　有下列情形之一的，为特别重大事故： （一）造成30人以上死亡，或者100人以上重伤（包括急性工业中毒，下同），或者1亿元以上直接经济损失的；

续表

序号	领域	法律文件名称	相关条款主要内容
4	铁路安全	《铁路交通事故应急救援和调查处理条例》	（二）繁忙干线客运列车脱轨 18 辆以上并中断铁路行车 48 小时以上的； （三）繁忙干线货运列车脱轨 60 辆以上并中断铁路行车 48 小时以上的。 第十条 有下列情形之一的，为重大事故： （一）造成 10 人以上 30 人以下死亡，或者 50 人以上 100 人以下重伤，或者 5000 万元以上 1 亿元以下直接经济损失的； （二）客运列车脱轨 18 辆以上的； （三）货运列车脱轨 60 辆以上的； （四）客运列车脱轨 2 辆以上 18 辆以下，并中断繁忙干线铁路行车 24 小时以上或者中断其他线路铁路行车 48 小时以上的； （五）货运列车脱轨 6 辆以上 60 辆以下，并中断繁忙干线铁路行车 24 小时以上或者中断其他线路铁路行车 48 小时以上的。 第十一条 有下列情形之一的，为较大事故： （一）造成 3 人以上 10 人以下死亡，或者 10 人以上 50 人以下重伤，或者 1000 万元以上 5000 万元以下直接经济损失的； （二）客运列车脱轨 2 辆以上 18 辆以下的； （三）货运列车脱轨 6 辆以上 60 辆以下的； （四）中断繁忙干线铁路行车 6 小时以上的； （五）中断其他线路铁路行车 10 小时以上的。 第十二条 造成 3 人以下死亡，或者 10 人以下重伤，或者 1000 万元以下直接经济损失的，为一般事故。 除前款规定外，国务院铁路主管部门可以对一般事故的其他情形作出补充规定。 第十三条 本章所称的"以上"包括本数，所称的"以下"不包括本数。
5	道路交通	《道路交通事故处理办法》	第六条 根据人身伤亡或者财产损失的程度和数额，交通事故分为轻微事故、一般事故、重大事故和特大事故。具体标准由公安部制定。

续表

序号	领域	法律文件名称	相关条款主要内容
5	道路交通	《道路交通事故处理办法》	第十八条　交通事故责任分为全部责任、主要责任、同等责任、次要责任。 第十九条　一方当事人的违章行为造成交通事故的，有违章行为的一方应当负全部责任，其他方不负交通事故责任。 两方当事人的违章行为共同造成交通事故的，违章行为在交通事故中作用大的一方负主要责任，另一方负次要责任；违章行为在交通事故中作用基本相当的，两方负同等责任。 三方以上当事人的违章行为共同造成交通事故的，根据各自的违章行为在交通事故中的作用大小划分责任。 第二十条　当事人逃逸或者故意破坏、伪造现场、毁灭证据，使交通事故责任无法认定的，应当负全部责任。 第二十一条　当事人一方有条件报案而未报案或者未及时报案，使交通事故责任无法认定的，应当负全部责任。 当事人各方有条件报案而均未报案或者未及时报案，使交通事故责任无法认定的，应当负同等责任。但机动车与非机动车、行人发生交通事故的，机动车一方应当负主要责任，非机动车、行人一方负次要责任。
6	内河交通	《中华人民共和国内河交通事故调查处理规定》	第五条　内河交通事故按照人员伤亡和直接经济损失情况，分为小事故、一般事故、大事故、重大事故和特大事故。小事故、一般事故、大事故、重大事故的具体标准按照交通部颁布的《水上交通事故统计办法》的有关规定执行。 第六条　内河交通事故的调查处理，应当遵守相关法律、行政法规的规定。特大事故的具体标准和调查处理按照国务院有关规定执行。
		《水上交通事故统计办法》	第六条　本办法第五条第（一）项至第（八）项规定的事故以及第（十）项规定的其他引起人员伤亡、直接经济损失的事故，按照人员伤亡、直接

续表

序号	领域	法律文件名称	相关条款主要内容
6	内河交通	《水上交通事故统计办法》	经济损失分为以下等级： （一）特别重大事故，指造成30人以上死亡（含失踪）的，或者100人以上重伤，或者1亿元以上直接经济损失的事故； （二）重大事故，指造成10人以上30人以下死亡（含失踪）的，或者50人以上100人以下重伤的，或者5000万元以上1亿元以下直接经济损失的事故； （三）较大事故，指造成3人以上10人以下死亡（含失踪）的，或者10人以上50人以下重伤的，或者1000万元以上5000万元以下直接经济损失的事故； （四）一般事故，指造成1人以上3人以下死亡（含失踪）的，或者1人以上10人以下重伤的，或者1000万元以下直接经济损失的事故。 前款规定的事故发生在海上的，其等级划分的直接经济损失标准按照国务院批准的相关规定执行。
7	渔业船舶	《渔业船舶水上安全事故报告和调查处理规定》	第四条　渔业船舶水上安全事故分为以下等级： （一）特别重大事故，指造成三十人以上死亡、失踪，或一百人以上重伤（包括急性工业中毒，下同），或一亿元以上直接经济损失的事故； （二）重大事故，指造成十人以上三十人以下死亡、失踪，或五十人以上一百人以下重伤，或五千万元以上一亿元以下直接经济损失的事故； （三）较大事故，指造成三人以上十人以下死亡、失踪，或十人以上五十人以下重伤，或一千万元以上五千万元以下直接经济损失的事故； （四）一般事故，指造成三人以下死亡、失踪，或十人以下重伤，或一千万元以下直接经济损失的事故。
8	农业机械	《农业机械事故处理办法》	第二条　本办法所称农业机械事故（以下简称农机事故），是指农业机械在作业或转移等过程中造成人身伤亡、财产损失的事件。

续表

序号	领域	法律文件名称	相关条款主要内容
8	农业机械	《农业机械事故处理办法》	农机事故分为特别重大农机事故、重大农机事故、较大农机事故和一般农机事故： （一）特别重大农机事故，是指造成30人以上死亡，或者100人以上重伤的事故，或者1亿元以上直接经济损失的事故； （二）重大农机事故，是指造成10人以上30人以下死亡，或者50人以上100人以下重伤的事故，或者5000万元以上1亿元以下直接经济损失的事故； （三）较大农机事故，是指造成3人以上10人以下死亡，或者10人以上50人以下重伤的事故，或者1000万元以上5000万元以下直接经济损失的事故； （四）一般农机事故，是指造成3人以下死亡，或者10人以下重伤，或者1000万元以下直接经济损失的事故。

【关联规范】

《中华人民共和国海上交通安全法》（2021年修订）

第八十一条 海上交通事故根据造成的损害后果分为特别重大事故、重大事故、较大事故和一般事故。事故等级划分的人身伤亡标准依照有关安全生产的法律、行政法规的规定确定；事故等级划分的直接经济损失标准，由国务院交通运输主管部门会同国务院有关部门根据海上交通事故中的特殊情况确定，报国务院批准后公布施行。

《国家核应急预案》（2013年修订）

3.2 指挥和协调

根据核事故性质、严重程度及辐射后果影响范围，核设施核事故应急状态分为应急待命、厂房应急、场区应急、场外应急（总体应急），分别对应Ⅳ级响应、Ⅲ级响应、Ⅱ级响应、Ⅰ级响应。

《森林防火条例》（2008 年修订）

第四十条　按照受害森林面积和伤亡人数，森林火灾分为一般森林火灾、较大森林火灾、重大森林火灾和特别重大森林火灾：

（一）一般森林火灾：受害森林面积在 1 公顷以下或者其他林地起火的，或者死亡 1 人以上 3 人以下的，或者重伤 1 人以上 10 人以下的；

（二）较大森林火灾：受害森林面积在 1 公顷以上 100 公顷以下的，或者死亡 3 人以上 10 人以下的，或者重伤 10 人以上 50 人以下的；

（三）重大森林火灾：受害森林面积在 100 公顷以上 1000 公顷以下的，或者死亡 10 人以上 30 人以下的，或者重伤 50 人以上 100 人以下的；

（四）特别重大森林火灾：受害森林面积在 1000 公顷以上的，或者死亡 30 人以上的，或者重伤 100 人以上的。

本条第一款所称"以上"包括本数，"以下"不包括本数。

第四条　【指导思想和治理体系】 突发事件应对工作坚持中国共产党的领导，坚持以马克思列宁主义、毛泽东思想、邓小平理论、"三个代表"重要思想、科学发展观、习近平新时代中国特色社会主义思想为指导，建立健全集中统一、高效权威的中国特色突发事件应对工作领导体制，完善党委领导、政府负责、部门联动、军地联合、社会协同、公众参与、科技支撑、法治保障的治理体系。

【条文主旨】

本条是关于突发事件应对工作的指导思想和治理体系的规定。

【条文解读】

本条是新增条文，旨在将党的十八大以来对突发事件应对工作的改革取得的先进经验与优秀成果,落实到社会主义法治轨道上来。将"党的领导"与"习近平新时代中国特色社会主义思想"写入本法条文中,是贯彻新时代宪法精神、顺应新时代立法工作要求的体现,也是中国特色社会主义制度的最大优势,有利于把握突发事件应对工作的正确政治方向。同时,本条文关于治理体系的规定,涵盖了突发事件应对工作的主要参与主体,主要包括党的各级委员会、各级政府及其部门、军队、社会组织、公民等。所以,突发事件应对工作指党委、政府及其部门、社会组织和公民等主体在突发事件发生或可能发生时,为保护人民生命财产安全、减轻灾害损失、维护国家安全、公共安全、生态环境安全和社会秩序而采取的一系列预防、应急准备、监测、预警、应急处置、救援与恢复重建措施的总和。

本条规定主要包括以下四个方面。

一、坚持党对突发事件应对工作的领导

党的十八大以来,习近平总书记对党的领导的性质、地位、作用等作出一系列重要论述,明确中国特色社会主义最本质的特征是中国共产党领导,中国特色社会主义制度的最大优势是中国共产党领导,党是最高政治领导力量。第十三届全国人民代表大会第一次会议通过的宪法修正案,将"中国共产党领导是中国特色社会主义最本质的特征"写入宪法总纲,以国家根本法的形式确立党的领导的核心地位。因此,本条规定将"党的领导"作为新增的核心内容,进一步强化在突发事件应对工作中党的领导地位的法律权威,有利于增强突发事件应对工作中各个主体坚持党的领导、维护党的领导的自觉性,同时为党的组织和党的干部开展突发事件应对工作提供了制度支撑和法律保障。

二、突发事件应对工作的指导思想

突发事件应对工作的指导思想是马克思列宁主义、毛泽东思想、邓小平理论、"三个代表"重要思想、科学发展观、习近平新时代中国特色社会主义思想。《中共中央关于党的百年奋斗重大成就和历史经验的决议》指出，习近平新时代中国特色社会主义思想是当代中国马克思主义、二十一世纪马克思主义，是中华文化和中国精神的时代精华，实现了马克思主义中国化新的飞跃。中国特色社会主义理论体系是全党全国人民为实现中华民族伟大复兴而奋斗的行动指南，必须长期坚持并不断发展。

三、建立健全突发事件应对工作领导体制

集中统一、高效权威是中国特色社会主义突发事件应对工作领导体制的自身特点与内在要求。集中统一，是指集中力量，统一领导。高效权威，是指依法进行突发事件应对领导工作，提高应急处置效率，树立权威形象。坚持党的集中统一领导和自上而下依法履职，使全社会应急力量得以充分发挥，及时迅速地处置复杂紧迫的突发事件，保障突发事件领导体制的高效运行。主要做到以下三个方面：

1. 实现突发事件应对指挥体系的集中统一。各个参与主体在党委的集中统一指挥领导下，集中力量办大事，避免各自为战、难以形成合力。

2. 实现突发事件各参与主体责任的依法履行。通过应急体制改革，进一步细化各参与主体的职责，优化职能配置，防止职能部门出现职责重叠；使公民、法人和其他组织充分认识自己参与突发事件应对工作的义务，配合相应的领导指挥政策，从而提升突发事件应对工作领导体制的运行效率。

3. 实现突发事件应急措施与资源的集中统一。增强突发事件应对工作的顶层设计，丰富突发事件应对措施，集中统一优化突发事件所需的人力、物力、财力等资源配置。

四、完善突发事件应对工作的治理体系

党的二十大站在推进国家安全体系和能力现代化的战略高度，对完善国家安全体系、公共安全治理体系、社会治理体系作出新的系统部署。完善各方面治理体系，加快推进治理体系和治理能力的现代化，要防控和化解各类矛盾风险，确保矛盾风险不外溢、不扩散、不升级、

不变异；要坚持底线思维，增强忧患意识，提高风险洞察、防控、化解、治本、转化能力。就此而言，完善突发事件应对工作的治理体系，隶属于公共安全治理体系的范畴，与社会治理体系等其他领域的治理体系相较而言，既拥有共同的目标要求、体系要素，又具备自身的特殊内涵。

就共性而言，党的十九届四中全会要求，完善党委领导、政府负责、民主协商、社会协同、公众参与、法治保障、科技支撑的社会治理体系，建设人人有责、人人尽责、人人享有的社会治理共同体，确保人民安居乐业、社会安定有序，建设更高水平的平安中国。这一要求，体现了在党的领导下多方参与、共同治理的理念，是社会治理理念、治理体制和治理方式的一次重大创新，同时，其中绝大部分内容构成突发事件应对所需要坚持的体系化方针，共同构成推进国家治理体系和治理能力现代化的必然要求。

就个性而言，突发事件应对需要在非常状态之下强化其非常之策。因此，民主协商并非最为重要的体系内涵。但突发事件应对需要调动社会各方面的力量，集中力量办大事，为此，需要处理好中央与地方、上级与下级、政府与社会等关系。《突发事件应对法》对政府在应急中的作用是有所定位的，第十九条明确规定县级以上人民政府是突发事件应对管理工作的行政领导机关。然而，在我国现行政治体制中，行政机关的社会动员能力和应对处置能力是有限的，特别是应对重大突发事件，离不开武装力量的参与。即便在行政机关内部，囿于条块分割的体制，也会制约突发事件应对工作统一协调局面的形成。因此，"部门联动、军地联合"构成更为重要的体系要求。

党委领导、政府负责、部门联动、军地联合、社会协同、公众参与、科技支撑、法治保障的突发事件应对工作治理体系的构建与完善在预防与应对突发事件中能起到关键作用，它不仅能够提升突发事件治理效率、增强社会抗风险能力，还能激发社会活力、提升社会整体应急能力。在完善的、规范化的突发事件应对工作治理体系中，坚持党委领导是根本，完善政府负责是前提，开展部门联动与军地联合是方法，实行社会协同是依托，动员公众参与是基础，提供科技支撑是手段，搞好法治保障是条件，八位一体，有机联系，不可分割。

1. 党委领导是指各级党委在突发事件应对工作中发挥领导核心与政治保障作用，运用宏观政策与微观决策，确保突发事件应对工作始终沿着正确的政治方向前进。

2. 政府负责是指政府依法行使应对突发事件的行政权力，履行法定管理事项职责。县级以上人民政府是突发事件应对管理工作行政领导机关，依法承担一系列职责，包括立即采取措施控制事态发展，开展应急救援和处置工作，及时启动应急预案和相应级别的应急响应，发布相应的预防和控制突发事件影响的行政决定、命令、措施，调动应急救援队伍和社会力量，迅速动员各方力量参与应对工作等职责。

3. 部门联动是指为应对突发事件，应急管理部门同其他部门之间要加强协调和配合，形成合力，提高应急管理效率。例如，《突发事件应对法》第二十一条规定，县级以上人民政府应急管理部门和卫生健康、公安等有关部门应当在各自职责范围内做好有关突发事件应对管理工作，并指导、协助下级人民政府及其相应部门做好有关突发事件的应对管理工作。

4. 军地联合是指军队和地方政府在突发事件应对工作中要密切合作，发挥军队在抢险救灾等方面的独特优势。例如，《突发事件应对法》第二十四条规定，中国人民解放军、中国人民武装警察部队和民兵组织依法参加突发事件的应急救援和处置工作。

5. 社会协同是指充分发挥群团组织、各类社会组织的作用，鼓励和支持其参与突发事件应对工作，进一步整合社会突发事件治理资源。例如，本法构建的社会动员机制，鼓励支持社会力量建立应急救援队伍，大力发展专家论证制度等。

6. 公众参与是指引领和推动每一位公民、每一个家庭充分参与突发事件应对工作，宣传应急知识，提升公众应急意识与自救能力。

7. 科技支撑是指充分运用现代科技和信息化手段，统筹推进大数据、云计算和物联网等各种信息数据的集成运用，为提升突发事件预警能力，提高突发事件应对工作的整体效能、不断提高突发事件治理水平提供有力支撑。

8. 法治保障是指建立健全应急管理法律法规体系，依法开展应急管理工作，保障各项措施的合法性和权威性。

【关联规范】

《中华人民共和国宪法》（2018年修正）

第一条 中华人民共和国是工人阶级领导的、以工农联盟为基础的人民民主专政的社会主义国家。

社会主义制度是中华人民共和国的根本制度。中国共产党领导是中国特色社会主义最本质的特征。禁止任何组织或者个人破坏社会主义制度。

《军队参加抢险救灾条例》（2005年）

第六条 县级以上地方人民政府组建的抢险救灾指挥机构，应当有当地同级军事机关的负责人参加；当地有驻军部队的，还应当有驻军部队的负责人参加。

第七条 军队参加抢险救灾应当在人民政府的统一领导下进行，具体任务由抢险救灾指挥机构赋予，部队的抢险救灾行动由军队负责指挥。

《国家自然灾害救助应急预案》（2024年修订）

1.4 工作原则

坚持人民至上、生命至上，切实把确保人民生命财产安全放在第一位落到实处；坚持统一指挥、综合协调、分级负责、属地管理为主；坚持党委领导、政府负责、社会参与、群众自救，充分发挥基层群众性自治组织和公益性社会组织的作用；坚持安全第一、预防为主，推动防范救援救灾一体化，实现高效有序衔接，强化灾害防抗救全过程管理。

第五条　【工作原则和理念】 突发事件应对工作应当坚持总体国家安全观，统筹发展与安全；坚持人民至上、生命至上；坚持依法科学应对，尊重和保障人权；坚持预防为主、预防与应急相结合。

【条文主旨】

本条是关于突发事件应对工作原则和理念的规定。

【条文解读】

本条明确规定突发事件应对工作应当坚持总体国家安全观，统筹发展与安全；坚持人民至上、生命至上；坚持依法科学应对，尊重和保障人权；坚持预防为主、预防与应急相结合。本条将突发事件政策方针巩固为法律规范，相较于 2007 年《突发事件应对法》仅强调"预防为主，预防与应急相结合"的工作原则，新法修订凝练出新的突发事件应对工作的基本原则与价值追求，是突发事件应对法治化的高度总结。同时，这些原则贯穿本法全篇，体现在具体条文和制度设计之中，为具体规则的运用提供价值导向。

一、坚持总体国家安全观，统筹发展与安全

国家安全是国家生存发展的基本前提。维护国家安全是全国各族人民根本利益所在。我们党要巩固执政地位，要团结带领人民坚持和发展中国特色社会主义，保证国家安全是头等大事。统筹发展与安全，增强忧患意识，做到居安思危，是我们党治国理政的一个重大原则。当前，我国面临复杂多变的安全和发展环境，各种可以预见和难以预见的风险因素明显增多，各方面风险可能不断积累甚至集中暴露。国家安全的内涵和外延比历史上任何时候都要丰富，时空领域比历史上任何时候都要宽广，内外因素比历史上任何时候都要复杂。在准确把握国家安全形势变化新特点、新趋势的基础上，党中央创新国家安全理念，统揽国家安全全局，创造性提出总体国家安全观。总体国家安全观的关键在"总体"，强调的是做好国家安全工作的系统思维和方法，突出的是"大安全"理念。因此，总体国家安全观不仅是在领域上涵盖政治、军事、国土、经济、文化、社会、科技、网络、生态、资源、核、海外利益、太空、深海、极地、生物等全领域的总体，也包括事前、事中、事后，防抗救相结合的总体。就突发事件应对而言，就是要完善突发事件应对体系，加强突发事件应对能力，构建"大安全""大应急"的格局。

坚持总体国家安全观，统筹发展与安全，要求突发事件应对工作立足于总体国家安全观的大背景，充分运用总体国家安全观的先进理念，确保国家安全与社会安全不受突发事件等危险因素过分侵袭，平衡好安全与发展之间的关系。坚持立足于防，有效处置风险。既要警惕"黑天鹅"事件，也要防范"灰犀牛"事件；既要有防范风险的先手，也要有应对和化解风险挑战的高招；既要打好防范和抵御风险的有准备之战，也要打好化险为夷、转危为机的战略主动战。党的二十大报告提出，国家安全是民族复兴的根基，社会稳定是国家强盛的前提。必须坚定不移贯彻总体国家安全观，把维护国家安全贯穿党和国家工作各方面全过程，确保国家安全和社会稳定。完善国家应急体系是健全国家安全体系的重要组成部分，总体国家安全观是新时代国家安全工作的根本遵循和行动指南，必须把坚持总体国家安全观作为新时代突发事件应对工作的基本原则。坚持总体国家安全观，为突发事件应对体系改革指明方向，能够提高防范化解重大风险能力，严密防范系统性安全风险，提高重大突发事件处置保障能力，加强国家区域应急力量建设，增强维护国家安全的能力，提高公共安全治理水平。

统筹发展和安全，意味着在追求经济社会发展的同时，必须高度重视安全，防范和化解各类安全风险，为发展提供坚实的安全保障。在突发事件应对工作过程中，深刻把握发展与安全的关系，以安全保发展，以发展促安全，稳步提升突发事件治理能力。同时，在安全与发展的平衡中，加强对风险的防范意识与防范能力，增强对突发事件的预估能力，以减少突发事件的发生。

二、坚持人民至上、生命至上

不忘初心，方得始终。为人民谋幸福，是中国共产党人的初心。人民对美好生活的向往，就是我们的奋斗目标。必须始终把人民放在心中最高的位置，始终全心全意为人民服务，始终为人民利益和幸福而努力奋斗。

对幸福生活的追求是推动人类文明进步的持久力量。进入新时代，人民对美好生活的向往更加强烈。在众多向往中，安全是底线要求，离开了安全，一切都不可能实现。突发事件是对安全状态的一种威胁。坚持人民至上、生命至上，就是在应对突发事件过程中，始终把人民的生命健康权益放在保障首位。随着不断发展，坚持以人民为中心在《突发事件应对法》中真正落实到宏观原则与微观规则之中。例如，构建特殊人群优先保护制度、个人信息保护制度、心理援助制度、遗体保护制度等规则，无不体现突发事件应对工作坚持人民至上、坚持生命至上。

三、坚持依法科学应对，尊重保障人权

坚持依法科学应对，是强调在突发事件这种非常态法治下的政府行政权力相对于常态化法治出现扩张时，必须坚持以解决突发事件问题为导向，严格遵守突发事件应对相关法律规范与科学规律，在法治轨道上采取科学有效的手段与措施以应对突发事件。《突发事件应对法》总则第十条规定，突发事件应对措施应当与突发事件可能造成的

社会危害的性质、程度和范围相适应；有多种措施可供选择的，应当选择有利于最大程度地保护公民、法人和其他组织权益，且对他人权益损害和生态环境影响较小的措施，并根据情况变化及时调整，做到科学、精准、有效。此外，分则部分增加了科学应对的具体规制，如第五十六条规定的科技人才储备制度、第五十七条规定的专家论证制度，新时代突发事件应对工作逐步专业化、科学化、系统化，要求运用专业知识解决突发事件中的科学技术问题。

坚持尊重保障人权，是强调在突发事件这种非常态法治下的公民义务相较于常态化法治负担加重，但这种加重是公民出于应对突发事件的自然让步，需要突发事件应对工作人员进一步尊重保障公民基本权利与自由，包括个人信息的保护、事后奖励、补偿等规则的建立，以减少社会矛盾，提高公民参与突发事件应对工作的积极性。

四、坚持预防为主、预防与应急相结合

坚持预防为主，是强调在突发事件发生之前，通过科学预测、风险评估等手段，识别潜在的危害因素和风险点，从而提前采取措施加以防范。坚持预防与应急相结合，则是强调把握突发事件发生前后的应对措施的动态变化。突发事件预防工作无法遏制所有突发事件发生的风险，所以需要应急手段予以补充，以控制、减轻和消除突发事件引起的严重社会危害。

【典型示例】

案件事实：再审申请人陈某的房屋所在土地已经被政府依法征收，在对原告的房屋进行安置补偿时，再审被申请人四川省宜宾市某区人民政府一直未能与原告达成协议。另外，由于宜宾市某集团对大地坡"四号道路"施工，造成了陈某的房屋开裂，存在安全隐患。2015年12月24日，某区某街道某地块出现山体滑坡灾害。某街道办事处作出《关于审批〈依法维护某社区庄子上社山体滑坡排危工作方案〉的请示》向被告报告，宜宾市住房和城乡建设局邀请相关专家和有关人员进行现场查勘，召开滑坡紧急抢险专题研究会，作出《关于宜宾市某区某地块滑坡应急抢险的专家建议意见》。2015年12月25日，宜宾市住房和城乡建设局作出《关于某街道庄子上社山体滑坡紧急抢险工作开展情况的报告》向宜宾市人民政府报告，并向陈某送达《关于紧急排除西区某地块滑坡隐患应急抢险的通知》。同日，某区政府组织人员对原告的房屋进行拆除。原告陈某认为其房屋是人为故意造成的危险，并非自然灾害的因素。2015年12月23日的地震对某区南岸没有影响。认为被告某区人民政府拆除其房屋的行为违法，向法院提起诉讼。[1]

争议点：某区政府于2015年12月25日拆除陈某房屋的行为是否符合法律规定。

法院认为：宜宾市住房和城乡建设局能够证明某区某地块区域发生严重山体滑坡的地质灾害险情客观存在，陈某的案涉房屋位于该地块范围内，存在安全隐患。某区政府为保护陈某的生命和财产安全，在案涉滑坡地块开展紧急抢险工作，及时通知陈某搬离后将其房屋予以拆除，消除安全隐患，符合《突发事件应对法》第三条、第七条及《地质灾害防治条例》第十九条第三款的规定。一审驳回陈某请求确认被诉拆除房屋行为违法的诉讼请求，二审维持一审判决，并无不当。

关键点：在存在安全隐患的前提下，为保护人民群众生命和财产安全，消除安全隐患，采取适度的预防式治理措施符合《突发事件应对法》"坚持总体国家安全观，统筹发展与安全；坚持人民至上、生命至上；坚持依法科学应对，尊重和保障人权；坚持预防为主、预防与应急相结合"的工作原则。

---

[1] 最高人民法院（2020）最高法行申7566号行政裁定书。

【关联规范】

《中华人民共和国国家安全法》（2015年）

第三条 国家安全工作应当坚持总体国家安全观，以人民安全为宗旨，以政治安全为根本，以经济安全为基础，以军事、文化、社会安全为保障，以促进国际安全为依托，维护各领域国家安全，构建国家安全体系，走中国特色国家安全道路。

《自然灾害救助条例》（2019年修订）

第二条 自然灾害救助工作遵循以人为本、政府主导、分级管理、社会互助、灾民自救的原则。

《"十四五"国家综合防灾减灾规划》（2022年）

（二）基本原则。

……

——坚持以人民为中心。坚持人民至上、生命至上，把确保人民群众生命安全作为首要目标，强化全灾种全链条防范应对，保障受灾群众基本生活，增强全民防灾减灾意识，提升公众安全知识普及和自救互救技能水平，切实减少人员伤亡和财产损失。

——坚持主动预防为主。坚持源头预防、关口前移，完善防灾减灾救灾法规标准预案体系，将自然灾害防治融入重大战略、重大规划、重大工程，强化常态综合减灾，强化风险评估、抗灾设防、监测预警、隐患排查，统筹运用各类资源和多种手段，增强全社会抵御和应对灾害能力。

……

第六条 【社会动员机制】 国家建立有效的社会动员机制，组织动员企业事业单位、社会组织、志愿者等各方力量依法有序参与突发事件应对工作，增强全民的公共安全和防范风险的意识，提高全社会的避险救助能力。

【条文主旨】

本条是关于国家建立社会动员机制，提高全社会避险救助能力的规定。

【条文解读】

提高全社会的避险救助能力有利于提高突发事件预防与应对能力，有利于完善"党委领导、政府负责、部门联动、军地联合、社会协同、公众参与、科技支撑、法治保障"的治理体系。《"十四五"国家应急体系规划》明确提出共建共治共享体系更加健全的发展目标，全社会安全文明程度明显提升，社会公众应急意识和自救互救能力显著提高，社会治理的精准化水平持续提升，规范有序、充满活力的社会应急力量发展环境进一步优化，共建共治共享的应急管理格局基本形成。这就需要国家建立有效的社会动员机制。此外，本次修订明确了动员的对象，即组织动员企业事业单位、社会组织、志愿者等各方力量依法有序参与突发事件应对工作，增强全民的公共安全和防范风险的意识，有序发展社会应急力量，提高全社会的避险救助能力。

一、建立有效的社会动员机制

动员活动多指政党、政府或其他政治组织集中协调各类资源以应对特定危机或实现某种目的的一种活动机制。突发事件中的社会动员则对动员活动的协调对象加以限定，即政府或其他组织鼓励或激发企业事业单位、社会组织、志愿者等各方力量参与突发事件应对工作，改变社会成员所有的非政府资源的原有用途，以预防或应对突发事件，降低突发事件的社会危害性。

建立有效的社会动员机制，是对政府进行突发事件社会动员活动的基本要求。首先，保证社会动员的有效性。政府要提高社会动员能力，提升社会动员工作水平，充分发挥"党委领导、政府负责、部门联动、军地联合、社会协同、公众参与、科技支撑、法治保障"的治理体系的优越性，动员社会各方力量参与突发社会事件的应对工作，以保障社会资源的高效利用。其次，形成社会动员机制。政府要使突发事件的社会动员活动标准化、规范化，将本法所规定的社会动员具体措施作为行为规范，保障社会动员活动的公信力，逐步形成社会动员机制。

二、组织动员社会力量依法有序参与

本条新增"组织动员企业事业单位、社会组织、志愿者等各方力量依法有序参与突发事件应对工作"的规定，对社会各方力量既是一种激励，又是一种要求。一方面，明确社会各方力量的来源，即社会参与主体，包括企业事业单位、社会组织、志愿者等，在法律层面确定其地位，从而激发社会参与主体的积极性。另一方面，对社会参与主体的身份与参与过程提出要求，保障社会各方力量在国家协调下有针对性地参与突发事件应对工作。适应社会动员机制法治化发展的新要求，需要加快构建社会力量参与突发事件应对工作的法律法规体系，以法律保障其后续执行；需要进一步界定社会各方力量在突发事件应对工作的功能定位与责任界限，以发挥突发事件应对机关部门的统筹作用，采取强化企业责任、发挥红十字会等公益组织的救助经验、提升公民自救知识掌握程度等措施，在新型突发事件治理体系的大框架下，明晰社会各方力量的任务与响应方式，使其真正做到有序高效。

三、增强全民的公共安全和防范风险的意识

增强全民的公共安全和防范风险的意识，是突发事件应对工作坚持总体国家安全观、统筹发展与安全的基本工作原则的体现，是提升全民预防突发事件能力的基点，有利于提升国民综合素质从而促进社会动员的实现，有利于提高全民的危机应对能力从而促进政府对突发事件的应对管理能力，有利于提高公民对突发事件应对的责任意识使全民参与突发事件应对的具体工作。而提高全民的公共安全和防范风险的意识，离不开各级政府对突发事件、突发事件应对措施、突发事件法律法规等的宣传与普及，做到日常宣传与紧急动员相结合。同时，公民个人要积极参加日常应急演练与应急培训。在突发事件发生时则要积极响应政府的指挥与政策，开展自救工作。

四、提高全社会的避险救助能力

提高全社会的避险救助能力不仅是本条规定的出发点，还是本条规定的落脚点。避险救助能力是个人和组织在突发事件发生过程中，自身躲避危险、救助自己与他人的能力。而此种能力的培养不仅离不开国家构建有效的动员机制、日常的突发事件知识的宣传教育，还需要公民与组织掌握相应的应急处置知识以及进行充分的应急演练训练等具体事项。

【实务指引】

本条规定仅从原则层面确立了提高全社会的避险救助能力的基本框架，概括性地提出了国家进行突发事件社会动员的基本要求，需要结合本法和其他法律法规的具体规定，对本条所规定的社会动员制度进一步细化与完善。例如，《城市居民委员会组织法》《村民委员会组织法》《自然灾害救助条例》等法律法规中，有专门条款赋予城市（农村）居委会（村委会）承担突发事件应对的相关职责。《红十字会法》有红十字会组织参与突发事件应对的相关规定。《慈善法》《志愿服务条例》也对志愿服务组织、志愿者开展应对突发事件的志愿服务等作出了规定。

【关联规范】

《中华人民共和国海上交通安全法》（2021 年修订）

第七十一条　国家设立专业海上搜救队伍，加强海上搜救力量建设。专业海上搜救队伍应当配备专业搜救装备，建立定期演练和日常培训制度，提升搜救水平。

国家鼓励社会力量建立海上搜救队伍，参与海上搜救行动。

《自然灾害救助条例》（2019 年修订）

第五条　村民委员会、居民委员会以及红十字会、慈善会和公募基金会等社会组织，依法协助人民政府开展自然灾害救助工作。

国家鼓励和引导单位和个人参与自然灾害救助捐赠、志愿服务等活动。

第六条　各级人民政府应当加强防灾减灾宣传教育，提高公民的防灾避险意识和自救互救能力。

村民委员会、居民委员会、企业事业单位应当根据所在地人民政府的要求，结合各自的实际情况，开展防灾减灾应急知识的宣传普及活动。

《中华人民共和国防震减灾法》（2008 年修订）

第七条　各级人民政府应当组织开展防震减灾知识的宣传教育，增强公民的防震减灾意识，提高全社会的防震减灾能力。

第七条　【信息发布】 国家建立健全突发事件信息发布制度。有关人民政府和部门应当及时向社会公布突发事件相关信息和有关突发事件应对的决定、命令、措施等信息。

任何单位和个人不得编造、故意传播有关突发事件的虚假信息。有关人民政府和部门发现影响或者可能影响社会稳定、扰乱社会和经济管理秩序的虚假或者不完整信息的，应当及时发布准确的信息予以澄清。

【条文主旨】

本条是关于建立健全突发事件信息发布制度的规定。

【条文解读】

《法治政府建设实施纲要（2021—2025年）》提出，加强突发事件信息公开和危机沟通，完善公共舆情应对机制。依法严厉打击利用突发事件哄抬物价、囤积居奇、造谣滋事、制假售假等扰乱社会秩序行为。本条规定国家在宏观层面建立健全突发事件信息发布制度。在原有政府信息公开的基础上，进一步规范有关人民政府和部门的突发事件信息发布行为，也为后续完善突发事件信息公布制度的法律法规构建提供了基本导向。

突发事件信息发布是指在突发事件发生或将要发生时，有关人民政府和部门准确、及时地向社会公布相关信息，以控制突发事件引发的严重社会危害，保护人民生命财产安全，维护社会秩序。同时，突发事件信息作为政府主动公开信息的内容之一，其发布能够保障公民的知情权。公开突发事件应对过程中的各种信息，可以加强公民对有关政府部门的监督，保障其行政紧急权力合法行使。需要及时主动公开的突发事件相关信息内容进一步得到扩充，包括但不限于突发事件的性质、影响范围、政府等有关部门发布的决定、命令以及可能或已经采取的具体措施，以便社会各界予以配合。

本条融合了2007年《突发事件应对法》第五十四条的内容，即在第二款规定任何单位和个人不得编造、故意传播有关突发事件的虚假信息。对于突发事件的虚假信息编造、故意传播这一禁止性义务，所有单位和个人都应遵守。一旦违反则需要根据行为恶劣程度、危害后果的大小承担本法第九十五条所规定的相应法律责任。

第二款还增加了政府部门针对影响或者可能影响社会稳定、扰乱社会和经济管理秩序的虚假信息与不完整信息的澄清义务,以减少突发事件谣言的恶意滋生,保证相关信息的真实有效。

【关联规范】

《中华人民共和国政府信息公开条例》(2019年修订)

第六条 行政机关应当及时、准确地公开政府信息。

行政机关发现影响或者可能影响社会稳定、扰乱社会和经济管理秩序的虚假或者不完整信息的,应当发布准确的政府信息予以澄清。

第二十条 行政机关应当依照本条例第十九条的规定,主动公开本行政机关的下列政府信息:

……

(十二)突发公共事件的应急预案、预警信息及应对情况;

……

第二十三条 行政机关应当建立健全政府信息发布机制,将主动公开的政府信息通过政府公报、政府网站或者其他互联网政务媒体、新闻发布会以及报刊、广播、电视等途径予以公开。

《国家突发事件总体应急预案》(2025年)

3.3.5 信息发布与舆论引导

国家建立健全突发事件信息发布制度。突发事件发生后,有关地方党委和政府及其有关部门应当按规定及时向社会发布突发事件简要信息,随后发布初步核实情况、已采取的应对措施等,并根据事件处置情况做好后续发布工作。

发生特别重大、重大突发事件,造成重大人员伤亡或者社会影响较大的,省级党委和政府或者负责牵头处置的中央和国家机关有关部门发布信息。国家层面应对时,由国家突发事件应急指挥机构或者中央宣传部会同负责牵头处置的部门统一组织发布信息。一般情况下,有关方面应当在24小时内举行首场新闻发布会。

加强舆论引导，按规定及时、准确、客观、全面发布信息，对虚假或者不完整信息应当及时予以澄清。

第八条　【新闻报道和宣传】 国家建立健全突发事件新闻采访报道制度。有关人民政府和部门应当做好新闻媒体服务引导工作，支持新闻媒体开展采访报道和舆论监督。

新闻媒体采访报道突发事件应当及时、准确、客观、公正。

新闻媒体应当开展突发事件应对法律法规、预防与应急、自救与互救知识等的公益宣传。

【条文主旨】

本条是关于建立健全突发事件新闻采访报道制度的规定。

【条文解读】

进入 21 世纪，互联网介入突发事件报道的功能日渐显著，社会也进入各类突发事件频发的高风险时期，强化正确的舆论导向成为相关政策规制的重要目标之一。突发事件的新闻采访报道是指新闻媒体对突发事件的调查与信息搜集，通过特定的传播媒介，向公众传递信息、揭示真相的专业活动。新闻采访报道制度通过立法的方式得到确立是保障公民知情权，发挥社会舆论监督，以促进行政机关集中高效、公正透明地应对突发事件的有效手段，为后续完善突发事件新闻报道制度的法律法规体系提供了切实依据与基本导向。

本条第一款规定为有关人民政府和部门服务、引导、支持新闻媒体进行突发事件的新闻报道工作提供明确的法律依据。对此规定可以从以下三个方面进行解读：（1）强调政府职责。政府及其有关部门具有引导新闻报道方向、掌握舆论主动权、推动准确信息传播、宣传正向事迹等新闻传播职责，以增强政府应对突发事件的透明度。(2) 明确新闻采访报道制度是突发事件治理措施的重要部分。新闻报道与舆论监督以法律规定的形式得以规制，正当的新闻采访报道，是受到法律所支持的，对突发事件应对工作具有正向意义，新闻媒体应当积极接受政府部门的引导、服务、支持，建立政府、媒体、公民之间高效沟通协作机制，保障新闻的及时准确，防止负面舆情的发生。(3) 进一步明确其与信息公开制度不同。新闻报道制度单独确立，使一些基层政府部门在处理信息公开与新闻宣传工作时找准职能定位。虽然信息公开与新闻报道都是强调对信息的传播与处理，保持政府工作的透明度，保障公民的监督权，但前者强调的是信息源头的准确，能够让群众依法获取信息，提升政府公信力，而后者则强调的是舆论的正向引导，能够形成社会普遍共识，提高整体向心力。

本条第二款、第三款规定了新闻媒体相应责任。第一，确保新闻采访报道的"及时、准确、客观、公正"。及时的要求是指对突发事件报道需要迅速反应，尽快将事件的信息传达给公众，避免信息的滞后；准确的要求是指对突发事件的报道必须基于事实，避免错误信息的传播，确保信息的真实、可靠；客观的要求是指对突发事件的报道应依据事实，避免主观判断影响报道内容；公正的要求是指对突发事件的报道要公正对待所有涉事主体，保障所有涉事主体表达观点的权利，实现公众对突发事件整个过程的真实理解。第二，宣传突发事件应对的相关法律法规、预防与应急、自救与互救知识，以提升社会整体对突发事件的应对能力，从而减少突发事件恶性结果的发生。此外，虽然此项规定为新闻媒体的义务性条款，但也表明新闻媒体的新闻采访报道权与舆论监督权是具有法律正当性的，有充分的法律依据，受到法律的保护与调整。第三，加强新闻从业者的职业培养。负责突发事件新闻采访报道的工作人员，必须是依法取得相关新闻从业资格证件、接受过专业知识与职业道德训练的专业人员，进而保证新闻从业者具备社会信任感，使公民获得真实可靠的信息，避免造成公众恐慌。

【典型示例】

甘肃"积石山6.2级地震"报道案例[①]

2023年8月，甘肃日报、甘肃日报报业集团根据中央和甘肃省有关突发事件应急的法律法规、工作预案，制定了《突发事件应急新闻报道行动方案》，成立了应急新闻报道指挥领导小组，设立应急值班中心，组建应急报道小组，并对响应程序、报道流程、应急保障等作出明确要求。积石山地震发生后，报社、报业集团根据甘肃省委宣传部有关工作要求，按照本单位行动方案，迅速启动突发事件新闻报道应急响应机制。指挥领导小组按照预定流程，紧急召集应急报道人员，有序调配应急保障物资。震后25分钟内，单位附近居住的首批应急报道人员完成集结；震后40分钟，分管领导带领第一梯队20余名全媒体记者紧急奔赴灾区。

重大自然灾害应急报道中，主流媒体发声必须要快。地震发生后，甘肃日报、甘肃日报报业集团快速反应、立即行动，抓住了应急报道的"第一时间窗口"。震后6分钟，集团旗下新甘肃客户端、奔流新闻客户端根据中国地震台网有关信息，编发了第一条地震快讯；震后30分钟，新媒体平台陆续集纳编发灾区灾情及各路救援队伍紧急奔赴的相关信息；震后1小时10分，前方报道组开启网络直播报道；震后3小时，首批记者抵达灾区，发回第一条现场播报……快速行动、及时报道，不仅满足了公众的知情权，也减轻了公众因信息不足导致的心理恐慌，在震后初期起到了稳定民心、坚定信心的作用。

各媒体平台统一开设"关注积石山6.2级地震"专题，深入宣传

[①] 齐兴福、王雅琴：《融媒语境下重大自然灾害应急报道创新策略——来自甘肃"积石山6.2级地震"报道的个案分析》，载《融媒》2024年第5期。

党中央、国务院抗震救灾重大决策部署，深入宣传甘肃省委、省政府全力推动抢险救援的工作举措，全力打好抗震救灾舆论引导"主动仗"，让受灾群众感受党的领导、党的温暖。抢险救援阶段，报社、报业集团累计派出70余人奔赴灾区，采制、刊发、推送各类新闻报道6400余篇，全网阅读量近5亿人次，为抗震救灾凝聚了强大精神力量。

【关联规范】

《中华人民共和国安全生产法》（2021年修正）

第七十七条 新闻、出版、广播、电影、电视等单位有进行安全生产公益宣传教育的义务，有对违反安全生产法律、法规的行为进行舆论监督的权利。

《中华人民共和国海上交通安全法》（2021年修订）

第五条 各级人民政府及有关部门应当支持海上交通安全工作，加强海上交通安全的宣传教育，提高全社会的海上交通安全意识。

《国家自然灾害救助应急预案》（2024年修订）

4.2 灾情信息发布

灾情信息发布坚持实事求是、及时准确、公开透明的原则。发布形式包括授权发布、组织报道、接受记者采访、举行新闻发布会等。受灾地区人民政府要主动通过应急广播、突发事件预警信息发布系统、重点新闻网站或政府网站、微博、微信、客户端等发布信息。各级广播电视行政管理部门和相关单位应配合应急管理等部门做好预警预报、灾情等信息发布工作。

……

5.1.3 响应措施

……

（11）加强新闻宣传。中央宣传部统筹负责新闻宣传和舆论引导工作，指导有关部门和地方建立新闻发布与媒体采访服务管理机制，及时组织新闻发布会，协调指导各级媒体做好新闻宣传。中央网信办、广电总局等按职责组织做好新闻报道和舆论引导工作。

……

《网络信息内容生态治理规定》（2020年）

第七条　网络信息内容生产者应当采取措施，防范和抵制制作、复制、发布含有下列内容的不良信息：

……

（三）不当评述自然灾害、重大事故等灾难的；

……

第九条　【投诉与举报】国家建立突发事件应对工作投诉、举报制度，公布统一的投诉、举报方式。

对于不履行或者不正确履行突发事件应对工作职责的行为，任何单位和个人有权向有关人民政府和部门投诉、举报。

接到投诉、举报的人民政府和部门应当依照规定立即组织调查处理，并将调查处理结果以适当方式告知投诉人、举报人；投诉、举报事项不属于其职责的，应当及时移送有关机关处理。

有关人民政府和部门对投诉人、举报人的相关信息应当予以保密，保护投诉人、举报人的合法权益。

【条文主旨】

本条是关于突发事件应对工作投诉与举报的规定。

【条文解读】

突发事件应对工作投诉、举报制度是整个突发事件应对工作体制的重要组成部分。《法治政府建设实施纲要（2021—2025年）》提出，健全依法行政制度体系，加快推进政府治理规范化程序化法治化，畅通违法行为投诉举报渠道，对举报严重违法违规行为和重大风险隐患的有功人员依法予以奖励和严格保护。国家通过建立并公布统一的投诉、举报方式，为社会公众提供一个监督与参与政府和部门应对突发事件活动的渠道，有利于加强公民对政府部门应对突发事件工作的监督，促进政府部门治理突发事件规范化程序化法治化的发展，提升政府突发事件应对能力，同时这也是坚持人民至上，尊重保障人权工作原则的具体体现。

投诉一般指公民、法人或者其他组织认为第三人实施的违法行为侵犯自身合法权益，请求行政机关依法查处的行为。举报一般指公民、法人或者其他组织认为第三人实施的违法行为侵犯他人合法权益或者国家利益、社会公共利益，请求行政机关依法查处的行为。本条规定则是明确了突发事件应对工作投诉、举报的主体、内容、处理程序等关键要素。

第一，投诉、举报的主体与内容。突发事件应对工作投诉、举报的主体是任何单位和个人，即一切国家机关、社会团体、企业事业单位和所有公民，都有权向有关政府和部门进行投诉、举报。而投诉、举报的内容则是不履行或者不正确履行突发事件应对工作职责的行为，同时不履职行为的作出者不只针对政府及其有关部门，还包括一些具有相应工作职责的其他主体，如新闻媒体，若其不客观、公正地报道突发事件则可能会被投诉、举报。

第二，投诉、举报的处理。投诉、举报制度的构建离不开规范化的投诉、举报处理机制。本条第三款规定了有关政府部门在接到投诉、举报后的处理程序。接到投诉、举报的人民政府和部门应当依照规定立即组织调查处理，并将调查处理结果以适当方式告知投诉人、举报人。此外，受理机关发现投诉、举报事项不属于其职责的，应当及时移送有关机关处理。

第三,投诉人、举报人的保护机制。有关人民政府和部门对举报人、投诉人的个人信息负有保密义务,保护投诉人、举报人的合法权益,避免投诉人、举报人因其投诉、举报遭到恶意报复,从而使有关单位与个人更加积极行使投诉、举报的监督权利,形成持续、良性的投诉、举报制度。

【关联规范】

《中华人民共和国安全生产法》(2021年修正)

第七十三条 负有安全生产监督管理职责的部门应当建立举报制度,公开举报电话、信箱或者电子邮件地址等网络举报平台,受理有关安全生产的举报;受理的举报事项经调查核实后,应当形成书面材料;需要落实整改措施的,报经有关负责人签字并督促落实。对不属于本部门职责,需要由其他有关部门进行调查处理的,转交其他有关部门处理。

涉及人员死亡的举报事项,应当由县级以上人民政府组织核查处理。

第十条 【比例原则】 突发事件应对措施应当与突发事件可能造成的社会危害的性质、程度和范围相适应;有多种措施可供选择的,应当选择有利于最大程度地保护公民、法人和其他组织权益,且对他人权益损害和生态环境影响较小的措施,并根据情况变化及时调整,做到科学、精准、有效。

【条文主旨】

本条是关于突发事件应对措施应当符合比例原则的规定。

【条文解读】

本条规定了突发事件应对中的比例原则，即对行政机关行使突发事件应对相关措施的合理性提出新要求。具体体现在以下几个方面：第一，突发事件应对措施的选择应与突发事件可能造成的社会危害性质、程度、范围相适应，必须能够有效预防或应对突发事件，降低其社会危害性。而有关政府和部门考虑措施是否与突发事件相适应的总体思路则是要充分遵循本法第二条、第三条关于突发事件分级分类的规定，利用科学的突发事件评价标准进行对特定应对措施的选择，再根据每一个突发事件的具体情况进行进一步精确的选择，以实现行政机关在突发事件应对全过程中行政活动的合理性。第二，在诸多突发事件应对措施都能实现控制突发事件可能造成或已经造成的危害结果时，应对突发事件的政府及其部门应当选择对相关利害关系人损失最小的措施，最大程度地保护公民、法人和其他社会组织的权益。第三，突发事件应对措施所谋求的社会公共利益不得小于对利害关系人造成的损害。

此外，增加规定尽量选择对他人权益损害和生态环境影响较小的标准，更加准确地规定了突发事件比例原则中的必要性标准，进一步坚持人民至上、生命至上与依法科学应对、尊重保障人权的工作原则。增加规定根据突发事件的情况变化及时调整应对措施的应用，做到科学、精准、有效。这就意味着，突发事件应对措施的应用必须随着突发事件事前、事中、事后发展而进行动态调整，对作出突发事件应对措施选择的有关政府和部门的治理能力与治理水平提出新要求。

【典型示例】

案件事实：2018年9月15日晚，中山市某镇政府工作人员电话通知了涉案广告牌的出租人（冯某），要求其对涉案广告牌进行加固处理并于次日（9月16日台风"山竹"登陆当天）对涉案广告牌进行排险处理，并转告中山市某传媒公司。次日，某镇政府的工作人员发现涉案广告牌并未按规定进行改造，因此对广告牌进行应急处置，通过镂空的方式使涉案广告牌达到符合报建标准要求。某传媒公司认为某镇政府强制拆除其广告牌的行为违法，应予赔偿。①

争议点：一、某镇政府对涉案广告牌进行应急处置是否合法；二、该行为是否应当进行行政赔偿。

法院认为：根据《突发事件应对法》第十一条、《广东省突发事件应对条例》第三十五条第一款的规定，本案中，某镇政府根据中山市人民政府应急管理办公室发布《关于做好"山竹""百里嘉"双台风防御工作的通知》及中山市人民政府防汛防旱防风指挥部发布《关于做好防御第22号台风"山竹"工作的紧急通知》的要求，对台风"山竹"具有突发事件采取应急措施的职权。在某传媒公司未对涉案广告牌进行镂空改造的情形下，某镇政府对涉案广告牌进行应急处置，并无不当。

关键点：台风"山竹"在采取应急措施当日登陆，广告镂空处理的措施与危害程度相符，同时提前告知了相对人，让其有时间处理。

【关联规范】

《中华人民共和国行政强制法》（2012年）

第三条 行政强制的设定和实施，适用本法。

发生或者即将发生自然灾害、事故灾难、公共卫生事件或者社会安全事件等突发事件，行政机关采取应急措施或者临时措施，依照有关法律、行政法规的规定执行。

……

---

① 广东省中山市中级人民法院（2019）粤20行终514号行政判决书。

第五条　行政强制的设定和实施，应当适当。采用非强制手段可以达到行政管理目的的，不得设定和实施行政强制。

第十一条　【特殊群体保护】国家在突发事件应对工作中，应当对未成年人、老年人、残疾人、孕产期和哺乳期的妇女、需要及时就医的伤病人员等群体给予特殊、优先保护。

【条文主旨】

本条是关于在突发事件应对工作中对特殊群体优先保护的规定。

【条文解读】

突发事件应对法律规范的核心目的是保障公民在突发事件中的生命财产安全。本条作为新增条款，规定对特殊群体相对差异化的保护，即特殊保护、优先保护，是坚持生命至上、尊重保障人权原则的延伸。国家对特殊群体的特殊、优先保护，是以人为本的突发事件应对治理目标的具体实施手段之一，是对突发事件应对工作多年实践经验的高度总结。《国民经济和社会发展第十四个五年规划和2035年远景目标纲要》等一系列文件都明确提出要切实保障妇女、未成年人、残疾人等群体的权益。此外，《"十四五"国家应急体系规划》提出，针对儿童特点采取优先救助和康复措施，加强对孕产妇等重点群体的关爱保护。对受灾害影响造成监护缺失的未成年人实施救助保护。这体现出对特殊群体的重点保护工作理念。

突发事件涉及范围大、影响群体多，所以本条采取列举的方式，规定了需要给予特殊、优先保护的未成年人、老年人、残疾人、孕产期和哺乳期的妇女、需要及时就医的伤病人员等群体类型。但由于立法无法穷尽突发事件发生时的具体情况，就无法穷尽所出现的需要优先保护的群体类型，本条的"等"应作"等外"理解。

此外，本条规定的这几种类型的群体在社会普遍意义上处于相对弱势的地位，大多属于无民事行为能力人或限制行为能力人，应对突发事件的能力相对较弱，需要进行特殊、优先保护与照顾，以保证其生命与安全。但突发事件发生或可能发生时，某类群体是否为可以被认为是本条列举范围内的特殊群体从而对其进行特殊、优先保护，或者本条列举的几种群体类型内部发生救援排序矛盾时，应急救援人员需要结合实际情况从受保护群体在突发事件过程中的自救能力与救援的紧迫性两个因素出发进行判断与评价，从而分级分类地实现差异化保护，及时、准确、高效地发挥救援保护作用，实现对公民生命安全的最大保护，以体现法律规范背后的人文关怀，最大限度地减少突发事件带来的危害。

【关联规范】

《中华人民共和国残疾人保障法》（2018年修正）

第四条　国家采取辅助方法和扶持措施，对残疾人给予特别扶助，减轻或者消除残疾影响和外界障碍，保障残疾人权利的实现。

《中华人民共和国老年人权益保障法》（2018年修正）

第七条　保障老年人合法权益是全社会的共同责任。

国家机关、社会团体、企业事业单位和其他组织应当按照各自职责，做好老年人权益保障工作。

基层群众性自治组织和依法设立的老年人组织应当反映老年人的要求，维护老年人合法权益，为老年人服务。

提倡、鼓励义务为老年人服务。

第十二条　【财产征用】县级以上人民政府及其部门为应对突发事件的紧急需要，可以征用单位和个人的设备、设施、场地、交通工具等财产。被征用的财产在使用完毕或者突发事件应急处置工作结束后，应当及时返还。财产被征用或者征用后毁损、灭失的，应当给予公平、合理的补偿。

【条文主旨】

本条是关于应对突发事件的财产征用的规定。

【条文解读】

突发事件的应对具有高度紧迫性，需要政府及其部门及时整合足够的社会资源，以控制、减轻和消除突发事件引起的严重社会危害。基于此，在应急状态下，政府及其部门的行政权力在法律规定的范围内得以扩大。为应对突发事件的紧急需要，可以采取征用财产的应急措施。本条所规定的财产征用作为行政征用的一种类型，其是指行政机关为满足应对突发事件的紧急需要，征用单位和个人财产的具体行政行为。本条对应急征用制度进行更加明确的限定，以保障应急状态下公权力扩张导致的私权利克减能够在更为合理化、规范化、法治化的范围内进行。

第一，本条进一步明确了应急征用的行政主体，即县级以上人民政府及其部门。将应急征用权力授予县级以上政府及其部门，使政府部门可以作出应急征收的行政行为，提高了突发事件应对的灵活性。同时，明确行使应急征用权力的最低政府层级为县级，有利于保障被征用主体的合法权益，促进构建政府负责的治理体系。

第二，本条进一步明确了征用措施的适用条件是为应对突发事件的紧急需要，即增加了征用措施的启动条件，需要征用主体进一步判断突发事件的发展态势是否必须采取克减私权利的征用措施。同时，增设的适用条件也是对应急征用首先要符合比例原则的进一步细化。

第三，本条限定了应急征用的客体，即征用单位和个人的财产范围。结合多年突发事件应对的实践经验，采取列举的方式限定征收财产范围，防止政府及其部门胡乱征收，保障被征用主体的合法权益。应急征用的客体包括单位和个人的设备、设施、场地、交通工具等财产。本法第七十六条规定了征用的客体还包括其他物资，所以此处的"等"应作"等外"解释。

第四，应急征用不改变征用财产的所有权。被征用的财产在使用完毕或者突发事件应急处置工作结束后，相关征用主体具有返还与补偿义务。此处的补偿应从两个层面理解：一方面是对被征用财产的使用价值进行补偿；另一方面则是对被征收财产毁坏、灭失部分的补偿。此外，本条新增了征用补偿的具体要求，即要做到公平、合理。在突发事件应对过程中，行政机关往往是出于对突发事件应对效率的追求而采取征用措施。对于事后的补偿措施必须兼顾公平合理的要求。具体表现为具有补偿义务的行政主体依法积极履行补偿责任，减少被征用主体的救济成本；依法依规评估财产价值，积极协商明确补偿方案，减少相应的矛盾纠纷等。

此外，本条是突发事件征用制度的原则性规定。本法第七十六条规定，履行统一领导职责或者组织处置突发事件的人民政府及其有关部门，必要时可以向单位和个人征用应急救援所需设备、设施、场地、交通工具和其他物资，以确保有足够的资源应对突发事件。同时第九十五条规定了不及时归还征用的单位和个人的财产，或者对被征用财产的单位和个人不按照规定给予补偿的法律后果，保障突发事件征用措施得到更为公正、高效的实施，进而确保被征用主体的合法权益。

【典型示例】

案件事实：辽宁省锦州市某区政府认定景某的房屋系违规建筑，组织相关部门对景某所有的房屋及其附属设施实施强制拆除后，某区政府征用景某的土地。景某请求判决某区政府于强行拆除景某的房屋及其附属设施的行为违法。①

争议点：某区政府征用景某土地及设施是否合法、有效。

法院认为，依据《突发事件应对法》等法律，某区政府所实施的征用、征收行为，是在突发事件应对情况下进行的，其对景某所有的房屋及附属设施等所实施的征用征收行为具有法律依据。需要指出的是，某区政府在已发布征地拆迁决定并制定了安置补偿方案的情况下，应当按照补偿方案对被征收人进行安置补偿，但某区政府却在未严格履行法定程序的情况下即组织相关部门对景某所有的房屋及其附属设施实施强制拆除，确有不妥。结合考虑某区政府是在重大公共卫生事件突发的情况下，根据辽宁省政府和锦州市委、市政府的部署所实施的征收征用行为，一审与二审法院均不支持景某的诉讼请求。

【关联规范】

《中华人民共和国宪法》（2018年修正）

第十条第三款 国家为了公共利益的需要，可以依照法律规定对土地实行征收或者征用并给予补偿。

第十三条第三款 国家为了公共利益的需要，可以依照法律规定对公民的私有财产实行征收或者征用并给予补偿。

《中华人民共和国民法典》（2021年）

第一百一十七条 为了公共利益的需要，依照法律规定的权限和程序征收、征用不动产或者动产的，应当给予公平、合理的补偿。

第二百四十五条 因抢险救灾、疫情防控等紧急需要，依照法律规定的权限和程序可以征用组织、个人的不动产或者动产。被征用的不动产或者动产使用后，应当返还被征用人。组织、个人的不动产或者动产被征用或者征用后毁损、灭失的，应当给予补偿。

---

① 辽宁省高级人民法院（2021）辽行终102号行政判决书。

第十三条 【时效和程序中止】 因依法采取突发事件应对措施，致使诉讼、监察调查、行政复议、仲裁、国家赔偿等活动不能正常进行的，适用有关时效中止和程序中止的规定，法律另有规定的除外。

【条文主旨】

本条是关于突发事件应对措施导致的时效中止和程序中止的规定。

【条文解读】

本条增加列举了监察调查、国家赔偿的情形，同时增加了"等"表明列举未尽，可能会遭受突发事件应对措施影响的活动，都可以根据实际情况适用时效中止与程序中止的规定。

突发事件本身致使诉讼、监察调查、行政复议、仲裁、国家赔偿等活动不能正常进行的，当事人一般可以不可抗力作为法定事由，提出时效中止和程序中止的请求。突发事件应对措施的依法采取，同样会使诉讼、监察调查、行政复议、仲裁、国家赔偿等活动不能正常进行，本条规定旨在为上述情况适用时效中止与程序中止提供法律依据。

时效中止是指在时效计算过程中，出现一定的法定事由，致使权利人无法行使自己的请求权，为保护权利人的合法权益，法律规定暂时中止相应时效计算，待阻碍权利人的法定事由消失后，时效继续进行计算，其中时效中止的时间不计入时效期内。程序中止是指诉讼、监察调查、行政复议、仲裁、国家赔偿等活动的法定程序，因特定的法定事由不能正常进行需要暂时予以停止，待影响程序的法定事由消失后，继续进行后续程序。其中程序中止的时间，不计算在法定期间内。此处的法定事由则是突发事件应对措施，如在突发公共卫生事件期间，公民因配合当地隔离政策，在民事诉讼时效届满前的最后6个月无法提起相关诉讼，人民法院结合案件实际与突发事件应对情况，可以选择适用《民法典》有关诉讼时效中止之规定。

此外，法律规定的例外情形，一般多指禁止时效和程序中止的特殊情形。例如，《海商法》规定的具有船舶优先权的海事请求，自优先权产生之日起满一年不行使，其船舶优先权灭失，此处的一年期限不得中止或者中断。

【关联规范】

《中华人民共和国民法典》（2021 年）

第一百九十四条 在诉讼时效期间的最后六个月内，因下列障碍，不能行使请求权的，诉讼时效中止：

（一）不可抗力；

（二）无民事行为能力人或者限制民事行为能力人没有法定代理人，或者法定代理人死亡、丧失民事行为能力、丧失代理权；

（三）继承开始后未确定继承人或者遗产管理人；

（四）权利人被义务人或者其他人控制；

（五）其他导致权利人不能行使请求权的障碍。

自中止时效的原因消除之日起满六个月，诉讼时效期间届满。

《中华人民共和国民事诉讼法》（2023 年修正）

第一百五十三条 有下列情形之一的，中止诉讼：

（一）一方当事人死亡，需要等待继承人表明是否参加诉讼的；

（二）一方当事人丧失诉讼行为能力，尚未确定法定代理人的；

（三）作为一方当事人的法人或者其他组织终止，尚未确定权利义务承受人的；

（四）一方当事人因不可抗拒的事由，不能参加诉讼的；

（五）本案必须以另一案的审理结果为依据，而另一案尚未审结的；

（六）其他应当中止诉讼的情形。

中止诉讼的原因消除后，恢复诉讼。

《中华人民共和国国家赔偿法》（2012年修正）

第三十九条第二款　赔偿请求人在赔偿请求时效的最后六个月内，因不可抗力或者其他障碍不能行使请求权的，时效中止。从中止时效的原因消除之日起，赔偿请求时效期间继续计算。

《中华人民共和国行政复议法》（2023年修订）

第三十九条　行政复议期间有下列情形之一的，行政复议中止：

（一）作为申请人的公民死亡，其近亲属尚未确定是否参加行政复议；

（二）作为申请人的公民丧失参加行政复议的行为能力，尚未确定法定代理人参加行政复议；

（三）作为申请人的公民下落不明；

（四）作为申请人的法人或者其他组织终止，尚未确定权利义务承受人；

（五）申请人、被申请人因不可抗力或者其他正当理由，不能参加行政复议；

（六）依照本法规定进行调解、和解，申请人和被申请人同意中止；

（七）行政复议案件涉及的法律适用问题需要有权机关作出解释或者确认；

（八）行政复议案件审理需要以其他案件的审理结果为依据，而其他案件尚未审结；

（九）有本法第五十六条或者第五十七条规定的情形；

（十）需要中止行政复议的其他情形。

行政复议中止的原因消除后，应当及时恢复行政复议案件的审理。

行政复议机关中止、恢复行政复议案件的审理，应当书面告知当事人。

第十四条 【国际合作与交流】中华人民共和国政府在突发事件的预防与应急准备、监测与预警、应急处置与救援、事后恢复与重建等方面,同外国政府和有关国际组织开展合作与交流。

【条文主旨】

本条是关于在突发事件应对领域开展国际合作与交流的规定。

【条文解读】

突发事件是世界上每一个国家都需要面对的治理难题,加强中国同外国政府和有关国际组织的合作交流,有利于吸收外国突发事件应对经验与先进技术支持,提升自身突发事件的应对能力。随着全球化进程的推进,当今世界正处于百年未有之大变局,许多突发事件的影响范围已经突破国界甚至衍生成一种全球性危机。正如《携手构建人类命运共同体:中国的倡议与行动》白皮书中提到的,面对全球性挑战需要全球性应对,面对全球性的突发事件,仅凭一国力量无法完成对突发事件的控制,需要国与国之间的团结协作,以控制、减少突发事件引起的危害后果,维护整个世界的相对安全。

本条规定增加了在突发事件应急准备方面的国际交流与合作,使中华人民共和国政府同外国政府和有关国际组织开展的合作与交流,贯穿突发事件应对的事前、事中、事后全过程,涉及突发事件的预防与应急准备、监测与预警、应急处置与救援、事后恢复与重建等各个方面,进一步完善国际交流与合作的内容。

本条作为突发事件领域国际交流与合作的重要法律依据,在符合外交政策的前提下深化国际交流与合作,构建多层次、多渠道的突发事件应对交流平台,积极宣传我国应对领域的宝贵经验和先进做法,学习借鉴国际先进的突发事件应对思路与科技成果,通过加强交流机制探索出更为高效的突发事件应对模式。加强人员和技术交流培训工作，提升突发事件应对的人才储备。积极参加国际应急救援活动，实施国际人道主义救助，提升我国政府应对突发事件的跨境应急救援能力。

【关联规范】

《中华人民共和国防震减灾法》（2008年修订）

第十一条第一款 国家鼓励、支持防震减灾的科学技术研究，逐步提高防震减灾科学技术研究经费投入，推广先进的科学研究成果，加强国际合作与交流，提高防震减灾工作水平。

《中共中央、国务院关于推进防灾减灾救灾体制机制改革的意见》（2016年）

（十四）深化国际交流合作。服务国家外交工作大局，积极宣传我国在防灾减灾救灾领域的宝贵经验和先进做法，学习借鉴国际先进的减灾理念和关键科技成果，创新深化国际交流合作的工作思路和模式。完善国际多双边合作机制，加强人员和技术交流培训工作，提升重特大自然灾害协同应对能力。完善参与联合国框架下的减灾合作机制，推动深入参与亚洲国家间的减灾对话与交流平台，积极拓展东盟地区论坛、东亚峰会、金砖国家、上海合作组织等框架下的合作机制和内容。通过对外人道主义紧急援助部际工作机制，统筹资源，加强协调，提升我国政府应对严重人道主义灾难的能力和作用。注重对我国周边国家、毗邻地区、"一带一路"沿线国家和地区等发生重特大自然灾害时提供必要支持和帮助。推动我国高端防灾减灾救灾装备和产品走出去。

《"十四五"国家综合防灾减灾规划》（2022年）

三、主要任务

……

6. 服务外交大局，健全国际减灾交流合作机制。

推进落实联合国 2030 年可持续发展议程和《2015—2030 年仙台减轻灾害风险框架》，务实履行防灾减灾救灾双边、多边合作协议。广泛宣传我国防灾减灾救灾理念和成就，深度参与制定全球和区域防灾减灾救灾领域相关文件和国际规则。打造国际综合减灾交流合作平台，完善"一带一路"自然灾害防治和应急管理国际合作机制，深化与周边国家自然灾害防治领域的交流与合作。推动我国防灾减灾救灾高端装备和产品走出去，积极参与国际人道主义救援行动。

……

第十五条　【表彰和奖励】 对在突发事件应对工作中做出突出贡献的单位和个人，按照国家有关规定给予表彰、奖励。

【条文主旨】

本条是关于对在突发事件应对工作中做出突出贡献的单位和个人给予表彰、奖励的规定。

【条文解读】

本条规定对在突发事件应对工作中做出突出贡献的单位和个人给予表彰、奖励。相较于 2007 年《突发事件应对法》并不是完全的新增内容，而是将有关规定从"事后恢复与重建"一章移到"总则"一章进行规定，旨在扩大奖励、表彰制度的适用范围，在尚未发生突发事件时的应急预防、准备、监测与预警等工作中做出突出贡献的单位和个人也可以给予奖励和表彰，充分调动有关单位和个人对突发事件事前应对工作的积极性，落实预防为主的工作方针。本条规定了表彰、奖励的对象与适用方式。

一、表彰、奖励的责任主体

突发事件表彰奖励工作采取分级管理、分工负责的工作原则，根据表彰奖励的大小确定审批机关的级别。奖励、表彰的授予一般由各级政府和应急管理系统政治工作部门负责，其他相关部门配合做好奖励工作。具体奖励权限划分可以依据《应急管理系统奖励暂行规定》适用。

二、表彰、奖励的对象

本条规定表彰、奖励的对象为在突发事件应对工作中做出突出贡献的单位和个人。

首先，单位和个人一般指一切国家机关、社会团体、企业事业单位和所有公民，但根据《应急管理系统奖励暂行规定》第二条的规定，此处的单位和个人多指全国各级应急管理部门、地震机构、矿山安全监察机构（以下统称应急管理部门、机构）及其所属单位，国家综合性消防救援队伍、安全生产等专业应急救援队伍，以及参加应急抢险救援救灾任务的社会应急救援力量的集体和个人。

其次，做出突出贡献的表彰、奖励条件相对抽象。应结合突发事件应对工作的具体内容与《应急管理系统奖励暂行规定》加以理解。第一，在突发事件事前预防与准备工作中恪尽职守、精益求精，在加强应急管理基础建设，科学制定和实施应急预案，对自然灾害监测预警、风险评估，有效防范突发事件等方面取得显著成绩。第二，在突发事件事中救援与处置工作中指挥得当、组织严密、不畏艰险、挺身而出，出色完成突发事件应对任务，对于维护公民生命财产安全、挽救国家财产损失有显著功劳。第三，在突发事件事后恢复重建工作中竭诚服务人民群众，有效组织指导灾情统计核查、损失评估、物资保障、受灾群众安置和灾后重建，工作成效显著。第四，在日常监管工作中，对生产安全、突发事件物资储备等事项严格遵守法律法规，及时发现错误并改正，避免危害结果发生。

三、表彰、奖励的适用方式

本条规定应按照国家相应规定进行表彰、奖励，一般按《国家功勋荣誉表彰条例》《评比达标表彰活动管理办法》《应急管理系统奖励暂行规定》等法规、规章执行。

奖励、表彰的发放一般遵守以下实施程序：第一，制定方案。制定并公布表彰条件，公示申报表彰应提交的材料。第二，推荐。对符合奖励条件的，在所在单位民主推荐基础上，按有关规定自下而上、逐级研究提出推荐对象。第三，审核。实施奖励的单位政治工作部门对推荐对象进行审核，提出奖励审核意见。第四，审批决定。实施奖励的单位研究决定奖励对象，作出奖励决定。第五，备案。实施表彰奖励的部门将名单提供给备案部门备案。

奖励、表彰的标准一般根据做出贡献的影响程度分级确定。例如，《应急管理系统奖励暂行规定》第五条规定，奖励分为集体奖励和个人奖励。奖励由低至高依次分为：嘉奖、记三等功、记二等功、记一等功、授予称号。授予个人称号分为"全国应急管理系统一级英雄模范"、"全国应急管理系统二级英雄模范"；授予集体称号的名称，根据被授予集体的事迹特点确定。

【典型示例】

2021年，宁波市应急管理局在省内率先运用《应急管理系统奖励暂行规定》，对及时发现制止安全事故隐患进一步扩大、查处宁波市首例行刑衔接处罚案——某助剂厂非法储存经营危险化学品案过程中表现突出的某区应急管理局某助剂厂非法储存经营危险化学品案专案组给予集体嘉奖的奖励，对宁波市安全生产监察支队邵俊贤、叶伟吒两位同志给予个人嘉奖的奖励。

宁波市安全生产监察支队对位于某区的一平房仓库进行突击检查，现场查获约62吨无化学品安全标签的桶装冰醋酸。经鉴定，该批冰醋酸浓度在 99% 左右，属危险化学品。检查后，某区应急管理局立即成立某助剂厂非法储存经营危险化学品案专案组，对 62 吨桶装冰醋酸进行查扣，联系委托有资质的危险化学品储存单位保管，避免冰醋酸长期存放不当增加事故风险。同时，通过进一步调查取证，对其中一家违法单位作出了罚款 8.75 万元的行政处罚，对另一家违法单位依据《刑法修正案（十一）》新增的"危险作业罪"规定移交宁波市公安局某分局立案侦查。

此案件是自 2021 年 3 月 1 日《刑法修正案（十一）》施行以来，宁波市应急管理系统首例行刑衔接处罚案件，有效体现了应急管理系统市区两级联动执法、部门联合执法工作机制的全面落实。某区应急管理局某助剂厂非法储存经营危险化学品案专案组主动作为、严格执法，办理首例行刑衔接处罚案件过程中，在可参考案例较少的情况下，积极争取公安机关、检察院等部门的支持配合，提升了安全生产执法质量，加强了安全生产违法行为查处的震慑效应。[1]

【关联规范】

《应急管理系统奖励暂行规定》（2020 年）

（全文）

《国家功勋荣誉表彰条例》（2017 年）

第二十四条 国家级表彰奖励分为定期表彰奖励和及时性表彰奖励。定期表彰奖励项目一般每 5 年开展 1 次。对在抢险救灾、处置突发事件或者完成重大专项任务中作出突出贡献的个人或者集体可以给予及时性表彰奖励。

第二十五条 国家级表彰奖励一般按以下程序进行：

---

[1] 《宁波市在省内率先运用〈应急管理系统奖励暂行规定〉嘉奖全市首例行刑衔接处罚案表现突出集体和个人》，载宁波市应急管理局网站，http://yjglj.ningbo.gov.cn/art/2021/5/21/art_1229075257_58944707.html，2025 年 2 月 18 日访问。

（一）制定方案。承办单位提出工作方案，按程序报批。

（二）推荐。有关单位对符合条件的个人和集体，在广泛征求意见的基础上提出推荐意见，并在本单位公示。公示无异议后，逐级上报。

（三）初审。国家表彰奖励主管部门、有关方面初审同意后，省部级推荐单位负责对推荐对象征求公安等部门意见。其中，对机关事业单位及其工作人员按管理权限还应当征求组织人事、纪检监察等部门意见，对企业及其负责人还应当征求环境保护、工商、税务、安全生产监管等部门意见，并组织公示。

（四）复审。国家表彰奖励主管部门、有关方面组织复审，根据需要征求相关方面意见后，组织公示，按程序报批。

（五）决定。党中央、国务院、中央军委决定表彰人选，发布表彰决定，并颁发奖章、奖牌、证书等。

（六）备案。国家表彰奖励主管部门将表彰名单报党和国家功勋荣誉表彰工作委员会备案。

第三十条 部门和地方的表彰奖励定期开展，一般每5年开展1次。特殊情况可以开展及时性表彰奖励。

表彰奖励名称一般冠以本地区、本系统称谓，并与国家勋章、国家荣誉称号，以及国务院荣誉称号相区别。

部门和地方表彰奖励评选程序，参照国家级表彰奖励程序执行。

《自然灾害救助条例》（2019年修订）

第七条 对在自然灾害救助中作出突出贡献的单位和个人，按照国家有关规定给予表彰和奖励。

《中华人民共和国防震减灾法》（2008年修订）

第十一条第二款 对在防震减灾工作中做出突出贡献的单位和个人，按照国家有关规定给予表彰和奖励。

第二章 管理与指挥体制

第十六条 【管理体制和工作体系】国家建立统一指挥、专常兼备、反应灵敏、上下联动的应急管理体制和综合协调、分类管理、分级负责、属地管理为主的工作体系。

【条文主旨】

本条是关于建立突发事件应急管理体制和工作体系的规定。

【条文解读】

2007年《突发事件应对法》第四条规定国家建立统一领导、综合协调、分类管理、分级负责、属地管理为主的应急管理体制。本次修法将"综合协调、分类管理、分级负责、属地管理为主"调整为工作体系，更突出对突发事件应对的直接作用；而应急管理体制从"统一领导"扩展为"统一指挥、专常兼备、反应灵敏、上下联动"更强调了对突发事件应对工作更为核心、更为基础的要求。

新的应急管理体制是对近年来突发事件应对工作的总结，此次通过立法形式将其固定下来。党的十九届四中全会明确提出构建统一指挥、专常兼备、反应灵敏、上下联动的应急管理体制。《"十四五"国家应急体系规划》指出我国已初步形成统一指挥、专常兼备、反应灵敏、上下联动的中国特色应急管理体制，并提出到2025年形成统一指挥、专常兼备、反应灵敏、上下联动的中国特色应急管理体制的总体目标。科学完善的突发事件应急管理体制和工作体系是预防和减少突发事件的发生，提高突发事件预防和应对能力的基础保障，也构成政府及其有关部门突发事件应对工作的基本管理和工作理念。

一、应急管理体制

应急管理体制针对的是政府宏观层面对突发事件应对的要求。统一指挥、专常兼备、反应灵敏、上下联动的应急管理体制，从突发事件应对的决策主体、救援队伍、应对时效、各级关系等方面构建了新形势下的应急管理体制。四个方面的要求相辅相成，更加明确地解读了"统一领导"的内涵，体现出其对高效、权威的具体要求。

1. 统一指挥是指为应对突发事件，各级人民政府建立应急指挥机构，针对特定突发事件成立专项指挥部，实行统一指挥，确保各方行动一致。本法第十九条、第三十九条、第四十七条、第七十二条等均有在体制机制建设、应急救援工作中强调政府及其设立的应急指挥机构的统一指挥权的规定。

2. 专常兼备是指各级人民政府既要建设应对日常灾难的常备应急救援队伍，又要建设处理多耦合因素灾害的专业力量应急救援队伍，提升应对突发事件的专业能力。既要建设专职应急救援队伍，又要建立志愿应急救援队伍。本法第三十九条规定了政府、基层群众性组织、社会力量建立应急救援队伍的责任。

3. 反应灵敏是指突发事件应对措施要及时、有效，严格执行国家规定的限时报告制度，在最短时间内采取应对措施，防止突发事件的危害扩大。本法第十七条、第六十条、第六十二条、第七十二条至第七十四条等从监测预警到应急处置与救援各阶段均提出了对时效的要求。

4. 上下联动是指要发挥我国单一制国家制度优势，各级人民政府要互为依靠，互相支援。下级要及时向上级汇报并对上级应对工作予以支持，上级应当对下级应对工作予以专业指导甚至提级领导、指挥应对工作。本法第十七条、第十九条、第五十九条、第六十一条、第六十二条、第七十二条、第八十八条等条款均规定了上级与下级之间在各环节之间的关系。

二、应急工作体系

应急工作体系强调的是对突发事件具体应对的工作要求。综合协调、分类管理、分级负责、属地管理为主的工作体系从力量统筹、事件特点、职责分工、责任主体等方面明确了工作体系的构成。

1. 综合协调是指有效整合应对突发事件参与主体（如政府及其部门、基层自治组织、慈善组织、企事业单位、个人以及国际救援力量等）的人力、物力等保障力量，确保各方力量团结合作。本法第十九条、第三十九条、第四十七条、第五十三条等体现了政府在应对工作中对各方力量综合协调的职能。

2. 分类管理是指每一类突发事件的产生原因、表现形式、影响范围、严重程度等各不相同，因此要分类管理，分别制定相应的预防和控制措施，以实现专业应对。本法第二条、第十九条、第六十四条、第六十九条、第七十三条、第七十四条等对应急指挥机构、监测与预警、应急处置等针对不同类别的突发事件作出了不同规定。

3. 分级负责是指根据需要应对的突发事件的类别不同，以及突发事件的级别不同，负责应对的人民政府级别也不同，国务院和地方各级人民政府依据法律、行政法规和总体应急预案的规定，分别负责相应类别和相应等级突发事件的应对工作。本法第十七条、第十八条、第十九条规定对突发事件分级处置作出了具体规定。

4. 属地管理为主强调应对突发事件首先要依靠属地力量，发挥其在事件发生第一线，各方信息最全面，物资调配最便捷，能够最早发现、最早处理等多方面优势。属地管理为主既是压力，又是激励。本法第十七条以及第二章至第六章的相关规定，明确了县级人民政府在突发事件预防与应急准备、监测与预警、应急处置与救援、事后恢复与重建中的具体职责。

本条规定为各类突发事件应急预案的制定提供了指导依据，该规定既包括指导思想，又包括工作方法，还包括工作目标，各级人民政府可以用于全方位指导本辖区在应对工作中应急指挥体制的构建、责任主体的确定、救援队伍的建设等工作。

【关联规范】

《中华人民共和国海上交通安全法》（2021年修订）

第六十七条　海上搜救工作应当坚持政府领导、统一指挥、属地为主、专群结合、就近快速的原则。

《中华人民共和国防洪法》（2016年修正）

第三十八条　防汛抗洪工作实行各级人民政府行政首长负责制，统一指挥、分级分部门负责。

《国家自然灾害救助应急预案》（2024年修订）

1.4　工作原则

坚持人民至上、生命至上，切实把确保人民生命财产安全放在第一位落到实处；坚持统一指挥、综合协调、分级负责、属地管理为主；坚持党委领导、政府负责、社会参与、群众自救，充分发挥基层群众性自治组织和公益性社会组织的作用；坚持安全第一、预防为主，推动防范救援救灾一体化，实现高效有序衔接，强化灾害防抗救全过程管理。

第十七条　【分级负责、属地管理和报告机制】县级人民政府对本行政区域内突发事件的应对管理工作负责。突发事件发生后，发生地县级人民政府应当立即采取措施控制事态发展，组织开展应急救援和处置工作，并立即向上一级人民政府报告，必要时可以越级上报，具备条件的，应当进行网络直报或者自动速报。

突发事件发生地县级人民政府不能消除或者不能有效控制突发事件引起的严重社会危害的，应当及时向上级人民政府报告。上级人民政府应当及时采取措施，统一领导应急处置工作。

法律、行政法规规定由国务院有关部门对突发事件应对管理工作负责的，从其规定；地方人民政府应当积极配合并提供必要的支持。

【条文主旨】

本条是关于突发事件应对管理工作的分级负责、属地管理和报告机制的规定。

【条文解读】

本条是对突发事件应对工作体系中的"属地管理为主"的具体规定，从时间上看，明确的是突发事件发生后的管理与指挥主体，事件发生前的监测、预警等相关工作则由专项分类突发事件各自的行业主管部门负责。

一、突发事件应对管理工作的责任主体

1. 一般规定。首先，突发事件发生后应对的基本主体是发生地县级人民政府；其次，发生地县级人民政府不能消除或者不能有效控制突发事件引起的严重社会危害的，应当及时向上级人民政府报告并且由上级人民政府负责。根据第一款的规定，上级既包括上一级人民政府，也包括跨级的上级人民政府。此处的上级人民政府不仅包括地市级、省级人民政府，也包括国务院。本法第七十二条规定也明确了报告事项。第二款规定的是提级应对报告制度。国务院、省级人民政府、地市级人民政府可以根据下级人民政府的报告决定统一领导相关突发事件应对工作。

2. 特定专项突发事件应对主体。国务院除领导地方各级人民政府不能消除或者不能有效控制突发事件引起的严重社会危害的突发事件外，国务院有关行业主管部门还根据有关专项法律、行政法规规定对特定突发事件应对工作负责，主要是指航空事故、核事故、水上交通事故、铁路行车事故等。此类事故或者专业性强，或者普遍为造成重大伤亡、有重大影响的事故。

二、突发事件应对管理工作的内容

1. 总体规定。突发事件发生后，县级人民政府应对管理工作是立即采取措施控制事态发展，开展应急救援和处置工作。突发事件发生后，县级人民政府应当启动应急预案和相应级别的应急响应，发布相应的预防和控制突发事件影响的行政决定、命令、措施，调动应急救援队伍和社会力量，迅速动员各方力量参与应对工作。

2. 具体应对工作。不同类型的突发事件采取的具体应对措施不尽相同。一般包括但不限于组织营救和救治受害人员，提供避难场所和生活必需品，控制危险源，抢修被损坏的交通、通信等公共设施，封锁特定区域，禁止或者限制使用有关设备、设施。针对特定分类的突发事件，还有相应特定的措施，如抗洪包括阻碍行洪的障碍物、修复损毁的堤坝，突发公共卫生事件中对传染病人采取强制隔离措施、采取消杀措施控制传染源等。

三、突发事件应对管理工作的报告制度

县级人民政府负责汇总、统计、分析相关数据、信息，并按国家有关规定及时向上级人民政府报告；毗邻行政区域可能受到危害的，要向毗邻地区的人民政府通报。

1. 报告的内容。一般情况下，向上级人民政府报告的内容主要有：一是有关部门、专业机构、监测网点和负有特定职责的人员及时收集、报告的有关信息,其中也包括单位依法向所在地人民政府或者有关部门报告的本单位可能发生的突发事件的情况。二是组织有关部门和机构、专业技术人员、有关专家学者等进行会商,对突发事件当前形势、发展方向的评估情况以及下一步拟采取的措施。三是经过评估后或者实践证明,县级人民政府不能消除或者不能有效控制突发事件引起的严重社会危害的,也应当及时如实报告。

2. 报告的形式。实践中部分突发事件发生的领域,已经建立了自上而下的信息系统,并根据需要设置了网络直报或者自动速报的功能。例如,我国建立了突发公共卫生事件网络直报系统、地震灾情速报技术系统等。此种形式信息传递损耗小、时效高,有利于上级人民政府及时、准确作出判断。此次修法将网络直报或者自动速报上升至法律层面,进一步完善了突发事件信息报送制度。本法第六十四条、第六十九条规定了网络直报或者自动速报的具体情形和条件。

【关联规范】

《核电厂核事故应急管理条例》(2011年修订)

第四条 全国的核事故应急管理工作由国务院指定的部门负责,其主要职责是:

(一)拟定国家核事故应急工作政策;

(二)统一协调国务院有关部门、军队和地方人民政府的核事故应急工作;

(三)组织制定和实施国家核事故应急计划,审查批准场外核事故应急计划;

(四)适时批准进入和终止场外应急状态;

(五)提出实施核事故应急响应行动的建议;

(六)审查批准核事故公报、国际通报,提出请求国际援助的方案。必要时,由国务院领导、组织、协调全国的核事故应急管理工作。

《铁路交通事故应急救援和调查处理条例》（2012年修订）

第三条　国务院铁路主管部门应当加强铁路运输安全监督管理，建立健全事故应急救援和调查处理的各项制度，按照国家规定的权限和程序，负责组织、指挥、协调事故的应急救援和调查处理工作

《中华人民共和国内河交通安全管理条例》（2019年修订）

第五十一条第一款　海事管理机构接到内河交通事故报告后，必须立即派员前往现场，进行调查和取证。

《地质灾害防治条例》（2004年）

第十四条第一款　国家建立地质灾害监测网络和预警信息系统。

第十八条　【协调配合与协同应对】 突发事件涉及两个以上行政区域的，其应对管理工作由有关行政区域共同的上一级人民政府负责，或者由各有关行政区域的上一级人民政府共同负责。共同负责的人民政府应当按照国家有关规定，建立信息共享和协调配合机制。根据共同应对突发事件的需要，地方人民政府之间可以建立协同应对机制。

【条文主旨】

本条是关于跨行政区域突发事件应对协调配合机制和协同应对机制的规定。

【条文解读】

各类突发事件的发生都可能面临涉及两个以上行政区域的情形。突发事件跨行政区域发生一般意味着其影响范围较大，且扩散的可能性大，需要更强有力的应对措施。本条规定旨在通过加重上级人民政府的责任，一方面可以解决不同行政区域之间各自为战的问题，加强

各方协作，共同应对突发事件，另一方面可以更大规模地调动应对力量和资源，将突发事件在早期控制在最小范围。

【实务指引】

突发事件涉及两个以上行政区域有以下两种情形。

一、两个以上行政区域属于同一上一级行政区域

如果突发事件发生地所跨区域属于同一上一级行政区域，则由两者共同的上一级人民政府负责。发生地属于同一上级管辖，因此在信息共享、资源调配、应对措施的统一等方面不存在障碍。

二、两个以上行政区域属于不同上一级行政区域

1. 共同负责的主体。如果突发事件发生地所跨区域的上一级行政区域不相同，则由各有关行政区域的上一级人民政府共同负责。

需要注意的是，该条规定的是一般情形，只提高一级应对加强统筹即可，因此并没有追及两者共同的上级。如果突发事件的级别按照应急预案已经达到需要由省级人民政府负责的，则适用其他相应的规定。

2. 共同负责的协作机制。该部分是此次修法增加的内容。共同负责提高一级政府应对，目的是提升应对能力，但上一级仍然属于不同行政区域，因此，该条规定共同负责的人民政府必须按照国家有关规定建立信息共享和协调配合机制。这是对其应对工作的基本要求，确保应对工作能够及时、有效。如果只是信息共享和协调配合仍然不能较好地应对突发事件，共同负责的人民政府可以建立协同应对机制。协同应对将进一步扩大双方在应急救援队伍、应急资源调配等方面的合作，甚至实行统一指挥等。该规定一方面是为了应对突发事件的特殊需要，另一方面也是希冀各相关人民政府坚持人民至上、生命至上的原则，能够众志成城、以更高标准应对突发事件，尽最大可能减少突发事件带来的生命财产损失。

【典型示例】

华蓥山位于重庆市渝北区和四川省广安市交界地带，森林面积大，森林覆盖率高，原始林区多，防火任务艰巨。2023年，重庆市渝北区大湾镇、长寿区洪湖镇与四川省广安市邻水县御临镇联合签订《森林防灭火联防联控联动合作协议书》，达成了关于森林防灭火工作八条共识。上述镇的上一级人民政府即渝北区和广安市两地也按照"自防为主、积极联防、团结互助、保护森林"原则，成立跨省域的森林火灾联防联控领导小组，启动联系会商、预警叫应、共建共享、协同宣教、联动训演、联合指挥、扑救支援七项工作机制。领导小组高效统筹两地森林火灾联防联控相关工作，既有利于推动工作机制落实，也能够及时解决重大问题。[1]

【关联规范】

《森林防火条例》（2008年修订）

第七条 森林防火工作涉及两个以上行政区域的，有关地方人民政府应当建立森林防火联防机制，确定联防区域，建立联防制度，实行信息共享，并加强监督检查。

《气象灾害防御条例》（2017年修订）

第六条 气象灾害防御工作涉及两个以上行政区域的，有关地方人民政府、有关部门应当建立联防制度，加强信息沟通和监督检查。

《中华人民共和国抗旱条例》（2009年）

第三十四条 发生轻度干旱和中度干旱，县级以上地方人民政府防汛抗旱指挥机构应当按照抗旱预案的规定，采取下列措施：

---

[1] 《重庆渝北：筑牢川渝地区森林安全屏障》，载人民网，http://paper.people.com.cn/rmrbwap/html/2023-06/20/nw.D110000renmrb_20230620_5-14.htm，2025年2月19日访问。

（一）启用应急备用水源或者应急打井、挖泉；

（二）设置临时抽水泵站，开挖输水渠道或者临时在江河沟渠内截水；

（三）使用再生水、微咸水、海水等非常规水源，组织实施人工增雨；

（四）组织向人畜饮水困难地区送水。

采取前款规定的措施，涉及其他行政区域的，应当报共同的上一级人民政府防汛抗旱指挥机构或者流域防汛抗旱指挥机构批准；涉及其他有关部门的，应当提前通知有关部门。旱情解除后，应当及时拆除临时取水和截水设施，并及时通报有关部门。

《中华人民共和国动物防疫法》（2021年修订）

第三十八条 发生一类动物疫病时，应当采取下列控制措施：

（一）所在地县级以上地方人民政府农业农村主管部门应当立即派人到现场，划定疫点、疫区、受威胁区，调查疫源，及时报请本级人民政府对疫区实行封锁。疫区范围涉及两个以上行政区域的，由有关行政区域共同的上一级人民政府对疫区实行封锁，或者由各有关行政区域的上一级人民政府共同对疫区实行封锁。必要时，上级人民政府可以责成下级人民政府对疫区实行封锁；

……

第十九条 【行政领导机关和应急指挥机构】 县级以上人民政府是突发事件应对管理工作的行政领导机关。

国务院在总理领导下研究、决定和部署特别重大突发事件的应对工作；根据实际需要，设立国家突发事件应急指挥机构，负责突发事件应对工作；必要时，国务院可以派出工作组指导有关工作。

县级以上地方人民政府设立由本级人民政府主要负责人、相关部门负责人、国家综合性消防救援队伍和驻当地中国人民解放军、中国人民武装警察部队有关负责人等组成的突发事件应急指挥机构，统一领导、协调本级人民政府各有关部门和下级人民政府开展突发事件应对工作；根据实际需要，设立相关类别突发事件应急指挥机构，组织、协调、指挥突发事件应对工作。

【条文主旨】

本条是关于突发事件应对管理工作的行政领导机关和应急指挥机构的设立、组成及其职责。

【条文解读】

本条是对应急管理体制的统一指挥的具体阐述。党委领导、政府负责是突发事件治理体系的核心要素，在以分级负责、属地管理为主的工作体系下，县级以上人民政府对本行政区域的突发事件应对管理工作负责。作为权责一致的具体体现，县级以上人民政府也应当是突发事件应对管理工作的行政领导机关，享有应对突发事件的统一指挥权，这在本法各个章节中均有充分的体现。

一、国务院对突发事件应对管理工作的领导方式

1. 在总理领导下开展工作。国务院是突发事件应对的最高行政领导机关。国务院实行总理负责制，总理领导国务院的工作，因此，研究、决定和部署特别重大突发事件的应对工作也在总理领导下开展，具体到决策形式一般是召开国务院常务会议等。

2. 根据实际需要设立国家突发事件应急指挥机构。此类机构多属于常设议事协调机构。比如，我国地域辽阔、河流众多、森林广布、

草原资源丰富、地质复杂，相关的火灾、洪涝灾害、地质灾害很多依靠单一行政区域的力量难以应对，为此，国家设立了国家防汛抗旱总指挥部、国务院抗震救灾指挥部、国家森林草原防灭火指挥部、国家防灾减灾救灾委员会等专项指挥部，各指挥部办公室在2018年机构改革后全部设在应急管理部。另外，有的指挥部是突发事件发生后成立的，不属于常设机构，如突发公共卫生事件发生后，国务院设立全国突发事件应急处理指挥部。本法第十七条规定的国务院有关部门对突发事件应对管理工作负责的如航空事故、核事故、水上交通事故、铁路行车事故等也有相应的指挥机构，如根据《国家核应急预案》成立的国家核事故应急指挥部。

3. 必要时派出工作组。工作组属于临时组织，一方面是针对地方人民政府难以控制或者消除影响的突发事件，提供专业能力支持，强化各方力量统筹；另一方面针对地方人民政府怠于履职或者应对不力的情形，督促其积极应对，需要问责的也要依法问责。

二、县级以上地方人民政府突发事件应对管理工作的领导方式

1. 地方应急指挥组织体系。地方人民政府负责本行政区域内的突发事件，其设立的突发事件应急指挥机构属于常设的议事协调机构。根据辖区自然环境、经济环境、社会环境的具体特点，地方人民政府均会设立相应类别的突发事件应急指挥机构。以北京市为例，市级层面成立北京市突发事件应急委员会，组织指挥全市突发事件日常应对工作；委员会下设21专项指挥部，其中涉及自然灾害（防火、防汛、地质灾害等）、事故灾难（核、电力、交通、网络、通信等）、公共卫生事件和社会安全事件（群体性事件、反恐和刑事案件等）的各个具体领域，其中核应急和反恐应急专项指挥部是北京的特色。除常设专项指挥部外，在发生其他突发事件后，还会成立临时指挥部。

2. 指挥机构的构成。首先需要明确的是指挥机构的构成并非以单位为主体，而是以人民政府、相关部门、消防救援队、军队的负责人为构成主体。应急指挥机构由本级人民政府主要负责人、相关部门负责人、国家综合性消防救援队伍和驻当地中国人民解放军、中国人民武装警察部队有关负责人等组成,充分体现了"部门联动、军地联合"的治理体系。其中,与以往不同的是,国家综合性消防救援队伍负责人作为独立身份参加到指挥机构中,这也是机构改革后国家综合性消防救援队伍定位发生改变后作的适应性修改。国家综合性消防救援队伍由应急管理部负责管理,是由中国人民武装警察部队消防部队、中国人民武装警察部队森林部队退出现役、成建制划归应急管理部后组建成立。

综上,行政领导机关是突发事件应对的责任主体,政府及其设立的应急指挥机构是突发事件应对工作的实施主体。

【关联规范】

《中华人民共和国地方各级人民代表大会和地方各级人民政府组织法》(2022年修正)

第八十一条 县级以上的地方各级人民政府根据应对重大突发事件的需要,可以建立跨部门指挥协调机制。

《中华人民共和国防洪法》(2016年修正)

第三十九条 国务院设立国家防汛指挥机构,负责领导、组织全国的防汛抗洪工作,其办事机构设在国务院水行政主管部门。

在国家确定的重要江河、湖泊可以设立由有关省、自治区、直辖市人民政府和该江河、湖泊的流域管理机构负责人等组成的防汛指挥机构,指挥所管辖范围内的防汛抗洪工作,其办事机构设在流域管理机构。

有防汛抗洪任务的县级以上地方人民政府设立由有关部门、当地驻军、人民武装部负责人等组成的防汛指挥机构,在上级防汛指挥机构和本级人民政府的领导下,指挥本地区的防汛抗洪工作,其办事机构设在同级水行政主管部门；必要时，经城市人民政府决定，防汛指挥机构也可以在建设行政主管部门设城市市区办事机构，在防汛指挥机构的统一领导下，负责城市市区的防汛抗洪日常工作。

《中华人民共和国防震减灾法》（2008年修订）

第六条　国务院抗震救灾指挥机构负责统一领导、指挥和协调全国抗震救灾工作。县级以上地方人民政府抗震救灾指挥机构负责统一领导、指挥和协调本行政区域的抗震救灾工作。

国务院地震工作主管部门和县级以上地方人民政府负责管理地震工作的部门或者机构，承担本级人民政府抗震救灾指挥机构的日常工作。

第二十条　【应急指挥机构职责权限】突发事件应急指挥机构在突发事件应对过程中可以依法发布有关突发事件应对的决定、命令、措施。突发事件应急指挥机构发布的决定、命令、措施与设立它的人民政府发布的决定、命令、措施具有同等效力，法律责任由设立它的人民政府承担。

【条文主旨】

本条是关于授权突发事件应急指挥机构发布决定、命令、措施权力及其效力的规定。

【条文解读】

本条为新增条款。该条规定意在明确突发事件应对工作中应急指挥机构的权威性，明确了"谁说了算、谁担责任"的问题。另外，该条与本法第二十五条规定政府除可以发布"决定、命令"外，还增加了"措施"。此处的措施是《宪法》第八十九条和《地方各级人民代表大会和地方各级人民政府组织法》第七十三条中"规定行政措施"的一部分。行政措施是指行政机关依法针对特定的具体事项，在一定时期内所采取的具体措施。行政措施的形式有命令、决定、通知、通告等。本条和本法第二十五条所说的措施是指除了命令、决定以外的其他规范性文件，包括通知、通告；此处的措施具有普遍约束力，可以反复适用，并不是指具体行政行为。本法其他条款也使用了"措施"概念，但属于具体行政行为，一部法中概念相同但内涵不同是由于"措施"这一词语具有特殊性，注意区分。相对于决定、命令，措施更具有灵活性、针对性，受体系、形式、程序的约束力更小。政府发布的决定、命令、措施，涉及自然人、法人或者其他组织权利义务的增减，本条赋予了突发事件应急指挥机构同样的权力。

一、关于发布决定、命令、措施的一般规定

1. 人民政府是发布决定、命令、措施的主体。根据《宪法》第八十九条和《地方各级人民代表大会和地方各级人民政府组织法》第七十三条的规定，国务院和县级以上的地方各级人民政府享有发布决定和命令、规定行政措施的职权。针对《行政诉讼法》第十三条中"行政法规、规章或者行政机关制定、发布的具有普遍约束力的决定、命令"的表述，《最高人民法院关于适用〈中华人民共和国行政诉讼法〉的解释》明确"具有普遍约束力的决定、命令"是指行政机关针对不特定对象发布的能反复适用的规范性文件。《国务院办公厅关于加强行政规范性文件制定和监督管理工作的通知》进一步明确，行政规范性文件由行政机关或者经法律、法规授权的具有管理公共事务职能的组织（统称行政机关）发布。一般而言，行政规范性文件虽然与决定、命令同属规范性文件，但层级相对更低，因为决定、命令只能由政府发布，而行政规范性文件相关部门就可以发布。

2. 议事协调机构没有权力发布决定、命令、措施。《国务院行政机构设置和编制管理条例》第六条规定，国务院议事协调机构承担跨国务院行政机构的重要业务工作的组织协调任务。成立议事协调机构的初衷是组织协调相关部门并促进其合作，其不是管理某一行业或者领域的独立的行政机关，因此没有赋予其发布决定、命令、措施的必要。《深圳市行政机关规范性文件管理规定》第四条规定，政府设立的议事协调机构及其办事机构不得对外发布规范性文件；需要制定规范性文件的，可以提请同级政府或者政府办公厅（室）制定和发布规范性文件。

二、关于应急指挥机构发布决定、命令、措施的规定

根据本法和相关专项法律、行政法规的规定，突发事件应急指挥的职责是领导、组织、指挥、协调突发事件应对工作，这也符合议事协调机构承担跨部门的重要业务工作的组织协调任务的定位。在本法修订之前，除部分特殊规定外，应急指挥机构没有发布决定、命令、措施的权力。

1. 有关法律、行政法规针对应急指挥机构作了部分例外规定。比如，《国务院行政机构设置和编制管理条例》第六条规定，在特殊或者紧急的情况下，经国务院同意，国务院议事协调机构可以规定临时性的行政管理措施。《防洪法》第四十五条也有相关规定。

2. 本法进行了全面授权性规定。应急指挥机构是突发事件科学应对方案的提出者或者决策者，是具体应对工作的指挥者。全面授权应急指挥机构可以发布决定、命令、措施，可以进一步提升政府在瞬息万变的突发事件应对工作中的反应速度和工作效率。坚持实事求是的原则，本法此次修订针对实际需求作出了规定。

三、关于应急指挥部发布的决定、命令、措施的效力和责任主体

虽然相关法律、行政法规作了对应急指挥部发布决定等例外规定，但并没有规定发布的决定、命令、措施的效力和责任主体，本法此次修改解决了该问题。

1. 效力等同于政府发布。突发事件应急指挥机构的首要组成人员是政府的主要负责人，应急指挥的最终决定权也在政府主要负责人。人民政府在实行首长负责制的体制下，组成人员包括政府的各相关部门负责人。应急指挥部和人民政府的最终决策主体具有一致性，发布的决定、命令、措施相应的也具有同等效力。

2. 法律责任由政府承担。应急指挥机构并非独立的法人，依法不能独立承担法律责任，而应急指挥机构由政府设立，且两者发布的决定、命令、措施具有同等效力，因此应急指挥机构相当于设立它的政府的代表机构，那么政府作为独立的行政机关应当依法承担它设立的应急指挥机构有关行为的法律责任。此处的法律责任是泛指的概念，并不是仅指某一行为或者某一类法律责任，而是指与政府因发布决定、命令、措施所产生的相同的一切法律后果。

本条规定突发事件应急指挥机构可以发布决定、命令、措施，有四点具体事项需要注意：一是只是在突发事件应对过程中可以依法发布；二是发布的决定、命令、措施应与突发事件应对有关；三是发布的决定、命令、措施的效力与设立它的政府发布的具有同等效力；四是由设立它的人民政府承担法律责任。

【关联规范】

《中华人民共和国宪法》（2018年修正）

第八十九条　国务院行使下列职权：

（一）根据宪法和法律，规定行政措施，制定行政法规，发布决定和命令；

……

《中华人民共和国地方各级人民代表大会和地方各级人民政府组织法》（2022年修正）

第七十三条　县级以上的地方各级人民政府行使下列职权：

（一）执行本级人民代表大会及其常务委员会的决议，以及上级国家行政机关的决定和命令，规定行政措施，发布决定和命令；

……

《中华人民共和国防洪法》（2016 年修正）

第四十五条第一款　在紧急防汛期，防汛指挥机构根据防汛抗洪的需要，有权在其管辖范围内调用物资、设备、交通运输工具和人力，决定采取取土占地、砍伐林木、清除阻水障碍物和其他必要的紧急措施；必要时，公安、交通等有关部门按照防汛指挥机构的决定，依法实施陆地和水面交通管制。

第二十一条　【部门职责】县级以上人民政府应急管理部门和卫生健康、公安等有关部门应当在各自职责范围内做好有关突发事件应对管理工作，并指导、协助下级人民政府及其相应部门做好有关突发事件的应对管理工作。

【条文主旨】

本条是关于县级以上人民政府应急管理、卫生健康、公安等部门在突发事件应对工作中的职责的规定。

【条文解读】

各级人民政府负责本行政区域的突发事件应对工作，突发事件应急指挥部负责具体统筹、协调、组织突发事件应对工作。包括应急管理、卫生健康、公安在内相关部门，既是政府的工作部门，也是突发事件应急指挥部的成员单位。突发事件应对工作中涉及有关部门职责的，由各部门按照法定职责开展相关工作。而在各类突发事件中，应急管理部门和卫生健康、公安部门的作用十分重要。

一、应急管理部门的职责

1. 承担政府设立的应急指挥机构的日常工作。人民政府的突发事件应急指挥机构设在应急管理部门，承担应急指挥机构的日常工作。以北京市为例，市应急委办公室承担市突发事件应急委员会的具体工作，负责规划、组织、协调、指导、检查本市突发事件应对工作及应急管理的预案、体制、机制和法治建设。

2. 作为突发事件应对工作行业主管部门的综合管理工作。一是指导突发事件应急预案体系建设，综合协调应急预案衔接工作，增强有关应急预案的衔接性和实效性；二是会同其他相关部门统筹、指导全国应急避难场所的建设和管理工作，建立健全应急避难场所标准体系；三是制定应急物资储备规划、品种目录，并组织实施；四是应急救援职业资格管理工作；五是承担突发事件信息系统的建设；六是组织灾害救助体系建设，指导自然灾害类等应急救援；七是其他与突发事件应对相关的工作。

本法第二十七条、第三十一条、第四十条、第四十三条、第四十五条、第八十七条直接规定了应急管理部门的相关职责。

二、卫生健康部门的职责

1. 负责组织突发公共卫生事件的调查、控制和医疗救治工作。一是预防与应急准备。拟定突发公共事件应急预案并报本级人民政府批准；具体承担突发公共卫生事件监测与预警系统建设工作等。二是报告与信息发布。国家卫生健康委制定突发公共事件应急报告规范，建立重大、紧急疫情信息报告系统；地方卫生健康部门按照规定向上级政府报告疫情有关信息。国家卫生健康委负责向社会发布突发公共事件的信息，必要时可以授权省级人民政府卫生健康部门发布本行政区域内突发公共事件的信息。三是应急处理。提出启动应急预案建议，对事件现场等采取控制措施，开展流调，制定相关技术标准、规范和控制措施，对病人组织治疗等。

2. 负责其他突发事件医疗应急工作。一是具体承担国家建立健全突发事件卫生应急体系工作；二是具体承担急救医疗服务网络的建设，配备相应的医疗救治物资、设施设备和人员，提高医疗卫生机构应对各类突发事件的救治能力；三是组织开展突发事件中的医疗救治、卫生学调查处置和心理援助等卫生应急工作，有效控制和消除危害。

本法第三十一条、第五十条、第五十一条、第七十三条、第八十七条、第九十一条规定了卫生健康部门的相关职责。

三、公安部门的职责

1. 负责社会安全事件的应对工作。公安部门除一般负责恐怖袭击事件和刑事案件的应对工作外，在社会安全事件中也需要履行以下职责：(1) 尽快了解和分析事件起因，有针对性地开展法治宣传和说服教育，及时疏导、化解矛盾和冲突；(2) 维护现场治安秩序，对使用器械相互对抗或以暴力行为参与冲突的当事人实行强制隔离，妥善解决现场纠纷和争端，控制事态发展；(3) 对特定区域内的建筑物、交通工具、设备、设施以及燃料、燃气、电力、水的供应进行控制，必要时依法对网络、通信进行管控；(4) 封锁有关场所、道路，查验现场人员的身份证件，限制有关公共场所内的活动；(5) 加强对易受冲击的核心机关和单位的警卫，在国家机关、军事机关、广播电台、电视台、外国驻华使领馆等单位附近设置临时警戒线，加强对重要人员、场所、部位和标志性建筑的安全保护；(6) 严重危害社会治安秩序的事件发生时，立即依法出动警力，加大社会面检查、巡逻、控制力度，根据现场情况依法采取相应的强制性措施，尽快使社会秩序恢复正常；(7) 有关法律、法规、规章规定的其他必要措施。

2. 负责其他突发事件的秩序维护工作。一是在突发事件处置现场周围设立警戒区和警戒哨，做好现场控制、交通管制、疏散救助群众、维护公共秩序等工作；二是承担对重要场所、目标和救灾设施的警卫；三是保证紧急情况下抢险救援车辆的优先安排、优先调度、优先放行，确保抢险救灾物资和人员能够及时、安全送达；四是加强各级各类公共安全视频监控系统建设，完善本市图像信息管理系统；五是建立突发事件舆情快速收集研判机制；六是对突发事件的有关违法人员追究其治安责任和刑事责任。

本法第六十七条、第七十三条、第七十四条、第七十六条规定了公安部门的有关职责内容。

【典型示例】

2023年12月18日23时59分，甘肃积石山县发生地震，影响了青海省海东市等地。青海省卫生健康委为进一步做好抗震救灾医疗卫生救援工作，第一时间成立抗震救灾领导小组，派出紧急医疗救援队员赶赴一线，全力开展医疗救援，确保伤员得到及时有效救治。

截至12月19日6时，7家省级医疗机构已准备救治床位300张，海东市预留床位100张，民和县预留100张床位，各医院重症、骨科、普外、神经外科医务人员已做好集结。地震救援现场共出动救护车68辆，参与医护人员1404人，省级紧急救援队员31人，海东市级专家10人，心理咨询师6人正在现场开展救援。省卫生健康委组织省血液中心做好应急状态下血液供应，积极与全省各级救治医院沟通衔接，已向省人民医院调配24000ml血浆。

截至12月19日12时，从青海省人民医院、青海大学附属医院、青海红十字医院、西宁市第一人民医院、西宁市第二人民医院抽调医疗专业20人（每个医院重症医学科、骨科、普外科、神经外科各1人）、护理专业20人，共计40人，组成地震医疗救治专家组，全力开展救治工作，保障人民群众生命安全。①

【关联规范】

《中华人民共和国地方各级人民代表大会和地方各级人民政府组织法》（2022年修正）

第八十三条 省、自治区、直辖市的人民政府的各工作部门受人

---

① 徐顺凯：《青海省卫健系统全力开展抗震救灾医疗救治》，载青海省人民政府网，http：//www.qinghai.gov.cn/zwgk/system/2023/12/20/030032569.shtml，2025年3月12日访问。

民政府统一领导,并且依照法律或者行政法规的规定受国务院主管部门的业务指导或者领导。

自治州、县、自治县、市、市辖区的人民政府的各工作部门受人民政府统一领导,并且依照法律或者行政法规的规定受上级人民政府主管部门的业务指导或者领导。

第二十二条 【基层职责】 乡级人民政府、街道办事处应当明确专门工作力量,负责突发事件应对有关工作。

居民委员会、村民委员会依法协助人民政府和有关部门做好突发事件应对工作。

【条文主旨】

本条是关于乡镇、街道和居民委员会、村民委员会在突发事件应对工作中的职责的规定。

【条文解读】

本条为新增条款。2021年发布的《中共中央、国务院关于加强基层治理体系和治理能力现代化建设的意见》(以下简称《意见》)强调,基层治理是国家治理的基石,统筹推进乡镇(街道)和城乡社区治理,是实现国家治理体系和治理能力现代化的基础工程。强化乡镇、街道和居民委员会、村民委员会的突发事件应对能力是本法此次修订的重要内容之一。

一、关于乡镇、街道在突发事件应对工作中的职责

1. 应急职责的来源。乡镇、街道作为国家的基层政权组织,在突发事件应对工作中承担着越来越重要的工作。《意见》明确提出,依法赋予乡镇、街道"应急处置权";提出要增强乡镇、街道应急管理能力。应急管理能力方面包括强化乡镇、街道属地责任和相应职权,

构建多方参与的社会动员响应体系；建立统一指挥的应急管理队伍，加强应急物资储备保障；每年组织开展综合应急演练等。2022年《地方各级人民代表大会和地方各级人民政府组织法》修改时在第八十六条赋予了街道"应急处置"职责。

2. 应急职责的内容。本法第三十四条、第三十九条、第四十二条也对乡镇、街道的部分职责作了具体规定。本法此次修订，特别强调了乡镇、街道必须明确专门工作力量负责突发事件应对有关工作，以保障日常管理工作和发生突发事件时统一指挥工作的有效开展；还规定乡镇、街道可以建立基层应急救援队伍，及时、就近开展应急救援。《消防法》第三十六条规定乡镇人民政府应当根据需要建立专职消防队、志愿消防队，承担火灾扑救工作。实践中，街道办事处也参照此规定执行。除上述调整事项外，街道、乡镇日常工作中要及时调解处理可能引发社会安全事件的矛盾纠纷，减少突发事件的发生；组织开展面向社会公众的应急知识宣传普及活动和必要的应急演练，提升应对能力。

二、关于居民委员会、村民委员会在突发事件应对工作中的职责

1. 应急职责的来源。居民委员会、村民委员会是居民自我管理、自我服务的基层群众性自治组织，与居民关系最为密切，依据《村民委员会组织法》《居民委员会组织法》有协助乡级人民政府、街道办事处开展工作的任务或者责任。《意见》明确提出增强村（社区）组织动员能力，加强群防群治、联防联治机制建设，完善应急预案；在应急状态下，由居民委员会、村民委员会统筹调配本区域各类资源和力量，组织开展应急工作。

2. 应急职责的内容。本法第三十四条、第三十九条、第四十二条、第六十四条、第七十七条规定了基层群众性自治组织的部分职责，对如何保障居民委员会、村民委员会更好地协助人民政府和有关部门做好突发事件应对工作作了更为详细的规定。比如，明确有条件的居民委员会、村民委员会可以建立基层应急救援队伍，及时、就近开展应急救援；还明确县级以上人民政府应当建立健全突发事件应对管理培训制度，对居民委员会、村民委员会有关人员定期进行培训；建立专职或者兼职信息报告员制度，应当按照当地人民政府的决定、命令，进行宣传动员，组织群众开展自救与互救，协助维护社会秩序。

【关联规范】

《中华人民共和国地方各级人民代表大会和地方各级人民政府组织法》（2022年修正）

第七十六条　乡、民族乡、镇的人民政府行使下列职权：

……

（二）执行本行政区域内的经济和社会发展计划、预算，管理本行政区域内的经济、教育、科学、文化、卫生、体育等事业和生态环境保护、财政、民政、社会保障、公安、司法行政、人口与计划生育等行政工作；

（三）保护社会主义的全民所有的财产和劳动群众集体所有的财产，保护公民私人所有的合法财产，维护社会秩序，保障公民的人身权利、民主权利和其他权利；

……

第八十六条　街道办事处在本辖区内办理派出它的人民政府交办的公共服务、公共管理、公共安全等工作，依法履行综合管理、统筹协调、应急处置和行政执法等职责，反映居民的意见和要求。

《中华人民共和国村民委员会组织法》（2018年修正）

第五条　乡、民族乡、镇的人民政府对村民委员会的工作给予指导、支持和帮助，但是不得干预依法属于村民自治范围内的事项。

村民委员会协助乡、民族乡、镇的人民政府开展工作。

《中华人民共和国城市居民委员会组织法》（2018 年修正）

第三条　居民委员会的任务：

（一）宣传宪法、法律、法规和国家的政策，维护居民的合法权益，教育居民履行依法应尽的义务，爱护公共财产，开展多种形式的社会主义精神文明建设活动；

（二）办理本居住地区居民的公共事务和公益事业；

（三）调解民间纠纷；

（四）协助维护社会治安；

（五）协助人民政府或者它的派出机关做好与居民利益有关的公共卫生、计划生育、优抚救济、青少年教育等项工作；

（六）向人民政府或者它的派出机关反映居民的意见、要求和提出建议。

《自然灾害救助条例》（2019 年修订）

第五条　村民委员会、居民委员会以及红十字会、慈善会和公募基金会等社会组织，依法协助人民政府开展自然灾害救助工作。

国家鼓励和引导单位和个人参与自然灾害救助捐赠、志愿服务等活动。

第二十三条　【公民、法人和其他组织义务】公民、法人和其他组织有义务参与突发事件应对工作。

【条文主旨】

本条是关于公民、法人和其他组织参与突发事件应对工作的义务的规定。

【条文解读】

突发事件应对的目的是控制、减轻和消除突发事件引起的严重社会危害，保护人民的生命财产安全，恢复生产生活和社会秩序。在我国的突发事件应对治理体系中，"公众参与"是重要组成部分。只有全社会成员共同参与，才能在最短时间内控制、消除影响。公民、法人和其他组织在突发事件中具有双重身份：既可能是突发事件的受害者，也可能是突发事件应对的参与者；既有获得救助的权利，也有义务积极参与应对工作。本法第七条、第九条、第十二条、第四十六条、第五十二条、第五十四条、第六十条、第七十二条、第七十六条、第七十九条、第八十三条、第八十四条、第九十条等规定了公民、法人和其他组织在突发事件应对工作中的权利和义务。公民、法人和其他组织参与突发事件应对工作主要有以下两个方面。

一、开展自救、互救活动

在突发事件中，损害的是公民的生命健康和财产，以及法人和其他组织的财产。事件的受害者最了解事件具体情形，也有动力开展自救、互救活动，以尽早控制事态发展，减少事件造成的影响。自救、互救活动能够为政府应对工作赢得宝贵的时间，降低应对工作的难度。当然，公民、法人和其他组织的自救、互救应当在自身能力范围内开展，当事件超出自己的应对能力时，应当及时转移或者就地等待救援，避免损失进一步扩大，增加应急救援难度。另外，在突发事件发生后，人民政府及其派出机关以及群众性自治组织也会组织群众开展自救和互救活动。

二、积极参与政府组织的应对工作

1. 基本要求。公民、法人和其他组织参与突发事件应对工作，应当遵守人民政府及其设立的应急指挥机构发布的决定、命令、措施。突发事件发生地的公民应当服从人民政府、居民委员会、村民委员会或者所属单位的指挥和安排，配合人民政府采取的应急处置措施，积极参加应急救援工作，协助维护社会秩序。

2. 参与应对工作的形式可以分为主动参与和配合参与。主动参与方面，如在灭火救援中，主动参与有组织的灭火；防洪工作中，协助运送防洪物资；任何单位和个人发现传染病病人或者疑似传染病病人时，应当及时向附近的疾病预防控制机构或者医疗机构报告。配合参与方面，如政府依法征用单位和个人的设备、设施、场地、交通工具等财产的，应当予以配合；在防洪工作中，依法启用蓄滞洪区，任何单位和个人不得阻拦、拖延；留守在政府规定区域，如避难场所，减少出行等。

【关联规范】

《自然灾害救助条例》（2019年修订）

第二条 自然灾害救助工作遵循以人为本、政府主导、分级管理、社会互助、灾民自救的原则。

第十四条 自然灾害发生并达到自然灾害救助应急预案启动条件的，县级以上人民政府或者人民政府的自然灾害救助应急综合协调机构应当及时启动自然灾害救助应急响应，采取下列一项或者多项措施：

……

（五）组织受灾人员开展自救互救；

……

《中华人民共和国消防法》（2021年修正）

第五条 任何单位和个人都有维护消防安全、保护消防设施、预防火灾、报告火警的义务。任何单位和成年人都有参加有组织的灭火工作的义务。

《中华人民共和国防洪法》（2016年修正）

第六条 任何单位和个人都有保护防洪工程设施和依法参加防汛抗洪的义务。

《中华人民共和国防震减灾法》（2008年修订）

第八条 任何单位和个人都有依法参加防震减灾活动的义务。

国家鼓励、引导社会组织和个人开展地震群测群防活动，对地震进行监测和预防。

国家鼓励、引导志愿者参加防震减灾活动。

《地质灾害防治条例》（2004年）

第二十八条第一款 发现地质灾害险情或者灾情的单位和个人，应当立即向当地人民政府或者国土资源主管部门报告。其他部门或者基层群众自治组织接到报告的，应当立即转报当地人民政府。

第二十四条 【解放军、武警部队和民兵组织参与】 中国人民解放军、中国人民武装警察部队和民兵组织依照本法和其他有关法律、行政法规、军事法规的规定以及国务院、中央军事委员会的命令，参加突发事件的应急救援和处置工作。

【条文主旨】

本条是关于国家武装力量参加突发事件的应急救援和处置工作的规定。

【条文解读】

中华人民共和国的武装力量，由中国人民解放军、中国人民武装警察部队、民兵组成。中国人民解放军由现役部队和预备役部队组成，是抢险救灾的突击力量。执行国家赋予的抢险救灾任务是军队的重要使命，抢险救援是中国人民武装警察部队的法定任务。其在突发事件应对中表现出的不怕牺牲的大无畏精神无数次感动着我们，也激励着一代又一代人勇往直前。

一、军队的指挥体系

1. 突发事件应对任务来源。军队参与应急救援和处置工作要依法开展。我国在防洪、防震减灾等专项法律及行政法规中规定了军队参与抢险救援和处置工作。《军队参加抢险救灾条例》第六条规定，县级以上地方人民政府组建的抢险救灾指挥机构,应当有当地同级军事机关的负责人参加。

2. 突发事件应对任务执行程序。军队从应急指挥机构获取任务后,并不直接由应急指挥机构指挥执行,而是由军事机关指挥执行。这是由军队与人民政府在国家权力体系中的关系决定的。《国防法》第十五条明确中央军事委员会领导全国武装力量,并统一指挥中国人民解放军、中国人民武装警察部队、民兵。因此,军队不能由各级人民政府及其设立的应急指挥机构指挥。例外的是,《民兵工作条例》第五条规定全国的民兵工作在国务院、中央军委领导下,由中国人民解放军总参谋部主管。因此,民兵还要执行国务院的命令。总之,中国人民解放军、中国人民武装警察部队、民兵执行任务时均要执行中央军事委员会的命令,民兵则还需要执行国务院的命令,但均不由地方政府设立的应急指挥机构指挥。

二、军队承担的具体任务

军队参与突发事件的主要类型就是抢险救灾。《军队参加抢险救灾条例》第三条规定,中国人民解放军、中国人民武装警察部队参加抢险救灾主要担负下列任务:(1)解救、转移或者疏散受困人员;(2)保护重要目标安全;(3)抢救、运送重要物资;(4)参加道路(桥梁、隧道)抢修、海上搜救、核生化救援、疫情控制、医疗救护等专业抢险;(5)排除或者控制其他危重险情、灾情。必要时,军队可以协助地方人民政府开展灾后重建等工作。除此之外,军队因其特殊地位和性质,还可以在诸多突发事件中在维护社会秩序方面发挥重要作用。

另外,本法第四十一条还规定了中国人民解放军、中国人民武装警察部队和民兵组织应当有计划地组织开展应急救援的专门训练。

【典型示例】

汶川大地震展示出军队在突发事件中作为突击力量的重大作用,

充分体现在应急救援、灾后安置各个阶段。一是反应迅速指挥有力。在接到国家地震局震情通报1分钟后，总参就紧急下达了使用国家地震灾害紧急救援队的预先号令。地震发生第13分钟，军队应急机制启动。1小时内，某军区位于震区附近的部队展开救援；3小时内，有关部队出动兵力12000人，分别在都江堰、彭州、什邡、绵竹、北川等县市展开抗震抢险。与此同时，总部迅速制定用兵方案，命令多个军区、军兵种部队34000官兵采用多种方式向灾区机动，投入救援。二是官兵舍生忘死。在救援现场，各路官兵置生死于不顾，置安危于度外，到处可见人民军队奋不顾身抢救人民生命的感人场景。三是全军合作如一体。抗震救灾的解放军和武警官兵，来自多个军区、军兵种和武警部队，涉及二十多个专业。十多万大军投放在10万平方公里的重灾区。凭借科学的战略部署和战术调整，在最短的时间内把这些力量有效整合、统筹兼顾。①

【关联规范】

《中华人民共和国防洪法》（2016年修正）

第四十三条第二款　中国人民解放军、中国人民武装警察部队和民兵应当执行国家赋予的抗洪抢险任务。

《中华人民共和国防震减灾法》（2008年修订）

第九条　中国人民解放军、中国人民武装警察部队和民兵组织，依照本法以及其他有关法律、行政法规、军事法规的规定和国务院、中央军事委员会的命令，执行抗震救灾任务，保护人民生命和财产安全。

《军队参加抢险救灾条例》（2005年）

第六条　县级以上地方人民政府组建的抢险救灾指挥机构，应当

---

① 陈昌洪：《汶川大地震展示我军战斗力：从抗震救灾看我军力量》，载中国人大网，http://www.npc.gov.cn/zgrdw/npc/zt/2008-06/25/content_1435199.htm，2025年3月14日访问。

有当地同级军事机关的负责人参加；当地有驻军部队的，还应当有驻军部队的负责人参加。

第七条 军队参加抢险救灾应当在人民政府的统一领导下进行，具体任务由抢险救灾指挥机构赋予，部队的抢险救灾行动由军队负责指挥。

第二十五条 【本级人大监督】县级以上人民政府及其设立的突发事件应急指挥机构发布的有关突发事件应对的决定、命令、措施，应当及时报本级人民代表大会常务委员会备案；突发事件应急处置工作结束后，应当向本级人民代表大会常务委员会作出专项工作报告。

【条文主旨】

本条是关于人大常委会对本级人民政府应对突发事件工作的监督的规定。

【条文解读】

监督政府工作是人大常委会的职权。各级人民政府应当依法接受本级人大常委会的监督，确保行政权力依法正确行使。人大常委会对本级人民政府应对突发事件工作的监督包括以下两个部分。

一、法律监督

1. 备案对象。需要备案的是人民政府及其设立的突发事件应急指挥机构发布的有关突发事件应对的决定、命令、措施，这些属于规范性文件范畴。《各级人民代表大会常务委员会监督法》设立了专章"规范性文件的备案审查"。一是明确行政法规、监察法规、地方性法规、自治条例和单行条例、规章等的备案、审查和撤销，依照立法法和全国人大常委会的相关决定办理。二是将地方各级人民政府制定的规范性文件纳入县级以上地方各级人大常委会审查的范围,并授权省级人大常委会参照立法法和全国人大常委会的有关决定对审查程序作出规定。

2. 审查内容。人民政府及其设立的应急指挥机构发布的决定、命令、措施,对于群众的切身利益,关系极大。《各级人民代表大会常务委员会监督法》第三十九条规定,人大常委会审查的不适当情形包括:(1)超越法定权限,限制或者剥夺公民、法人和其他组织的合法权利,或者增加公民、法人和其他组织的义务的;(2)同法律、法规规定相抵触的;(3)有其他不适当的情形,应当予以撤销的。总体而言,对规范性文件的审查内容既包括合法性,也包括合理性;既包括实体正义,也包括程序正义,全方位确保突发事件中公民、法人和其他组织不会受到非法侵害。

二、工作监督

人大常委会依法每年都要选择若干关系本地区群众切身利益和社会普遍关注的问题,听取本级人民政府的专项工作报告。突发事件会给社会带来严重的社会危害,应对突发事件是政府的重要工作,社会公众对政府如何应对及应对结果高度关注,因此,政府有必要就突发事件应对工作向人大常委会作出专项工作报告。

1. 报告时间。人大常委会听取和审议专项工作报告有计划性,一般在第一季度,经委员长会议或者主任会议通过并向社会公布年度计划。突发事件有很大的突发性、偶然性,不能预测其发生和结束的具体时间,因此听取和审议专项工作报告的计划需经委员长会议或主任会议向人大常委会建议后临时增加。具体的时间安排是在事件结束后或者阶段性结束后,保障在突发事件结束前或者阶段性结束前,政府能够将全部精力放在应对工作上。

2. 报告主体。专项工作报告是人大常委会对政府工作的监督,因此在人大常委会会议上对专项工作报告进行审议时,专项工作报告由本级人民政府的负责人或者政府委托的有关部门负责人报告，保障报告工作的权威性和严肃性。

3. 报告内容。突发事件专项工作报告的内容根据事件的具体情况而定。报告的具体内容一般包括突发事件发生的原因、造成的生命财产损失、对经济和社会的影响、政府应对工作、需要汲取的经验和吸取的教训等。人大常委会听取和审议专项工作报告前，办事机构应当将各方面对该项工作的意见汇总，交由本级人民政府研究并在专项工作报告中作出回应。另外，有的事件发生快结束也快，则专项报告可以就整个事件应对情况进行报告；有的事件应对工作持续时间长，可能需要分阶段汇报，如抗洪，可先就应急处置和救援工作报告，再就灾后重建工作报告。

【关联规范】

《中华人民共和国各级人民代表大会常务委员会监督法》（2024 年修正）

第十一条第一款　各级人民代表大会常务委员会每年选择若干关系改革发展稳定大局和群众切身利益、社会普遍关注的重大问题，有计划地安排听取和审议本级人民政府、监察委员会、人民法院和人民检察院的专项工作报告。

《中华人民共和国国务院组织法》（2024 年修订）

第四条　国务院对全国人民代表大会负责并报告工作；在全国人民代表大会闭会期间，对全国人民代表大会常务委员会负责并报告工作。

国务院应当自觉接受全国人民代表大会及其常务委员会的监督。

《中华人民共和国地方各级人民代表大会和地方各级人民政府组织法》（2022 年修正）

第五十条　县级以上的地方各级人民代表大会常务委员会行使下列职权：

……

（七）监督本级人民政府、监察委员会、人民法院和人民检察院的工作，听取和审议有关专项工作报告，组织执法检查，开展专题询问等；联系本级人民代表大会代表，受理人民群众对上述机关和国家工作人员的申诉和意见；

……

第六十八条 地方各级人民政府应当依法接受监督，确保行政权力依法正确行使。

第三章　预防与应急准备

第二十六条　【应急预案体系】国家建立健全突发事件应急预案体系。

国务院制定国家突发事件总体应急预案，组织制定国家突发事件专项应急预案；国务院有关部门根据各自的职责和国务院相关应急预案，制定国家突发事件部门应急预案并报国务院备案。

地方各级人民政府和县级以上地方人民政府有关部门根据有关法律、法规、规章、上级人民政府及其有关部门的应急预案以及本地区、本部门的实际情况，制定相应的突发事件应急预案并按国务院有关规定备案。

【条文主旨】

本条是关于国家应急预案体系的基本构成，以及各级政府在应急预案制定、备案方面有关工作职责的规定。

【条文解读】

应急预案是各级人民政府及其部门、基层组织、企事业单位和社会组织等为依法、迅速、科学、有序应对突发事件，最大限度减少突发事件及其造成的损害而预先制定的方案。进一步说，应急预案是以风险分析评估和应急资源调查为基础，针对设施（备）、场所、气候、环境等因素可能引发的突发事件，为降低事件（故）或者灾害造成的人身、财产与环境损失，控制事态发展，消除突发事件影响，防止发生次生或衍生灾害，而对应急组织机构与职责、人员、技术、装备、设施（备）、物资、救援行动及其指挥与协调等方面预先做出的科学而有效的计划和安排。应急预案是解决突发事件发生之前、发生之时、发展过程中以及事件结束之后，谁来做、怎么做、做什么、何时做、用什么资源做等问题。从管理学角度来看，应急预案也是一个预防准备与应急处置的标准化反应程序，通过这个程序，应急处置与救援活动能够按照既有计划开展有效的应对工作。因此，应急预案是应急管理体系的重要组成部分，其建立和运行需要应急管理体制、机制的支撑保障，同时也是体制、机制在突发事件应对工作中的综合运用和具体体现。

【实务指引】

本条对政府部门应急预案体系的基本构成，以及国务院及其有关部门、地方各级人民政府、县级以上地方人民政府有关部门的应急预案管理基本职责进行了明确，包含以下五个方面：

1. 建立健全突发事件应急预案体系。突发事件具有种类多、分布广、损失大、影响广泛、危害严重等诸多特点。应急预案就是针对突发事件的这些特点而制定的具体行动方案。建立健全突发事件应急预案体系的目的是建立覆盖全国各地区、各行业、各单位的应急预案体系，使中央政府、地方政府和各部门在体系中的职能清晰明确，既相对独立，又相互协调，以提高预防和处置突发事件能力为重点，全面加强应急管理工作，最大限度地控制、减轻或消除突发事件引起的社会危害，最大限度减少突发事件造成的人员伤亡和财产损害，以维护国家安全和社会稳定，促进经济社会全面、协调、可持续发展。应急预案的分类有多种。其中，按应急管理的对象划分，可分为自然灾害、事故灾难、公共卫生事件和社会安全事件四类。按应急预案的编制主体的不同，可划分为政府及其部门应急预案、基层组织和单位应急预案。其中，政府及其部门应急预案分为两个层次：一是中央一级的突发事件总体应急预案、专项应急预案和部门应急预案；二是地方一级突发事件总体应急预案、专项应急预案和部门应急预案。

总体应急预案是本级应急预案体系的总纲，并通常在附件中明确本级专项应急预案的组成目录。

专项应急预案是政府为应对某一类型或某几种类型突发事件，对预防与准备、资源与保障、联动与协调等重要专项工作而预先制定的涉及多个部门职责的工作方案，主要解决"干什么"的问题。专项应急预案名称一般由"名称+事件类型+功能+应急预案"构成，若是重大活动应急预案、重要目标物保护应急预案，还需要加重大活动名称或者重要目标名称。

部门应急预案是政府有关部门根据突发事件总体应急预案、专项应急预案和部门职责，为应对本部门（行业、领域）突发事件，或者针对重要目标物保护、重大活动保障、应急资源保障等涉及部门工作而预先制定的工作方案，主要解决"怎么干"的问题。部门应急预案是一个相对独立完整的体系，在部门应急预案的具体章节中，应根据突发事件总体应急预案和专项应急预案所赋予的任务，明确相关工作方案。因此，部门应急预案具体章节中就会有很多应对工作方案。其名称由"地方名称+部门名称+应对+突发事件+功能+工作方案"构成。

各级总体应急预案、专项应急预案、部门应急预案之间上下衔接、左右协同，形成了国家应急预案体系。

2. 国务院应急预案管理的基本职责，具体包含两项：（1）制定国家突发事件总体应急预案。具体由应急管理部组织编制，按程序报党中央、国务院审批，以党中央、国务院名义印发。（2）组织制定国家突发事件专项应急预案。国家专项预案的目录构成在国家总体应急预案中加以明确。具体编制时，首先由应急管理部会同有关部门编制应急预案制修订工作计划，报国务院批准后实施。其次由国务院相关类别突发事件应对牵头部门组织编制，并由牵头部门送应急管理部衔接协调后，报国务院审批，以国务院办公厅或者有关应急指挥机构名义印发。

3. 国务院有关部门应急预案管理的基本职责，主要是根据各自职责和相关国家专项应急预案，制定国家突发事件部门应急预案并报国务院备案。国家部门应急预案由部门会议审议决定、以部门名义印发，涉及其他部门职责的可与有关部门联合印发；必要时，可以由国务院办公厅转发。

4. 地方各级人民政府应急预案管理的基本职责，是根据有关法律、法规、规章、上级人民政府总体应急预案以及本地区的实际情况，制定相应的突发事件应急预案并按国务院有关规定备案。首先，参照上级人民政府总体应急预案，制定印发本级总体应急预案，报上一级人民政府备案，同时抄送上一级人民政府有关部门。其次，根据有关规定，参考上级政府应急预案体系构成，以及本地区的突发事件风险构成、行政体系构成等实际情况，明确本级专项应急预案的目录构成，并组织编制。应急预案体系的构成是针对突发事件处置需求而设计的，一定要从实际出发，切忌生搬硬套。不同层级的应急预案体系在目录构成、编制分工、内容要求等方面均可能有明显差异。例如，市级层面可能有轨道交通运营突发事件专项应急预案，而县级层面没有；山区和浅山区可能有森林火灾扑救专项应急预案，而中心城区没有；一市的燃气突发事件专项应急预案由城市管理部门牵头编制，而另一市则由住房城乡建设部门牵头编制等。

5. 县级以上地方人民政府有关部门应急预案管理的基本职责，是根据有关法律、法规、规章、上级人民政府有关部门的应急预案以及本部门的实际情况，制定相应的突发事件部门应急预案并按国务院有关规定备案，当然，本级政府的各专项应急预案，实际上一般也是由有关部门牵头编制的。县级以上地方人民政府部门应急预案审批印发程序按照本级人民政府和上级有关部门的应急预案管理规定执行。

需要注意的是，现行的《防震减灾法》《核安全法》《环境保护法》《固体废物污染环境防治法》《大气污染防治法》《水污染防治法》《传染病防治法》《食品安全法》《野生动物保护法》等对相关类型的应急预案管理也提出了有关要求。地方各级人民政府和县级以上地方人民政府有关部门在规划、编制、备案相关类别应急预案时，也要符合其规定。

第二十七条　【应急预案衔接】县级以上人民政府应急管理部门指导突发事件应急预案体系建设，综合协调应急预案衔接工作，增强有关应急预案的衔接性和实效性。

【条文主旨】

本条是关于县级以上人民政府应急管理部门在应急预案管理方面基本职责的规定。

【条文解读】

应急预案在突发事件应对中处于"统筹牵总"的重要地位，是突发事件全过程应对的制度性安排，明确事前、事中、事后各个阶段的措施。应急预案体系建设是推进应急管理体系和能力现代化的重要内容，必须把应急预案体系建设作为一个整体、一个系统来进行前瞻性思考、全局性谋划、战略性布局和整体性推进，实现构建"覆盖全面、衔接顺畅、管理规范、实用管用"的应急预案体系。在应急预案体系建设方面，各级人民政府应急管理部门既具备专业优势，又具备综合优势，具有特殊的职能定位，需要单独加以规定。

本条对各级人民政府应急管理部门的应急预案管理基本职责进行了规定，具体包括以下三个方面：

首先，指导突发事件应急预案体系建设。之所以是指导应急预案体系建设，而不是直接负责应急预案体系建设，是因为应急预案体系由各级各类应急预案组成，各领域、各区域的应急预案体系管理工作，由各部门、各级政府各自负责，最终构成一个有机整体，其建设工作自然也由各部门、各级政府按职责共同承担。在此之上，应急管理部门对本级应急预案体系建设进行指导，从涉及的主要工作环节看，至少应包括：（1）指导应急预案体系的构成及其管理机制，按照有关规定明确本区域应急预案的具体分级分类，确定应急预案管理机构和组织体系，明确各级应急预案的编制、审批、发布及执行的责任和权限。上述内容一般通过制定本级应急预案管理办法来实现。（2）指导应急预案编制，使得应急预案编制工作严格遵循相关程序和要求，从法律、法规上充分体现应急预案编制过程的合法性和合规性，提升应急预案内容的针对性、实用性和可操作性。上述内容一般通过制定各类技术指南文件来实现。（3）指导做好应急预案实施，确保应急预案使用单位配置相应的人员和应急资源，围绕应急预案开展人员培训，组织实施应急演练，并在突发事件来临或发生后，及时按照应急预案启动相应预警或应急响应行动，有力有序有效开展处置救援行动。（4）指导开展应急预案评估，指导管理部门建立定期评估制度，基于使用实施效果等情况，分析评价预案内容的针对性、实用性和可操作性，提出改进措施或修订建议，适时开展应急预案修订，实现应急预案的动态优化和科学规范管理。

其次，综合协调应急预案衔接工作。2018年各级应急管理部门组建成立后，均明确了"综合协调应急预案衔接工作"的职责，其核心目的是消除各部门在编制应急预案时的"本位"痕迹，做到"左右相互照应、下级服从上级",以及"凡涉及外部的任务都能找到对象和接口",以此来提升应急预案体系整体质量,形成突发事件应对合力。具体而言,主要在三个方面做好应急预案衔接协调:责任体系、应急任务、响应机制。(1)在责任体系方面,确保同一体系的预案在应急指挥构架、职责划分等方面形成统一的应急责任体系,涵盖指挥、处置、保障各个方面,确保指令顺畅,行动一致。(2)在应急任务方面,针对同一突发事件,确保不同的应急预案在应急工作总体目标上达成一致,保证应急行动的完整性和接续性。同时,在不同预案中充分考虑突发事件可能造成的各类潜在后果,以实现应急任务和责任落实的全覆盖、无死角、无遗漏。(3)在响应机制方面,确保相关应急预案在行动策略和流程上步调一致、相互配合,明确与市级指挥部在信息报送、指挥机制、协同联动等方面的相互匹配,最大限度消除沟通和协调障碍,确保应急行动高效顺畅、整体联动。

最后,增强有关应急预案的衔接性和实效性。实际上,在前述的指导突发事件应急预案体系建设中,已经包含了增强有关应急预案实效性的内容,主要通过加强应急预案编制质量管理、开展应急预案质量动态评估等途径来实现;在前述的综合协调应急预案衔接工作中,已经包含了增强有关应急预案衔接性的内容,具体通过做好应急预案三要素之间的衔接等途径来实现。这里需要注意的是,在工作实践中,各级人民政府应急管理部门应当通过制定制度规范和技术指南等文件,通过组织实施应急演练和预案评估等专项工作,持续加强对专项应急预案等骨干应急预案的审核管理,充分发挥综合协调和指导作用。

第二十八条 【应急预案制定依据与内容】应急预案应当根据本法和其他有关法律、法规的规定,针对突发事件的性质、特点和可能造成的社会危害,具体规定突发事件应对管理工作的组织指挥体系与职责和突发事件的预防与预警机制、处置程序、应急保障措施以及事后恢复与重建措施等内容。

应急预案制定机关应当广泛听取有关部门、单位、专家和社会各方面意见，增强应急预案的针对性和可操作性，并根据实际需要、情势变化、应急演练中发现的问题等及时对应急预案作出修订。

应急预案的制定、修订、备案等工作程序和管理办法由国务院规定。

【条文主旨】

本条是关于应急预案制定依据与内容、修订和管理依据文件制定的规定。

【条文解读】

继明确了应急预案体系管理相关规定、应急管理部门的应急预案管理相关职责后，本条进一步深入应急预案编制修订的具体环节。编制应急预案的核心目的是解决突发事件发生之前、发展过程中以及事件结束之后，谁来做、怎么做、做什么、何时做、用什么资源做等问题。针对不同类别、等级突发事件所编制的不同类型应急预案，其作用和功能也有所区别。因此，编制应急预案时，应当注重其针对性，做到有的放矢，在要素构成等方面保持一定的灵活性，切忌照抄照搬。但保持一定的灵活性并不等于随心所欲，任何围绕突发事件指挥处置而编制的应急预案，在核心要素构成和内容编写上，都应遵循相似的思路理念与技术方法。

本条明确了应急预案在内容设计，以及应急预案编制和修订过程中应遵循的基本理念，并明确了相关机制和管理办法的制定机关，具体如下：

1. 应急预案的内容。首先，要符合本法和其他有关法律、法规的规定。尽管各级各类应急预案核心要素的构成大同小异，但不同法律、法规中对此部分的要求仍存在差异，特别是针对自然灾害、事故灾难、公共卫生、社会安全等不同类别的突发事件，在应急预案核心要素的设计上确实有明显差异，这也是由应急预案所适用的不同类型事件而决定的。其次，要具有针对性。突发事件的性质、特点和可能造成的社会危害发生变化时，对应急预案功能需求会发生变化，其要素构成自然也会发生相应变化。因此，编制应急预案时，应当注重其针对性，满足适用场景和使用者的实际需求。以不同类型的政府及其部门应急预案来说，总体应急预案是对突发事件应对工作的总体安排和部署，体现在原则和指导上；专项应急预案是对不同类型的突发事件应对作出专项安排，提出具体应对要求，体现在专业应对上；现场处置方案是对应急处置具体环节进行计划和部署，明确怎么操作、实施到何种程度，体现在现场行动上；重大活动应急预案体现在预防措施上。这些功能定位上的差异，必然带来要素结构上的变化。

本条还列出了各级各类应急预案的通用核心要素组成，包括但不限于组织指挥体系与职责、预防与预警机制、处置程序、应急保障措施、事后恢复与重建措施等。当然，在编制应急预案时，可以结合实际进行调整。例如，一些事故灾难类突发事件可能根本无法有效预警，也就无须包含预警机制相关内容；一些气象灾害不会造成明显的物理损害，也就无须包含恢复与重建相关内容等。总之，编制应急预案时，要始终围绕突发事件应对与处置工作的重点和关键环节，确保应急预案能有效指导、科学应对、妥善处置各类突发事件。

2. 征求意见和及时修订。本条第二款中关于这两个方面的要求看似属于不同环节，但其实都是为了实现一个共同目标，即增强应急预案的针对性和可操作性。这与当前我国应急预案体系建设现状有关。多年来，随着应急管理工作持续推进，应急预案体系建设已基本实现了"纵向到底、横向到边"。但是，随着实践的不断深入，一些预案不实用、不管用、不好用的问题始终存在，如何尽快实现从"有"到"优"、从"优"到"精"的转化，提高预案的针对性、可操作性和实用性，让预案在关键时刻能派上用场，成为当前各级人民政府相关部门亟待研究解决的问题。为此，本条专门针对应急预案在编制过程中应当广泛听取各方面意见、在使用实施过程中应当及时视情修订进行了规定，以确保应急预案质量始终符合要求。

3. 应急预案的制定、修订、备案等工作程序和管理办法。为了确保应急预案管理工作的规范性和权威性，2024年1月，国务院办公厅印发了修订后的《突发事件应急预案管理办法》，从应急预案的规划、编制、审批、发布、备案、培训、宣传、演练、评估、修订等方面作出了细致规范，为各级各类应急预案的编制和管理提供了根本依据。国务院统一领导全国应急预案体系建设和管理工作，县级以上地方人民政府负责领导本行政区域内应急预案体系建设和管理工作。国务院有关部门、地方各级人民政府及其有关部门、大型企业集团等可根据实际情况，制定相关应急预案管理实施办法。关于应急预案的备案，是指按照相关管理制度的要求到指定主管部门将预案存档（备查）的程序，是相关单位履行法律法规要求的应急预案编制和发布责任的一个必要程序。从备案的概念上讲，其本身对预案内容不具有审查职责，但是，对于不符合要求的预案，主管部门可按有关规定退回，并指导其修改完善。

【实务指引】

以国家层面总体应急预案为例，应急预案的通用核心要素的内容具体如下。

一、组织指挥体系与职责

一是领导机构和职责。国务院是突发事件应急管理工作的最高行政领导机构。在国务院总理领导下，由国务院常务会议和国家相关突发事件应急指挥机构负责突发事件的应急管理工作；必要时，派出国务院工作组指导有关工作。

二是办事机构和职责。国务院办公厅和国家相关突发事件应急指挥机构办公室分别按职责履行值守应急、信息汇总和综合协调职责，发挥运转枢纽作用。

三是工作机构和职责。国务院有关部门依据有关法律、行政法规和各自的职责，负责相关类别突发事件的应急管理工作。具体负责相关类别的突发事件专项和部门应急预案的起草与实施，贯彻落实国务院有关决定事项。

四是地方机构和职责。地方各级人民政府是本行政区域突发事件应急管理工作的行政领导机构，负责本行政区域各类突发事件的应对工作。

五是专家组和职责。国务院和各应急管理机构建立各类专业人才库，可以根据实际需要聘请有关专家组成专家组，为应急管理提供决策建议，必要时参加突发事件的应急处置工作。

二、突发事件的预防和预警机制

突发事件的预防工作主要通过对风险隐患的普查和监控来实现。普查就是全面掌握本行政区域、本行业和领域各类风险隐患情况。监控是对具有各类风险隐患地点或设施，实行长效管理、监控和检查，及时排除风险隐患。预警是对各类风险隐患信息进行综合、科学的风险分析后，将有可能发生或即将发生的突发事件的情况及时发布预警信息。

预警信息包括：突发事件的类别、预警级别、起始时间、可能影响范围、警示事项、应采取的措施和发布机关等内容。对于预警信息的发布、调整和解除，一般通过广播、电视、报刊等方式，对老、幼、病、残、孕等特殊人群以及学校等特殊场所和警报盲区应采取有针对性的公告方式。

三、处置程序

应急预案对处置程序应规定以下内容：

一是信息报告。突发事件发生后，各地区、各部门要立即报告，同时通报有关地区和部门。在应急处置的全流程中，都要及时报送和续报有关情况。

二是先期处置。突发事件发生后，事发地人民政府在报告突发事件信息的同时，根据职责和相关应急预案规定，及时、有效采取先期处置措施，减少伤亡、控制事态。

三是应急响应。各相关单位要及时按照相关预案规定的职责、机制和流程，协同开展应急处置。根据需要成立现场应急指挥机构，明确指挥关系，统筹组织现场各单位共同处置。

四是信息发布。突发事件的信息发布应当及时、准确、客观、全面。突发事件发生后，按照相关规定第一时间向社会发布简要信息，随后发布初步核实情况、政府应对措施和公众防范措施等，并根据事件处置情况做好后续发布工作。

五是应急结束。突发事件应急处置工作结束，或者相关危险因素消除后，现场应急指挥机构予以撤销。

四、应急保障措施

根据需要，规定在人力资源保障、资金保障、物资保障、队伍保障、通信保障、交通保障、医疗保障、科技保障以及其他方面的保障内容。此处的应急保障内容一般偏重于日常能力建设，如果是与应急处置紧密相关的实时保障措施（如对现场的交通运力保障、医疗救治保障等），应当归入处置程序相关章节进行规定。

五、事后恢复与重建措施

应急预案恢复与重建措施内容一般分为以下三个方面内容：

一是善后处置。对突发事件中的伤亡人员、应急处置工作人员，以及紧急调集、征用有关单位及个人的物资，按照规定给予抚恤、补助或补偿，并提供心理服务及司法援助。做好疫病防治和环境污染消除工作。保险监管机构督促有关保险机构及时做好有关单位和个人损失的理赔工作。

二是调查与评估。对突发事件的起因、性质、影响、责任、经验教训和恢复重建等问题进行调查评估。

三是恢复重建。根据受灾地区恢复重建计划，组织和实施恢复重建。

【关联规范】

《中华人民共和国反恐怖主义法》（2018年修正）

第五十五条 国家建立健全恐怖事件应对处置预案体系。

国家反恐怖主义工作领导机构应当针对恐怖事件的规律、特点和可能造成的社会危害，分级、分类制定国家应对处置预案，具体规定恐怖事件应对处置的组织指挥体系和恐怖事件安全防范、应对处置程序以及事后社会秩序恢复等内容。

有关部门、地方反恐怖主义工作领导机构应当制定相应的应对处置预案。

第二十九条 【应急体系建设规划】 县级以上人民政府应当将突发事件应对工作纳入国民经济和社会发展规划。县级以上人民政府有关部门应当制定突发事件应急体系建设规划。

【条文主旨】

本条是关于县级以上人民政府应当制定应急体系建设规划的规定。

【条文解读】

以规划引领经济社会发展，是党治国理政的重要方式。规划作为对某个地区或行业领域未来一定时间和空间内作出的战略安排，是对可能或即将面对的整体性、长期性、基本性问题进行的考量和设计。同时，规划作为引领国民经济社会发展的纲领性文件，是具有战略意义的指导性文件，也是政策制定、投资安排、项目决策的重要依据。通过科学编制并有效实施规划，有效地阐述战略意图、引导资源配置、攻克重大难题，有利于保持国家战略连续性、稳定性，集中力量办大事，确保一张蓝图绘到底。因此，将应急管理事业发展项纳入规划编制十分重要。

第一，县级以上人民政府应当将突发事件应对工作纳入国民经济和社会发展规划。按照《中共中央、国务院关于统一规划体系更好发挥国家发展规划战略导向作用的意见》，我国的规划分为四类：一是国家发展规划，即国民经济和社会发展五年规划纲要，是社会主义现代化战略在规划期内的阶段性部署和安排。它居于规划体系的顶层，是其他各级各类规划的总遵循。二是国家级专项规划，是指导在特定领域发展、布局重大工程项目、合理配置公共资源、引导社会资本投向、制定相关政策的重要依据。三是国家级区域规划，是指导特定区域发展和制定相关政策的重要依据。四是国家级空间规划，以空间治理和空间结构优化为主要内容，是实施国土空间用途管制和生态保护修复的重要依据。按照"下位规划服从上位规划、下级规划服务上级规划、等位规划相互协调"的原则，我国已经建立了以国家发展规划为统领，以空间规划为基础，以专项规划、区域规划为支撑，由国家、省、市、县各级规划共同组成，定位准确、边界清晰、功能互补、统一衔接的国家规划体系。

县级以上人民政府在制定本级发展规划和各类专项规划时，应当充分考虑突发事件应对需要，将相关内容纳入规划。实际上，在大部分专项规划中，都可以找到与突发事件应对和应急管理紧密相关的内容，这也是全面贯彻落实总体国家安全观的具体体现。因此，各级人民政府在编制规划时，应当指导、督促各类规划编制责任部门充分纳入应急管理相关内容，持续推进国家安全体系和能力现代化，促进高质量发展和高水平安全良性互动。

第二，县级以上人民政府有关部门应当制定突发事件应急体系建设规划。在编制应急管理规划时要充分发挥自主权，可根据实际需要确定规划编制的具体领域、名称和数量，并将防灾减灾救灾、安全生产等应急管理工作统筹纳入规划主要内容，实现"多规合一"。根据应急管理实际工作需要，各地区也可以考虑编制其他若干专项规划，做到同步部署、同步研究、同步编制、同步实施。以北京市为例，北京市应急管理局牵头编制印发了《北京市"十四五"时期应急管理事业发展规划》，以推进应急管理体系和能力现代化为主线，以增强城市韧性为目标，积极构建应急管理风险防控体系、治理能力体系和责任制度体系，并同时牵头编制了《北京市"十四五"时期安全生产规划》《北京市"十四五"时期应急救援力量发展规划》《北京市"十四五"时期应急管理科技与信息化发展规划》《北京市"十四五"时期应急物资储备规划》《北京市"十四五"时期防汛减灾发展规划》等5部专项规划，北京市消防救援总队牵头编制了《北京市"十四五"时期消防事业发展规划》，北京市地震局牵头编制了《北京市"十四五"时期防震减灾规划》，共同构筑起北京市"1+7"的应急规划架构，为"十四五"时期北京应急管理事业建设发展提供了科学、系统、具体的理论指导和行动指南。

县级以上人民政府有关部门在编制应急管理领域专项规划时，具体可分为三个阶段开展：一是前期研究阶段，主要开展规划重大课题研究，研究起草应急管理规划基本思路和主要框架。二是文本起草阶段，主要研究起草规划文本，开展规划主要任务和重大工程项目论证，并征求有关方面意见。三是衔接报批阶段，主要与上级有关文件、本级人民政府总体规划纲要等进行衔接，最终按程序报批。

【关联规范】

《中华人民共和国防洪法》（2016 年修正）

第三条第一款 防洪工程设施建设，应当纳入国民经济和社会发展计划。

《中华人民共和国防震减灾法》（2008 年修订）

第十二条 国务院地震工作主管部门会同国务院有关部门组织编制国家防震减灾规划，报国务院批准后组织实施。

县级以上地方人民政府负责管理地震工作的部门或者机构会同同级有关部门，根据上一级防震减灾规划和本行政区域的实际情况，组织编制本行政区域的防震减灾规划，报本级人民政府批准后组织实施，并报上一级人民政府负责管理地震工作的部门或者机构备案。

第三十条 【国土空间规划等考虑预防和处置突发事件】 国土空间规划等规划应当符合预防、处置突发事件的需要，统筹安排突发事件应对工作所必需的设备和基础设施建设，合理确定应急避难、封闭隔离、紧急医疗救治等场所，实现日常使用和应急使用的相互转换。

【条文主旨】

本条是关于如何做好国土空间规划与应急避难场所、"平急两用"设施等建设需求相衔接的规定。

【条文解读】

国土空间规划是国家空间发展的指南，是各类开发保护建设活动的基本依据。从历史上看，2007 年我国出台《城乡规划法》，要求各级人民政府编制城乡规划。2019 年修正的《土地管理法》第十八条规定，国家建立国土空间规划体系。经依法批准的国土空间规划是各类开发、保护和建设活动的基本依据。为了解决过渡期间的规划衔接问题，规定已经编制国土空间规划的，不再编制土地利用总体规划和城乡规划。同时在附则中规定，编制国土空间规划前，经依法批准的土地利用总体规划和城乡规划继续执行。2022年，我国首部"多规合一"的国家级国土空间规划《全国国土空间规划纲要（2021—2035年）》印发，标志着总体形成了全国统一、权责清晰、科学高效的国土空间规划体系，"多规合一"改革取得开创性、决定性成就，同时也确立了国土空间规划在国家空间治理体系中的基础性地位。

【实务指引】

编制国土空间规划，应当符合预防、处置突发事件的需要。具体要从以下几个方面开展：

1. 在总体规划层面做好空间统筹。结合国土空间主要灾害类型和突发事件预防处置功能复合的需求与特征，明确规划目标、原则、工作重点。从优化城乡安全格局、全域统筹角度，提出国土空间布局总体要求，预留一定的应急用地作为"急时"战略留白空间。衔接国民经济和社会发展五年规划，对近期突发事件预防处置公共基础设施做出空间安排，明确应急避险、封闭隔离、物资保障、紧急救治等不同场景设施行动计划和项目清单，完善相关配套政策。

2. 在详细规划中明确应急用地的管控和引导要求。其中，城镇开发边界内的详细规划，包括单元和实施两个层面。单元层面应分解落实总体规划在规划指标、空间布局的相关要求，明确社区服务设施、公共管理与公共服务设施、商业服务业设施、绿地与开敞空间、规划留白空间等不同类型应急空间资源的用地选址、用地规模、承载规模、功能转换、相关配套要求。实施层面应结合不同场景需要、权属关系，确定不同类型应急空间资源的用地边界和各项基本管控引导要求，"平急两用"功能转换和复合利用等应急使用要求。城镇开发边界外的村庄规划及其他类型详细规划，充分利用乡村闲置的公共服务设施、宅基地、集体经营性建设用地，布局应急公共基础设施，明确用地管控、功能转换等要求。结合民宿、乡村休闲综合体、旅游酒店、康养设施改造，植入隔离、转移安置、生活救助和健康服务等应急功能；利用活动场地等开敞空间，设置应急避难场所；利用公共服务、物流、旅游等设施，嵌入物资储备、应急医疗服务点等应急保障功能。

3. 在专项规划中细化应用场景配置要求和设施布局。深化落实总体规划工作重点和布局要求，衔接近期建设规划，细化目标、指标和空间需求，划定应急功能复合区，统筹协调"平急两用"公共基础设施与综合防灾、公共卫生、地下空间、物流等设施的空间布局，明确不同功能复合应用场景的配置要求。充分考虑人口分布、土地资源、产业布局、地理环境、基础设施抗灾能力等特点，落实韧性城市建设要求，从医疗救治隔离、避难安置、疏散救援、物资供应等应急保障功能出发，全方位梳理具备改造或建设条件的各类型"平急两用"应用场景。

4. 充分发挥城市各类设施应急保障作用。以安全等级高、空间容量大、交通便捷的体育场馆、展览中心、应急医疗、大型文化教育设施等公共服务设施为重点，明确"平时"和"急时"规划设计要求。鼓励市政基础设施用地复合利用，"急时"具备地上空间对外开放及应急避难保障功能。鼓励商业商务楼宇、宾馆酒店、餐饮设施、工业厂房等在规划建设过程中融入平急功能复合及可转换设计理念。充分考虑场地条件、平整程度、绿化方式等要求，引导具备平急功能复合条件的绿地与开敞空间建设。针对具备平急转换条件的城市战略性留白用地，按需预留市政、交通设施接入条件。

5. 提升社区应急响应能力。以社区生活圈为基础，推动城市健康安全单元规划建设，整体提升基层防灾避险和自救互救能力。强化社区基本公共服务、社区商业等的应急保障和快速转换能力,以党群服务中心、社区嵌入式服务设施等建设改造为契机,适当提升综合防灾标准,打造灾时能够保障居民安全、提供避难救援条件、具备对外通信联络能力的"安全岛"。

6. 促进村庄建设用地平急功能复合利用。结合乡村振兴,以行政村为基础单元,通过存量空间与设施共建共享、平急功能复合利用等方式,盘活乡村集体土地,完善应急避难场所、疏散通道等应急避难设施布局,补齐消防、物资储备等救灾保障设施短板,优化具有平急转换能力的供水、供电、环卫、防洪排涝、抗震等生命线保障系统,实现大灾巨灾下的"自救自保自转"能力。

【关联规范】

《中华人民共和国城乡规划法》(2019 年修正)

第三条　城市和镇应当依照本法制定城市规划和镇规划。城市、镇规划区内的建设活动应当符合规划要求。

县级以上地方人民政府根据本地农村经济社会发展水平,按照因地制宜、切实可行的原则,确定应当制定乡规划、村庄规划的区域。在确定区域内的乡、村庄,应当依照本法制定规划,规划区内的乡、村庄建设应当符合规划要求。

县级以上地方人民政府鼓励、指导前款规定以外的区域的乡、村庄制定和实施乡规划、村庄规划。

《中华人民共和国土地管理法》(2019 年修正)

第十八条　国家建立国土空间规划体系。编制国土空间规划应当坚持生态优先,绿色、可持续发展,科学有序统筹安排生态、农业、城镇等功能空间,优化国土空间结构和布局,提升国土空间开发、保护的质量和效率。

经依法批准的国土空间规划是各类开发、保护、建设活动的基本依据。已经编制国土空间规划的，不再编制土地利用总体规划和城乡规划。

第八十六条 在根据本法第十八条的规定编制国土空间规划前，经依法批准的土地利用总体规划和城乡规划继续执行。

第三十一条 【应急避难场所标准体系】国务院应急管理部门会同卫生健康、自然资源、住房城乡建设等部门统筹、指导全国应急避难场所的建设和管理工作，建立健全应急避难场所标准体系。县级以上地方人民政府负责本行政区域内应急避难场所的规划、建设和管理工作。

【条文主旨】

本条是关于应急避难场所规划、建设和管理职责划分的规定。

【条文解读】

应急避难场所作为公共安全和应急管理的重要组成部分，在重大突发事件预警响应、抢险救援、过渡安置过程中，发挥着转移避险、安置避难群众和维护社会稳定的重要作用。应急避难场所建设管理是应急管理工作的重要组成部分。截至 2023 年 11 月底，我国已建成各级各类应急避难场所超过 13.7 万个，但在场址选择、分级分类、功能设施等布局设计上参差不齐，大多数缺乏统一规划。[①] 同时，应急避难场所的建设、管理和使用往往属于不同单位，存在建设、管理和使用相脱节的现象，导致部分应急避难场所建设初期配备的设施设备长

---

① 《应急管理部和自然资源部相关司局负责人解读〈应急避难场所专项规划编制指南〉》，载应急管理部网站，https://www.mem.gov.cn/gk/zcjd/202312/t20231226_473147.shtml，2025 年 3 月 17 日访问。

期缺乏管理和维护，有的甚至已经无法使用。为此，需要加强此项工作的标准化管理，推动科学合理规划、高标准建设城乡应急避难场所。

本条区分国务院相关部门的职责和县级以上地方人民政府的职责，并分别作出规定。对于履行统筹、指导职责的国务院相关部门而言，其职责包括以下两个方面：

1. 明确由国务院应急管理部门会同卫生健康、自然资源、住房城乡建设等部门开展相关工作。我国对应急避难场所的研究和建设工作，已有长期探索。2003 年，中国地震局会同北京市人民政府建成我国第一个规范性应急避难场所——元大都应急避难场所。此后，国务院有关部门纷纷出台国家和行业标准规范指导地方应急避难场所建设，但全国应急避难场所一直处于各地、有关部门和行业分散建设与管理的状态。2018 年党和国家机构改革后，应急管理部承担推动应急避难设施建设的职责，统筹研究应急避难场所建设管理工作。特别是会同自然资源部联合印发《应急避难场所专项规划编制指南》，有力推动了各级各类应急避难场所规划、建设与管理的统一有序开展，对于科学确定各地应急避难场所分级分类布局和功能要求，建立完善城乡空间布局合理、资源统筹共享、功能设施完备、平急综合利用、管护使用规范的应急避难场所体系具有重要引领作用。

就具体职责而言，应急管理部门主要负责统筹协调指导和监督应急避难场所规划、建设、管护和使用工作，统筹制定法规政策制度，组织编制专项规划、相关标准、预案，提高信息化水平，做好物资储备相关工作，开展培训演练。自然资源部门主要负责在国土空间总体规划和详细规划中纳入应急避难场所建设内容，对建设空间进行规划控制和督导，指导专项规划编制并提出与相应国土空间规划及"一张图"衔接核对意见，配合研究制定应急避难场所涉及的国土空间规划专项评估标准。住房城乡建设部门主要负责指导地方把应急避难场所建设内容纳入新建、改建和旧区改造等城市更新项目的建设管理流程。

卫生健康部门主要负责指导应急避难场所医疗救治功能区和防疫隔离功能区建设，并为应急避难场所提供有效的医疗保障。

2. 国务院应急管理部门会同相关部门建立健全应急避难场所标准体系。机构改革前，涉及避难场所的国家、行业和地方各类标准规范不统一，各地执行差异大，且大多数是推荐性而非强制性的。因此，本条明确由国务院应急管理部门牵头，会同相关部门建立健全标准体系。2024年，应急管理部公布了行业标准《应急避难场所设施设备及物资配置》（YJ/T 26—2024）和《应急避难场所术语》（GB/T 44012—2024）《应急避难场所分级及分类》（GB/T 44013—2024）《应急避难场所标志》（GB/T 44014—2024）等国家标准，对于统筹规范应急避难场所相关技术标准，完善全国应急避难场所标准体系，进一步加强应急避难场所全生命周期工作，推动全国应急避难场所建设新发展具有重要指导意义。

对于履行规划、建设和管理职责的县级以上地方人民政府而言，应当由政府或组织相关部门做好相关工作。具体包括以下几个方面：

1. 科学布局各级各类应急避难场所。按照分级负责、属地为主、分级响应调度资源的原则，在遵循国土空间规划、开展国土空间规划专项评估的前提下，以社区生活圈为基本安全单元，合理规划省级、市级、县级、乡镇（街道）级和村（社区）级应急避难场所布局。按照建筑及场地类别、总体功能定位及避难时长、避难种类、避难面积、避难人数、服务半径和设施设备及物资配置等，科学设置室内型和室外型、综合性和单一性，以及紧急、短期、长期应急避难场所。可根据特殊需求及功能需要设置特定应急避难场所。

2. 统筹各类应急避难资源合理建设。新建应急避难场所与城乡公共设施、场地空间和住宅小区等同步规划、建设、验收和交付；改造应急避难场所充分利用学校、文体场馆、酒店、公园绿地、广场，以及乡镇（街道）和村（社区）的办公用房、文化服务中心等公共设施和场地空间；指定应急避难场所充分利用集贸市场、文旅设施、福利院等资源。新建、改造和指定应急避难场所，统筹防灾防疫防空等多功能兼用进行设计，或为其预留必要的功能接口。

3. 加强室内型、综合性应急避难场所建设。新建、改造和指定应急避难场所，优先规划建设室内型、综合性应急避难场所，并提高安全性和舒适水平，适应多灾种、跨区域、长时间应急避难需要。全面建立城乡布局合理、资源统筹共享、功能设施完备、平急综合利用、管护使用规范、与中国式现代化相适应的本级行政区应急避难场所体系，满足城乡人口避难需求的应急避难场所全覆盖。

4. 加强城镇应急避难场所标准化改造。通过综合评估，对城镇地区已建成应急避难场所存在功能不足、配置简陋等情况进行升级改造，提升服务保障能力。在老旧小区、老旧厂区、老旧街区和城中村等存量片区功能改造中，更新改造公共设施或场地空间时同步完善其应急避难功能。选择配建地下人防掩蔽场所的公共建筑、住宅小区和地上人防疏散基地，以及公共文化、教育、体育、旅游设施等，进行平急两用改造。

5. 加强乡村应急避难场所建设。充分利用乡镇（街道）和村（社区）的办公用房、学校、村民活动室、文体场馆（设施）、公园、广场等公共设施和场地空间，规划建设应急避难场所。一般情况下，1个乡镇至少设置1个乡镇（街道）级应急避难场所，1个行政村至少设置1个村（社区）级应急避难场所。加强灾害事故高风险农村地区和乡镇集中居住区应急避难场所建设。

6. 科学设置应急避难场所功能与设施。根据不同级别类型应急避难场所布局，选择适宜承担的功能，合理设置应急宿住、医疗救治和物资储备等功能区，科学配置供电、供水和排污等设施设备及物资，具备条件的应急避难场所还可配置文体活动和心理抚慰等设施。应急避难场所内、外及周边区域规范设置指示标志等指引。结合公共设施和场地空间实际情况，考虑残疾人、老年人、幼儿孕妇和伤病员等特殊群体需要进行无障碍设计。

7. 充分考虑特殊条件下应急避难需要。针对高原、高寒、高温、高山峡谷等特殊地理地质环境和气象水文条件，以及重大危险源、核设施等高风险区域对应急避难的特殊需求，因地制宜进行应急避难场所功能设计，并配置相应的设施设备和防护保障物资。

【关联规范】

《中华人民共和国防震减灾法》（2008 年修订）

第四十一条　城乡规划应当根据地震应急避难的需要，合理确定应急疏散通道和应急避难场所，统筹安排地震应急避难所必需的交通、供水、供电、排污等基础设施建设。

第三十二条　【突发事件风险评估体系】国家建立健全突发事件风险评估体系，对可能发生的突发事件进行综合性评估，有针对性地采取有效防范措施，减少突发事件的发生，最大限度减轻突发事件的影响。

【条文主旨】

本条是关于开展风险管理基本工作方法、路径和目标的规定。

【条文解读】

风险管理是根据风险评估结论并综合考虑法律、政治、社会、经济等因素后采取措施的活动，是承灾体管理单位进行风险识别、风险估测、风险评价、风险控制，并对风险实施有效控制和处理，以期通过投入最低成本而获得最大安全保障的管理活动。

应急管理的主要目标是预防和减少突发事件及其造成的损害，包括事前、事中、事后全过程管理,并强调"预防为主、关口前移"。因此,风险管理是应急管理的重要环节。要实现"无急可应"的最高境界,就必须从"事件"之前的"风险"入手,从更基础、更主动的风险管理层面开展工作。风险管理能够更加系统地分析和评估各种风险因素,并通过优化规划、建设和管理手段,主动采取有针对性的措施避免风险以及损害的产生,达到消除或控制存量风险、预防或减少增量风险的管理目标,从而进一步降低应急管理成本,使有限资源发挥最大作用。

其次,风险管理过程由一系列活动组成,在技术层面包括风险评估、风险控制和风险监测等。其中,风险评估是核心环节,具体又包括风险识别、风险分析和风险评价三个阶段。本条对开展风险管理工作的基本路径方法作出了规定,包括建立体系、开展风险评估、进行风险控制,最终减少突发事件数量和降低突发事件影响。

第一个阶段为建立健全突发事件风险管理工作体系。防范化解重大风险是各级党委、政府的政治职责。各级党委、政府应当强化风险意识,树立全周期管理理念,加强对风险管理工作的领导,把握工作规律,健全完善风险管理工作体系和工作机制,注重发挥制度优势,及时协调解决重大问题,提升风险管理工作制度化、科学化、精细化水平。具体包括:(1)建立健全风险分级分类管理体系。建立"横向到边、纵向到底"的风险管理体系,对自然灾害、事故灾难、公共卫生事件和社会安全事件以及各专项风险实施分类管理。完善风险分级管理机制,重点推进专项风险管理体系、区域风险管理体系和综合风险统筹协调机制建设。(2)建立健全专项风险管理体系。各级人民政府有关部门应当根据职责分工,按照"谁主管、谁负责"的原则,牵头建立健全本领域、本行业、本系统的专项风险管理体系;建立完善风险管理工作体制、机制、规范、流程、标准和要求;组织做好相关风险评估、控制与监测工作,并对区域风险管理相关工作进行指导与检查。(3) 建立健全区域风险管理体系。各级人民政府应当建立健全区域风险管理体系，组织开展行政区域内的风险管理工作，强化重点区域的风险管理；配合上级人民政府及其有关部门开展风险评估，并落实相关风险控制任务。(4) 建立健全综合风险统筹协调机制。各级人民政府应当建立综合风险统筹协调机制，统筹、组织、协调、督促和检查各有关部门开展风险管理工作，并协调综合风险评估与控制工作。

第二个阶段为开展综合性风险评估。各级人民政府应当按照系统性、专业性、综合性和实效性并重的原则，定期做好风险评估工作，具体包括：(1) 全面开展风险识别和隐患排查。分析可能发生的各种突发事件，全面梳理各种风险，掌握风险源、风险点、危险源、事故隐患的种类、数量和状况，建立排查、登记建档制度，准确掌握各类风险情况。(2) 系统开展专项风险评估和区域风险评估。综合分析风险承受能力、控制能力等要素，评估风险的可能性及后果，确定风险等级和风险管理策略，完成专项风险评估报告。(3) 统筹重大风险综合评估。对各专项和区域风险评估报告中提出的重大风险进行综合评估，分析面临的主要风险，确定若干项重大风险，明确风险控制和应急准备工作的重点，提出相关工作建议。(4) 推进重大活动和重要时期风险评估。针对重大活动和重要时期，开展安全风险评估并制定风险控制方案，并可在涉及民生、社会关注度高的政策、规划、工程项目出台或启动时，参照开展相应的风险评估工作，采取控制措施，做好预案准备，将风险控制在源头。(5) 完善风险监测与动态更新机制。建立专项和区域风险的监测和定期更新制度，根据情况的变化和风险控制的成效、存在的问题，密切监测相关风险变化，调整风险等级和风险控制策略。

第三个阶段为开展风险控制，各级人民政府应当根据风险等级和常态管理责任，逐项划分风险控制责任，组织制定风险控制方案，并督促、指导有关主体责任单位采取风险控制措施，在规定时限内有效消除或控制风险。具体包括：（1）落实风险控制措施。坚持"边评估、边控制"，根据风险等级和可控性，科学、详细地制定风险控制工作方案，扎实落实每一项风险控制措施。根据风险控制责任、完成时限、控制措施和风险更新结果，对风险控制工作进度和落实情况实施监控。(2) 重点做好重大风险控制。将重大风险控制工作列入年度或阶段性重点工作计划，全力统筹、协调、检查、督促有关责任主体落实风险控制措施，定期报告工作进展情况。（3）做好应急准备工作。对于确实难以消除、难以控制的风险，要及时发布风险预警信息，并全面做好预案、演练、队伍、物资、资金、技术等各方面的应急准备工作。

同时，针对近年来各类极端灾害和大灾、巨灾发生频率增加的趋势，各级人民政府应当加强对多灾、巨灾和新兴风险的早期识别与规律预测，并可借鉴或采用情景构建的工作方法，制定风险评估规范与防控方案，完善应急预案，开展应急演练，提前做好应急准备。

鉴于风险管理具有较强的专业性，各级人民政府在开展风险管理的过程中，还应当注重建立相关规范和标准体系，强化科技支撑，完善信息化技术平台，积极推进社会单位共同参与，真正从源头预防和减少突发事件的发生，控制、减轻或消除突发事件造成的危害，保护人民群众生命财产安全。

【典型示例】

2020年5月，国务院决定开展第一次全国自然灾害综合风险普查，各地区各部门加强组织领导和统筹协调，在全国范围内开展了地震、地质、气象、水旱、海洋、森林和草原火灾6大类23种灾害风险和综合风险的评估区划，并编制了《第一次全国自然灾害综合风险普查公报》。

在调查成果方面，第一次全面摸清了全国房屋建筑和市政设施的"家底"，形成了具有空间位置和物理属性的房屋建筑海量数据成果，全国房屋建筑第一次有了"数字身份证"；第一次开展了对全国灌木、草木、枯落物的普查，填补了全国林下植被可燃物载量空间信息的空白；第一次全面掌握了主要公共服务设施的空间信息和灾害属性；第一次完成了对全国县、乡、村公路、桥梁、涵洞等普查，采集了全国公路设施的抗震、防洪等设防信息，形成了全国国省干线公路承灾体风险数据库、全国水路承灾体风险数据集等。

在评估与区划成果方面，第一次明确了全国高灾损区、高隐患区、高风险区和低减灾能力区"三高一低"的自然灾害综合风险区域；第一次识别了占全国陆地面积2.3%的自然灾害综合风险高风险区，将全国划分成6个自然灾害综合风险大区、30个综合风险区和90个风险防治亚区，揭示了全国自然灾害综合风险"东高西低"的宏观格局和导致高风险的主要因素，第一次划出了全国自然灾害综合风险管理的短板弱项区域等。

同时，此次普查在技术、工作方法上也取得了突破。第一次开展了自然灾害风险要素调查、评估、区划等全链条普查，完成了灾害风险要素属性和空间位置的"双调查"；第一次探索推进致灾部门数据和承灾体部门数据有机融合，推动灾害致灾数据和人口、经济、房屋建筑、基础设施、公共服务系统等重要承灾体的数据共享；第一次在统一技术体系下开展风险评估区划，采用统一的灾害风险评估、区划及综合防治区划技术框架和技术规范开展单灾种风险评估区划工作。[①]

【关联规范】

《中华人民共和国安全生产法》（2021年修正）

第八条 国务院和县级以上地方各级人民政府应当根据国民经济和社会发展规划制定安全生产规划，并组织实施。安全生产规划应当

[①]《〈第一次全国自然灾害综合风险普查公报〉发布：用好普查成果　发挥普查效益》，载中国政府网，https：//www.gov.cn/lianbo/bumen/202405/content_6949946.htm，2025年3月17日访问。

与国土空间规划等相关规划相衔接。

各级人民政府应当加强安全生产基础设施建设和安全生产监管能力建设，所需经费列入本级预算。

县级以上地方各级人民政府应当组织有关部门建立完善安全风险评估与论证机制，按照安全风险管控要求，进行产业规划和空间布局，并对位置相邻、行业相近、业态相似的生产经营单位实施重大安全风险联防联控。

《地质灾害防治条例》（2004年）

第十条 国家实行地质灾害调查制度。

国务院国土资源主管部门会同国务院建设、水利、铁路、交通等部门结合地质环境状况组织开展全国的地质灾害调查。

县级以上地方人民政府国土资源主管部门会同同级建设、水利、交通等部门结合地质环境状况组织开展本行政区域的地质灾害调查。

第三十三条 【安全防范措施】 县级人民政府应当对本行政区域内容易引发自然灾害、事故灾难和公共卫生事件的危险源、危险区域进行调查、登记、风险评估，定期进行检查、监控，并责令有关单位采取安全防范措施。

省级和设区的市级人民政府应当对本行政区域内容易引发特别重大、重大突发事件的危险源、危险区域进行调查、登记、风险评估，组织进行检查、监控，并责令有关单位采取安全防范措施。

县级以上地方人民政府应当根据情况变化，及时调整危险源、危险区域的登记。登记的危险源、危险区域及其基础信息，应当按照国家有关规定接入突发事件信息系统，并及时向社会公布。

【条文主旨】

本条是关于明确各级人民政府在危险源和危险区域管理工作中应承担的有关责任的规定。

【条文解读】

危险源即危险因素，包括危险物质和有害能量，是指一个系统中具有潜在能量和物质释放危险的、在一定的触发因素作用下可转化为事故的部位、区域、场所、空间、设备及其位置。危险物质具体是指易燃易爆物品、危险化学品、放射性物品等能够危及人身安全和财产安全的物品。因此，按照上述定义，危险源可能是具体的一个企业，也可能是生产经营单位内的某一车间或者是某台设备。

在理论上，危险源一般由三个要素构成：潜在危险性、存在条件和触发因素。潜在危险性是指一旦发生事故，可能带来的危害程度或者损失大小，或者说危险源可能释放的能量强度或者危险物质量的大小。存在条件是指危险源所处的物理、化学状态和约束条件状态。触发因素虽然不属于危险源的固有属性，但它是危险源转化为事故的外因，而且每一类危险源都有相应的触发因素。在触发因素的作用下，危险源即转化为事故。

危险区域是指容易引发自然灾害、事故灾难或公共卫生事件，可能会对位于此环境内的人员造成健康或安全威胁的区域。例如，泥石流多发地区、核电站周边等都属于危险区域。

由于危险源和危险区域存在潜在的发生突发事件的可能性，需要对危险源、危险区域进行调查、登记，并根据对危险源、危险区域的分析、辨识情况，选择合适的评估方法，对危险源、危险区域可能导致事故发生的可能性和严重程度进行定性和定量评价，在此基础上进行危险等级划分，以确定管理的重点。同时，由于危险源和危险区域有时是变化的，因此还应当对其定期进行检查、监控，掌握危险源和危险区域的动态变化情况。

根据《安全生产法》第一百一十七条，重大危险源，是指长期地或者临时地生产、搬运、使用或者储存危险物品，且危险物品的数量等于或者超过临界量的单元（包括场所和设施）。在各类重大危险源中，我国历来高度重视危险化学品的风险管控工作，在一些文件中，甚至直接将重大危险源和危险化学品重大风险画等号。这是因为，危险化学品能量集中，一旦发生事故破坏力惊人，易造成重大人员伤亡和财产损失，社会影响巨大。例如，《危险化学品安全管理条例》第十九条第四款规定，重大危险源是指生产、储存、使用或者搬运危险化学品，且危险化学品的数量等于或者超过临界量的单元（包括场所和设施）。

近年来国家不断强化重大危险源安全管理。2020年，中共中央办公厅、国务院办公厅印发《关于全面加强危险化学品安全生产工作的意见》，部署开展危险化学品安全专项整治三年行动，要求突出重大危险源企业，实施最严格的治理整顿。应急管理部针对重大危险源建设了风险监测预警系统，全面接入了危险化学品生产储存企业重大危险源监测监控数据，加强信息化管控；同时建立了危险化学品安全监管和消防救援机构联合监管工作机制，以"消地协作"模式每年对重大危险源企业开展两轮全覆盖检查督导，推动排查、督办、治理重大隐患和突出问题。

本法将对本行政区域内容易引发自然灾害、事故灾难和公共卫生事件的危险源、危险区域的管理职责赋予了县级人民政府，将对本行政区域内容易引发特别重大、重大突发事件的危险源、危险区域的管理职责赋予省级和设区的市级人民政府。这种职责的划分是与不同层级的人民政府应对突发事件的职责分工相联系的。为了与各级人民政府处置突发事件的职责相一致，本条将容易引发不同级别的突发事件的危险源、危险区域的管理职责分别赋予了县级以上各级地方人民政府。

根据本条的规定,县级以上地方各级人民政府对危险源、危险区域的管理职责主要是:

1. 调查、登记和风险评估。调查就是尽可能地收集有关危险源和危险区域的信息,保证信息收集的全面性。要保证信息收集的全面性,就要分析确定危险源和危险区域的分布状况和范围大小,在此基础上,决定信息收集的范围和种类。登记就是对调查收集的信息归纳整理,登记造册,这样做的目的是使收集到的信息条理化和清晰明确,以便能够从整体上把握收集到的信息,同时对信息进行辨别,排除那些不必要的信息。对于经过核实真实存在的危险源、危险区域,应当登记造册,便于管理和查阅。风险评估是在调查登记的基础上,对经过确认登记的危险源、危险区域组织具备相关专业知识的专家及对应对突发事件有着丰富经验的人员进行分析、论证,得出有关结论,为应对处置工作做好准备。《危险化学品安全管理条例》第二十五条第三款规定,对剧毒化学品以及储存数量构成重大危险源的其他危险化学品,储存单位应当将其储存数量、储存地点以及管理人员的情况,报所在地县级人民政府安全生产监督管理部门(在港区内储存的,报港口行政管理部门)和公安机关备案。

2. 检查、监控。县级以上人民政府应当组织应急管理等相关部门,加强对存在重大危险源的生产经营单位的检查和监控,督促生产经营单位加强对重大危险源的安全管理与监控。《危险化学品重大危险源监督管理暂行规定》第三十条第二款规定,首次对重大危险源的监督检查应当包括下列主要内容:(1)重大危险源的运行情况、安全管理规章制度及安全操作规程制定和落实情况;(2)重大危险源的辨识、分级、安全评估、登记建档、备案情况;(3)重大危险源的监测监控情况;(4)重大危险源安全设施和安全监测监控系统的检测、检验以及维护保养情况；（5）重大危险源事故应急预案的编制、评审、备案、修订和演练情况；（6）有关从业人员的安全培训教育情况；（7）安全标志设置情况；（8）应急救援器材、设备、物资配备情况；（9）预防和控制事故措施的落实情况。同时，县级以上地方各级人民政府安全生产监督管理部门应当会同本级人民政府有关部门，加强对工业（化工）园区等重大危险源集中区域的监督检查，确保重大危险源与周边单位、居民区、人员密集场所等重要目标和敏感场所之间保持适当的安全距离。

3. 责令有关单位采取安全防范措施。《安全生产法》第四十条第二款规定，生产经营单位应当按照国家有关规定将本单位重大危险源及有关安全措施、应急措施报有关地方人民政府应急管理部门和有关部门备案。有关地方人民政府应急管理部门和有关部门应当通过相关信息系统实现信息共享。县级以上人民政府有关安全生产监督管理部门在监督检查中发现重大危险源存在事故隐患的，应当责令立即排除；重大事故隐患排除前或者排除过程中无法保证安全的，应当责令从危险区域内撤出作业人员，责令暂时停产停业或者停止使用；重大事故隐患排除后，经安全生产监督管理部门审查同意，方可恢复生产经营和使用。

4. 及时调整登记信息。上级人民政府认为下级人民政府报备的风险评估结果以及分级情况不准确的，可以要求下级人民政府或者市有关行政管理部门重新组织评估、定级。危险源和危险区域的风险情况发生变化的，有关行政管理部门应当及时重新组织风险评估，经评估认为风险已经消除的，不再作为危险源和危险区域管理；经评估认为风险增大或者减少的，应当相应调整其风险级别。有关行政管理部门还应当建立动态监控制度，开展定期和不定期抽查，根据危险源和危险区域的变化情况及时调整应急防范措施，并将有关情况报送本级人民政府。在突发事件处置结束后，有关行政管理部门也应当重新组织对危险源和危险区域的风险评估和风险定级。

5. 接入信息系统并按照国家规定及时向社会公布。为了保障人民群众的知情权，提高人民群众的自我防范意识，县级以上地方人民政府对于登记的危险源、危险区域信息，应当接入突发事件信息系统并及时向社会公布。当前，我国从国务院到各级地方政府正在建设统一的应急平台，实现值守应急、信息汇总、指挥协调、专家研判和视频会商等功能，接入危险源、危险区域信息，对于加强日常监管和做好第一时间的应急处置具有重要支撑作用。此外，政府向社会公布危险源、危险区域必须按照国家规定进行。这里的"国家规定"既包括法律、行政法规、政府规章，也包括国务院及其部门颁布有关文件等。公布的方式可以是通过报刊、电视等媒体公布，也可以是设置警示标志、张贴公告等。

【关联规范】

《中华人民共和国安全生产法》（2021年修正）

第四十条 生产经营单位对重大危险源应当登记建档，进行定期检测、评估、监控，并制定应急预案，告知从业人员和相关人员在紧急情况下应当采取的应急措施。

生产经营单位应当按照国家有关规定将本单位重大危险源及有关安全措施、应急措施报有关地方人民政府应急管理部门和有关部门备案。有关地方人民政府应急管理部门和有关部门应当通过相关信息系统实现信息共享。

《危险化学品安全管理条例》（2013年修订）

第十九条第四款 本条例所称重大危险源，是指生产、储存、使用或者搬运危险化学品，且危险化学品的数量等于或者超过临界量的单元（包括场所和设施）。

第二十五条 储存危险化学品的单位应当建立危险化学品出入库

核查、登记制度。

对剧毒化学品以及储存数量构成重大危险源的其他危险化学品，储存单位应当将其储存数量、储存地点以及管理人员的情况，报所在地县级人民政府安全生产监督管理部门（在港区内储存的，报港口行政管理部门）和公安机关备案。

第三十四条 【及时调处矛盾纠纷】县级人民政府及其有关部门、乡级人民政府、街道办事处、居民委员会、村民委员会应当及时调解处理可能引发社会安全事件的矛盾纠纷。

【条文主旨】

本条是关于基层政府和群众自治组织及时调解处理矛盾纠纷的规定。

【条文解读】

社会安全事件是指突然发生，由行为人故意引发的，造成或可能造成社会秩序严重损害的事件，主要包括刑事案件、群体性事件等。人民群众在婚丧嫁娶、邻里关系、房屋宅基地、山林土地等方面时常遇到各类矛盾纠纷，在社会经济活动中也可能因为商业合作、劳动就业、收入分配、社会保障、医疗卫生、交通事故等产生各类矛盾纠纷，这些事看似"鸡毛蒜皮"，实则直接关系到每一位公民的切身利益，一旦调解处置不及时、不到位就可能激发矛盾，引发恶性案件。在特殊背景下，还有可能诱发大规模群体性事件等恶性社会安全事件，严重影响社会关系的协调性和社会活动的组织性，给人民带来生命、财产和精神上的损失，对正常的社会秩序、公共安全、国家安全造成威胁，甚至会导致经济衰退、社会混乱。

社会安全事件受人为因素及社会因素共同影响，是一定数量和强度的因素相互作用进而爆发的结果，除极为特殊的恐怖袭击事件外，大多数都是可以预见的。如果具有完善的预防机制，往往可以在初期得到有效控制，进而将风险与危害降至最低。适用的预防措施主要包括两类：一是特定政府机关、基层群众性自治组织对可能引发社会安全事件的矛盾纠纷要进行排查、调解、处理；二是社会单位掌握并及时处理本单位存在的可能引发社会安全的问题，并对可能发生的突发事件采取安全防范措施并及时报告。其中，基层调解的作用至关重要，因为基层既是产生利益冲突和社会矛盾的"源头"，也是协调利益关系和疏导社会矛盾的"茬口"。只有坚持抓早抓小，引导基层群众优先选择调解等非诉讼方式，夯实诉源治理，才能切实把矛盾纠纷解决在基层、化解在诉前。把基层的事解决好，把群众身边问题解决好，人民才能安居乐业，社会才能安定有序，国家才能长治久安。

本条针对基层可能引发社会安全事件的矛盾纠纷，统一规定了县级人民政府及其有关部门、乡级人民政府、街道办事处、居民委员会、村民委员会应承担的职责，旨在构建分层递进、源头预防化解矛盾纠纷的路径，形成健全的基层预防化解纠纷网络，推动矛盾纠纷就地发现、就地调处、就地化解，切实维护社会稳定和安全。当然，不同级别主体所能采取的调节处理措施也有所差异，通过充分发挥各级调节作用，最终实现"小事不出村、大事不出镇、矛盾不上交"的目标。

首先，在社区、村层面，要更加注重夯实人民调解的"第一道防线"。一是加强矛盾纠纷排查预防。把矛盾纠纷排查作为一项基础性、日常性工作，采取普遍排查与重点排查、日常排查与集中排查相结合等方式，不断提高矛盾纠纷排查的针对性、有效性。加强与网格员、平安志愿者等群防群治力量和派出所、综治中心等基层维稳单位的信息共享、联排联动，做到排查全覆盖、无盲区。二是加强基层矛盾纠纷化解。加大对婚姻家事、邻里关系、房屋宅基地、山林土地等基层常见多发的矛盾纠纷调解力度，坚持抓早抓小、应调尽调、法理情相结合，防止因调解不及时、不到位引发恶性案件。

其次，在乡镇（街道）层面，要更加注重做实"一站式"化解功能。一是加强矛盾纠纷专项排查。聚焦矛盾纠纷易发多发的重点地区、重点领域、重点人群、重点时段，开展有针对性的重点排查。围绕服务乡村振兴等国家重大战略，围绕开展重大活动、应对重大事件等，组织开展形式多样的矛盾纠纷专项排查。二是健全风险隐患治理和上报化解机制。对排查出的矛盾纠纷风险隐患，建立工作台账，分类梳理，采取相应的防范处置措施，努力做到早发现、早报告、早控制、早解决。对可能激化的矛盾纠纷，要在稳定事态的基础上及时报告，协助党委、政府和有关部门化解。三是充实基层政法力量。推动政法各单位进一步把基层基础工作置于优先发展地位，将关口前置、防线下移，更好增强基层实力、激发基层活力、提高基层效率。结合实际优化警力布局，通过多种方式充实基层政法单位人员，推动政法力量向基层下沉、向社区前置、向矛盾纠纷产生链条的前端延伸，在诉源治理和矛盾风险监测预警等工作中更好发挥专业优势。四是规范基层平台建设。加强基层综治中心建设，强化资源力量聚合，推动诉讼服务中心、检察服务平台、公共法律服务中心、信访接待大厅等与综治中心有机整合，做到权责明晰、运转顺畅、方便群众。加强和规范网格化服务管理工作，加强网格员队伍建设。

最后，在县级人民政府及其有关部门层面，要更加注重打造多元化、全流程预防化解矛盾纠纷的紧密链条。一是加强贯通基层的调解组织规范化建设。完善覆盖县乡村组的人民调解组织网络，推进形式多样的特色调解工作室建设，探索创设更多契合需要的新型人民调解组织。二是加强重点领域和新兴领域矛盾纠纷化解。以社会需求为导向，对矛盾纠纷易发多发的重点领域，鼓励社会团体或其他组织依法设立行业性、专业性人民调解组织，并引导其在司法行政机关的指导下，全面加强规范化建设，确保中立性、公正性，防止商业化、行政化。加强新业态领域矛盾纠纷化解，切实维护灵活就业和新就业形态劳动者合法权益。三是加强重大疑难复杂矛盾纠纷化解。依托现有的公共法律服务中心，整合人民调解、律师调解、商事调解、行业调解、行政调解等力量，设立县级"一站式"非诉讼纠纷化解中心（或矛盾纠纷调解中心），统筹律师、基层法律服务、公证、法律援助、司法鉴定等法律服务资源，联动仲裁、行政复议等非诉讼纠纷化解方式，合力化解县域范围内重大疑难复杂矛盾纠纷。四是加强对基层的工作指导。县级司法行政机关要加强对人民调解工作的全面指导，提升人民调解工作规范化水平。

【关联规范】

《中华人民共和国人民调解法》（2011年）

第二条 本法所称人民调解，是指人民调解委员会通过说服、疏导等方法，促使当事人在平等协商基础上自愿达成调解协议，解决民间纠纷的活动。

第五条 国务院司法行政部门负责指导全国的人民调解工作，县级以上地方人民政府司法行政部门负责指导本行政区域的人民调解工作。

基层人民法院对人民调解委员会调解民间纠纷进行业务指导。

第八条 村民委员会、居民委员会设立人民调解委员会。企业事业单位根据需要设立人民调解委员会。

人民调解委员会由委员三至九人组成，设主任一人，必要时，可以设副主任若干人。

人民调解委员会应当有妇女成员，多民族居住的地区应当有人数较少民族的成员。

第三十五条　【安全管理制度】所有单位应当建立健全安全管理制度，定期开展危险源辨识评估，制定安全防范措施；定期检查本单位各项安全防范措施的落实情况，及时消除事故隐患；掌握并及时处理本单位存在的可能引发社会安全事件的问题，防止矛盾激化和事态扩大；对本单位可能发生的突发事件和采取安全防范措施的情况，应当按照规定及时向所在地人民政府或者有关部门报告。

【条文主旨】

本条是关于单位建立健全安全管理制度的规定。

【条文解读】

安全管理制度的建立和完善，有助于单位形成一套科学、规范的安全管理流程和方法，可以系统地识别和管理潜在的安全风险，提高安全管理水平，从而预防事故的发生。这是确保单位运营安全、预防事故发生的重要措施。

根据本条规定，为预防各类突发事件的发生，所有单位应当建立健全安全管理制度，核心思想是按照"安全第一，预防为主"的方针，根据本单位风险评估和应急准备各项具体情况，制定安全防范措施。重点从以下几个方面开展：

1. 定期开展危险源辨识评估，制定安全防范措施。包括成立专项工作小组、制订辨识计划、现场调研与资料收集、辨识危险源类型、评估危险源风险，以及针对隐患排查与治理。各单位应当全面掌握本单位各类危险源情况，建立分级、分类管理制度，按照安全风险等级实施分级管控，根据其特点从组织、技术、管理、应急等方面制定并落实管控措施，实行动态管理和监控。

2. 定期检查措施落实情况并及时消除事故隐患。各类单位应当建立定期检查制度，对本单位各项安全防范措施的落实情况进行检查确认，对落实不到位的情况及时反馈相关责任人并督促整改，对可能引发突发事件的风险隐患，组织力量限期治理，尽快消除隐患。针对不同类型的突发事件，如食品安全事故，应制定相应的应急预案，并定期进行演练和检查，确保在紧急情况下能够迅速有效地应对。对于重大事故隐患，应组织开展专项排查整治行动，确保整治措施落到实处。这包括压实责任、强化督导，结合实际进行针对性部署，确保所有安全措施得到有效执行。

3. 预防社会安全事件。社会安全事件最初往往是由于一些小的矛盾或小的纠纷引起的，其积累和激化往往是一个比较长的事件过程，即所谓的潜伏期。如果在潜伏期内不能妥善解决这些小的矛盾或纠纷，往往就会导致矛盾激化和事态扩大，最终发展成社会安全事件。因此，单位应增强风险意识，提高对可能引发社会安全事件的敏感性和可预见性，通过加强内部管理和教育培训，提高员工的安全意识和应对能力，同时，建立有效的内部沟通机制，确保信息畅通，便于及时发现和处理潜在的安全风险，提前掌握并及时处理内部各类矛盾和纠纷，将引发社会安全事件的各种因素扼杀在萌芽状态，这是预防社会安全事件的重要一环。

4. 按规定及时报告信息。各类单位对于本单位可能发生的突发事件和采取安全防范措施的情况，应当及时向所在地人民政府或相关部门报告，以便研判态势和采取处置措施。特别是关于信息报送，在本法其他条款中进行了专门规定。《刑法》第一百三十九条之一也明确规定，在安全事故发生后，负有报告职责的人员不报或者谎报事故情况，贻误事故抢救，情节严重的，处三年以下有期徒刑或者拘役；情节特别严重的，处三年以上七年以下有期徒刑。

【实务指引】

关于建立健全安全管理制度,《安全生产法》第四条第一款规定,生产经营单位必须加强安全生产管理,建立健全全员安全生产责任制和安全生产规章制度,加大对安全生产资金、物资、技术、人员的投入保障力度,改善安全生产条件,加强安全生产标准化、信息化建设,构建安全风险分级管控和隐患排查治理双重预防机制,健全风险防范化解机制,提高安全生产水平,确保安全生产。

首先,要建立健全安全生产责任制。责任是安全管理工作的灵魂,落实责任是做好安全管理工作的"必经之路",这是由安全生产工作的规律所决定的。实践证明,只有建立健全安全管理责任制,才能做到明确责任、各负其责,才能更好地相互监督、层层落实责任。从制度层面看,安全管理责任制并不是一种具体的工作制度,而是其他各种具体制度的"总制度",处于整个安全管理制度体系的核心地位,各项制度都要为安全管理责任制的落实创造条件、提供保障;从工作层面看,安全管理责任制从总体上明确了各类单位、各级部门和各岗位在安全管理上必须履行的职责与必须承担的责任,为安全管理工作的落实提供了基本、有效的"规矩"。建立健全安全管理责任制的重要原则包括"党政同责、一岗双责、齐抓共管、失职追责""管行业必须管安全、管业务必须管安全、管生产经营必须管安全""谁主管,谁负责"等。

其次,组织制定本单位安全管理规章制度和操作规程。安全管理规章制度是一个单位规章制度的重要组成部分,是保证单位的各项工作安全、顺利进行的重要手段。所有单位应当依据法律、法规、规章以及国家、行业或地方标准,制定涵盖本单位生产经营活动全范围、全过程的安全管理规章制度,并根据新修订法律、法规和标准及时更新本单位的安全管理规章制度。安全管理规章制度应符合安全生产法律法规要求和本单位实际情况，具有针对性和可操作性，并应通过正式文件印发执行，充分体现安全管理规章制度的严肃性、权威性。安全生产操作规程是指在生产活动中为消除导致人身伤亡或者造成设备、财产破坏，以及危害环境的因素而制定的具体技术要求和实施程序的统一规定，是保证生产经营活动安全进行的重要制度保障，从业人员在进行作业时必须严格执行。

最后，要构建安全风险分级管控和隐患排查治理双重预防机制，健全风险防范化解机制。事故隐患，包括作业场所、设备及设施的不安全状态，人的不安全行为和管理上的缺陷。事故隐患可分为一般隐患和重大隐患两类。无论是哪种隐患，都是可以预防的。预防在整个应急管理中都有着重要地位。党的二十大报告强调，坚持安全第一、预防为主，建立大安全大应急框架，完善公共安全体系，推动公共安全治理模式向事前预防转型。因此，做好突发事件防范和应对是全社会共同的责任，尤其是存在各类隐患的单位主体，要采取各项安全防范措施，定期进行自查自纠，并鼓励员工积极参与安全隐患的报告，形成全员参与的安全管理氛围，及时消除事故隐患，从源头上遏制突发事件的发生，保障生命财产安全。

【关联规范】

《中华人民共和国安全生产法》（2021年修正）

第二十二条　生产经营单位的全员安全生产责任制应当明确各岗位的责任人员、责任范围和考核标准等内容。

生产经营单位应当建立相应的机制，加强对全员安全生产责任制落实情况的监督考核，保证全员安全生产责任制的落实。

第二十五条　生产经营单位的安全生产管理机构以及安全生产管理人员履行下列职责：

（一）组织或者参与拟订本单位安全生产规章制度、操作规程和生产安全事故应急救援预案；

（二）组织或者参与本单位安全生产教育和培训，如实记录安全生产教育和培训情况；

（三）组织开展危险源辨识和评估，督促落实本单位重大危险源的安全管理措施；

（四）组织或者参与本单位应急救援演练；

（五）检查本单位的安全生产状况，及时排查生产安全事故隐患，提出改进安全生产管理的建议；

（六）制止和纠正违章指挥、强令冒险作业、违反操作规程的行为；

（七）督促落实本单位安全生产整改措施。

生产经营单位可以设置专职安全生产分管负责人，协助本单位主要负责人履行安全生产管理职责。

第三十六条　【矿山和危险物品单位预防义务】 矿山、金属冶炼、建筑施工单位和易燃易爆物品、危险化学品、放射性物品等危险物品的生产、经营、运输、储存、使用单位，应当制定具体应急预案，配备必要的应急救援器材、设备和物资，并对生产经营场所、有危险物品的建筑物、构筑物及周边环境开展隐患排查，及时采取措施管控风险和消除隐患，防止发生突发事件。

【条文主旨】

本条是关于高危行业企业加强应急准备和预防突发事件义务的规定。

【条文解读】

矿山、金属冶炼、建筑施工单位和易燃易爆物品、危险化学品、放射性物品等危险物品的生产、经营、运输、储存、使用单位（以下简称高危行业企业），由于其所从事的生产、经营等活动的特殊性，一旦发生事故，将会对人民群众生命财产安全和生态环境安全造成严重损害。因此，对于高危行业企业，必须本着高度负责的态度，严格执行相关法律、法规和国家标准或者行业标准的规定，建立健全严格的安全管理规章制度，设置必要的安全防护设施，提高从业人员的素质，保证生产经营活动的安全进行。

各高危行业企业应当针对本企业的风险隐患特点，以编制事故灾难应急预案为重点，并根据实际需要编制其他方面的应急预案。《生产安全事故应急预案管理办法》第六条规定，生产经营单位应急预案分为综合应急预案、专项应急预案和现场处置方案。编制要求可参考《生产经营单位生产安全事故应急预案编制导则》（GB/T 29639—2020）。高危行业企业的应急预案编制应当遵循以人为本、依法依规、符合实际、注重实效的原则，以应急处置为核心，体现自救互救和先期处置的特点，做到职责明确、程序规范、措施科学，尽可能简明化、图表化、流程化。同时，要根据有关法律、法规、标准的变动情况，应急预案演练情况，以及企业作业条件、设备状况、产品品种、人员、技术、外部环境等不断变化的实际情况，及时评估和补充修订完善预案。

关于配备必要的应急救援设备设施，《安全生产法》第八十二条第二款规定，危险物品的生产、经营、储存、运输单位以及矿山、金属冶炼、城市轨道交通运营、建筑施工单位应当配备必要的应急救援器材、设备和物资，并进行经常性维护、保养，保证正常运转。对比可知，本法在"生产、经营、储存、运输单位"之外，又增加了"使用单位"，这也与《危险化学品安全管理条例》第三十条规定的申请危险化学品安全使用许可证的化工企业，应当有符合国家规定的危险化学品事故应急预案和必要的应急救援器材、设备相符。对于上述法律法规中的不同要求，在不同执行场景下应当选择适用的法律作为依据。

此外，应急管理部印发的《化工园区安全风险排查治理导则》规定，化工园区应编制化工园区消防规划或在化工园区总体规划中设置消防专篇，结合园区实际，布点及建设消防站，消防车种类、数量、结构以及车载灭火药剂数量、装备器材、防护装具等应满足生产安全事故处置需要。化工园区应建设危险化学品专业应急救援队伍，根据自身安全风险类型，配套建设医疗急救场所和气防站。化工园区应建立健全化工园区内企业及公共应急物资储备保障制度，统筹规划配备充足的应急物资装备。

关于高危行业企业隐患排查治理，高危行业企业应当组织力量，重点针对生产经营场所、有危险物品的建筑物、构筑物及周边环境等认真开展隐患排查，加强对生产、经营、管理等各个环节的排查力度，确保不留死角。同时，还应重点关注易忽视的区域和环节，提高排查的针对性和有效性，分析隐患的性质、产生原因、危害程度等，并建立隐患台账。针对发现的各类隐患，及时制定具体的治理措施，包括整改措施、时限、责任人等。治理措施应具有可行性和有效性，能够及时消除隐患，防止事故发生。高危行业企业应严格执行整改措施，确保隐患得到及时、有效的治理，并对整改情况进行跟踪检查，确保整改效果得到落实，防止发生突发事件。

其中，在危险物品领域，依据应急管理部印发的《危险化学品企业安全风险隐患排查治理导则》，危险化学品企业应根据安全生产法律法规和安全风险管控情况，按照化工过程安全管理的要求，结合生产工艺特点，针对可能发生安全事故的风险点，全面开展安全风险隐患排查工作，做到安全风险隐患排查全覆盖，责任到人。安全风险隐患排查形式包括日常排查、综合性排查、专业性排查、季节性排查、重点时段及节假日前排查、事故类比排查、复产复工前排查和外聘专家诊断式排查等。开展安全风险隐患排查的频次应满足：(1) 装置操作人员现场巡检间隔不得大于 2 小时，涉及"两重点一重大"的生产、储存装置和部位的操作人员现场巡检间隔不得大于 1 小时。(2) 基层车间（装置）直接管理人员（工艺、设备技术人员）、电气、仪表人员每天至少两次对装置现场进行相关专业检查。(3) 基层车间应结合班组安全活动，至少每周组织一次安全风险隐患排查；基层单位（厂）应结合岗位责任制检查，至少每月组织一次安全风险隐患排查。(4) 企业应根据季节性特征及本单位的生产实际，每季度开展一次有针对性的季节性安全风险隐患排查；重大活动、重点时段及节假日前必须进行安全风险隐患排查。(5) 企业至少每半年组织一次，基层单位至少每季度组织一次综合性排查和专业排查，两者可结合进行。(6) 当同类企业发生安全事故时，应举一反三，及时进行事故类比安全风险隐患专项排查。

【关联规范】

《中华人民共和国安全生产法》（2021 年修正）

第八十二条　危险物品的生产、经营、储存单位以及矿山、金属冶炼、城市轨道交通运营、建筑施工单位应当建立应急救援组织；生产经营规模较小的，可以不建立应急救援组织，但应当指定兼职的应急救援人员。

危险物品的生产、经营、储存、运输单位以及矿山、金属冶炼、城市轨道交通运营、建筑施工单位应当配备必要的应急救援器材、设备和物资，并进行经常性维护、保养，保证正常运转。

《生产安全事故应急预案管理办法》（2019 年修正）

第六条　生产经营单位应急预案分为综合应急预案、专项应急预案和现场处置方案。

综合应急预案，是指生产经营单位为应对各种生产安全事故而制定的综合性工作方案，是本单位应对生产安全事故的总体工作程序、措施和应急预案体系的总纲。

专项应急预案，是指生产经营单位为应对某一种或者多种类型生产安全事故，或者针对重要生产设施、重大危险源、重大活动防止生产安全事故而制定的专项性工作方案。

现场处置方案，是指生产经营单位根据不同生产安全事故类型，针对具体场所、装置或者设施所制定的应急处置措施。

第三十七条　【人员密集场所经营单位或者管理单位的预防义务】公共交通工具、公共场所和其他人员密集场所的经营单位或者管理单位应当制定具体应急预案，为交通工具和有关场所配备报警装置和必要的应急救援设备、设施，注明其使用方法，并显著标明安全撤离的通道、路线，保证安全通道、出口的畅通。

有关单位应当定期检测、维护其报警装置和应急救援设备、设施，使其处于良好状态，确保正常使用。

【条文主旨】

本条是关于公共交通工具、公共场所等人员密集场所的经营或管理单位预防突发事件义务的规定。

【条文解读】

在不同的使用环境中，"人员密集场所"的具体种类有所不同。例如，依据《消防法》第七十三条，人员密集场所是指公众聚集场所，医院的门诊楼、病房楼，学校的教学楼、图书馆、食堂和集体宿舍，养老院、福利院，托儿所、幼儿园，公共图书馆的阅览室，公共展览馆、博物馆的展示厅，劳动密集型企业的生产加工车间和员工集体宿舍，旅游、宗教活动场所等。而依据本法，"公共交通工具"和"公共场所"也属于人员密集场所。同时在实践中发现，随着城市建设的快速发展，集各类服务和休闲娱乐等经营单位而形成的大型城市综合体、多业态混合经营场所，也正成为一类风险因素更加复杂、管理难度更大的人员密集场所。

各类人员密集场所具有人群高度聚集、流动性强、突发性高、偶然性因素多等特点，安全管理复杂性不断上升，人员聚集性活动显著增多，人员踩踏、设备设施等安全风险更加突出。一旦发生恶性突发事件，往往会造成拥挤踩踏、群死群伤的严重后果，必须对其风险隐患进行严格管控。因此，本条对其经营或管理单位预防突发事件义务进行了规定，这也是"人民至上、生命至上"理念的具体体现。根据本法，人员密集场所的经营单位或者管理单位应当承担的义务具体包括：

1. 制定具体应急预案。上述单位应当根据相应的法律、法规和有关主管部门的预案，结合本单位经营管理的具体情况，制定具体的应急预案。预案中应当包括对事故灾难的预防措施、发生突发事件后的应对处置措施等。其中，《生产安全事故应急预案管理办法》第二十六条、第三十三条规定，城市轨道交通运营以及宾馆、商场、娱乐场所、旅游景区等人员密集场所经营单位，应当在应急预案公布之日起20个工作日内，按照分级属地原则，向县级以上人民政府应急管理部门和其他负有安全生产监督管理职责的部门进行备案，并依法向社会公布。人员密集场所的经营单位应当组织开展应急预案培训活动，使有关人员了解应急预案内容，熟悉应急职责、应急处置程序和措施，至少每半年组织一次生产安全事故应急预案演练，并将演练情况报送所在地县级以上地方人民政府负有安全生产监督管理职责的部门。

2. 为有关场所和交通工具配备报警装置和必要的应急救援设备、

设施，注明其使用方法。在有关场所配备报警装置和应急救援设备、设施，可以在发生紧急情况时，第一时间发现并及时作出反应，利用预先配备的应急救援设备和设施展开自救互救和他救工作，以更有效地应对和处置突发事件。

　　3. 保障安全通道、出口的畅通。安全通道是指发生紧急情况时，能够迅速安全通过的道路或出口。一旦发生火灾等突发事件，安全通道就是"生命通道"。近年来，占用、堵塞、封闭疏散通道、安全出口的问题，造成人员重大伤亡的事件屡见不鲜，引发全社会高度关注。必须建立健全从根本上消除事故隐患、解决问题的制度机制、责任链条和防控体系，有效防范遏制因为安全通道和出口不畅通导致的群死群伤事故发生。(1) 人员密集场所在营业、生产、工作期间或集体住宿的老人、幼儿、住院患者、学生、员工休息时间将疏散通道、疏散楼梯或安全出口锁闭、封堵或占用，疏散通道、安全出口不畅通的；消防安全疏散指示标志、应急照明灯被遮挡、覆盖的，应该当场改正。当场不能改正的，限期改正。(2) 疏散通道、疏散楼梯和安全出口的数量、宽度、火灾事故应急照明的设置场所、位置、数量不符合消防技术规范要求的；疏散指示标志缺少、损坏和标识错误的；应急照明灯损坏或失效的；常闭式防火门闭门装置损坏不能保持常闭状态的，以及疏散门开启方向错误的，应当限期改正。(3) 商住楼经营部分与住宅部分的安全出口未分开设置的，应当限期整改。(4) 在人员密集场所的疏散通道、疏散楼梯、安全出口处设置铁栅栏的和在公共区域的外窗（包括集体住宿的学生、幼儿、老人、住院患者和员工休息的房间外窗）安装金属护栏影响消防安全疏散和应急救援的，应当立即拆除。在人员密集场所常闭防火门上，应当张贴常闭防火门应随时处于关闭状态的警示用语；在公众聚集场所应当采用多媒体、广播、书面等宣传方式，告知顾客紧急疏散通道、安全出口的位置和安全疏散路线，并形成制度。

4. 保障报警装置和应急救援设备、设施的正常使用。有关单位应当定期检测、维护其报警装置和应急救援设备、设施，使其处于良好状态，确保正常使用。

【关联规范】

《中华人民共和国消防法》（2021年修正）

第七十三条 本法下列用语的含义：

（一）消防设施，是指火灾自动报警系统、自动灭火系统、消火栓系统、防烟排烟系统以及应急广播和应急照明、安全疏散设施等。

（二）消防产品，是指专门用于火灾预防、灭火救援和火灾防护、避难、逃生的产品。

（三）公众聚集场所，是指宾馆、饭店、商场、集贸市场、客运车站候车室、客运码头候船厅、民用机场航站楼、体育场馆、会堂以及公共娱乐场所等。

（四）人员密集场所，是指公众聚集场所，医院的门诊楼、病房楼，学校的教学楼、图书馆、食堂和集体宿舍，养老院，福利院，托儿所，幼儿园，公共图书馆的阅览室，公共展览馆、博物馆的展示厅，劳动密集型企业的生产加工车间和员工集体宿舍，旅游、宗教活动场所等。

《生产安全事故应急预案管理办法》（2019年修正）

第二十六条第一款 易燃易爆物品、危险化学品等危险物品的生产、经营、储存、运输单位，矿山、金属冶炼、城市轨道交通运营、建筑施工单位，以及宾馆、商场、娱乐场所、旅游景区等人员密集场所经营单位，应当在应急预案公布之日起20个工作日内，按照分级属地原则，向县级以上人民政府应急管理部门和其他负有安全生产监督管理职责的部门进行备案，并依法向社会公布。

第三十八条 【应对管理培训制度】 县级以上人民政府应当建立健全突发事件应对管理培训制度,对人民政府及其有关部门负有突发事件应对管理职责的工作人员以及居民委员会、村民委员会有关人员定期进行培训。

【条文主旨】

本条是关于县级以上人民政府建立健全突发事件应急管理培训制度的规定。

【条文解读】

首先要明确的是,本条所指培训,是针对应急管理人员的培训,而不是针对现场专业处置人员的培训。应急管理是指在突发事件事前、事中、事后所进行的预防、响应、处置、恢复等活动的总称。应急管理培训就是对应急管理人员所需的上述知识和技能进行培训。培训能够有效强化相关人员对应急管理的宏观认识和依法实施管理意识,提高科学决策水平,提升应急管理工作的组织协调和突发事件的处置应对能力。

对政府及其部门和基层自治组织负有突发事件应对管理职责的工作人员进行应急管理培训,是建立应急管理长效机制的重要措施。培训能够增强应急管理工作人员的政治素质、业务素质和应对突发事件的能力,为突发事件应对管理工作提供人才储备和技能训练,培训和造就一支能够应对各种突发事件,适应现代化建设需要的高素质、专业化的人才队伍,促进应急管理事业的科学化、规范化发展。因此,建立健全突发事件应对管理培训制度尤为重要。

在培训制度建设方面,县级以上人民政府应当建立健全突发事件应急管理培训制度,要制订应急管理的培训规划和培训大纲,明确培训内容、标准和方式,充分运用多种方法和手段,做好应急管理培工作，并加强培训资质管理，推动将应急管理培训纳入各级党校和行政学院培训内容。

在培训能力建设方面，县级以上人民政府应当充分发挥既有各类培训基地功能，提高培训针对性，形成各具特色、优势互补、联动发展的应急管理培训基地体系。逐步完善具有本领域、本区域特色的应急管理培训课程体系，推动重点和精品课程建设工作，重点开发应急处置情景模拟互动教学课件，建立不断完善更新机制，逐步建立应急管理课程库。加大本领域、本区域师资培养选拔力度，选择一定比例有突发事件处置经验的一线干部充实到培训师资队伍当中，整合资源、拓宽渠道，建设一支满足本领域、本区域应急管理培训工作需要的优秀师资队伍。打造应急管理网络培训平台，加强交流合作，促进本领域、本区域应急管理培训工作水平不断提高。

【实务指引】

在培训设计和制定课程方面，应当坚持结合突发事件应对工作实际、注重实效，突出以下几个方面内容：

1. 强化安全理念。加强安全理念培训，强化安全发展理念，增强忧患意识和责任意识，更好地履行维护首都社会和谐稳定、维护人民群众生命财产安全的职责。主要包括：学习贯彻总体国家安全观，把握本领域、本区域应急管理工作的特殊性、重要性和紧迫性；深刻领会"四个全面"战略布局等对进一步做好应急管理工作的要求；坚持安全发展，落实责任制，做到党政同责、一岗双责、齐抓共管、失职追责。

2. 突出专业知识。加强应急管理业务培训，有针对性地提高值守应急、信息报告、技术保障等业务能力，有重点地提升各级各类突发事件应对业务水平。主要包括：值守应急、突发事件监测、事态研判、信息报告、预警发布与调整、先期处置、现场指挥协调、突发事件现场管理、紧急动员、应急征用、响应结束、善后恢复、调查评估、相关信息化系统及技术手段建设使用等；应急预案管理、应急演练、风险管理、应急准备、情景构建、社会动员、应急保障、应急科技与应急产业发展、应急平台建设与运行维护、大型应急装备介绍及使用效能、科普宣教等；区域应急联动、军地协同、巨灾应对准备和应急处置、突发事件新闻发布、虚拟空间突发事件处置与应对等重点工作；自然灾害、事故灾难、公共卫生事件、社会安全事件等各类突发事件的应对要点等业务知识。

3. 重视政策法规。加强公共安全和应急管理相关法律法规和政策文件培训，提高依法依规开展应急管理工作的意识，将相关法律法规和政策要求有机地融入应急管理各项工作当中。主要包括国家和地方颁布的相关法律法规和政策文件解读；我国参加的国际组织所制定的相关规章制度解读；相关国家标准、行业标准和地方标准解读等。

4. 拓展综合知识。加强符合本地区特点的风险构成和基础信息培训，提高突发事件应对过程中所需综合知识和技能的掌握水平。主要包括：本地区基本地质、矿产、地貌、气象、水文、植被等自然环境知识；本地区规划、城市建设、交通、能源、金融、科技等社会经济知识；文化、民族、历史等人文知识等。

5. 提升职业素养。加强职业素养的培训，提高受训对象在应急管理工作中的理解力、沟通力和执行力，有效形成团队合作精神，提升应急团队整体精神面貌。主要包括：与应急管理工作相关的团队建设、拓展训练、沟通表达、政务礼仪、公文写作、公众交流、媒体应对等基本技能的训练。

此外，除组织或参加集中脱产培训外，还可灵活采取多种形式开展培训。（1）以岗代培。通过参加工作实践和接受指导，提高应急管理的规划组织能力和管理水平。（2）以学代培。倡导鼓励工作人员自行组织学习和培训工作，通过自学不断更新观念、强化内在素质，提高工作能力。(3) 以研代培。组织各种研究活动、安排有关人员参与,提高工作水平。(4) 以会代培。组织参加学术研讨会、专题报告会、经验交流会等,通过交流实践经验、探索方法、工作成果来激发积极性和创造精神。(5) 以察代培。分期分批组织外出学习、考察,开阔眼界,提出今后发展的意见、建议、思路和方法。(6) 以演代培。组织开展应急演练,检验和锻炼应急管理机构和有关人员的应急反应能力、组织协调能力、联动配合能力以及处置应对能力等。

【关联规范】

《安全生产培训管理办法》(2015 年修正)

第八条 国家安全监管总局负责省级以上安全生产监督管理部门的安全生产监管人员、各级煤矿安全监察机构的煤矿安全监察人员的培训工作。

省级安全生产监督管理部门负责市级、县级安全生产监督管理部门的安全生产监管人员的培训工作。

生产经营单位的从业人员的安全培训,由生产经营单位负责。

危险化学品登记机构的登记人员和承担安全评价、咨询、检测、检验的人员及注册安全工程师、安全生产应急救援人员的安全培训,按照有关法律、法规、规章的规定进行。

第三十九条 【应急救援队伍】 国家综合性消防救援队伍是应急救援的综合性常备骨干力量,按照国家有关规定执行综合应急救援任务。县级以上人民政府有关部门可以根据实际需要设立专业应急救援队伍。

县级以上人民政府及其有关部门可以建立由成年志愿者组成的应急救援队伍。乡级人民政府、街道办事处和有条件的居民委员会、村民委员会可以建立基层应急救援队伍，及时、就近开展应急救援。单位应当建立由本单位职工组成的专职或者兼职应急救援队伍。

国家鼓励和支持社会力量建立提供社会化应急救援服务的应急救援队伍。社会力量建立的应急救援队伍参与突发事件应对工作应当服从履行统一领导职责或者组织处置突发事件的人民政府、突发事件应急指挥机构的统一指挥。

县级以上人民政府应当推动专业应急救援队伍与非专业应急救援队伍联合培训、联合演练，提高合成应急、协同应急的能力。

【条文主旨】

本条是关于应急救援队伍体系组成及其建设的规定。

【条文解读】

在我国应急管理的过程当中，政府主导力量与民间力量的共同参与，不断丰富与扩展了应急队伍的内涵与外延。按照本法及相关规定，应急救援队伍可分为专业应急救援队伍、非专业应急救援队伍两大类。其中，专业应急救援队伍又可分为专业非专职应急救援队伍、专业专职应急救援队伍两类；非专业应急救援队伍又可分为基层专（兼）职应急救援队伍、志愿者应急救援队伍、专家应急救援队伍三类。

1. 关于专业应急救援队伍。其中，第一类为专业非专职应急救援队伍，如突发公共卫生事件期间，为控制疫情所出动的由专业医护人员组成的医疗队伍。这些医护人员属于专业技术人员，但不是专职应对疫情的队伍，应对疫情只是一项重要临时任务。第二类为专业专职应急救援队伍，这类队伍不仅由专业人员组成，职责也是专门应对相关种类的突发事件，如消防救援队伍、海上搜救队伍等。

2. 关于非专业应急救援队伍。第一类为基层专（兼）职应急救援队伍，由基层政府及其有关部门、企事业单位和群众自治组织组建的专职或兼职应急救援队伍。第二类为志愿者应急救援队伍，指由共青团、红十字会、青年志愿者协会以及其他组织建立的各种志愿者参加的应急救援队伍。第三类为专家应急救援队伍，指由各行业、各领域的专家组成的专家应急救援队伍。这三类应急队伍并非为突发事件应对而专门设置，也没有从事危机救援和危机控制的法定职责，但发生特定突发事件时，事发地人民政府及其部门或应急指挥机构可根据临时需要，组织动员其承担相关应急处置任务。

3. 关于国家综合性消防救援队伍。2018年10月，根据中共中央《深化党和国家机构改革方案》，原公安消防部队、武警森林部队退出现役，成建制划归应急管理部，组建国家综合性消防救援队伍。国家综合性消防救援队伍是应急救援的主力军和国家队，承担着防范化解重大安全风险、应对处置各类灾害事故的重要职责。国家综合性消防救援队伍由应急管理部管理，并设立国家消防救援局，实行统一领导、分级指挥，明确中央主建、地方主用的重大原则，建立起条块结合、以条为主的双重管理体制。各省、市、县分别设消防救援总队、支队、大队，城市和乡镇根据需要按标准设立消防救援站；国家消防救援局组建机动队伍，主要承担森林和草原灭火职责，辅以抗洪抢险和地震地质灾害救援职责。

4. 关于县级以上人民政府有关部门设立专业应急救援队伍。各级专业应急救援队伍是处置突发事件的骨干力量。根据本条规定，县级以上人民政府应当整合应急资源，建立或者确定专业应急救援队伍，专门处置各类专业性、技术性较强的突发事件。各级人民政府组建的专业应急救援队伍中，自然灾害、事故灾难和公共卫生类专业队伍一般独立组建或依托国有大型企业组建；社会安全类专业队伍一般依托公安等力量组建。其中，自然灾害类专业应急救援队伍主要职责包括防汛抗旱、抗震救灾、森林消防等；事故灾难类专业应急救援队伍主要职责包括海上搜救、应急通信、航空救援等；公共卫生类专业应急救援队伍主要职责包括卫生应急等。

在国家已经建立了完善的综合性消防救援队伍体系基础上，各级人民政府还要组建各类专业应急救援队伍，是出于处置各类突发事件的实际需要。对于突发事件应急处置而言，应急队伍能够做到专业水准过硬、随时待命出发至关重要。(1) 专业应急救援队伍具有某个领域的专业技术能力，专门处置各类突发事件中专业性、技术性较强的事件，能够有力承担相关领域突发事件的抢险救援工作。在各类专业领域，专业队伍的处置能力比综合性消防救援队伍更具优势，如道路设施抢修队伍能够快速对受损公路进行修复，而消防队伍则不具备相关技术、设备和物资。(2) 专业应急救援队伍具有一定数量规模并结构稳定的人员，通常有办公场地、办公设施，并建有专门的应急救援装备库和救援物资储备库，配备应急救援常用器材和个人防护用品，能够随时根据需要投入现场处置，而非专业队伍则不能够满足这一点。

5. 关于非专业应急救援队伍（基层应急队伍）。非专业化的应急救援队伍是应急救援体制的一个重要的组成部分，是一支重要的辅助力量。目前，我国非专业应急队伍已初具规模，并在应急救援中发挥越来越重要的作用。其主体力量由社区自治组织、企事业单位的应急队伍、应急志愿者以及各类专家等组成。非专业应急力量的发展，已经成为我国完善应急管理体系、提高应急救援效能的重要依托。

考虑到县级以上人民政府在应急资源的管理和利用方面的优势，以及在整合应急救援队伍和培训演练方面的便利条件，本法将建立专业应急救援队伍的职责赋予县级以上人民政府，而没有赋予乡镇人民政府以及居委会、村委会等群众自治组织。但根据本法对各单位建立应急救援队伍的要求，县级以上人民政府，乡镇人民政府以及村委会、居委会等单位均可根据需要并结合自身资源实际，建立本级或本单位的非专业应急救援队伍，以预防和处置突发事件。这里由乡镇人民政府以及居委会、村委会等群众自治组织组建的专（兼）职应急救援队伍，也可称为基层应急队伍，以与本条第三款的社会应急力量相区别。

基层应急队伍主要是统筹发挥本区域民兵、预备役人员、保安员、基层警务人员、医务人员等有相关救援专业知识和经验人员的作用，在防范和应对气象灾害、水旱灾害、地震灾害、地质灾害、森林草原火灾、生产安全事故、环境突发事件、群体性事件等方面发挥就近优势，在相关应急指挥机构组织下开展先期处置，组织群众自救互救，参与抢险救灾、人员转移安置、维护社会秩序，配合专业应急救援队伍做好各项保障，协助有关方面做好善后处置、物资发放等工作。同时发挥信息员作用，发现突发事件苗头及时报告，协助做好预警信息传递、灾情收集上报、灾情评估等工作，参与有关单位组织的隐患排查整改。

6. 关于社会应急力量。社会应急力量是指从事防灾减灾救灾工作的社会组织、城乡社区应急志愿者等力量，在灾害事故的抢险救援、物资转运、科普宣教等工作中发挥着越来越重要的作用，已成为我国应急救援力量体系的有力补充。2022年《应急管理部、中央文明办、民政部、共青团中央关于进一步推进社会应急力量健康发展的意见》要求各地把社会应急力量纳入本地区应急力量体系建设规划统筹安排，设计好发展的目标、类型、规模和能力指标等要素，加强政策扶持、能力建设、应急动员、正向激励、日常管理和诚信评价。特别是，要求规范社会应急力量参与救援行动，当发生重特大灾害时，相关应急管理部门会同有关单位根据灾情和本级人民政府指令及时启动现场协调机制，利用社会应急力量救援协调等信息平台，向社会发布灾区救援需求信息，并掌握处理救援、救助信息，为社会应急力量参加抢险救援行动提供信息咨询、报备统计、任务管理、装备物资补充协调、救援和撤离灾区保障等支持,确保救援救灾秩序。

【实务指引】

关于各级各类应急救援队伍建设的任务要求,根据相关规定,我国对各级各类应急队伍建设的基本原则是:坚持专业化与社会化相结合,着力提高应急队伍的应急能力和社会参与程度;坚持立足实际、按需发展,兼顾各级政府财力和人力,充分依托现有资源,避免重复建设;坚持统筹规划、突出重点,逐步加强和完善应急队伍建设,形成规模适度、管理规范的应急队伍体系。具体任务方向涵盖以下四个方面。

1. 建强应急救援主力军国家队。坚持党对国家综合性消防救援队伍的绝对领导,践行"对党忠诚、纪律严明、赴汤蹈火、竭诚为民"重要训词精神,对标应急救援主力军和国家队定位,严格教育、严格训练、严格管理、严格要求,全面提升队伍的正规化、专业化、职业化水平。积极适应"全灾种、大应急"综合救援需要,优化力量布局和队伍编成,填补救援力量空白,加快补齐国家综合性消防救援队伍能力建设短板,加大中西部地区国家综合性消防救援队伍建设支持力度。加强高层建筑、大型商业综合体、城市地下轨道交通、石油化工企业火灾扑救和地震、水域、山岳、核生化等专业救援力量建设,建设一批机动和拳头力量。发挥机动力量优势,明确调动权限和程序、属地关系及保障渠道。加大先进适用装备配备力度,强化多灾种专业化训练,提高队伍极端条件下综合救援能力,增强防范重大事故应急救援中次生突发环境事件的能力。发展政府专职消防员和志愿消防员,加强城市消防站和乡镇消防队建设。加强跨国(境)救援队伍能力建设,积极参与国际重大灾害应急救援、紧急人道主义援助。适应准现役、准军事化标准建设需要和职业风险高、牺牲奉献大的特点,完善国家综合性消防救援队伍专门保障机制，提高职业荣誉感和社会尊崇度。

2. 提升行业救援力量专业水平。强化有关部门、地方政府和企业所属各行业领域专业救援力量建设，组建一定规模的专业应急救援队伍、大型工程抢险队伍和跨区域机动救援队伍。完善救援力量规模、布局、装备配备和基础设施等建设标准，健全指挥管理、战备训练、遂行任务等制度，加强指挥人员、技术人员、救援人员实操实训，提高队伍正规化管理和技战术水平。加强各类救援力量的资源共享、信息互通和共训共练。健全政府购买应急服务机制，建立政府、行业企业和社会各方多元化资金投入机制，加快建立应急救援队伍多渠道保障模式。加强重点国际铁路、跨国能源通道、深海油气开发等重大工程安全应急保障能力建设。

3. 加快建设航空应急救援力量。用好现有资源，统筹长远发展，加快构建应急反应灵敏、功能结构合理、力量规模适度、各方积极参与的航空应急救援力量体系。引导和鼓励大型民航企业、航空货运企业建设一定规模的专业航空应急队伍，购置大型、重型航空飞行器，提高快速运输、综合救援、高原救援等航空应急能力。采取直接投资、购买服务等多种方式，完善航空应急场站布局，加强常态化航空力量部署，增加森林航空消防飞机（直升机）机源和数量，实现森林草原防灭火重点区域基本覆盖。完善航空应急救援空域保障机制和航空器跨区域救援协调机制。支持航空应急救援配套专业建设，加强航空应急救援专业人才培养。

4. 引导社会应急力量有序发展。制定出台加强社会应急力量建设的意见，对队伍建设、登记管理、参与方式、保障手段、激励机制、征用补偿等作出制度性安排，对社会应急力量参与应急救援行动进行规范引导。开展社会应急力量应急理论和救援技能培训，加强与国家综合性消防救援队伍等联合演练，定期举办全国性和区域性社会应急力量技能竞赛，组织实施分级分类测评。鼓励社会应急力量深入基层社区排查风险隐患、普及应急知识、就近就便参与应急处置等。推动将社会应急力量参与防灾减灾救灾、应急处置等纳入政府购买服务和保险范围，在道路通行、后勤保障等方面提供必要支持。

【关联规范】

《中华人民共和国安全生产法》（2021年修正）

第七十九条　国家加强生产安全事故应急能力建设，在重点行业、领域建立应急救援基地和应急救援队伍，并由国家安全生产应急救援机构统一协调指挥；鼓励生产经营单位和其他社会力量建立应急救援队伍，配备相应的应急救援装备和物资，提高应急救援的专业化水平。

国务院应急管理部门牵头建立全国统一的生产安全事故应急救援信息系统，国务院交通运输、住房和城乡建设、水利、民航等有关部门和县级以上地方人民政府建立健全相关行业、领域、地区的生产安全事故应急救援信息系统，实现互联互通、信息共享，通过推行网上安全信息采集、安全监管和监测预警，提升监管的精准化、智能化水平。

第四十条　【应急救援人员人身保险和资格要求】 地方各级人民政府、县级以上人民政府有关部门、有关单位应当为其组建的应急救援队伍购买人身意外伤害保险，配备必要的防护装备和器材，防范和减少应急救援人员的人身伤害风险。

专业应急救援人员应当具备相应的身体条件、专业技能和心理素质，取得国家规定的应急救援职业资格，具体办法由国务院应急管理部门会同国务院有关部门制定。

【条文主旨】

本条是关于专业应急救援人员保障和职业资格的规定。

【条文解读】

专业应急救援人员是指专门负责突发事件的应急救援和处置工作的人员。他们应急处突的场景涵盖各类突发事件，危险性极高，因此，抢险救援工作具有很高风险。为了保证工作应急处置顺利进行，必须保证应急救援人员的安全。要实现这一点，应当从两个方面做起：一是加强保障条件，为专业应急救援人员购买人身意外伤害保险，配备必要的防护装备和器材，弥补利益损失和降低风险程度；二是对专业应急救援这一职业设置门槛，对人员进行专业培训并明确需取得职业资格，以确保应急救援人员具备必需的专业技能，减少伤害概率。

人身意外伤害保险，是指保险人在被保险人由于自己意志以外的原因而致身体残废或者死亡时给付被保险人保险金的一种人身保险。政府和有关单位作为投保人与保险公司订立保险合同，支付保险费，以专业应急救援人员作为被保险人，当被保险人在突发事件应急救援和处置中发生意外伤害事故时，由保险公司依照合同约定向被保险人或受益人支付保险金。

本条规定政府和有关单位对专业应急救援人员的人身意外伤害承担保险义务，解决了专业应急救援人员的后顾之忧，有利于其更好地投入应急救援工作。专业应急救援人员是突发事件应急处置的基本力量，面对突发事件，他们往往战斗在第一线。因此，他们的人身健康和安全会面临突发事件的威胁，虽然有可能通过必要的防护来避免危险，但在应对处置突发事件中，专业救援人员的伤亡有时难以避免。

由政府和有关单位出资为应急队伍购买人身意外伤害保险，确保当他们的人身受到伤害时，能够获得一定的货币补偿，既有利于稳定队伍，也有利于对其权益的保障。近年来，应急管理部持续强化对应急救援员的保险保障，开发社会应急力量专属保险产品，保险险种涉及意外伤害、医疗、住院生活津贴以及第三者责任保险，保险责任覆盖抢险救援及培训演练全过程。

本条除规定为专业应急救援人员购买人身意外伤害保险外，还规定了政府和单位应当为其配备必要的防护装备和器材，减少应急救援人员的人身风险。在面临突发事件时，应当首先考虑保护人的生命。专业应急救援人员战斗在突发事件的第一线，面临着更大的危险，因此应当为他们配备必要的防护装备和器材，使他们在应急救援过程中的人身风险降至最低。同时，必要的防护设备和器材也是应急救援工作顺利进行的有力保障。

职业资格是指政府对某些责任较大、社会通用性强、关系公共利益的专业（工种）实行准入控制，使依法独立开业或从事某一特定专业（工种）学识、技术和能力的必备标准。取得职业资格的标志是通过相关考核并获得职业资格证书。应急救援员是指从事突发事件的预防与应急准备，受灾人员和公私财产救助，组织自救、互救及救援善后工作的人员。根据《人力资源社会保障部办公厅、应急管理部办公厅关于颁布应急救援员国家职业技能标准的通知》，我国已正式将应急救援员纳入技能人员职业资格，由紧急救援行业技能鉴定机构实施，资格类别为水平评价类。

将应急救援员纳入准入类职业资格，对应急救援行业发展产生了积极影响。首先，该制度激发了从业者提升自身专业能力的动力。为了获得准入资格，从业人员积极参与各类培训和教育，提高自身技能水平和综合素质。其次，准入类职业资格制度加强了行业内部的规范和自律。从业人员在参与职业活动前，必须通过严格的资格认证，保证其具备必要的能力和条件，提升行业整体形象和信誉。最后，准入类职业资格制度为社会提供了更加专业、高效、安全的服务。通过对从业人员进行严格的背景调查和技能评估,为民众提供更加可靠的服务,社会对相关行业的信任度得以提高。

应急救援员作为准入类职业资格制度调整的代表,充分展示了该制度的重要价值。作为涉及社会和民众安全的关键职业,应急救援员需具备高强度、高风险的救援能力,因此其准入标准尤为重要。通过严格的背景审查、身体素质测试和专业技能评估,可以筛选出真正具备救援能力的人才,提高整个应急救援体系的响应速度和效能。这将为保障社会安全和民众生命财产安全起到积极的促进作用。

依据《应急救援员国家职业标准》,应急救援员的职业技能等级共设五个等级,分别为:五级/初级工、四级/中级工、三级/高级工、二级/技师、一级/高级技师。对应急救援员职业资格的认定采取评价方式,分为理论知识考试、操作技能考核以及综合评审。理论知识考试以机考方式为主,主要考核从业人员从事本职业应掌握的基本要求和相关知识要求;操作技能考核主要采用现场操作等方式进行,主要考核从业人员从事本职业应具备的技能水平;综合评审主要针对二级/技师和一级/高级技师,通常采取审阅申报材料、答辩等方式进行全面评议和审查。

【关联规范】

《中华人民共和国消防法》(2021年修正)

第三十八条 国家综合性消防救援队、专职消防队应当充分发挥火灾扑救和应急救援专业力量的骨干作用;按照国家规定,组织实施专业技能训练,配备并维护保养装备器材,提高火灾扑救和应急救援的能力。

第四十一条 【解放军、武警和民兵专门训练】 中国人民解放军、中国人民武装警察部队和民兵组织应当有计划地组织开展应急救援的专门训练。

【条文主旨】

本条是关于武装力量开展应急救援专门训练的规定。

【条文解读】

《国防法》第二十二条第一款规定,中华人民共和国的武装力量,由中国人民解放军现役部队和预备役部队、中国人民武装警察部队、民兵组成。本条就是对武装力量进行应急训练的有关规定。《国防法》第五十八条规定,现役军人应发扬人民军队的优良传统,热爱人民,保护人民,积极参加社会主义物质文明、精神文明建设完成抢险救灾等任务。我国武装力量在组织性和纪律性上的强大优势,使其成为应对突发事件的骨干和突击力量。党领导下的武装力量是国家应急管理的重要组成部分,参与国家应急管理、处置相关突发事件是和平时期职能拓展的客观要求。实践证明,武装力量不仅能够满足国家处置重大突发事件的力量需求,而且往往是国家处置重大突发事件决定性的手段,具有不可替代的重要作用。

同时,《防震减灾法》《消防法》《戒严法》等有关应急工作的法律、法规中,都对军队参与各类突发事件作出了相关规定,赋予了武装力量有关职责和任务。本法第二十四条规定,中国人民解放军、中国人民武装警察部队和民兵组织依照本法和其他有关法律、行政法规、军事法规的规定以及国务院、中央军事委员会的命令,参加突发事件的应急救援和处置工作。2005年国务院、中央军委颁布的《军队参加抢险救灾条例》,全面、系统地规定了人民军队参加抢险救灾的原则、任务、指挥和保障。该条例对军队参加抢险救灾的主要任务、与地方人民政府的工作协调关系、动用军队的权限和程序、军地联合指挥、平时救灾准备和经费物资保障等作了明确规定。

进入21世纪,我国军队确立了"三个提供、一个发挥"的历史使命,强调军队要按照"战时能应战,平时能应急"的要求,立足履行多种任务,具备多种能力,增强应对危机意识,完善应急指挥机制,随时准备执行应急任务,为维护国家经济社会发展、构建社会主义和谐社会提供可靠保障。

为了更好地完成这种使命,必须增强队伍应急救援和处置能力,提高队伍的战斗力。一方面,开展应急救援的专门训练是有效应对突发事件的需要。突发事件的应急救援和处置需要专门的知识和技能,只有通过经常的培训和演练,才能有效掌握相关的知识技能,面对突发事件时,才能采取有效的救援和处置措施。另一方面,开展应急救援训练也是适应应急处置工作中不断发展变化的新情况的需要。随着社会的发展,各种新类型的突发事件不断出现,需要应急队伍不断适应这种新情况的发展变化,通过专门的训练掌握应对新事件的技能。

【实务指引】

武装力量开展应急救援的专门训练,应当着眼于处理实际问题的能力、出现复杂情况的应变能力,从当地突发事件的实际情况及其类型特点出发,明确"练为战"的目的和思想。按照不同的训练形式和训练内容,应急救援训练主要有以下几种类型:

1. 一般训练与特殊训练。一般训练是按照应急预案的常规来演习训练;特殊训练是针对遇到的特殊情况进行的训练,如夜间停电、恶劣天气中出现的事故与事件如何处置等。在应急训练中,一般训练是必不可少的,同时,还应结合当地的实际情况,考虑一些可能出现的因素,有针对性地开展特殊训练。例如,某地汛期抗洪抢险任务突出,那么部队应当事先与当地防汛抗旱指挥机构对接,根据大灾、巨灾下的可能场景,明确相关点位的力量布防方案,备齐必要的装备物资,并与地方抗洪抢险力量开展联合培训和演练,充分做好应对准备,避免因临时研判和情况不熟而延误战机。

2. 基础训练与应用训练。基础训练是指对队伍进行基本能力和基本素质的教育、学习和训练，包括有关的预案、方案、措施的学习和掌握；各种器材和装备的使用技能训练；排除各种障碍物或危险物的训练等。例如，部队应当结合当地防汛抢险工作实际，与当地政府联合制定防汛应急预案，或做好二者相关应急预案之间的衔接，并做好对有关指战员的培训。应用训练主要指为解决各种问题、排除困难而开展的训练。这种训练的重点在于培养全体参与处置事件的人员在复杂的条件和情况下合理运用已掌握的技能、技巧，提高队伍处置突发事件的战斗力。应用训练可以直接形成和反映处置突发事件的指挥决策水平以及实际的处置能力。应用训练的好坏，取决于基础训练的水平。例如，部队人员在汛前应当加强对冲锋舟驾驶、浮桥快速搭设、对失联区域快速突进取得联系等技能的培训，往往能够达到事半功倍的效果。因此，既要强调基础训练，也要强调应用训练，从而全面提高处置突发事件的实战能力。

最后，为保障应急训练的质量，应当有计划地开展训练。首先要对应急救援队伍各层次和各岗位人员进行工作和任务分析，然后制订训练计划，并根据计划进行课程设计。通过训练应当达到的目标是：(1) 提高队伍的应急意识和快速反应能力；(2) 提高指战员的组织指挥能力，以及与地方政府相关指挥机构的协同配合能力；(3) 使训练队伍的专业技能与综合素质得到巩固；(4) 提高各种后勤保障能力，培养队伍良好作风及心理素质；(5) 检验队伍的训练成果，促进训练工作和训练水平的落实和提高；(6) 验证队伍的编组、装备、训练内容、方法和组训形式的可行性；(7) 熟悉相关应急预案并加以检验、完善和修订，磨合与地方政府的协同联动机制。

【关联规范】

《中华人民共和国国防法》（2020年修订）

第二十二条 中华人民共和国的武装力量，由中国人民解放军、中国人民武装警察部队、民兵组成。

中国人民解放军由现役部队和预备役部队组成，在新时代的使命任务是为巩固中国共产党领导和社会主义制度，为捍卫国家主权、统一、领土完整，为维护国家海外利益，为促进世界和平与发展，提供战略支撑。现役部队是国家的常备军，主要担负防卫作战任务，按照规定执行非战争军事行动任务。预备役部队按照规定进行军事训练、执行防卫作战任务和非战争军事行动任务；根据国家发布的动员令，由中央军事委员会下达命令转为现役部队。

中国人民武装警察部队担负执勤、处置突发社会安全事件、防范和处置恐怖活动、海上维权执法、抢险救援和防卫作战以及中央军事委员会赋予的其他任务。

民兵在军事机关的指挥下，担负战备勤务、执行非战争军事行动任务和防卫作战任务。

《军队参加抢险救灾条例》（2005年）

第二条 军队是抢险救灾的突击力量，执行国家赋予的抢险救灾任务是军队的重要使命。

各级人民政府和军事机关应当按照本条例的规定，做好军队参加抢险救灾的组织、指挥、协调、保障等工作。

第八条 县级以上地方人民政府应当向当地军事机关及时通报有关险情、灾情的信息。

在经常发生险情、灾情的地方，县级以上地方人民政府应当组织军地双方进行实地勘察和抢险救灾演习、训练。

第四十二条 【应急知识宣传普及和应急演练】县级人民政府及其有关部门、乡级人民政府、街道办事处应当组织开展面向社会公众的应急知识宣传普及活动和必要的应急演练。

居民委员会、村民委员会、企业事业单位、社会组织应当根据所在地人民政府的要求,结合各自的实际情况,开展面向居民、村民、职工等的应急知识宣传普及活动和必要的应急演练。

【条文主旨】

本条是关于开展公众应急知识宣教和应急演练的规定。

【条文解读】

应急知识是预防和应对突发事件的各种知识和技能的总称。提升全社会的应急知识储备水平,主要有两个途径:一是就应急知识本身开展宣传普及活动,也就是理论教学;二是就应急知识开展模拟活动的应急演练,也就是实操教学。本条即对上述两项工作进行了规定,包含两个层面:一是县级人民政府及其有关部门、乡级人民政府、街道办事处应当开展上述两项活动;二是居民委员会、村民委员会、企业事业单位、社会组织也应当根据政府要求开展上述两项活动。也就是说,无论是政府部门,还是各类基层组织,都应当面向本区域的公众开展应急知识宣传普及活动和必要的应急演练,这是需要持续推进并长期坚持的一项重要工作。

之所以强调此项工作的重要性,是因为我国是各类复合型突发事件频发的国家,大量生产安全事故、自然灾害、流行病扩散等突发事件,对我国公共安全整体形势造成较大压力,但回顾近年来的多次重大突发事件的应急处置实际，我国的公众应急意识和知识能力还存在不足。一方面，广大群众的应急能力和防灾避险自救知识不足。另一方面，面对公众安全意识和自救互救能力的现状，针对公众应急教育的制度建设和工作措施还需要进一步提升。随着现代生产方式的加速演进，新兴技术、自然环境和社会系统中的多种致灾因子相互耦合，有关风险、灾害、危机的应用知识加速迭代，广大公众的应急认知面临一定障碍，我国在针对广大公众的应急教育实践方面，缺乏系统性的制度规范和效能突出的实践探索。

居安思危，才能有备无患。在日常安全稳定的环境下，公众的危机意识一般比较淡薄，相关机构或单位需要通过有计划、有组织、有系统的宣传教育培训活动，在全社会普及和宣传应急知识、组织应急培训及演练，提供应急管理专业教育等，有效增强公众的危机意识，提高安全知识储备和掌握必要的应急技能，掌握自我保护的方法，消除或减少危险因素，保护生命安全和健康。国务院安委会办公室、应急管理部2023年、2024年连续明确全国"安全生产月"的活动主题为"人人讲安全、个个会应急"，也正是出于上述考虑。同时，公众在遭遇突发事件后的科学采取措施，也有利于提升政府部门的整体应对效果，减少救援处置难度。

同时，本条还规定，居委会、村委会、企事业单位、社会组织应当根据所在地人民政府的要求，结合各自的实际情况，开展有关突发事件应急知识的宣传普及活动和必要的应急演练。居委会、村委会作为城镇居民和农村居民自我管理、自我教育、自我服务的基层群众性自治组织，担负着组织动员广大人民群众的职责，应当积极配合上级人民政府，根据本区域内的实际情况，开展相关的宣传教育和应急演练工作。

企事业单位和其他社会组织在应急知识的培训和应急演练中也同样负有相应义务。特别是高危行业企业和人员密集场所经营管理单位，更有必要开展应急知识宣传普及和应急演练。近年来，多起重特大伤亡事故表明，一些单位底线思维不够，应急预案针对性不强，安全教育培训、应急演练流于形式，以致大量从业人员安全素养不高，面对突发情况往往手忙脚乱、不知所措，容易错失最佳处置时机，甚至导致事故后果扩大。针对这一问题，县级人民政府及其有关部门、乡级人民政府、街道办事处应当强化对各类企事业单位、社会组织的应急预案、演练、培训等应急准备的组织指导、监督检查，着力解决应急预案流于形式、应急演练走过场、应急培训不专业等突出问题。要着力解决涉及人员密集和高风险场所的各类企事业单位初期应急处置、组织疏散逃生、自救互救等应急能力不足问题。高危行业企业和人员密集场所经营管理单位应当重点加强对基层一线作业人员的安全教育和应急培训，深入开展实操实训应急演练，确保熟悉作业场所现场处置方案。加强本单位的应急文化建设，强化应急科普宣传，积极开展火灾等事故案例警示教育和应急知识宣传，切实增强社会公众安全意识，真正做到"人人讲安全、个个会应急"。

【实务指引】

做好公众应急知识科普宣教和应急演练，县级人民政府及其有关部门、乡级人民政府、街道办事处应当做好以下四点：

1. 完善公众应急教育体系，健全突发事件应急处置的宣传教育制度，不断丰富安全案例警示、应急科学常识、应急演练等应急教育内容。加快推进公众应急教育的制度建设，从法律规定、行业规范和社区准则的角度，强化公众应急教育的制度保障。不断优化公众应急教育内容，根据新技术发展和安全形势需要，更新和拓展有关宣传教育内容，使公众的安全防范意识和应急处置能力能够适应快速变化的安全与发展形势。

2. 推动应急管理知识进企业、进农村、进社区、进学校、进家庭，广泛宣传普及防灾减灾知识和避灾自救互救技能，增强全社会防灾减灾意识、风险防范意识和自救互救能力。要加强有关经营者、劳动者应急培训，提高各行业各领域从业人员安全意识和能力。增强全社会自我防护和应急技能，营造"人人关心安全、人人重视安全、人人参与安全"的社会氛围，真正筑牢公共安全人民防线。

3. 持续推进自然灾害综合风险普查成果的社会化应用，将灾害普查的制度优势转化为公众应急教育的宣传优势、科普优势。自然灾害综合风险普查过程本质上也应当是公众灾害风险意识强化和应急救援能力提升的过程，其成果应用更应该充分立足公众、走向社会。要持续做好有关成果的转化工作，使其作为应急教育宣传重要来源，使更多市场主体和社会公众广泛参与到成果开发与应用当中，全面提升公众的风险意识和安全科学素养。

4. 打造公众应急教育体系数字化平台，构建情景体验教育方式，不断创新和丰富公众应急教育形式。随着数字技术的深度演进，将公众应急教育嵌入当前的数字治理体系已经成为应急管理活动的必然要求。要进一步加强沉浸式体验式宣传教育，以更加鲜活、真实的宣传教育模式塑造和改进社会安全文化。运用现场教学、模拟课程等形式，切实组织开展社区居民应急管理培训，强化实战教学和现场演练，提升公众应急管理意识、知识和能力。

【关联规范】

《中华人民共和国消防法》（2021年修正）

第六条 各级人民政府应当组织开展经常性的消防宣传教育，提高公民的消防安全意识。

机关、团体、企业、事业等单位，应当加强对本单位人员的消防宣传教育。

应急管理部门及消防救援机构应当加强消防法律、法规的宣传，并督促、指导、协助有关单位做好消防宣传教育工作。

教育、人力资源行政主管部门和学校、有关职业培训机构应当将消防知识纳入教育、教学、培训的内容。

新闻、广播、电视等有关单位，应当有针对性地面向社会进行消防宣传教育。

工会、共产主义青年团、妇女联合会等团体应当结合各自工作对象的特点，组织开展消防宣传教育。

村民委员会、居民委员会应当协助人民政府以及公安机关、应急管理等部门，加强消防宣传教育。

《中华人民共和国安全生产法》（2021年修正）

第十三条　各级人民政府及其有关部门应当采取多种形式，加强对有关安全生产的法律、法规和安全生产知识的宣传，增强全社会的安全生产意识。

第四十三条　【学校的应急教育和演练义务】各级各类学校应当把应急教育纳入教育教学计划，对学生及教职工开展应急知识教育和应急演练，培养安全意识，提高自救与互救能力。

教育主管部门应当对学校开展应急教育进行指导和监督，应急管理等部门应当给予支持。

【条文主旨】

本条是关于学校开展应急教育教学活动的规定。

【条文解读】

本条所规定的应急教育教学活动，在内涵上仍属于本法前述公众应急知识宣教和应急演练范畴，也就是推进安全宣传工作中的"进学校"，但在此单独加以明确，足见其重要性。这是因为，全面推进应急知识教育是贯彻"人民至上，生命至上"崇高理念的重要保障，对推动新时代我国经济社会高质量发展具有重要意义。

我国高度重视加强应急知识教育工作，已将相关内容纳入国民教育体系。《全民科学素质行动规划纲要（2021—2035年）》将应急科普工作作为一项重点工程纳入其中，进一步完善了应急科普协作机制，加强应急科普公益宣传，普及安全防范、自救互救和应急避险技能知识等，不断增强全社会安全意识，提升公众安全素养。

按照本条规定，各级各类学校，既包括小学、中学、大学等各级学校，也包括职业技术学校等各类学校，均负有开展应急知识教育的义务，培养学生的安全意识和应急能力。中小学应当将有关突发事件的预防与应急措施、自救与互救知识作为学生的必修内容。高等学校应当根据学科和专业特点，对学生进行有关突发事件预防和应急救援知识的教育。各级各类学校开展应急知识教育，主要目的要使学生树立"珍爱生命、安全第一"的意识，具备必需的自救与互救的能力；培养学生的社会安全责任感，使学生逐步形成安全意识，掌握必要的安全行为的知识和技能；了解相关的法律法规常识，养成在日常生活和突发事件中正确应对的习惯，最大限度地预防安全事故发生和减少安全事件对学生造成的伤害。

在教育教学活动中，学校要建设符合应急教育要求的物质环境和人文环境，使学生在潜移默化中提高安全意识，促进学生学习并掌握必要的应急知识和生存技能，认识、感悟安全的意义和价值。要加强与当地应急、消防、交通、治安以及卫生、地震等部门建立密切联系，根据学生特点系统协调承担公共安全教育的内容，并且协助学校制订应急疏散预案和组织疏散演习活动。要制定科学的应急教育评价标准，把教师开展公共安全教育的情况作为教师考核的重要依据。

同时，相关管理部门应当密切配合，共同做好对学校应急教育的指导和监督工作。按照本条要求，各级教育部门应当会同应急管理部等有关部门，持续加强中小学课程培训和实施指导，指导各地各校结合本地实际,广泛开展应急知识主题教育,继续定期开展应急疏散演练;健全关于应急知识教育的协作机制,常态化开展安全知识宣传,加强新时代各类应急救援力量培养力度,逐步建立健全应急知识教育长效监督机制。

【实务指引】

近年来,教育部和应急管理部等部门开展了大量工作,持续推进应急知识教育和应急学科建设,各级各类学校应当按照相关要求抓好落实。

1. 中小学课程教材系统设计强化应急知识教育。2021年10月,教育部印发《生命安全与健康教育进中小学课程教材指南》(以下简称《指南》),确定生命安全与健康教育5个领域30个核心要点。其中,以"安全应急与避险"领域为重点提出了安全教育相关内容进课程教材要求及学科落实建议。《指南》还专门设置了"应急常识与急救技能"要点,突出强调要立足日常生活情境,覆盖居家、校园及其他公共场所,引导儿童青少年增强安全防护意识,掌握应急常识和急救技能,提升危险预判、紧急避险、求生逃生等自救和他救技能,培养应急救护能力。

2022年,教育部印发《义务教育课程方案和课程标准(2022年版)》,结合中小学生身心发展规律和学科特点,在道德与法治、语文、地理、体育与健康、科学(物理、化学、生物学)、劳动等课程中有机融入了应急知识教育相关内容。各相关课程应急知识教育主要包括两个方面:一是了解大雾、灰霾、冰雹、道路结冰、台风、雷暴、洪灾、泥石流、地震等气象与地质自然灾害,掌握安全防护技能,积极参加紧急演练;二是掌握预防拥挤、踩踏事故、触电、火灾等突发事件的常用办法,掌握在事故灾难发生时自我保护、避险逃生、自救与求救的基本方法及技能。比如,地理课程要求学生掌握一定的气象灾害和地质灾害的安全防护技能;生物学课程通过模拟展示特定情况下的急救方法(如人工呼吸、心肺复苏、包扎止血),帮助学生学习传染病和免疫、医药与急救等知识。

2. 组织开展多样化主题教育。教育部指导各地各校认真落实《中小学公共安全教育指导纲要》和《中小学幼儿园应急疏散演练指南》等相关要求,按照不同年级、不同学段要求,在学校教育教学各个环节广泛开展应急知识教育,定期开展应急疏散演练,引导学生了解各类应急知识,提高自我保护意识,掌握必要的自救自护技能和应急处置能力。指导各地各校结合全国中小学生安全教育日和防灾减灾日等重要时间节点,采取现场教学、互动交流、情景模拟、制作动漫画、播放音视频等形式,广泛开展形式多样的应急知识主题教育,增强活动的生动性、趣味性和体验性。在国家中小学智慧教育平台设立"生命与安全"专题,围绕地震、洪水、泥石流、沙尘暴等自然灾害,提供有关安全防护教育资源,供中小学生学习使用。

3. 加强安全应急相关专业和课程建设。2021年3月,教育部发布《职业教育专业目录(2021年)》,一体化设计中职—高职专科—高职本科专业目录,在安全应急领域,保留或更名设置安全技术与管理、防灾减灾技术、森林消防等中职专业;保留或更名设置安全技术与管理、化工安全技术、工程安全评价与监理、安全智能监测技术、应急救援技术、森林草原防火技术和职业健康安全技术等高职专科专业;新增设置应急救援技术1个中职专业,消防救援技术1个高职专科专业,以及安全工程技术、应急管理2个高职本科专业。2020年,组织认定中国人民警察大学、防灾科技学院、苏州大学等高校"重大突发自然灾害应急决策""火灾调查""化工厂爆燃事件公共卫生应急处置"等近20门课程为首批国家级一流本科课程。自2019年以来,陆续发布了安全技术与管理、应急救援技术等7个相关高职专业教学标准,不断提高应急救援领域专业人才培养质量。

4. 系统推进应急科普宣教工作。2020年9月,中国科协、中央宣传部、科技部、国家卫生健康委、应急管理部联合印发《关于进一步加强突发事件应急科普宣教工作的意见》，要求坚持日常科普和应急宣传相统一、经常性宣传教育和集中式宣传教育相统一，开展突发事件预防和应急、自救互救等方面公益宣传，通过立体化传播和精准化服务，让成果惠及最广大青少年，不断提升安全避险意识、自救互救技能和防灾减灾救灾能力。推动建立学校与政府、企事业单位、新闻媒体共建协作，普及生活安全、交通安全、消防安全等方面知识，使学生和教职工做到能应急懂避险、能自救会互救。同时，结合"全国防灾减灾日""全国安全生产月""科技活动周"等主题宣传活动，在中央电视台多个频道重要时段持续推出主题公益广告，协调人民网、新华网、光明网和"科普中国"等平台制作推出系列安全应急科普产品，如在"科普中国"开设"安全专区"和"应急科普专线"，上线"全国应急科普和宣教平台"，通过展台展览、VR 体验、互动直播、在线解答等"线上咨询+线下开放"活动，引导公众学习应急知识，提高公众的应急避险和安全防护能力。

【关联规范】

《中小学公共安全教育指导纲要》（2007 年）
（全文）
《中小学幼儿园应急疏散演练指南》（2014 年）
（全文）

第四十四条 【经费保障】 各级人民政府应当将突发事件应对工作所需经费纳入本级预算，并加强资金管理，提高资金使用绩效。

【条文主旨】

本条是关于各级人民政府应急经费保障和管理的规定。

【条文解读】

经费保障是突发事件应急准备的重要内容，是突发事件应对保障系统不可或缺的组成部分。除本法外，《防洪法》《森林防火条例》《破坏性地震应急条例》等相关法律法规中，都规定了用于突发事件的预防与应急准备、检测与预警等方面的应急管理费用，根据《预算法》的有关规定，列入财政预算。

我国部门预算是按照基本支出和项目支出进行编报的，相关部门和单位认真贯彻落实党中央、国务院关于建立健全财政应急管理政策体系的重要决策部署，将其作为推进应急管理体系和能力现代化建设的重要组成部分来抓。

一是各级财政设置预备费应对突发事件。根据《预算法》第四十条的规定，各级一般公共预算应当按照本级一般公共预算支出额的百分之一至百分之三设置预备费，用于当年预算执行中的自然灾害等突发事件处理增加的支出及其他难以预见的开支。

二是设立专项资金支持救灾工作。中央财政专门设立了中央自然灾害救灾资金，用于支持地方政府开展自然灾害抢险救灾和受灾群众救助工作；设立了农业生产和水利救灾资金等补助资金，用于支持洪涝灾害造成的水毁水利设施修复，以及旱灾时兴建救灾所需的抗旱水源和调水供水设施。

三是支持建立应急物资储备保障体系。中央财政每年安排应急管理部、国家粮食和物资储备局、中国地震局专项工作经费，支持做好森林草原防灭火、防汛抗旱、生活类救灾和地震应急等中央应急物资储备工作。2020年7月，通过特殊转移支付一次性安排专项资金支持地方应急物资保障体系建设，重点弥补市县应急物资储备空白，基本实现市县（区）级储备体系全覆盖，并快速提升公共卫生应急物资生产动员能力。

《国家突发事件总体应急预案》规定，各级财政部门要按照现行事权、财权划分原则，分级负担公共安全工作以及预防与处置突发公共事件中需由政府负担的经费，并纳入本级财政年度预算，健全应急资金拨付制度。因此，各级人民政府也应当认真测算和申报应急经费预算，确保本地区应急物资、装备、队伍等保障有力，能够满足有序有效处置各类突发事件的需要。

同时，各级政府要加强应急专项资金管理，提高资金使用绩效，具体涉及两类主体：一是按照"谁申报、谁负责"的原则，各类项目单位对应急专项资金的使用和绩效目标管理负有主体责任，具体负责项目的组织实施工作。二是各级应急管理部门对专项资金的使用和绩效目标管理负有监管责任，具体负责专项资金使用及绩效目标完成情况的调度统计和日常跟踪检查。各相关部门、项目单位应当切实履行好各自职责，确保专项资金使用透明、规范，包括：（1）项目单位科学严谨开展前期论证、项目预算需求测算、项目资金使用计划编制等工作，做好项目绩效预评估。（2）项目单位要建立健全内部控制制度，加强资金管理，依据项目内容、开支范围和标准，合理、合规、节约使用资金，建立健全专项资金使用和绩效管理等方面档案，自觉接受应急管理和财政、审计、纪检监察等部门的监督检查。（3）项目单位及属地监管责任部门，要按照专项资金管理有关规定，加强项目全过程管理，加大项目推进力度，提高项目建设质量，规范资金使用行为。（4）各级预算执行单位要按照项目支出绩效管理的相关规定，做好绩效运行监控管理，及时纠正发现的问题；各项目单位按要求开展绩效自评工作，加强绩效评价结果的运用，提高财政资金的执行效率和使用效益。

【关联规范】

《中华人民共和国预算法》（2018年修正）

第四十条 各级一般公共预算应当按照本级一般公共预算支出额

的百分之一至百分之三设置预备费,用于当年预算执行中的自然灾害等突发事件处理增加的支出及其他难以预见的开支。

第四十五条 【应急物资储备保障制度和目录】 国家按照集中管理、统一调拨、平时服务、灾时应急、采储结合、节约高效的原则,建立健全应急物资储备保障制度,动态更新应急物资储备品种目录,完善重要应急物资的监管、生产、采购、储备、调拨和紧急配送体系,促进安全应急产业发展,优化产业布局。

国家储备物资品种目录、总体发展规划,由国务院发展改革部门会同国务院有关部门拟订。国务院应急管理等部门依据职责制定应急物资储备规划、品种目录,并组织实施。应急物资储备规划应当纳入国家储备总体发展规划。

【条文主旨】

本条是关于国家层面应急物资储备保障的规定。

【条文解读】

本条与第四十六条一起构成了《突发事件应对法》关于应急物资储备保障的总体制度安排。应急物资保障是应急管理体系的重要组成部分,是有效应对突发事件的重要基础。完善应急物资保障体系,对于提高处置突发事件的应急保障能力,推进国家应急管理体系与能力现代化具有重要意义。

1. 关于我国应急物资保障体系的制度设计。应急物资保障工作的发展是一个渐进过程,与国民经济和社会发展历程密切相关。改革开放以来,我国根据灾害事故特征和应急工作需要,建立起"中央—省

—市—县—乡"五级应急物资储备网络，设立了中央及地方各级应急物资储备库，建立了应急物资采购和储备制度，有力应对了一系列重特大灾害事故。党中央明确要求健全统一的应急物资保障体系，优化重要应急物资产能保障和区域布局，建立集中生产调度机制，健全国家储备体系，建立国家统一的应急物资采购供应体系，推动应急物资供应保障网更加高效安全可控。本条所明确的建设原则中，"集中管理、统一调拨"是指发挥中国特色社会主义制度优越性，建立政府集中管理的应急物资保障制度，打破部门、区域、政企壁垒，实行统一指挥、统一调拨、统一配送，确保应急物资调运快捷高效。"平时服务、灾时应急"是指在保障应急需求的前提下，充分发挥市场机制作用，合理扩大应急物资使用范围，提高应急物资的平时轮换和服务效率。应急期间，启动重大灾害事故应急物资保障相关工作机制，确保应急物资保障有序有力。"采储结合、节约高效"是指立足需求、服务应急，把储备和采购等环节统一起来，完善应急物资采购机制，开展常态化统筹管理和动态监控，综合运用实物储备、协议储备、产能储备等多种储备方式，提高应急物资使用效率，提升应急物资储备效能。目前，我国基本形成了以实物储备为基础、协议储备和产能储备相结合，以政府储备为主、社会储备为辅的应急物资储备模式。

2. 关于应急物资储备形式的问题。目前常见的应急物资储备有三种形式，各有利弊。一是实物储备，是将应急物资以实物形式储存在仓库中，当突发事件发生后随时调用的应急物资储备方式。实物储备方式是应急物资储备中被广泛使用的基础性储备形式，生产周期长、保质期长的应急物资普遍采取实物储备形式储备。它可以在事件发生后的第一时间保障应急物资的供应，对于及时处置、救援救助具有重要意义。二是协议储备，是通过与拥有物资或具有物资周转能力的企事业单位、社会组织乃至家庭或个人等签订协议，确保在突发事件发生后，能够调用这些物资作为应急物资开展救援救助的一种储备方式。

协议储备方式的优势在于利于降低储备成本、提高物资使用效率。保质期较短的应急物资多以协议储备方式进行储备。三是生产能力储备，是通过和那些能够生产、转产或研制相应应急物资的企业或者其他单位签订有关协议，确保突发事件发生后这些单位能够按照协议要求迅速生产、转产或研制应急物资的储备方式。本质上生产能力储备也是协议储备。目前，我国基本形成了以实物储备为基础、协议储备和产能储备相结合，以政府储备为主、社会储备为辅的应急物资储备模式。

3. 关于应急物资调拨和配送。在应急物资管理中，调配是关键的环节之一，直接影响到应急救援和保障的效率效果，特别是跨区域的大规模物资调配，需要强有力的协调机制与运输能力作为支撑。提升调配能力主要从以下几个方面开展：（1）完善应急物资调配模式。加强区域应急物资统筹调配，强化应急响应期间的统一指挥，健全政府、企业、社会组织共同参与的应急物资调配联动机制，完善调运经费结算方式。打通从应急物资生产、储备到接收、使用之间的快速传递通道，减少应急物资转运环节，有效发挥各类运输力量效能，提高应急物资调配精确性。（2）提升应急物资运送能力。建立大型物流和仓储企业参与机制，促进政府和社会物流，以及铁路、公路、水路和航空等运输方式的有效衔接。完善应急物资保障跨区域通行和优先保障机制，建立铁路、公路、水路和航空紧急运输联动机制，确保应急物资快速运输。大力推动应急物资储备和运输的集装单元化发展，提升物资集中储存、高效调运、快速集散能力。（3）优化应急物资发放方式。制定和完善应急物资发放管理制度和工作流程，完善应急物资发放的社会动员机制。鼓励物流企业、社会组织和志愿者参与应急物资"最后一公里"发放。

4. 关于应急物资产能保障和产业布局。应急物资本质上仍然是工业品，应急物资储备保障能力最终依赖的仍然是相关行业的应急产业实力。客观上说，应急状态是非常态的，是少数情况。任何一个国家或者个体都无法以实物储备的方式储备应对极端情况发生的所有品类物资。但我们又客观上需要对极端的突发情况做好包括物资在内的各方面准备，存在应急物资需求结构性缺口。这就需要我们依托于强大的工业实力，培育和发展安全应急产业。在关键时候依托于现有工业体系和产业体系，根据需要及时开展产品应急生产甚至是关联行业的转产、扩产来加以保障。提升产能保障能力主要从以下几个方面开展：（1）提升企业产能储备能力。制定适合产能储备的应急物资品种目录，选择条件较好的企业纳入产能储备企业范围，在重特大灾害事故发生时，引导和鼓励产能储备企业应急生产和扩能转产。例如，国家粮食和物资储备局结合近年来采购中央救灾物资和中央防汛抗旱物资情况，初步建立了应急物资生产企业资源库和目录，以备紧急采购使用。（2）优化应急物资产能布局。培育和优化应急物资产业链，分类掌握重要应急物资上下游企业供应链分布，结合区域灾害事故风险以及重要应急物资生产、交通运输能力分布，建设应急物资生产保障基地。（3）加大应急物资科技研发力度。支持应急产业科技发展，发挥重点企业、高校、科研单位等产学研优势，加强核心技术攻关，推动应急物资标准化、系列化、成套化。

此外，本条还规定，国家储备物资品种目录、总体发展规划，由国务院发展改革部门会同国务院有关部门拟订。国务院应急管理等部门依据职责制定应急物资储备规划、品种目录，并组织实施。应急物资储备规划应当纳入国家储备总体发展规划。这里需要关注国务院发展改革部门和应急管理部门在应急物资规划方面的职责差异：一是由国务院发展改革部门为应急物资规划的总牵头部门，会同国务院有关部门拟订国家储备物资品种目录、总体发展规划。二是由国务院应急管理等部门依据职责制定应急物资储备规划、品种目录。《"十四五"应急物资保障规划》规定，本规划所称应急物资，是指为有效应对自然灾害和事故灾难等突发事件，所必需的抢险救援保障物资、应急救援力量保障物资和受灾人员基本生活保障物资。其中，抢险救援保障物资包括森林草原防灭火物资、防汛抗旱物资、大震应急救灾物资、安全生产应急救援物资、综合性消防救援应急物资；应急救援力量保障物资是指国家综合性消防救援队伍和专业救援队伍参与抢险救援所需的应急保障物资；受灾人员基本生活保障物资是指用于受灾群众救助安置的生活类救灾物资。综上可见，国家发展改革部门在物资储备规划方面涉及的面更广，是全品类储备规划概念，与此对应，应急管理部门在应急物资储备方面更聚焦于职责范围内应急物资的储备规划概念，职责边界相对较窄。

关于国家储备物资目录，以中央应急抢险救灾物资为例，该类物资是用于支持遭受重特大自然灾害地区开展抢险救灾和受灾群众生活救助的应急储备物资，包括中央救灾物资和中央防汛抗旱物资。其中，中央救灾物资可分为帐篷类、被服类、装具类等，具体包括帐篷、棉大衣、棉被、睡袋、折叠床、折叠桌凳、简易厕所、家庭应急包等。中央防汛抗旱物资分为防汛物资和抗旱物资，防汛物资又分为抢险物料、救生器材、抢险机具三类，具体包括编织袋、土工布、防洪子堤、玻璃钢冲锋舟、照明车、大流量排涝泵站等；抗旱物资又分为给排水设备、供水器具两类，具体包括找水物探设备、打井机、洗井空压机组等。《"十四五"应急物资保障规划》明确了"十四五"时期应急物资保障体系建设 5 个方面主要任务和 6 个重点建设工程项目。其中，主要任务包括：完善应急物资保障体制机制法制；提升应急物资实物储备能力；提高应急物资产能保障能力；强化应急物资调配能力；加强应急物资保障信息化建设。工程项目包括：应急物资储备项目；应急物资储备库建设工程；应急物资保障标准项目；应急物资产能提升工程；应急物资调配运送现代化工程；应急物资管理信息化建设工程。

【关联规范】

《"十四五"应急物资保障规划》（2022年）

......

本规划所称应急物资，是指为有效应对自然灾害和事故灾难等突发事件，所必需的抢险救援保障物资、应急救援力量保障物资和受灾人员基本生活保障物资。其中，抢险救援保障物资包括森林草原防灭火物资、防汛抗旱物资、大震应急救灾物资、安全生产应急救援物资、综合性消防救援应急物资；应急救援力量保障物资是指国家综合性消防救援队伍和专业救援队伍参与抢险救援所需的应急保障物资；受灾人员基本生活保障物资是指用于受灾群众救助安置的生活类救灾物资。

......

（二）基本原则。

1. 党委领导，政府负责。坚持党委在应急物资保障工作中的领导地位，坚持各级政府的主导地位，加强政府与企业、社会组织等社会力量和公民个人的协同配合，形成党委统一领导、政府依法履责、社会广泛参与的发展局面。

2. 分级负责，属地为主。应急物资保障以地方为主，实行属地化管理，地方承担主体责任，负责组织协调本行政区域内的应急物资保障工作。中央发挥统筹指导和支持作用，协助地方应对重特大灾害事故。

3. 集中管理，统一调拨。发挥中国特色社会主义制度优越性，建立政府集中管理的应急物资保障制度，打破部门、区域、政企壁垒，实行统一指挥、统一调拨、统一配送，确保应急物资调运快捷高效。

4. 平时服务，灾时应急。在保障应急需求的前提下，充分发挥市场机制作用，合理扩大应急物资使用范围，提高应急物资的平时轮换和服务效率。应急期间,启动重大灾害事故应急物资保障相关工作机制,确保应急物资保障有序有力。

5. 采储结合,节约高效。立足需求、服务应急,把储备和采购等环节统一起来,完善应急物资采购机制,开展常态化统筹管理和动态监控,综合运用实物储备、协议储备、产能储备等多种储备方式,提高应急物资使用效率,提升应急物资储备效能。

……

第四十六条 【应急救援物资、装备等生产、供应和储备】 设区的市级以上人民政府和突发事件易发、多发地区的县级人民政府应当建立应急救援物资、生活必需品和应急处置装备的储备保障制度。

县级以上地方人民政府应当根据本地区的实际情况和突发事件应对工作的需要,依法与有条件的企业签订协议,保障应急救援物资、生活必需品和应急处置装备的生产、供给。有关企业应当根据协议,按照县级以上地方人民政府要求,进行应急救援物资、生活必需品和应急处置装备的生产、供给,并确保符合国家有关产品质量的标准和要求。

国家鼓励公民、法人和其他组织储备基本的应急自救物资和生活必需品。有关部门可以向社会公布相关物资、物品的储备指南和建议清单。

【条文主旨】

本条是关于地方人民政府应急物资储备职责和企业储备职责的规定。

【条文解读】

我国应急物资实行的是分级储备保障制度。突发事件实行分级管理，分级应对。应急物资作为突发事件应对的重要保障基础，理应实行分类储备保障。中央和地方各级人民政府有关部门都应当储备物资。继本法第四十五条规定了国家层面的应急物资储备基本制度和内容后，本条进一步规定了地方人民政府以及相关企业的应急物资储备职责。

1. 关于地方人民政府应急物资储备责任。本条规定设区的市级以上人民政府和突发事件易发、多发地区的县级人民政府应当建立应急救援物资、生活必需品和应急处置装备的储备保障制度。设区的市级以上人民政府所管辖的地域相对广阔，人口数量更加庞大，经济要素更加密集，加之受全球气候变化的影响，各类事故隐患和灾害风险交织叠加，影响公共安全的因素日益增多，防灾减灾救灾工作难度加大，维护人民群众生命财产安全的任务更加艰巨。为做好应对突发事件的准备，应当建立起应急救援物资、生活必需品和应急处置装备的储备制度。另外，我国是自然灾害、事故灾难等突发事件较多的国家。灾害种类多、分布地域广、发生频率高、造成损失重。为了在第一时间采取有效措施应对突发事件，突发事件易发、多发地区的县级人民政府也应当建立应急救援物资、生活必需品和应急处置装备的储备制度。我国应急物资储备网络基本形成，建立了辐射全国的中央应急物资储备库，推进了地方应急物资储备库建设。目前，中央层面有国家森林草原防灭火物资储备库、中央防汛抗旱物资储备库、大震应急救灾物资储备库、区域性安全生产应急救援物资储备库；国家综合性消防救援队伍应急物资储备库包括消防救援队伍应急物资储备库、森林消防队伍应急物资储备库；中央生活类救灾物资储备库。省、市、县三级政府不断推进应急物资储备库建设，地方各级政府根据当地经济社会发展水平、灾害事故特点及应对能力，储备有大量地方应急物资。基本形成了"中央—省—市—县—乡"五级应急物资储备网络。中央主要以实物形式储备应对需由国家层面启动应急响应的重特大灾害事故的应急物资。地方根据当地经济社会发展水平，结合区域灾害事故特点和应急需求，在实物储备的基础上，开展企业协议代储、产能储备等多种方式的应急物资储备。《"十四五"应急物资保障规划》提出，市—县—乡人民政府要参照中央应急物资品种要求，结合本地区灾害事故特点，储备能够满足本行政区域启动Ⅱ级应急响应需求的应急物资，并留有安全冗余；重点加强中西部和经济欠发达高风险地区地市和县级应急物资储备。

2. 关于地方人民政府应急物资储备的策略问题。本条规定县级以上地方人民政府应当根据本地区的实际情况和突发事件应对工作的需要，依法与有条件的企业签订协议，保障应急救援物资、生活必需品和应急处置装备的生产、供给。本法第七十六条规定，履行统一领导职责或者组织处置突发事件的人民政府及其有关部门，必要时可以要求生产、供应生活必需品和应急救援物资的企业组织生产、保证供给。因此，为了保障应急救援物资、生活必需品和应急处置装备的生产和供给，避免发生应急物资供不应求的现象，县级以上地方人民政府与有关企业签订应急物资的生产、供给合同是非常必要的。但要注意，依法签订协议并不是强制。《民法典》第四百九十四条规定，国家根据抢险救灾、疫情防控或者其他需要下达国家订货任务、指令性任务的，有关民事主体之间应当依照有关法律、行政法规规定的权利和义务订立合同。依照法律、行政法规的规定负有发出要约义务的当事人，应当及时发出合理的要约。依照法律、行政法规的规定负有作出承诺义务的当事人，不得拒绝对方合理的订立合同要求。说明县级以上地方人民政府与有关民事主体所签订的合同是一种行政协议。行政协议是指行政主体为了行使职能、实现特定的行政管理目标，而与公民、法人和其他组织，经过协商，相互意思表示一致所达成的协议。行政协议具有行政性和合同性的特点，行政主体对于行政协议的履行享有行政优益权。行政主体签订行政协议是为了实现更好处置突发事件这一行政管理目标，核心是为了维护公共利益。因此，行政主体对行政协议的履行享有民事合同主体不享有的行政优益权，具体体现为对协议履行的监督权、指挥权、单方变更权和解除权。当然，行政主体只有在协议订立后出现了由于公共利益的需要或法律政策的重大调整，必须变更或解除时，才能行使单方变更、解除权。由此造成相对人合法权益损害的，应当予以补偿。

3. 关于社会企业应急物资生产、供应的义务问题。本条规定，有关企业应当根据协议，按照县级以上地方人民政府要求，进行应急救援物资、生活必需品和应急处置装备的生产、供给，并确保符合国家有关产品质量的标准和要求。鉴于此处的协议实质为行政协议，涉及国家公共利益和公共安全，合同当事企业不仅享有行政协议带来的利益，也要承担专门的行政协议责任。这种协议责任不仅有普通的违约责任，还要根据法律规定承担必要的行政处罚责任。对于县级以上地方人民政府而言，应当加强对企业应急物资生产能力的动态监控，建立产能储备企业评价体系，对于履约不及时、不达标、不诚信的企业，坚决剔出保供生产名录，对于涉及违法和给突发事件应对带来严重后果的，要依法追究责任。

4. 关于社会应急物资储备责任问题。本条规定，国家鼓励公民、法人和其他组织储备基本的应急自救物资和生活必需品。有关部门可以向社会公布相关物资、物品的储备指南和建议清单。公民、法人和其他组织加强应急物资储备，是提升全社会应急能力和自救能力的一个重要途径。社会和家庭储备应急物资有利于突发事件发生后个人就近获取到必需的物资，有利于后期灾害自救、互救和紧急逃生。近年来，我国不少地方大力提倡和推广家庭应急物资储备。要求把居民家庭应急物资储备作为应急物资储备体系的重要组成部分，鼓励引导居民家庭储备一些必要的应急物资，时刻准备应对可能发生的自然灾害等突发事件，做到有备无患。《"十四五"应急物资保障规划》提出，要建立社会化应急物资协同储备政策，制定社区、企事业单位、社会组织、家庭等主体的应急物资储备建议清单，引导各类社会主体储备必要的应急物资。针对市场保有量充足、保质期短、养护成本高的应急物资，提高协议储备比例，优化协议储备结构。家庭储备是应急物资保障体系的重要组成部分，以家庭为单位进行必要的物资储备，能够有效提升家庭成员抵御灾害、事故等突发事件的能力，减少对自身造成的损失和影响。应急管理部于2020年发布了《全国基础版家庭应急物资储备建议清单》，包括饮用水、方便食品、灭火器和灭火毯、呼吸面罩、手电筒、多功能小刀、收音机、救生哨子、外用药品、消毒湿纸巾、医用外科口罩11类物资，并指导有关省份结合地区灾害风险形势特点出台本地区家庭应急物资储备建议清单，鼓励公众根据实际储备必要的家庭应急物资，增强家庭应急保障能力。目前，北京、天津、河北、上海、江苏、江西、山东、湖北、重庆等省（直辖市）以及广州、深圳、武汉、厦门、沈阳、西安、长沙等城市相继发布了本地区家庭应急物资储备建议清单，科学指导家庭进行逃生自救求救工具、应急药品、水和食品、个人用品等应急物资储备，明确了具体种类和数量。

需要特别指出的是，社会公众层面的应急物资储备也并非完全是"自主性""自发性"的。对于一些特定行业的企业而言，储备必要的应急物资有时候并不是自选性动作，而是为了防范和应对生产安全事故的必选性动作，有关法律法规有明确要求。《安全生产法》第八十二条第二款规定，危险物品的生产、经营、储存、运输单位以及矿山、金属冶炼、城市轨道交通运营、建筑施工单位应当配备必要的应急救援器材、设备和物资，并进行经常性维护、保养，保证正常运转。

【关联规范】

《中华人民共和国安全生产法》（2021年修正）

第八十二条第二款 危险物品的生产、经营、储存、运输单位以及矿山、金属冶炼、城市轨道交通运营、建筑施工单位应当配备必要的应急救援器材、设备和物资，并进行经常性维护、保养，保证正常运转。

《"十四五"应急物资保障规划》（2022年）

……

1. 提升企业产能储备能力。制定适合产能储备的应急物资品种目录，完善应急物资生产能力调查制度，加强应急物资生产能力的动态监控，建立产能储备企业评价体系。加强应急动员能力建设，选择条件较好的企业纳入产能储备企业范围，建立动态更新调整机制。健全应急物资集中生产调度机制，在重特大灾害事故发生时，引导和鼓励产能储备企业应急生产和扩能转产。

……

3. 加强应急物资储备社会协同。积极调动社会力量共同参与物资储备，完善应急物资储备模式。建立社会化应急物资协同储备政策，制定社区、企事业单位、社会组织、家庭等主体的应急物资储备建议清单，引导各类社会主体储备必要的应急物资。针对市场保有量充足、保质期短、养护成本高的应急物资，提高协议储备比例，优化协议储备结构。大力倡导家庭应急物资储备，并将企事业单位、社会组织等储备信息纳入国家应急资源管理平台。

……

第四十七条　【应急运输保障】 国家建立健全应急运输保障体系，统筹铁路、公路、水运、民航、邮政、快递等运输和服务方式，制定应急运输保障方案，保障应急物资、装备和人员及时运输。

县级以上地方人民政府和有关主管部门应当根据国家应急运输保障方案，结合本地区实际做好应急调度和运力保障，确保运输通道和客货运枢纽畅通。

国家发挥社会力量在应急运输保障中的积极作用。社会力量参与突发事件应急运输保障，应当服从突发事件应急指挥机构的统一指挥。

【条文主旨】

本条是关于应急运输保障体系建设及其运行的规定。

【条文解读】

交通运输在应急处置中起到纽带作用，大部分的应急处置活动，特别是现场救援抢险，都离不开交通运输保障。鉴于突发事件应急处置活动的紧迫性、复杂性，对交通运输保障的需求也就有别于常态需求，往往涉及紧急制定保障方案、临时调派运输工具和操作人员、建立非常规的衔接对接机制等。为此，必须在日常加强应急运输保障体系建设，健全行业调度指挥和应急救援体系，有效提高防灾减灾救灾和重大突发公共事件处置保障能力，确保遇有突发事件，特别是对人员、物资、装备有大规模或特殊运输需求的突发事件时，及时做好运输保障，为应急处置抢得先机。本条分别就国家层面、县级以上地方人民政府和有关主管部门层面、社会力量层面的职责或义务分别进行了规定。

1. 关于国家建立健全应急运输保障体系。交通运输有多种方式，在各类突发事件的应急交通保障中，需要根据具体需求来确定采取何种交通方式。例如，在突发公共卫生事件期间对于高风险区等管控地区提出的米面、食用油、蔬菜、蛋品、肉类、水产品、乳制品、方便食品、饮用水、能源等民生物资运输需求，只有交通、铁路、民航、邮政等部门协同配合，才能够完成运输任务。我国拥有中国国家铁路集团、中国邮政集团、中国远洋海运集团、中国外运长航集团、中国国际航空公司等一批规模大、实力强、网络广的中央直属大型国有运输企业，具备承担国家应急物流服务保障的良好条件。国家统筹铁路、公路、水运、民航、邮政、快递等运输和服务方式，促进各类运输方式和大型国有运输企业之间的有效衔接，建立紧急运输联动机制，提升应急物资运送能力。同时，提前制定应急运输保障方案，做好应急准备。

2. 关于县级以上地方人民政府和有关主管部门。依据《交通运输突发事件应急管理规定》第三十六条规定，在需要组织开展大规模人员疏散、物资疏运的情况下，交通运输主管部门应当根据本级人民政府或者上级交通运输主管部门的指令，及时组织运力参与应急运输。这里的应急运输保障方案就可视作指令的一种具体形式。在我国，地方交通运输主管部门、行业协会在组织调动社会物流资源方面具有显著优势，应当做好应急调度和运力保障。其一，实现与应急人员、物资、装备运输需求管理部门的信息对接，实时获取如应急物资种类、所在地、运送目的地等运输需求信息；其二，实现对各种参与运输方式的应急运力资源信息对接，及时获取、调度应急运力资源并合理匹配需求，进而及时下达应急运输指令；其三，实现与不同方式交通运输网络运行监控平台和应急运输运行监控调度平台对接，实时了解并及时反馈应急运输保障的实施和运行状态。此外，应当加强交通运输基础设施建设，维护与自身突发事件的应急处置水平，建立制度化的响应机制和协同机制，确保运输通道和客货运枢纽畅通。

3. 关于社会力量在应急运输保障中的作用。面对突发的巨大物资需求和不确定的意外因素，需要借助专业供应链和物流管理的力量。迄今为止，我国不仅拥有一批规模大、实力强、网络广的中央直属大型国有运输企业，以菜鸟、顺丰、京东物流等为代表的民营物流企业也积极运用人工智能、5G 等新技术，无人机、自动分拣等智慧物流设备，在提高应急物流效率和专业化运作方面凸显优势。社会交通运输或物流企业在参与突发事件应急运输保障时，应当服从突发事件应急指挥机构的统一指挥。这与本法第三十九条规定的社会力量建立的应急救援队伍参与突发事件应对工作应当服从履行统一领导职责或者组织处置突发事件的人民政府、突发事件应急指挥机构的统一指挥一脉相承。

【关联规范】

《交通运输突发事件应急管理规定》（2012 年）

第三十六条　在需要组织开展大规模人员疏散、物资疏运的情况下，交通运输主管部门应当根据本级人民政府或者上级交通运输主管部门的指令，及时组织运力参与应急运输。

第四十八条　【能源应急保障】国家建立健全能源应急保障体系，提高能源安全保障能力，确保受突发事件影响地区的能源供应。

【条文主旨】

本条是关于国家能源应急保障体系建设的规定。

【条文解读】

能源包括煤炭、石油、天然气、核电、水能、生物质能、风能、太阳能、地热能、海洋能以及电力、热力、氢能等，一般情况下主要指电力、成品油、天然气和煤炭。能源保障和安全事关国计民生，是须臾不可忽视的"国之大者"。重大、特别重大突发事件发生后，电力、成品油、天然气、煤炭等能源供应可能出现缺口，不仅影响相关区域的正常生产生活秩序，也会影响突发事件应急处置，因此需要加强能源保障工作和跨区域能源供应保障。

本条从国家层面规定要建立健全能源应急保障体系，提高能源安全保障能力。国家按照政府主导、社会共建、多元互补的原则，建立健全高效协同的能源储备体系，科学合理确定能源储备的种类、规模和方式，发挥能源储备的战略保障、宏观调控和应对急需等功能。国家建立和完善能源预测预警体系，提高能源预测预警能力和水平，及时有效对能源供求变化、能源价格波动以及能源安全风险状况等进行预测预警。《"十四五"现代能源体系规划》明确提出了以下能源安全保障建设措施。

1. 强化重点区域电力安全保障。按照"重点保障、局部坚韧、快速恢复"的原则，以直辖市、省会城市、计划单列市为重点，提升电力应急供应和事故恢复能力。统筹本地电网结构优化和互联输电通道建设，合理提高核心区域和重要用户的相关线路、变电站建设标准，加强事故状态下的电网互济支撑。推进本地应急保障电源建设，鼓励具备条件的重要用户发展分布式电源和微电网，完善用户应急自备电源配置，统筹安排城市黑启动电源和公用应急移动电源建设。

2. 提升能源网络安全管控水平。完善电力监控系统安全防控体系，加强电力、油气行业关键信息基础设施安全保护能力建设。推进北斗全球卫星导航系统等在能源行业的应用。加强网络安全关键技术研究，推动建立能源行业、企业网络安全态势感知和监测预警平台，提高风险分析研判和预警能力。

3. 加强风险隐患治理和应急管控。开展重要设施、重点环节隐患排查治理，强化设备监测和巡视维护，提高对地震地质灾害、极端天气、火灾等安全风险的预测预警和防御应对能力。推进电力应急体系建设，强化地方政府、企业的主体责任，建立电力安全应急指挥平台、培训演练基地、抢险救援队伍和专家库。完善应急预案体系，编制紧急情况下应急处置方案，开展实战型应急演练，提高快速响应能力。建立健全电化学储能、氢能等建设标准，强化重点监管，提升产品本质安全水平和应急处置能力。合理提升能源领域安全防御标准，健全电力设施保护、安全防护和反恐怖防范等制度标准。

各地区出现能源供应严重短缺、供应中断等能源应急状态时，有关人民政府应当依照权限及时启动应急响应。根据实际情况和需要，可以依法采取以下应急处置措施：（1）发布能源供求等相关信息；（2）实施能源生产、运输、供应紧急调度或者直接组织能源生产、运输、供应；（3）征用相关能源产品、能源储备设施、运输工具以及保障能源供应的其他物资；（4）实施价格干预措施和价格紧急措施；（5）按照规定组织投放能源储备；（6）按照能源供应保障顺序组织实施能源供应。

【实务指引】

发生突发事件造成能源供应不足时，一般按照先中央、后地方，先重点、后一般，先安全、后生产，先生活、后生产的原则进行能源供应保障，在电力调度、成品油调度、天然气调度、煤炭生产调度等方面，具体可以依法采取以下应急处置措施：

1. 电力调度：启动应急发电车，首先满足城乡居民、重要用户和区域的用电需求；组织未受影响电力生产企业按最大生产能力组织生产，做好应急调用准备；电力公司迅速组织应急线路的电力调运工作，当本级电网电力不能满足应急供应时，立即协调外部资源进行保供。

2. 成品油调度：组织未受影响成品油生产企业按最大生产能力组

织生产，并做好应急调用准备；当本级资源不能满足应急供应时，立即协调调拨外部资源进行保供；成品油供应企业在安全生产的前提下迅速组织成品油的生产工作，满足能源供应保障需求。

3. 天然气调度：组织未受影响天然气生产企业按最大生产能力组织生产，做好应急调用准备；天然气供应企业迅速组织应急天然气的调运工作，增大未受影响的天然气管线输送量，选择未受影响的陆运线路迅速供应液化天然气；当本级天然气资源不能满足应急供应时，立即协调调拨外部资源进行保供；必要时压减非必要的天然气供应配额，保障满足基本的需求。

4. 煤炭生产调度：协调本地区具备安全生产条件的煤炭生产企业按生产能力组织生产，做好应急调用准备；煤炭供应企业在安全生产的前提下迅速组织应急煤炭的生产工作，满足能源供应保障需求；当本地煤炭生产资源不能满足应急供应时，立即协调购买外部资源进行保供。

能源企业、能源用户以及其他有关单位和个人应当服从县级以上人民政府的统一指挥和安排，按照国家有关规定承担相应的能源应急义务，配合采取应急处置措施，协助维护能源市场秩序。

第四十九条 【应急通信和广播保障】 国家建立健全应急通信、应急广播保障体系，加强应急通信系统、应急广播系统建设，确保突发事件应对工作的通信、广播安全畅通。

【条文主旨】

本条是关于国家建立健全应急通信、应急广播保障体系的规定。

【条文解读】

一、应急通信体系

应急通信是应急指挥和救援的"生命线"，对畅通指挥体系、辅助指挥决策和保障高效救援意义重大。《"十四五"国家应急体系规划》提出，推动跨部门、跨层级、跨区域的互联互通、信息共享和业务协同。加强空、天、地、海一体化应急通信网络建设，提高极端条件下应急通信保障能力。应急指挥通信保障能力是应急管理体系和能力现代化的重要组成部分，指导和规范应急指挥通信保障能力建设，有助于提高应急指挥的科学化、高效化、精准化水平，推进应急管理现代化。

在分级建设方面，我国的应急指挥通信保障能力按照国家—区域中心—省—市—县五个层级进行建设，并明确不同层级应急管理部门的能力要求。国家级重点保障通信需求包括国家应急指挥总部、国家现场指挥部、领导遂行指挥调度通信保障。区域中心级重点保障通信需求包括跨区域救援场景下现场指挥部搭建、通信骨干节点构建、灾害事故救援现场感知网络构建等。省级重点保障通信需求包括本级指挥中心、现场指挥部、领导遂行指挥调度通信保障。市级重点保障通信需求包括本级指挥中心、现场指挥部指挥调度通信保障。县级重点保障通信需求是灾害事故救援现场通信保障。

在能力建设方面，各级人民政府建立健全应急指挥通信保障能力，主要围绕应急救援指挥协同、现场处置、情报获取、社会面指挥四个方面开展。一是指挥协同通信保障能力。从国家到地方各级应急指挥机构，应依托多种技术手段，形成"横向到边，纵向到底"的应急指挥通信联络、协调能力。二是现场处置通信保障能力。主要指前方指挥部或救援现场所需的网络规划、数据汇聚、现场通信管理协调等保障能力。三是情报获取通信保障能力。各级应急管理部门和事件处置主责部门等通过前突侦察、感知网络构建及外部信息调取等手段，获取现场灾情信息、感知信息，支撑各级指挥部开展情报处理和辅助决策的能力。四是社会面指挥通信保障能力。各级人民政府通过卫星电话、北斗、公用网络等通信手段，形成针对灾情速报员、社会救援队伍等社会面应急救援力量指挥联络能力。

在装备建设方面，主要以满足能力要求为目标，重点打造语音指挥通信、视频指挥通信、救援现场感知、北斗保底指挥四大核心通信网络。同时加强无人机、卫星通信、物联感知等新型技术装备配备使用，提升无人化、智能化救援能力。通过能力互补的多种通信装备，形成宽窄融合、公专结合、韧性抗毁的空天地一体化应急指挥通信体系。

二、应急广播体系

全国应急广播体系是国家应急体系和国家公共服务体系的重要组成部分。国民对全面、准确、及时获取应急信息的要求越来越高，各级政府向公众发布应急和救助信息的公共服务需求越来越迫切。广播电视具有点对面传播的独特优势和调度灵活、接收简便、传播快速的特点，是世界各国普遍采用的应急信息传播方式。

党中央、国务院高度重视国家应急广播体系建设工作，总基调是统筹利用现有广播电视资源，建设形成了中央—省—市—县四级上下贯通、综合覆盖、安全可靠、精准高效的中国特色应急广播体系，提高服务政策宣传、乡村治理、应急管理和公共事务能力。2022年5月，《全国应急广播体系建设"十四五"发展规划》正式印发实施，提出了扩大覆盖规模持续完善应急广播体系、强化安全管理规范应急广播运行维护、加强宣传引导及时传达党和政府声音、优化应用布局提高应急广播服务质量、加快创新发展提升应急广播现代化水平5大主要任务和22项重点建设发展项目，对"十四五"时期应急广播体系建设进行了总体部署。

经过多年的建设，应急广播国家级平台已经投入试运行，并与已建设的省级平台完成对接，为加强指挥调度体系建设，广电总局设立了一体化云底座，具备与各省数据对接的能力。各级应急广播平台的互联互通、资源共享和协作联动能力不断强化。在信息源端实现与气象、地震等应急发布部门的对接,在发布端实现了与直播卫星、广电 5G 等国家级传输覆盖资源的对接。为降低网络传输成本,国家级平台与国家电子政务外网实现了联通,具备了在全国范围通过政务外网与各级平台对接的条件。

在传播渠道拓展方面,应急广播传输覆盖渠道更加融合化、多样化。当前大喇叭、音柱等传统广播终端仍是主要接收终端,但各省市区普遍推进布局多种传播媒介,综合利用广播、电视、网络视听、手机 APP、新媒体平台、大喇叭等发布渠道,打通应急广播传统渠道与新兴渠道,逐步实现全媒体融合传输,因地制宜部署适配设备,利用调频、中波、有线电视网络、移动电视、手机客户端等传输覆盖方式,总体来看,传输覆盖渠道和接收终端的多样化,持续扩大了应急广播消息的触达率。

在应用场景拓展方面,多个省份将应急广播与城市管理、雪亮工程、旅游服务等结合应用,实现城市管理、社会治理、景区调度、广场活动的综合服务,在 4A 以上景区人员密集区接入应急广播平台,配置应急广播视播一体化,通过应急广播向群众发布突发社会治安信息,动员群众协助警方破获交通肇事案、盗抢案、老人走失案等,大大提升了社会治理能力。特别是在城市地区,由于具有人员密集、地理空间复杂、灾情发展迅速等特点,更需要充分利用城市广播电视网络覆盖率高、传输手段多、应急终端基础好的特点,建立基于多场景的覆盖更精准、传送更快速、稳定性更高的应急广播体系。

在"平战结合"方面,应急广播在预警信息发布、防灾减灾中取得了实效。在台风预警中,为应对台风"梅花",山东省应急广播平台于 2022 年 9 月 15 日面向全省发布了三条预警信息,由于播报及时且反复多次播报,在维护人民群众人身财产安全方面成效显著。在地震预警中,2022 年"6·1"雅安市芦山地震和"6·10"阿坝州马尔康地震发生后,四川应急广播系统立即启动应急预案,向灾区群众及时发布抗震救灾和防灾减灾科普信息，向群众提供政务信息发布和政策宣讲服务，有效增强了各级政府应对突发事件的应急处置能力。

在抗毁能力建设方面，互联网、移动通信和电力等通常在灾难中容易受到影响，为助力提高防灾减灾救灾能力，各地应急广播充分利用广播电视网络综合覆盖效果好、基础设施抗灾能力强的优势，利用广播电视有线、无线、卫星等多种通道传输应急广播信息，提升应急广播系统抗毁能力，确保达到"人无我有、人断我通"的目标。随着北斗卫星导航系统等技术在应急预警方面的研究与实践不断完善，应急广播的播发手段、覆盖接收方式将更加丰富，稳定性也将大幅增强。

【关联规范】

《国家通信保障应急预案》（2011年修订）
（全文）

第五十条　【卫生应急体系】国家建立健全突发事件卫生应急体系，组织开展突发事件中的医疗救治、卫生学调查处置和心理援助等卫生应急工作，有效控制和消除危害。

【条文主旨】

本条是关于国家建立健全突发事件卫生应急体系的规定。

【条文解读】

我国幅员辽阔、人口众多、自然地理环境复杂，是自然灾害和事故灾难发生频次高、损失大、健康威胁严重的国家之一。"人民至上、生命至上"，医疗应急工作是突发事件应急处置的重要一环，是社会和谐稳定、国家公共安全的重要保障。党的二十大报告明确提出加强重大疫情防控救治体系和应急能力建设。建立健全突发事件卫生应急体系,强化卫生健康与应急管理、自然资源、公安、气象、交通等部门的联动机制,对于提升我国突发事件紧急医学救援能力,切实有效减轻各类突发事件对人民群众身心健康和生命安全的危害,维护国家公共安全与社会和谐稳定,具有重要作用。

近年来,我国突发事件紧急医学救援工作取得显著成效。一是管理体制不断健全。认真总结突发事件紧急医学救援实践经验,完善了四方责任、属地为主的管理体制。二是预案体系不断完善。各级卫生健康行政部门和各类医疗机构均制定有突发事件紧急医学救援预案。各类应急预案、工作规范的针对性和可操作性进一步增强。三是机制建设取得进展。建立了由卫生健康部门统筹协调、多部门参与、军地协同的紧急医学救援协调联动机制,在多次突发事件应对中有效发挥作用。四是能力建设得到强化。按区域规划布局,在全国建设了紧急医学救援、突发急性传染病防控、突发中毒事件处置、核和辐射突发事件卫生应急4类59支国家卫生应急队伍。各级医疗机构和疾控机构的紧急医学救援能力稳步提升,院前医疗急救体系建设持续加强。五是突发事件有效处置。成功、有效地开展了多起重特大突发事件的紧急医学救援,切实保障了人民群众身心健康和生命安全,得到了党中央、国务院的充分肯定及社会各界的高度认可。这些为未来进一步推动突发事件紧急医学救援事业持续发展打下了良好的基础。

根据《突发事件医疗应急工作管理办法(试行)》的规定,突发事件医疗应急处置遵循分级负责、属地管理为主的原则,地方各级卫生健康行政部门应当建立突发事件的应急响应机制,根据突发事件类型,启动应急响应,在属地党委和人民政府领导下,加强部门协同,完善应急力量,快速反应、高效应对各类突发事件,开展医疗救援。卫生健康行政部门根据现场医疗救治需求,按照预案要求制订医疗救援方案,统一指挥调动医疗资源,迅速开展医疗救援工作。对伤病员进行检伤分类,开展现场救治、合理转运,分级分类开展救治,危险化学品、核辐射事件的伤病员应及时转运到专业医疗机构救治。

根据《国家卫生健康委办公厅关于进一步做好突发事件医疗应急工作的通知》的规定，各级卫生健康行政部门要以国家、省级紧急医学救援队伍为核心力量，加强国家、省、市、县等各层级各类别队伍之间组织协调，高效、有序开展各类突发事件医疗应急工作。一是做好突发事件医疗应急响应。根据突发事件类型、规模，按照分级响应和处置原则，迅速开展医疗应急工作。发生重大、特别重大突发事件，应派出省级专家组和紧急医学救援队伍，按照分级救治与合理转运相结合的原则开展医疗应急工作，必要时报请国家派遣国家专家组、国家紧急医学救援队伍等医疗资源予以支持。二是规范开展伤员转运和救治工作。伤员转运工作，以确保安全为前提，按照"最快到达"原则将伤员迅速转送至具备治疗条件的医疗机构。在医疗应急工作中，要综合考虑地理环境、医疗救治条件和能力等因素，科学选择转运方式和收治医院。伤员救治工作，应根据伤员伤情特点，统筹医疗资源，组建相关学科专家组，对伤员进行检伤、分类和治疗。伤情允许情况下，坚持"四集中"原则开展伤员救治，落实多学科会诊、远程会诊和专家巡诊等制度。重症伤员"一患一策"进行个案管理，轻症伤员加强专家巡诊会诊，及时掌握病伤情变化，尽最大努力减少因伤死亡和残疾。同时，及时开展对伤员、家属的心理评估和干预服务。

此外，突发事件发生后，卫生健康行政部门要根据情况组织疾病预防控制和卫生监督等有关专业机构和人员，开展卫生学调查和评价、卫生执法监督，采取有效的预防控制措施，防止各类突发公共事件造成的次生或衍生突发公共卫生事件的发生，确保大灾之后无大疫。

【关联规范】

《中华人民共和国基本医疗卫生与健康促进法》（2020年）

第十九条 国家建立健全突发事件卫生应急体系，制定和完善应急预案，组织开展突发事件的医疗救治、卫生学调查处置和心理援助等卫生应急工作，有效控制和消除危害。

第五十一条 【急救医疗服务网络建设】县级以上人民政府应当加强急救医疗服务网络的建设，配备相应的医疗救治物资、设施设备和人员，提高医疗卫生机构应对各类突发事件的救治能力。

【条文主旨】

本条是关于县级以上人民政府加强急救医疗服务网络建设的规定。

【条文解读】

突发事件应急医疗卫生救援机构和队伍的建设，是国家突发公共卫生事件预防控制体系建设的重要组成部分。县级以上人民政府卫生健康行政部门应遵循"平战结合、常备不懈"的原则，加强突发事件医疗卫生救援工作的组织和队伍建设，配备物资和设施设备，组建医疗卫生救援应急队伍，制订各种医疗卫生救援应急技术方案，保证突发事件医疗卫生救援工作的顺利开展。

县级以上人民政府卫生健康行政部门应当加强院前医疗急救网络建设。地市级以上城市和有条件的县及县级市设置急救中心（站），条件尚不完备的县及县级市依托区域内综合水平较高的医疗机构设置县级急救中心（站）。县级以上人民政府应当加强对急救中心（站）建设的投入和指导，确保急救中心（站）建设符合标准。有条件的市级急救中心建设急救培训基地，配备必要的培训设施，以满足院前医疗急救专业人员及社会公众急救技能培训需求。

县级以上人民政府要注重加强急救车辆等急救运载工具和装备配置。根据业务工作需要、厉行节约原则，合理配置急救中心（站）救护车数量，偏远地区可根据实际情况增加配置数量。遵循合理、必需、均衡原则，完善不同用途和性能救护车配备。有条件的地区可根据需要购置或采取签订服务协议的方式配备水上、空中急救运载工具。车辆、担架等运载工具及装载的医疗、通信设备符合国家、行业标准和有关规定，满足院前医疗急救服务需求，提高装备智能化、信息化水平。救护车等急救运载工具以及人员着装统一标识，统一标注急救中心（站）名称和院前医疗急救呼叫号码。

县级以上人民政府要科学规划院前医疗急救网络布局。结合城乡功能布局、人口规模、服务需求，科学编制辖区院前医疗急救站点设置规划。城市地区不断完善以急救中心为主体，二级以上医院为支撑的城市院前医疗急救网络，有条件的大型城市可以在急救中心下设急救分中心或急救站，合理布局，满足群众院前医疗急救服务需求。农村地区建立县级急救中心—中心乡镇卫生院—乡镇卫生院三级急救网络，加强对乡村医生的培训，充分发挥乡村医生在院前医疗急救中的作用。地市级以上急救中心要加强对县级院前医疗急救网络的指导和调度。有条件的地区要积极开展航空医疗救护，在确保安全的前提下，探索完善航空医疗救护管理标准和服务规范，构建陆空立体急救网络和空地协同机制。

县级以上人民政府卫生健康行政部门应当按照突发事件情况和生产供应情况科学制订医疗应急医药储备目录。储备物资类别包括突发事件医疗救治、现场处置所需的有关药品、疫苗、诊断试剂和器械、防护用品、消毒剂等。医疗机构应本着"自用自储"的原则制定日常应急物资储备计划，区域医疗中心和重大疫情救治基地、紧急医学救援基地、医疗应急队伍所依托的医疗机构要加强相关医疗救治设备配备并保留一定的备份量，负责区域突发事件快速反应支持。发生突发事件时，卫生健康行政部门需要调用医药储备的，原则上先向地方相关部门申请调用地方医药储备，地方医药储备不能满足需求时，可申请调用中央医药储备。

县级以上人民政府卫生健康行政部门应当按照"统一组织、平急结合、因地制宜、分类管理、分级负责、协调运转"的原则，根据灾害灾难、传染病疫情、中毒、核辐射等不同类别的紧急医学救援组建医疗应急队伍，以有效应对辖区内发生的突发事件，必要时根据有关指令开展辖区外处置支援。县级以上人民政府各类医疗机构根据本单位的职能，成立相应的应急队伍。医疗应急队伍以现场救援、转运后送、院内救治为主要任务。队伍成员应根据应对事件的不同类型，从医疗卫生机构等选择政治合格、年富力强、有实践经验的人员组成。队伍装备应实现集成化和自我保障化，分为通用性和专业类装备。通用性保障装备主要包括个人生活用品（携行）、后勤保障装备、指挥通信装备、办公装备、徽章标志和交通装备等；医疗救治专业类装备根据重大灾害、传染病、中毒、核辐射等不同事件类别配备，主要包括救治设备、防护装备，诊断、检测装备，现场处置类装备，药品器材等。

县级以上人民政府卫生健康行政部门应当依托综合实力强的医疗机构加强紧急医学救援基地、重大传染病防治基地的建设和管理，提高大规模收治伤病员能力和医疗应急演训、科研、物资储备能力。建立辖区内的医疗应急专家库，并及时更新。加强医教协同，加强急诊专业住院医师规范化培训力度，强化院前医疗急救能力培训。完善院前医疗急救医师继续医学教育制度，组织急救中心医师定期到二级以上医疗机构接受急诊、重症监护、麻醉等临床技能培训，并采取多种手段拓展院前医疗急救医师继续教育形式和内涵。规范开展院前医疗急救专业人员岗前培训和在岗培训，加强调度员、驾驶员、担架员业务培训，完善考核管理。

第五十二条 【鼓励社会力量支持】 国家鼓励公民、法人和其他组织为突发事件应对工作提供物资、资金、技术支持和捐赠。

接受捐赠的单位应当及时公开接受捐赠的情况和受赠财产的使用、管理情况，接受社会监督。

【条文主旨】

本条是关于国家鼓励民间支持和捐赠并对其进行管理的规定。

【条文解读】

长期以来，慈善事业在自然灾害、公共卫生事件等各类突发事件应对工作中发挥了重要作用。慈善组织闻令而动，积极动员社会力量，多方筹集物资，主动关怀困难群体，展现出强大的社会资源动员整合能力，成为应对重大灾难、兜牢民生底线的重要社会力量。国家鼓励和支持自然人、法人和非法人组织践行社会主义核心价值观，弘扬中华民族传统美德，依法开展慈善活动。但在应急状态下，慈善领域也出现了一些不规范、不透明甚至不合法的行为，不仅影响了慈善作用的发挥，还损害了慈善行业的公信力。

2023年修正的《慈善法》新增应急慈善专章，对重大灾害、重大公共卫生事件等发生时的慈善应急作出了相应规范，弥补了原有法律法规上的缺失，明确了慈善力量参与应急治理的主体地位，强调了各级政府在应急慈善领域的具体职责与行动方略，亦明确鼓励慈善组织、慈善行业组织建立应急机制。这些细致的规定有利于避免重大突发事件应对中慈善应急失灵的现象，有利于提升慈善力量参与应急治理的效率，并对重大突发事件中慈善募捐、慈善捐赠、慈善财产使用、信息公开、监督管理等各个方面作出不同于一般情形的特殊规定，进一步完善应急慈善法律制度，本法与之进行了有效衔接。

《慈善法》第六条、第七十一条规定，县级以上人民政府应当统筹、协调、督促和指导有关部门在各自职责范围内做好慈善事业的扶持发展和规范管理工作。国家鼓励慈善组织、慈善行业组织建立应急机制，加强信息共享、协商合作，提高慈善组织运行和慈善资源使用的效率。这里首先需要厘清两个概念：慈善募捐和慈善捐赠。

1. 慈善募捐，是指慈善组织基于慈善宗旨募集财产的活动。慈善组织开展公开募捐，应当取得公开募捐资格。不具有公开募捐资格的组织或者个人基于慈善目的，可以与具有公开募捐资格的慈善组织合作，由该慈善组织开展公开募捐，合作方不得以任何形式自行开展公开募捐。禁止任何组织或者个人假借慈善名义或者假冒慈善组织开展募捐活动，骗取财产。

2. 慈善捐赠，是指自然人、法人和非法人组织基于慈善目的，自愿、无偿赠与财产的活动。捐赠人可以通过慈善组织捐赠，也可以直接向受益人捐赠。慈善组织接受捐赠，应当向捐赠人开具由财政部门统一监（印）制的捐赠票据。

《慈善法》对应急状态下慈善募捐支出比例和慈善信息公开从严要求、提高标准。公开透明是慈善事业的生命力所在。在应急状态下，慈善工作社会关注度高、舆论影响范围广，相应的支出比例和信息公开标准与常态比都应明显提高。《慈善法》第七十二条规定，为应对重大突发事件开展公开募捐的，应当及时分配或者使用募得款物，在应急处置与救援阶段至少每五日公开一次募得款物的接收情况，及时公开分配、使用情况。这条规定给参与救灾的慈善组织提出了明确要求，以保证慈善捐赠在抢险救援和各类重大突发事件应对中充分发挥应有作用，同时也顺应了应急处突工作需要和社会舆论关切。

此外，《救灾捐赠管理办法》中也规定，救灾捐赠款物的接受及分配、使用情况应当按照国务院民政部门规定的统计标准进行统计，并接受审计、监察等部门和社会的监督。发放救灾捐赠款物时，应当坚持民主评议、登记造册、张榜公布、公开发放等程序，做到制度健全、账目清楚，手续完备，并向社会公布。县级以上人民政府民政部门应当会同监察、审计等部门及时对救灾捐赠款物的使用发放情况进行监督检查。救灾捐赠、募捐活动及款物分配、使用情况由县级以上人民政府民政部门统一向社会公布，一般每年不少于两次。集中捐赠和募捐活动一般应在活动结束后一个月内向社会公布信息。捐赠人有权向救灾捐赠受赠人查询救灾捐赠财产的使用、管理情况，并提出意见和建议。对于捐赠人的查询，救灾捐赠受赠人应当如实答复。

当然，公民、法人和其他组织不仅可以为突发事件应对工作提供物资、资金捐赠，也可以提供技术支持。在本法第三十九条中，已经就非专业应急救援队伍和社会化应急救援服务相关事项进行了规定，其中自然也包含专业技术支持。本法第五十七条也规定，县级以上人民政府及其有关部门应当建立健全突发事件专家咨询论证制度，发挥专业人员在突发事件应对工作中的作用。

【关联规范】

《中华人民共和国慈善法》（2023年修正）

第七十一条　国家鼓励慈善组织、慈善行业组织建立应急机制，加强信息共享、协商合作，提高慈善组织运行和慈善资源使用的效率。

在发生重大突发事件时，鼓励慈善组织、志愿者等在有关人民政府的协调引导下依法开展或者参与慈善活动。

第七十二条　为应对重大突发事件开展公开募捐的，应当及时分配或者使用募得款物，在应急处置与救援阶段至少每五日公开一次募得款物的接收情况，及时公开分配、使用情况。

《救灾捐赠管理办法》（2008年）

第二十六条　县级以上人民政府民政部门根据灾情和灾区实际需求，可以统筹平衡和统一调拨分配救灾捐赠款物，并报上一级人民政府民政部门统计。

对捐赠人指定救灾捐赠款物用途或者受援地区的，应当按照捐赠人意愿使用。在捐赠款物过于集中同一地方的情况下，经捐赠人书面同意，省级以上人民政府民政部门可以调剂分配。

发放救灾捐赠款物时，应当坚持民主评议、登记造册、张榜公布、公开发放等程序，做到制度健全、账目清楚，手续完备，并向社会公布。

县级以上人民政府民政部门应当会同监察、审计等部门及时对救灾捐赠款物的使用发放情况进行监督检查。

捐赠人有权向救灾捐赠受赠人查询救灾捐赠财产的使用、管理情况，并提出意见和建议。对于捐赠人的查询，救灾捐赠受赠人应当如实答复。

第五十三条 【紧急救援、人道救助和应急慈善】 红十字会在突发事件中，应当对伤病人员和其他受害者提供紧急救援和人道救助，并协助人民政府开展与其职责相关的其他人道主义服务活动。有关人民政府应当给予红十字会支持和资助，保障其依法参与应对突发事件。

慈善组织在发生重大突发事件时开展募捐和救助活动，应当在有关人民政府的统筹协调、有序引导下依法进行。有关人民政府应当通过提供必要的需求信息、政府购买服务等方式，对慈善组织参与应对突发事件、开展应急慈善活动予以支持。

【条文主旨】

本条是关于红十字会、慈善组织两类重要的社会力量参与突发事件和突发事件应对过程中社会动员的规定。

【条文解读】

　　社会力量的有效参与是应对高度复杂性、高度不确定性突发事件不可或缺的一个要素。一方面，近年来，我国自然灾害多发、频发，给灾区经济社会和群众生产生活造成了严重影响，救灾任务十分繁重，迫切需要充分调动各方面的积极性，发挥各自优势，形成统筹协调、有序协作的救灾合力。随着我国经济社会的快速发展，社会力量参与救灾的热情持续高涨，逐渐发展成长为救灾工作的一支重要力量，重特大自然灾害发生后，大量社会组织、社会工作者、志愿者、爱心企业等社会力量积极参与现场救援、款物捐赠、物资发放、心理抚慰、灾后恢复重建等工作，展现了社会力量组织灵活和服务多样的优势，发挥了重要作用。我国初步形成了政府主导、多方参与、协调联动、共同应对的救灾工作格局。但也应该看到，近年来，社会力量参与突发事件应对工作也存在一定的问题。比如，社会力量参与救灾依然存在信息不对称、供需不匹配、活动不规范等问题，影响了工作效率和救灾资源高效发挥作用。为了有序做好相关工作，2015 年《民政部关于支持引导社会力量参与救灾工作的指导意见》，提出了社会力量参与救灾工作的基本原则、重点范围、支持措施等。

　　红十字会和各类社会组织是参与突发事件应对最为常见的两类社会力量。其中，红十字会作为群团组织，历史悠久，长期从事救助难民、救护伤兵和赈济灾民活动，为减轻遭受战乱和自然灾害侵袭的民众的痛苦而积极工作，是突发事件应对过程中一支重要的力量。

　　红十字参与突发事件应对工作，有明确的法律依据。根据 2017 年新修订的《红十字会法》，中国红十字会依法履行开展救援、救灾的相关工作，建立红十字应急救援体系。在战争、武装冲突和自然灾害、事故灾难、公共卫生事件等突发事件中，对伤病人员和其他受害者提供紧急救援和人道救助职责，协助人民政府开展与其职责相关的其他人道主义服务活动。各级人民政府对红十字会给予支持和资助，保障红十字会依法履行职责，并对其活动进行监督。任何组织和个人不得阻碍红十字会工作人员依法履行救援、救助、救护职责。相关要求与本条规定的有关人民政府应当给予红十字会支持和资助，保障其依法参与应对突发事件相呼应。

另一方面，近年来，我国社会组织持续不断发展，特别是各类慈善公益性社会组织积极通过慈善募捐等活动作为载体参与到突发事件应对当中。为了发展慈善事业，弘扬慈善文化，规范慈善活动，保护慈善组织、捐赠人、志愿者、受益人等慈善活动参与者的合法权益，我国出台了《慈善法》，目的就是规范自然人、法人和非法人组织开展慈善活动以及与慈善有关的活动。从法律角度讲，所谓的慈善活动，是指自然人、法人和非法人组织以捐赠财产或者提供服务等方式，自愿开展的扶贫、济困；扶老、救孤、恤病、助残、优抚；救助自然灾害、事故灾难和公共卫生事件等突发事件造成的损害；促进教育、科学、文化、卫生、体育等事业的发展；防治污染和其他公害，保护和改善生态环境等公益活动。可以说，帮助政府依法开展突发事件应对，是慈善公益活动的重要内容。为此2023年新修订的《慈善法》增设应急慈善专章，对重大灾害、重大公共卫生事件等发生时的慈善应急作出了相应的规范，弥补了原有法律的缺失，明确了慈善组织和慈善行为在应对突发事件中的地位和作用，厘清政府责任，健全协调共享机制，对重大突发事件中慈善募捐、慈善捐赠、慈善财产使用、信息公开、监督管理等各个方面作出不同于一般情形的特殊规定，进一步完善应急慈善法律制度。

突发事件应对中的慈善工作，效果在应急时，功夫却在平时，应建立慈善力量参与突发事件应对的常态化保障机制。通过政府购买服务等方式，培育发展应急救援和救助类慈善组织，支持慈善组织和其他社会力量运用专业化方式参与应急处突行动。在国家应急体系建设中,明确慈善力量参与突发事件应对的动员机制、参与机制和激励保障措施,充分发挥慈善在应急力量准备、应急监测预警、应急处置救援、事后恢复重建等突发事件应对各个阶段的作用,制订专门的慈善组织参与应急的预案,常态化推进政社协同处突演练。对参加应急救援的慈善组织工作人员,鼓励为他们购买相应的人身保险。对在应急救援中受伤、致残或牺牲的人员,应落实相关待遇,给予必要保障。同时,对有突出贡献者予以表彰。

【关联规范】

《中华人民共和国红十字会法》(2017年修订)

第五条 各级人民政府对红十字会给予支持和资助,保障红十字会依法履行职责,并对其活动进行监督。

第十一条 红十字会履行下列职责:

(一)开展救援、救灾的相关工作,建立红十字应急救援体系。在战争、武装冲突和自然灾害、事故灾难、公共卫生事件等突发事件中,对伤病人员和其他受害者提供紧急救援和人道救助;

(二)开展应急救护培训,普及应急救护、防灾避险和卫生健康知识,组织志愿者参与现场救护;

(三)参与、推动无偿献血、遗体和人体器官捐献工作,参与开展造血干细胞捐献的相关工作;

(四)组织开展红十字志愿服务、红十字青少年工作;

(五)参加国际人道主义救援工作;

(六)宣传国际红十字和红新月运动的基本原则和日内瓦公约及其附加议定书;

(七)依照国际红十字和红新月运动的基本原则,完成人民政府委托事宜;

(八)依照日内瓦公约及其附加议定书的有关规定开展工作;

（九）协助人民政府开展与其职责相关的其他人道主义服务活动。

《中华人民共和国慈善法》（2023 年修正）

第七十条　发生重大突发事件需要迅速开展救助时，履行统一领导职责或者组织处置突发事件的人民政府应当依法建立协调机制，明确专门机构、人员，提供需求信息，及时有序引导慈善组织、志愿者等社会力量开展募捐和救助活动。

第七十一条　国家鼓励慈善组织、慈善行业组织建立应急机制，加强信息共享、协商合作，提高慈善组织运行和慈善资源使用的效率。

在发生重大突发事件时，鼓励慈善组织、志愿者等在有关人民政府的协调引导下依法开展或者参与慈善活动。

第五十四条　【救援资金和物资管理】有关单位应当加强应急救援资金、物资的管理，提高使用效率。

任何单位和个人不得截留、挪用、私分或者变相私分应急救援资金、物资。

【条文主旨】

本条是关于加强应急救援资金、物资的管理与使用的规定。

【条文解读】

救灾资金和救灾物资是保障突发事件应对顺利进行的重要物质基础。无论是前期的救援、中期的救助还是灾后恢复重建，都需要有足够的资金和物资作为保障。

1. 关于单位加强应急救援资金的管理与使用。一是做好预算规划，建立独立的存储账户以便储蓄应对灾难性突发事件的应急资金。应急资金不得随意被提取填补其他支出，应急资金的使用既要公开透明又要专款专用，预备费每年的支出情况都要记录。二是完善应急救援资金使用会商机制，组织财务、应急和受损领域的专业人员，依法依规科学对灾情信息进行分析研判，精准统计应急救援资金额度和分配比例。三是强化对应急资金事前、事中、事后全过程监督管理，审计资金是否及时、足额到位，是否用于突发事件的处置，提高应急救援资金运行的透明度。四是构建科学的绩效评估体系，不断提高应急财政保障效率，引导资金管理者更加注重应急公共产品服务的质量和效益，促使其努力改进管理，有效运作，最大限度地减少人员伤亡和财产损失，切实提高应急资金使用效率。

2. 关于救援救灾资金的监督管理问题。救援救灾资金某种意义上属于民生资金，历年来也是财政、审计等部门监督检查的重点。截留、挪用、私分等行为是各类应急救援救灾资金、物资管理过程中不能触碰的红线。无论是突发事件应对各专项领域还是财政、审计等部门都有相关的系列规范提出具体要求。2020 年，财政部印发《中央自然灾害救灾资金管理暂行办法》规范救灾资金监督管理工作。中央救灾资金从下达之时就纳入财政部地方监管局监管视线范围。财政部各地监管局按照工作职责和财政部要求，对属地救灾资金进行监管。在救灾资金管理过程中，地方财政和应急管理等部门是资金使用管理的关键。灾区有关部门应当强化落实应急救援财政事权和支出责任，安排地方财政资金保障救灾工作，与中央财政补助资金统筹使用，并对其报送材料和数据的真实性、准确性负责，确保资金安排使用的规范、透明、安全、有效。应急部应当指导灾区有关部门做好救灾工作，会同财政部督促地方有关部门按规定安排使用救灾资金，加强绩效运行监控，年度终了开展绩效自评，提高资金使用效益。

3. 关于救灾救援资金使用管理违法行为处理方面。任何单位和个人不得截留、挪用、私分或者变相私分应急救援资金、物资。在其他非应急领域的法律法规等文件中也作出了明确细致的规定。一是《刑法》第二百七十三条规定，挪用用于救灾、抢险、防汛、优抚、扶贫、移民、救济款物，情节严重，致使国家和人民群众利益遭受重大损害的，对直接责任人员，处三年以下有期徒刑或者拘役；情节特别严重的，处三年以上七年以下有期徒刑。二是《最高人民法院、最高人民检察院关于办理妨害预防、控制突发传染病疫情等灾害的刑事案件具体应用法律若干问题的解释》第十四条第二款规定，挪用用于预防、控制突发传染病疫情等灾害的救灾、优抚、救济等款物，构成犯罪的，对直接责任人员，依照刑法第二百七十三条的规定，以挪用特定款物罪定罪处罚。

4. 关于应急物资使用管理方面，各级突发事件应对部门形成了相对完善的管理制度，杜绝应急物资的违规使用。《中央应急抢险救灾物资储备管理暂行办法》对各方职责、储备购置、储备保管、物资调用、责任追究等作了规定。其中，第四章"物资调用"重点对物资调用条件、工作程序进行明确，对国家启动应急响应、未达到应急响应条件、其他需要动用物资的情形下物资动用审批和调运作出相应的要求。第五章"责任追究"就相关主体违法违规行为设置了责任条款，完善责任落实，做到职责明确，失责必究。

此外，提高应急物资使用效率方面，关键在于加强应急物资的管理和维护，确保在关键时刻能够迅速调拨、高效使用。其中，很重要的一方面是要加强应急物资的管理和维护，这包括定期对应急物资进行调试保养，以及在关键时刻能够迅速调拨使用。此外，建立健全物资储备管理制度也是重要的环节。通过制度化明确物资管理责任人，实行月度、季度、年度盘点巡查，并制定相应的管理制度和台账，确保物资的出入库管理规范有利于物资储备管理工作的顺畅进行。同时，近年来，有些地方应急管理部门为了提高应急物资调拨速度也在探索应急物资分区分类管理，即将仓库物资分为不同的区域和类别，如森林防火、防汛救灾、应急救援等，实现分区分类合理、储存安全、调用便捷。这样的管理方式可以提高物资查找和调配的效率。

【关联规范】

《中华人民共和国防洪法》（2016 年修正）

第五十二条　任何单位和个人不得截留、挪用防洪、救灾资金和物资。

各级人民政府审计机关应当加强对防洪、救灾资金使用情况的审计监督。

第六十二条　截留、挪用防洪、救灾资金和物资，构成犯罪的，依法追究刑事责任；尚不构成犯罪的，给予行政处分。

《草原防火条例》（2008 年修订）

第四十三条　截留、挪用草原防火资金或者侵占、挪用草原防火物资的，依照有关财政违法行为处罚处分的法律、法规进行处理；构成犯罪的，依法追究刑事责任。

《中华人民共和国刑法》（2023 年修正）

第二百七十三条　挪用用于救灾、抢险、防汛、优抚、扶贫、移民、救济款物，情节严重，致使国家和人民群众利益遭受重大损害的，对直接责任人员，处三年以下有期徒刑或者拘役；情节特别严重的，处三年以上七年以下有期徒刑。

《自然灾害救助条例》（2019 年修订）

第三十条　采取虚报、隐瞒、伪造等手段，骗取自然灾害救助款物或者捐赠款物的，由县级以上人民政府民政部门责令限期退回违法所得的款物；构成犯罪的，依法追究刑事责任。

《中央自然灾害救灾资金管理暂行办法》（2020 年）

第十九条　灾区有关部门应当强化落实应急救援财政事权和支出责任，安排地方财政资金保障救灾工作，与中央财政补助资金统筹使用，并对其报送材料和数据的真实性、准确性负责，确保资金安排使用的规范、透明、安全、有效。

《中央应急抢险救灾物资储备管理暂行办法》（2023 年）

第三十条　中央储备物资管理工作要自觉接受审计和有关部门的监督检查。任何单位和个人在中央储备物资管理和监督活动中，骗取、截留、挤占、挪用国家财政资金的，根据《财政违法行为处罚处分条例》等规定查处。

第三十一条　有关行政管理部门工作人员在中央储备物资管理和监督活动中，玩忽职守、滥用职权、徇私舞弊的，依法给予行政处分；涉嫌犯罪的，依法移送司法机关处理。

第五十五条　【巨灾风险保险体系】国家发展保险事业，建立政府支持、社会力量参与、市场化运作的巨灾风险保险体系，并鼓励单位和个人参加保险。

【条文主旨】

本条是关于国家发展保险事业建立巨灾风险保险体系的规定。

【条文解读】

党的二十届三中全会指出，完善自然灾害特别是洪涝灾害监测、防控措施，织密社会安全风险防控网，切实维护社会稳定。做好巨灾保险工作，是完善和创新我国多层次国家风险治理和保险保障体系特别是多层次灾害保障体系的一个重要方面。

保险作为风险分散的重要手段，在国家灾害治理体系建设中发挥着非常重要的作用。巨灾保险更是加强灾害治理的重要手段。《中共中央、国务院关于推进防灾减灾救灾体制机制改革的意见》指出，完善社会力量和市场参与机制，强化保险等市场机制在风险防范、应急救助、损失补偿、恢复重建等方面的积极作用，形成财政支持下的多层次灾害风险分散机制。

巨灾保险是指通过保险的制度性安排，将因发生地震、台风、洪水等自然灾害造成的财产损失、人员伤亡风险，以保险形式进行风险分散和经济补偿，对提高防灾、减灾、抗灾、救灾能力具有积极作用。巨灾保险具有保险的基本属性，通过保险机制对风险进行一定程度的分散与转移。我国巨灾频发，加之经济发展、城市化进程等多因素的叠加，巨灾损失呈逐年上涨趋势，亟待转变单一的灾害损失补偿方式，构建现代巨灾保险制度体系，提高巨灾风险管理的制度化、规范化和科学化水平。2014 年《国务院关于加快发展现代保险服务业的若干意见》，宣布将保险纳入灾害事故防范救助体系。以制度建设为基础，以商业保险为平台，以多层次风险分担为保障，建立巨灾保险制度；研究建立巨灾保险基金、巨灾再保险等制度，逐步形成财政支持下的多层次巨灾风险分散机制。因此，建立巨灾保险制度会为整个保险行业的发展开辟新的广阔空间，为市场注入新鲜血液。

2008 年汶川大地震后，研究地震保险方案、加快推进巨灾保险体系建设成为各界普遍共识。《中共中央关于全面深化改革若干重大问题的决定》和《国务院关于加快发展现代保险服务业的若干意见》先后提出建立巨灾保险制度。此后的几年中，多个省、市陆续开展巨灾保险试点工作。2015 年 4 月，在政策指导下，40 多家保险公司组建了中国城乡居民住宅地震巨灾保险共同体。2016 年，原保监会、财政部印发《建立城乡居民住宅地震巨灾保险制度实施方案》，我国首个巨灾保险制度——地震巨灾保险制度正式建立，在应对重大地震损失、保障人民群众生命财产安全方面发挥了重要作用。

近年来，我国巨灾保险体系建设进入快车道，保险责任在破坏性地震的基础上开始进行拓展。2022 年国家减灾委员会制定的《"十四五"国家综合防灾减灾规划》，明确提出了建立健全巨灾保险体系，推进完善农业保险、居民住房灾害保险、商业财产保险、火灾公众责任险等制度，充分发挥保险机制作用；中国银保监会制定的《中国保险业标准化"十四五"规划》，明确提出了制定巨灾分类和巨灾保险产品规范，推进共保体、政保合作、巨灾债券等巨灾保险机制标准建设，统筹制定巨灾风险责任累积管理和单一标的责任累积管理标准，增强再保险市场机构间的服务水平。

2024年2月印发的《国家金融监督管理总局、财政部关于扩大城乡居民住宅巨灾保险保障范围进一步完善巨灾保险制度的通知》，将中国城乡居民住宅地震巨灾保险共同体升级为中国城乡居民住宅巨灾保险共同体，并对城乡居民住宅巨灾保险责任进行扩展，以城乡居民住宅及室内附属设施为保障对象，保险责任在现有的破坏性地震的基础上，扩展增加台风、洪水、暴雨、泥石流、滑坡等常见自然灾害。支持商业巨灾保险发展，对于现有保障内容之外的保险责任和保障对象，中国城乡居民住宅巨灾保险共同体经成员大会同意，可以提供商业保险补充，充分满足各地区差异化风险保障需求。

巨灾保险体系推进，离不开政府支持、社会参与以及市场机制运作。在政府支持方面，一是履行好巨灾保险的公共教育和公共信息方面的职责，利用报纸、报刊、广播、电视、微博、微信等多种媒介，强化巨灾保险知识普及。同时，政府在保护公民信息的同时，也应该适时增强信息的公开工作，与保险公司实现信息的共享，降低公司和投保人双方交易成本，帮助公司更好地进行保险产品的设计工作。二是要推动完善巨灾保险相关法律体系。以现有试点地区的巨灾保险运行经验为基础，参考域外经验，对巨灾保险各项流程进行明确，将规定落实到包括承保范围、承保主体、投保方式、理赔费率衡定等细节。三是要加强政府部门对市场的监管完善巨灾保险市场，既要各方主体（如保险企业、投保者等）的广泛参与，也要政府加以引导、协作。鼓励保险公司开展业务并推进与其合作，有效分散巨灾风险。

【关联规范】

《中华人民共和国保险法》（2018年修正）

第二条 本法所称保险，是指投保人根据合同约定，向保险人支付保险费，保险人对于合同约定的可能发生的事故因其发生所造成的财产损失承担赔偿保险金责任，或者当被保险人死亡、伤残、疾病或者达到合同约定的年龄、期限等条件时承担给付保险金责任的商业保险行为。

第一百零四条 保险公司对危险单位的划分方法和巨灾风险安排方案，应当报国务院保险监督管理机构备案。

《中共中央、国务院关于推进防灾减灾救灾体制机制改革的意见》（2016年）

（九）充分发挥市场机制作用。坚持政府推动、市场运作原则，强化保险等市场机制在风险防范、损失补偿、恢复重建等方面的积极作用，不断扩大保险覆盖面，完善应对灾害的金融支持体系。加快巨灾保险制度建设，逐步形成财政支持下的多层次巨灾风险分散机制。统筹考虑现实需要和长远规划，建立健全城乡居民住宅地震巨灾保险制度。鼓励各地结合灾害风险特点，探索巨灾风险有效保障模式。积极推进农业保险和农村住房保险工作，健全各级财政补贴、农户自愿参加、保费合理分担的机制。

《国务院关于加快发展现代保险服务业的若干意见》（2014年）

（十）建立巨灾保险制度。围绕更好保障和改善民生，以制度建设为基础，以商业保险为平台，以多层次风险分担为保障，建立巨灾保险制度。研究建立巨灾保险基金、巨灾再保险等制度，逐步形成财政支持下的多层次巨灾风险分散机制。鼓励各地根据风险特点，探索对台风、地震、滑坡、泥石流、洪水、森林火灾等灾害的有效保障模式。制定巨灾保险法规。建立核保险巨灾责任准备金制度。建立巨灾风险管理数据库。

《"十四五"国家综合防灾减灾规划》（2022年）

……

建立健全巨灾保险体系，推进完善农业保险、居民住房灾害保险、商业财产保险、火灾公众责任险等制度，充分发挥保险机制作用。

……

第五十六条　【技术应用、人才培养和研究开发】 国家加强应急管理基础科学、重点行业领域关键核心技术的研究，加强互联网、云计算、大数据、人工智能等现代技术手段在突发事件应对工作中的应用，鼓励、扶持有条件的教学科研机构、企业培养应急管理人才和科技人才，研发、推广新技术、新材料、新设备和新工具，提高突发事件应对能力。

【条文主旨】

本条是关于国家加强和鼓励扶持应急科技建设的规定。

【条文解读】

面对新时代应急管理对科技创新的新要求，我国以应急管理实战对科技的重大需求为牵引，创新科技体制机制，培育科技创新主体，加大科技攻关力度，优化科技创新基地，培养引进高端人才，构建完善的科技创新生态，全面提升应急管理科技供给能力，充分发挥科技创新引领作用，通过创新突破我国应急管理发展的瓶颈制约。本条围绕国家加强和鼓励扶持应急科技建设这一宗旨，从以下四个方面进行了规定。

一、加强基础科学和关键核心技术研究

1. 重大基础科学理论研究主要包括：(1) 灾害与事故致灾成灾理

论。研究灾害与事故形成、演变与致灾理论，分析灾害形成机制，构建灾害演进模型，探索致灾成灾机理，重点突破重大复合型灾害与事故的形成、演进、转化与致灾机理。（2）灾害与事故风险识别评估理论。研究构建多灾种、多尺度的灾害与事故风险判识与评估理论体系，构建灾害与事故风险感知、判识、模拟预测与评估理论，重点突破重大灾害与事故风险早期感知识别、时空演变模拟、定量分析评估等理论与方法。（3）灾害与事故风险防控与应急管理。研究灾害与事故风险精准防控灾情科学研判、应急救援与决策指挥理论，构建面向灾害与事故全过程的风险科学研判、资源快速调配和人员多维保护于一体的重大灾害与事故风险综合防控与应急管理理论体系。

2. 关键核心技术研究主要包括：（1）灾害与事故风险感知识别。研究灾害与事故风险信息感知、智能识别、快速分析与协调处理等关键技术。（2）灾害与事故风险模拟预测。研究灾害与事故情景模拟及预测等关键技术，构建全灾种、全要素、全过程风险时空演变模拟与预测技术体系。（3）灾害与事故监测预报预警。研究多灾种、灾害链、复合灾害事故的多时空尺度风险早期探测、灾害预报预警、灾情动态监测等关键技术。（4）灾害与事故综合防控。研究自然—生产—经济—社会—人文协同的灾害与事故风险隐患智能识别、风险链精准阻断、风险隐患精准防控等关键技术。（5）灾害与事故损失评估。研究重大灾害与事故灾情快速研判、损失快速评估、灾情综合评估等关键技术。（6）灾害与事故应急救援。研究灾害与事故应急救援需求精准预测智能调度指挥、高效现场处置与实战化训练、救援人员安全防护等关键技术。（7）灾害与事故综合风险管理。研究灾害与事故风险区划、重大复合灾害事故风险链综合防范、巨灾风险转移等关键技术。

二、加强信息化技术手段应用

1. 构筑安全可靠的互联网运行保障体系。实现对应急管理信息系统的多层次、全维度的安全防控，部署智能化运维管理系统，建立完善的运维管理制度和运维反应机制。一是安全保障体系建设。为满足"风险可识别，资产可保护，威胁能检测，事件必响应，业务即恢复"的等级保护三级安全保障要求，实现多层全维的安全防护，达到"访问要认证、操作有记录、数据能管控、攻击可阻断、行为可源、态势能感知"，形成网络安全保障体系，保障各类业务系统安全可靠运行。二是运维运营体系建设。以自动化、服务化、智能化运维为目标，解决重复性运维、顾此失彼、发现不了隐患等问题，主要包括全栈式数据采集、一体化智能运维、全景式智能交互等三个部分，结合实际制定标准规范和运行保障机制，形成智能化运维管理平台，提供面向各类 IT 物理资源、平台资源、数据资源、应用资源的综合数据采集，实现面向配置管理、安全管理、实时监控、数据分析、运维流程、智能协同等运维支撑，为运维人员提供大屏可视、业务门户、业务发布、移动运维、人机交互、大数据展示、知识库等系统交互、体验服务。

2. 云计算应急平台。在传统的应急指挥调度平台中，多使用模拟技术，且各个通信系统相互隔离，沟通不方便，无法实现资源的快速调配，容易造成系统的重复建设和投资浪费。云计算应急平台的主要优点包括：一是提供最可靠、最安全的数据存储中心，不用担心数据丢失、病毒入侵等麻烦。二是云计算对用户端的设备要求最低，使用起来也最方便。三是云计算可以轻松实现不同设备间的数据与应用共享。基于云计算技术的云应急系统，要求云应急平台对实时的突发事件情景感知数据、历史数据、决策支持模型、知识以及应急资源状态等网络化的异构信息通过标准化接口无缝集成，实现信息快速收集、抽取和挖掘；要求更快速准确地感知突发事件演化趋势，更有效地利用各种信息和模型对情景进行动态分析预测，进行更为智能化的动态决策；要求云应急服务平台对应急资源实现多渠道接入、统一管理、监控和调配，提供及时、最优、可无限扩展、高伸缩性的应急资源保障体系。云应急系统基于云应急平台实现了信息、知识的全面整合，通过异构环境、分布存放的各种专业数据库协同工作，减少不同部门对同一目标重复进行数据采集、处理和建库，降低数据更新成本；通过对应急资源的按需调配，动态智能地生成、调整应急过程，根据不同的应急需求和应急流程调用不同的应急服务；通过对各个应急联动部门的救援队伍、设备物资、专家等应急资源的虚拟化汇聚管理，形成基于智能决策的云应急协同网络。

3. 大数据技术与应急平台系统。在大数据时代，网格化管理已经兴起，一个基本要求就是管理信息整合和共享。政府应打破数据割据与封锁，公开信息。基于大数据技术的应急平台系统建设，可以提高政府各机构的应急协同办公效率。依靠大数据技术还能够及时、快速、准确收到决策实施情况汇报和民众的反馈信息。应当既鼓励面向群体、服务社会的大数据技术挖掘，又要防止侵犯个体隐私。基于大数据技术的应急平台系统建设，主要包括有线通信、无线通信、移动指挥通信、移动互联技术和大数据应用软件等技术系统，具备有线通信调度、无线通信指挥、移动应急指挥、异地会商等功能。可以依托政府政务内网、政务外网、互联网，构建应急指挥数字无线集群调度系统，分别搭建突发事件公共安全应急管理统一信息平台、政府内网门户和专项应急网；可以充分整合公安、交通、水务、地铁等单位及社会各方面的图像资源，搭建基于空间地理信息系统的图像平台；可以整合水电、气、热等公用企事业单位的城市运行监测数据，开发值守应急、预案管理、空间决策、预警信息发布等综合应用软件，为开展科学应急决策支持发挥重要支撑作用。

4. 人工智能应用。人工智能是研究、开发用于模拟、延伸和扩展人的智能的理论、方法、技术及应用系统的一门新的科学技术。国务院在 2017 年印发的《新一代人工智能发展规划》中明确提到，促进人工智能在公共安全领域的深度应用，推动构建公共安全智能化监测预警与控制体系。在应急管理中,人工智能通过提供预测分析、资源优化和实时数据分析,提供了彻底改变灾难响应能力的潜力。人工智能驱动的算法可以快速、精确地分析大量数据,支持预警系统、资源分配和响应协调。人工智能在灾难响应中的应用范围涵盖监测预警分析、综合态势感知、应急指挥辅助决策、应急资源优化配置,以及现场处置方案生成、机器人援助和危机沟通等各个方面。可以说,人工智能与现有技术的整合有望解锁创新解决方案,以减轻灾害事故的影响并加强应急管理实践。

三、鼓励扶持培养应急管理人才和科技人才

1. 激发现有科研院所的创新活力。从事防灾减灾救灾、安全生产和应急管理领域科技研发的部属现有高校及科研院所是应急管理科技创新的骨干力量,要通过政策引导和支持,努力扩大高校及科研院所的自主权,激发开展应急管理科技工作的积极性和创新创造活力。

2. 推动设立急需领域的科研机构。围绕应急管理实战需求,统筹谋划应急管理科技创新力量布局,推动新设立自然灾害防治等领域的国家级研究机构,补短板、强弱项、求实效,切实提升国家应急科技支撑能力。

3. 突出科技企业的创新主体作用。企业是科技研发、成果转化、产品研制的创新主体,也是应急管理科技创新发展的实践载体,是推动应急管理产业规模化的强大力量。

4. 发挥行业用户的创新应用作用。各级应急管理系统是应急管理科技创新成果的主用户,要充分调动系统内的管理人员、专业技术人员提出科技需求和应用科技成果的主动性和积极性,加强科技成果转化应用和推广力度,以应急管理实战需求引领和推动应急管理科技创新发展。

5. 优化科技创新基地。对标国家科技创新基地与条件保障能力建设要求,优化应急管理领域国家科技创新基地和应急管理部重点实室布局，推进构建布局合理、功能互补、特色鲜明、辐射和带动作用强的应急管理科技创新基地体系。国家科技创新基地主要包括国家实验室、国家重点实验室、国家工程研究中心、国家技术创新中心、国家临床医学研究中心、国家科技资源共享服务平台、国家野外科学观测研究站等。

6. 建强科技创新队伍。坚持人才是第一资源的思想，探索适合应急管理科技创新、有利于科技人才队伍的管理体制机制，打通人才流动、使用、发挥作用中的体制机制障碍，统筹加强高层次创新人才、青年科技人才、实用技术人才等方面人才队伍建设，大力造就世界水平的科学家、科技领军人才、高水平创新团队，加大科技人才奖励激励力度，推动形成一支规模适当、结构合理、素质优良的应急管理科技人才队伍。

7. 加强国际合作交流。学习借鉴发达国家先进经验，紧跟世界应急科技发展的新趋势新动态，增强引进、消化、吸收再创新能力，缩小与发达国家差距，实现从跟跑并跑到领跑的跃升。开拓高端应急管理技术、方案、产品、装备和服务的国际市场，促进我国应急管理技术、产品等在"一带一路"共建国家和地区的推广应用。鼓励组织开展国际展览、双边或多边国际论坛等活动，充分利用相关国家交流平台引进和推介应急管理技术产品和服务。

四、研发推广新技术、新材料、新设备和新工具

新技术材料主要是利用材料的力学和理化性能，以满足相关突发事件处置中对高强度、高刚度、高硬度、耐高温、耐磨、耐蚀、抗辐照等性能的要求。先进装备和工具研制主要包括：（1）灾害与事故感知系统与装备。重点研制致灾因子与灾变过程观测设备，灾害与事故高精度、智能化探测与监测预警装备。（2）灾害与事故精准防控装备。重点研制高危场所无人智能作业装备，灾害与事故风险超前探防、智能探测装备与机器人等。（3）灾害与事故应急救援专用装备。研制灾害与事故轻量化、精细化、模块化、智能化系列应急救援装备与机器人。（4）重大火灾高效扑救专业装备。研制超高层建筑、地下空间、长大隧道、大型综合体、石油化工、森林重特大火灾系列专业扑救装备。

第五十七条　【专家咨询论证制度】县级以上人民政府及其有关部门应当建立健全突发事件专家咨询论证制度，发挥专业人员在突发事件应对工作中的作用。

【条文主旨】

本条是关于县级以上人民政府及其有关部门建立健全突发事件专家咨询论证制度的规定。

【条文解读】

突发事件的应对蕴含着非常丰富的科学问题，这些科学问题的研究和突破，需要多学科交叉与融合。因此，各领域专家在应急管理中的作用也就十分重要，专家可以凭借专业知识和经验提供全方位指导，有效参与突发事件的预防与应急准备、监测与预警、应急处置与救援、事后恢复与重建等各阶段应对活动，有助于降低灾害造成的损失，保障人民的生命财产安全。同时，应急专家在提高公众灾害意识、增强社会抵御能力方面也可发挥重要作用。

首先，应急专家可以通过对灾害的潜在威胁进行分析和评估，提出相应的预防和减灾措施。这包括对可能发生的灾害类型、规模、影响范围等进行预测和评估，并据此制定灾害防范计划。这些计划旨在提高社会的灾害应对能力，降低灾害可能造成的损失。例如，2023年应急管理部按照分类指导服务、深入推动工作、有效破解难题的原则，不断深化危险化学品重点县的专家指导服务工作，突出硝酸铵、硝化企业以及化工园区，指导企业排查风险隐患、提出整治提升建议。

其次，在应急处置与救援阶段，应急专家是现场救援和决策的重要支持力量。他们能够根据事态的发展情况，迅速制定应急预案和处置策略，指导救援人员进行救援和抢险工作。他们不仅提供技术支持，还参与救援方案的制定和现场指挥，确保救援工作的高效和有序进行。

最后，应急专家广泛参与事故调查、事后恢复与重建工作。他们评估灾害造成的损失，提出恢复和重建的建议和方案。这包括重建基础设施、恢复生产生活秩序、提供心理援助等多个方面。应急专家的专业意见有助于确保恢复和重建工作的顺利进行，尽快恢复受灾地区的正常功能。例如，公安部已建立全国公安机关侦办重大生产安全责任事故案件战略支撑点和专家库，及时总结提炼技战法，加强案件涉及安全生产领域的重大生产安全责任事故刑事案件培训交流，提高此类案件精准刑事问责水平。

此外，应急专家还通过参与应急知识培训、制定相关法规和政策等方式，提高公众的灾害意识和应对能力。他们的工作不仅关注灾害发生时的应对，还致力于提高整个社会的灾害抵御能力。例如，中国科协鼓励各地建立应急科普专家队伍，以举办线上线下培训班、理论与实践考核等方式，对各级应急管理工作人员、各类媒体从业人员、基层科普管理人员等加强培训，提升基层应急科普工作能力。

【实务指引】

本条规定，县级以上人民政府及其有关部门应当建立健全突发事件专家咨询论证制度，发挥专业人员在突发事件应对工作中的作用，重点有以下几个方面内容：

1. 专家队伍的工作职责，包括参与应急管理方面的法规、政策、标准、规范、规划、预案等研究、论证和制定修订工作；参与应急管理各类专题调研、趋势研判、课题研究、评审论证、教育培训、应急演练等活动；参与相关突发事件的救援、舆情处置、调查评估和分析研判等工作；参与执法检查、隐患排查整治、安全督查、项目安全审查、评估、评审、验收等工作；参与应急指挥体系、预案体系、救援体系及应急管理信息化建设的指导工作，为委托单位提供技术指导及决策咨询服务等。

2. 专家队伍的委派方式，包括按照专业、任务、时间要求，随机从专家库中选取专家参与活动，特殊情况下可根据工作特点、类别、重要程度等因素在专家库内定向选取专家；根据执行任务的难易程度、重要程度可从上级人民政府或相关部门专家库中选用。

3. 专家的权利包括：在接受委托参与各类监督检查、评审、评估、验收、审查等工作时，可根据工作需要，进行现场勘查，调阅相关资料；对本区域、本领域应急管理工作提出改进意见和建议；提出个人结论、意见和建议时，不受任何单位和个人的干涉，与使用单位意见不一致时，有提出并有保留个人意见和建议的权利；参加应急管理业务继续教育培训活动；获得参与各类应急管理技术支持活动的劳务报酬、奖励。

4. 专家的义务包括：接受委派部门的统一调度、指挥和管理；按需要参与应急管理相关事务和工作；认真执行有关应急管理的法律、法规、标准、规范，坚持原则，公平公正、客观地开展工作，不弄虚作假，并对本人作出的技术结论或提供结果的科学性和公正性负责；严格执行保密制度，不得擅自披露相关信息，保守生产经营单位商业秘密，保护知识产权，遵守公共安全管理相关保密规定等。

【关联规范】

《中华人民共和国防震减灾法》（2008年修订）

第二十八条 国务院地震工作主管部门和省、自治区、直辖市人民政府负责管理地震工作的部门或者机构，应当组织召开震情会商会，必要时邀请有关部门、专家和其他有关人员参加，对地震预测意见和可能与地震有关的异常现象进行综合分析研究，形成震情会商意见，报本级人民政府；经震情会商形成地震预报意见的，在报本级人民政府前，应当进行评审，作出评审结果，并提出对策建议。

第六十五条 国务院有关部门应当组织有关专家开展地震活动对相关建设工程破坏机理的调查评估，为修订完善有关建设工程的强制性标准、采取抗震设防措施提供科学依据。

第六十六条 特别重大地震灾害发生后，国务院经济综合宏观调控部门会同国务院有关部门与地震灾区的省、自治区、直辖市人民政府共同组织编制地震灾后恢复重建规划，报国务院批准后组织实施；重大、较大、一般地震灾害发生后，由地震灾区的省、自治区、直辖市人民政府根据实际需要组织编制地震灾后恢复重建规划。

地震灾害损失调查评估获得的地质、勘察、测绘、土地、气象、水文、环境等基础资料和经国务院地震工作主管部门复核的地震动参数区划图，应当作为编制地震灾后恢复重建规划的依据。

编制地震灾后恢复重建规划，应当征求有关部门、单位、专家和公众特别是地震灾区受灾群众的意见；重大事项应当组织有关专家进行专题论证。

第四章　监测与预警

第五十八条　【突发事件监测制度】 国家建立健全突发事件监测制度。

县级以上人民政府及其有关部门应当根据自然灾害、事故灾难和公共卫生事件的种类和特点，建立健全基础信息数据库，完善监测网络，划分监测区域，确定监测点，明确监测项目，提供必要的设备、设施，配备专职或者兼职人员，对可能发生的突发事件进行监测。

【条文主旨】

本条是关于突发事件监测制度的规定。

【条文解读】

监测是指以科学的方法，收集重大危险源、危险区域、关键基础设施和重要防护目标等的空间分布、运行状况以及社会安全形势等有关信息，对可能引起突发事件的各种因素进行严密监控，收集有关风险发生的信息，及时掌握风险和突发事件变化的第一手信息，为科学预警和及时采取有效措施提供重要信息基础。国家建立健全突发事件监测制度，旨在有效预防各类突发事件，确保风险隐患早发现、早研判和早解决。从中也可辨析出检测与预警的关系，即监测为预警服务，是预警的基础和前提。监测更注重长期、连续地收集原始数据的过程，是一种常态的行为。预警是在监测的基础上提前发布警告，即对未来可能发生的危险进行事先的预报，提醒相关主体注意。

一、关于监测的突发事件种类

本条规定，针对自然灾害、事故灾难和公共卫生这三类突发事件建立健全突发事件监测制度。其中，针对自然灾害的监测最为常见，如各地气象台（站）每天都开展的气象监测，对温度、湿度、气压、风力等进行监测；针对事故灾难的监测往往涉及生产作业装置，如对管道内的压力、流速、温度等进行监测；针对公共卫生事件的监测主要涉及生物体，如病毒传播的范围、速度、特征，以及食品质量变化等。

二、关于建立健全基础信息数据库

基础信息数据库在各领域均有着重要作用，不仅仅是针对突发事件监测这一工作而言。本条强调建立与监测工作相关的基础信息数据库，要想达到有效对突发事件进行预警并提前采取措施的效果，必须有充分、大量、精准、长期的监测数据作为基础，才能够进一步结合有关模型、算法、经验等，对可能发生的突发事件进行仿真和预测，进而预警，使管理部门及时把握现状和预判趋势，并进行应对。

不同事件或领域的监测基础信息数据库，其构成自然不同，有时也是跨学科、跨领域、跨区域的，在实际工作中也往往与其他数据库或业务系统融合建设，主要与风险管理、预警、评估等相关。例如，应急管理部近年来开发了自然灾害综合监测预警平台，接入中国气象局监测预报预警等数据，水利部重点河道和水库实时水情，中国地震局地震速报数据，自然资源部海洋预报预警数据，以及全国第一次自然灾害综合风险普查成果数据，建成了自然灾害综合风险监测预警数据库。国家消防救援局指导各地将居民住宅小区消防物联网设施接入智能指挥和消防监督管理系统，汇聚形成城市火灾大数据库，构建风险评估指标和预警预测模型，全时段、可视化监测评估消防安全风险，实时化、智能化应对处置灾害事故，同时将消防物联网监测融入政府基层综治、社区治理、网格化管理、流动人口管理、物业管理等信息化平台，配套提供工作部署、隐患推送、处置建议、态势预警和风险提醒等服务。

三、关于监测网络、区域、点位和项目

监测预警是一项系统工程。完善监测网络，划分监测区域，确定监测点，明确监测项目，这些都是对监测工作方式方法的具体阐述。很多监测工作涉及的时间、空间范围较广，因此必须分时段、分层级、分区域、分点位进行监测，最后一般都会形成一个监测网络。例如，国家生态系统观测研究网络具有跨部门、跨行业、跨地域的特点，在国家层次上统一规划和设计，将分布在不同部门的生态系统野外研究站，经过资源优化、整合、完善，组建成了国家生态观测研究网络，整合了国家台站的观测试验样地、观测实验设施、各种野外观测设备和室内分析仪器，整合了各台站保存的各类植物和土壤样品和样本。

四、关于提供必要的设备、设施，配备专职或者兼职人员

无论是完善哪一类突发事件的监测系统，都要加大监测设施、设备建设，配备专职或者兼职的监测人员。突发事件的监测设备、设施种类繁多，根据应用场景和功能需求的不同而有所差异。例如，环境监测设备，包括气体检测仪、水质检测仪等；地质监测设备，包括地质崩塌滚石报警雷达系统、泥石流雷视一体监测仪等；建筑物监测设备，包括建筑物监测雷达系统，用于监测建筑物的微小位移和挠度；消防设施设备，包括消防栓、灭火器等，也是应急监测设施设备的重要组成部分，用于火灾的预防和初期控制。各类监测设备设施在突发事件预防和应对中发挥着重要作用，有助于及时预警、快速响应和有效处置。

第五十九条 【突发事件信息系统】国务院建立全国统一的突发事件信息系统。

县级以上地方人民政府应当建立或者确定本地区统一的突发事件信息系统，汇集、储存、分析、传输有关突发事件的信息，并与上级人民政府及其有关部门、下级人民政府及其有关部门、专业机构、监测网点和重点企业的突发事件信息系统实现互联互通，加强跨部门、跨地区的信息共享与情报合作。

【条文主旨】

本条是关于建立统一的突发事件信息系统的规定。

【条文解读】

信息管理是应急管理的基础性工作，贯穿于应急管理的全过程。信息报送（通常认为涉及了汇集、分析、加工与传输等各个环节）的渠道畅通和传递效率，不仅对监测与预警有决定性的意义，并且直接影响到应急处置与救援、事后恢复与重建等各项工作。做好信息报送是风险防范体系的基础，有利于掌握突发事件的动态和发展趋势，有利于政府及有关部门采取积极有效的措施，最大限度地减少各类突发事件的发生以及造成的损失，保护人民群众的生命和财产安全，为积极有效应对突发事件创造条件。统一的信息报送系统不仅是监测和预警的综合信息中心，而且是突发事件处置和救援、恢复与重建的指挥联动系统。它有利于掌握突发事件的具体地点、危害程度、扩散状况、所需资源等，能有效减少危机来临时的破坏程度，有助于做好评估工作，总结经验教训，做好恢复与重建。

突发事件信息报送具有如下特征：（1）时效性。由于突发性强，需要迅速报送并采取应对措施。时效性直接决定了突发事件信息报送的价值。(2) 动态性。突发事件信息报送贯穿于事前、事中、事后等突发事件应对的各阶段，而且许多突发事件都有一个逐步发生、扩大的过程，有的还可能引发次生、衍生事件，信息的获取需要不断核实、修正。(3) 客观性。突发事件本身是客观的，在信息报送过程中要求对突发事件的发生和影响等要素尽量做到客观、公正，并坚决避免主观上的迟报、漏报、瞒报、谎报等行为。

鉴于上述特征，建立健全信息系统及其工作机制，提高信息管理工作的规范化、程序化、制度化水平，对于及时掌握情况、科学决策、有效开展应对工作，具有重要意义。本条规定了建立突发事件信息系统要以分级设置、互联互通为基本原则。

一、分级设置

突发事件信息一般按照事件等级由下至上分级进行筛选、加工和报送，因此信息系统也是分级设置。建立突发事件信息系统是一项系统工程，涉及各地区各部门，涉及技术支持、财政保障，需要统筹规划、总体设计、分级实施。国务院负责建立全国统一的突发事件信息系统，国家应急、公安、民政、自然资源、铁路、交通、水利、卫生、民航、林草、地震、气象和海洋等部门均已建立了较为完备的信息系统，当然有时是与其他业务系统融合建立的。县级以上各级人民政府均应设置统一的应急信息系统，分别作为本区域突发事件应对管理的信息中枢。各级人民政府利用现代信息技术手段，建立高效、稳定的信息系统，综合协调各部门资源，汇集、储存、分析、传输有关突发事件的信息，确保信息系统的顺畅运行，为突发事件的预防、监测、预警、应急处置与救援提供有力支撑，实现跨部门、跨地区的信息交流与情报合作。

二、互联互通

在突发事件应对实践中，多头索要信息、多头报送信息的现象经常出现，特别是在一些关注度高、时限要求紧迫的突发事件现场，有时甚至影响救援处置效率。通过信息报送系统实现快速大范围报送信息，对于一线指挥处置人员非常重要。因此，本条对各个领域内、各个部门内的信息系统提出了互联互通的要求，以形成一个全国性的网络，实现跨领域、跨地区的信息交流与情报合作。

统一的信息系统是一个多层次的、立体的信息系统，包含的主体有国务院及其有关部门、县级以上地方各级人民政府及其有关部门、专业机构、监测网点和重点企业。重点企业是本次修订新增的一类主体，主要考虑到重点企业在生产、经营过程中可能涉及重大安全风险，或可能对公共安全、环境安全有重要影响。重点企业通常具有较大的生产规模、复杂的工艺流程或特殊的生产环境，一旦发生突发事件，可能给社会造成较大影响。因此，将重点企业的突发事件信息系统纳入互联互通体系，有助于及时获取相关信息，加强监管和预警，提高应急响应效率。监测网点是信息系统的重要环节，负责汇集各类原始的相关信息，根据不同的突发事件的性质，由相关的政府部门或者专业机构设立。例如，在自然灾害中，有各级气象主管机构所属的气象台站、地震监测台网；在公共卫生事件中，有各级各类医疗机构、疾病预防控制机构等。这些监测网点对原始信息做出初步分析、储存后，将其报告（传输）相关专业机构和政府的有关部门。

【实务指引】

突发事件信息系统的建设可包含基础设施、信息资源、信息应用服务系统、信息技术标准体系及信息安全保障体系等，服务于应急管理的全过程。例如，国家突发事件预警信息发布系统作为该体系的一部分，负责发布各类预警信息，以确保社会各界及广大公众能够及时、准确、客观、全面地了解信息，并采取有效措施应对突发事件。

第六十条　【突发事件信息收集制度】 县级以上人民政府及其有关部门、专业机构应当通过多种途径收集突发事件信息。

县级人民政府应当在居民委员会、村民委员会和有关单位建立专职或者兼职信息报告员制度。

公民、法人或者其他组织发现发生突发事件，或者发现可能发生突发事件的异常情况，应当立即向所在地人民政府、有关主管部门或者指定的专业机构报告。接到报告的单位应当按照规定立即核实处理，对于不属于其职责的，应当立即移送相关单位核实处理。

【条文主旨】

本条是关于政府收集信息和社会公众报告信息两个方面的责任和义务的规定。

【条文解读】

一、通过多种途径收集突发事件信息

本条第一款是对县级以上人民政府及其有关部门、专业机构收集突发事件信息的要求，特别强调收集突发事件信息要通过"多种途径"。从现实情况看，政府主要是通过县级以上各级人民政府及其有关部门、专业机构自身的监测网点、仪器、手段等获取信息。突发事件从大类上分为自然灾害、事故灾难、公共卫生事件和社会安全事件四类，每一大类中又分为若干子类。各类突发性事件其产生原因和表现形式各不相同，必须建立多种收集信息的途径，才能有效监测各类突发事件，在其发展初期监测其苗头，在其发展过程中及时掌握其趋势，以及时掌控局势，在应对工作中占据主动。我国已经建立起了比较完善的监测网络,政府和专业机构已有较多的途径收集各类突发事件信息。

例如,在自然灾害领域,《气象法》第十五条规定,各级气象主管机构所属的气象台站,应当按照国务院气象主管机构的规定,进行气象探测并向有关气象主管机构汇交气象探测资料。未经上级气象主管机构批准,不得中止气象探测。在事故灾难领域,《安全生产法》第八十三条和第八十四条规定,单位负责人接到事故报告后,应当按照国家有关规定立即如实报告当地负有安全生产监督管理职责的部门,不得隐瞒不报、谎报或者迟报。负有安全生产监督管理职责的部门接到事故报告后,应当立即按照国家有关规定上报事故情况。在公共卫生领域,《传染病防治法》第三十条规定,疾病预防控制机构、医疗机构和采供血机构及其执行职务的人员发现本法规定的传染病疫情或者发现其他传染病暴发、流行以及突发原因不明的传染病时,应当遵循疫情报告属地管理原则,按照国务院规定的或者国务院卫生行政部门规定的内容、程序、方式和时限报告。在社会安全领域,《反恐怖主义法》第四十三条规定,有关部门应当加强反恐怖主义情报信息搜集工作,对搜集的有关线索、人员、行动类情报信息,应当依照规定及时统一归口报送国家反恐怖主义情报中心。

二、建立信息报告员制度

本条第二款规定,县级人民政府应当在居民委员会、村民委员会和有关单位建立专职或者兼职信息报告员制度。虽然政府和有关机构已经建立了一些对突发事件信息的收集系统,但是由于突发事件种类繁多,表现形式多样,发展趋势复杂,仅仅依靠政府和相关专业机构的途径是不够的。居民委员会、村民委员会作为基层群众性自治组织,与群众的联系最为密切,而且都有义务协助基层政府开展工作,本法规定建立信息报告员制度也就顺理成章。"有关单位"包括容易发生事故灾难的单位,如矿山、建筑施工单位和危险物品的生产、经营、储存单位等，还包括高等院校以及银行等金融机构。这些单位需要建立信息报告员制度，及时收集相关突发事件的信息。

信息报告员可分为专职和兼职两类。专职信息报告员主要在技术性和专业性较强的领域设立。这些领域由于其特殊性和复杂性，需要具有专门知识和技能的人员来负责突发事件信息的收集和报告工作，以确保信息的准确性和及时性。在其他领域可设立兼职信息报告员。这些领域的突发事件可能不像技术性和专业性强的领域那样频繁或复杂，因此可以设立兼职信息报告员来负责相关信息的收集和报告工作。兼职信息报告员可能同时承担其他职责，但在突发事件发生时，应当及时履行信息报告的义务。

考虑到突发事件信息报送的时效性、动态性、客观性要求，以及对于信息系统的操作技术要求，在村民委员会和居民委员会中，信息报告员应该由一些具有专业知识、经验较为丰富的同志担任，一般是其工作人员。

三、公民、法人或者其他组织的报告义务

本条第三款规定了公民、法人和其他组织的报告义务，是社会动员和参与机制在突发事件信息报告制度中的具体表现，体现了信息报告义务主体的广泛性。成熟而广泛的公民参与可以丰富和充实公共管理的内容，强化政府的公共责任，提升公共服务的品质，推进和保证公共利益的实现。突发事件的信息报告，更需要群众的参与，发挥人民群众的作用，拓宽收集突发事件信息的渠道。本次修订新增规定，公民、法人或者其他组织不仅在突发事件发生后应当报送信息，在发现可能发生突发事件的异常情况时也应当报送，此外，还新增了接到报告的单位应当按照规定及时核实、处理并做好移送等相关工作的规定。

1. 核实：接到突发事件报告的单位在接到突发事件报告后，应立即进行初步核实，确认事件的真实性和严重程度。特别是在突发事件发生后，往往短时间内接到不同人员或渠道上报的信息，这些信息可能不够全面、准确，甚至相互矛盾，对快速作出应急响应形成一定干扰，因此务必对信息进行必要的核实，以确保作出准确的专业研判并采取处置措施。

2. 处理：此处的处理包含两层含义。一层是对信息本身进行处理。在整个应急体系中的层层报送不是一个简单的传递过程，突发事件信息的来源不同，信息的真实性、准确性也会参差不齐，需要进行整理、归类、识别、分析，对信息去粗取精、去伪存真，以及规范文字表述等，并根据需要增加本单位的专业研判和已采取措施等其他信息，以使整条信息更加全面、精准、简练和重点突出，从而提升指挥决策和专业处置的准确度和效率。另一层是对该信息背后的突发事件进行处理。接到突发事件报告的单位，在核实报告内容后，首先应当根据突发事件的性质和严重程度，判断是否需要向上级部门或相关应急指挥机构报告。如果需要报告，应立即将核实后的突发事件信息及相关情况向上级部门或应急指挥机构进行报告，并确保信息的准确性和完整性。同时，根据突发事件的应对要求，配合相关部门和机构开展应急处置工作，提供必要的支持和协助。

3. 移送：对于不属于其职责的，应当立即移送相关单位，可能是通报同级有关单位，也可能是上报其他有关部门。在移送过程中，要确保信息的及时传递和沟通，以便上级部门或应急指挥机构能够迅速作出决策并采取相应的应对措施。同时，告知信息来源主体正确的报告渠道，以提升报送效率。

第六十一条　【突发事件信息报告制度】地方各级人民政府应当按照国家有关规定向上级人民政府报送突发事件信息。县级以上人民政府有关主管部门应当向本级人民政府相关部门通报突发事件信息，并报告上级人民政府主管部门。

专业机构、监测网点和信息报告员应当及时向所在地人民政府及其有关主管部门报告突发事件信息。

有关单位和人员报送、报告突发事件信息，应当做到及时、客观、真实，不得迟报、谎报、瞒报、漏报，不得授意他人迟报、谎报、瞒报，不得阻碍他人报告。

【条文主旨】

本条是关于突发事件信息报送的规定。

【条文解读】

一、明确政府系统内部信息报送的"三条线"

本次修订明确了政府系统内部信息报送的"三条线"，使信息报送形成了一个纵贯上下、延伸四面、触及基层的立体网络。各专业机构、监测网点和信息报告员向所在地人民政府及其有关主管部门报告；地方各级人民政府向上级人民政府上报、下级有关主管部门向上级有关主管部门上报，必要时可以越级上报；县级以上人民政府有关主管部门向本级人民政府相关部门通报。

信息报送的"三条线"分别承担不同的功能：第一，使政府及时获取突发事件信息。各专业机构、监测网点和信息报告员通常是第一时间获知突发事件客观情况的，因此负有第一时间将信息报送所在地人民政府及其有关主管部门的义务，为政府判断、分析、决策提供客观依据。第二，使上级人民政府及时扩大响应或进行协助和指导。根据突发事件的性质、特点、可能造成的危害程度和影响范围等因素，获得突发事件信息的人民政府没有决策权的，上报上级人民政府能够及时扩大响应、移交决策权；有决策权的，能够及时使应急能力更强的上级人民政府及其有关主管部门及时进行指导、协助，并及时通知突发事件发生地毗邻地区加强防范、预防衍生、次生灾害等。第三，使同级人民政府相关部门紧急沟通、快速联动、各司其职、相互配合，从常态的行政管理秩序切换为应急管理秩序。

二、明确信息报送的要求及法律责任

一方面，本条规定了突发事件信息报送的三项要求和三项禁止，明确了信息报送的要求。三项要求为及时、客观、真实。其中，"及时"要求负有信息报告义务的有关单位和个人，如发生事故灾难（生产安全事故）的生产经营单位、各专业机构、监测网点、信息报告员等，在发现突发事件的第一时间按照法律法规的要求上报，最迟不得超过法律法规所规定的上限；"客观"要求所报送的信息来自将要或者正在发生的突发事件，能够客观、全面地反映突发事件的实时情况；"真实"要求所报送的信息未加任何加工、修饰。三项禁止为不得迟报、谎报、瞒报、漏报，不得授意他人迟报、谎报、瞒报，不得阻碍他人报告。分别要求第一时间获取以及作为突发事件报送中间环节的有关单位和个人不得迟报、谎报、瞒报、漏报；管理与被管理、领导与被领导等关系中的上位者，如本级和上级人民政府领导人员、单位负责人等不得授意他迟报、谎报、瞒报；对突发事件承担责任的主体，如事故责任单位等，不得阻碍他人报送突发事件信息。

另一方面，由于在应急管理实践中事故责任单位、政府领导人员瞒报、谎报、迟报、漏报行为时有发生，已成为应急管理的"沉疴顽疾"，此次修法对于违反三项禁止规定并造成后果的情况采用了"处罚到人"的思路，第九十五条规定，由有关机关综合考虑突发事件发生的原因、后果、应对处置情况、行为人过错等因素，对负有责任的领导人员和直接责任人员依法给予处分。考虑到安全生产领域是瞒报、谎报、迟报、漏报行为的"重灾区"，为保持打击瞒报、谎报、迟报、漏报的高压态势，国务院安委会制定部署的安全生产十五条措施中单独规定严肃查处瞒报谎报迟报漏报事故行为。严格落实事故直报制度，生产安全事故隐瞒不报、谎报或者拖延不报的，对直接责任人和负有管理和领导责任的人员依规依纪依法从严追究责任。对初步认定的瞒报事故，一律由上级安委会挂牌督办，必要时提级调查。《刑法》及有关司法解释也明确对在构成犯罪的情况下对有关人员以不报、谎报安全事故罪追究刑事责任。

同时，针对上级人员出于维护自身利益需要而可能干涉信息报告的行为，此次修订还新增了不得授意他人迟报、谎报、瞒报，阻碍他人报告的规定。

第六十二条 【突发事件信息评估制度】县级以上地方人民政府应当及时汇总分析突发事件隐患和监测信息，必要时组织相关部门、专业技术人员、专家学者进行会商，对发生突发事件的可能性及其可能造成的影响进行评估；认为可能发生重大或者特别重大突发事件的，应当立即向上级人民政府报告，并向上级人民政府有关部门、当地驻军和可能受到危害的毗邻或者相关地区的人民政府通报，及时采取预防措施。

【条文主旨】

本条是关于汇总分析突发事件隐患和监测信息的规定。

【条文解读】

首先需要注意的是，本次修订中将"汇总分析突发事件隐患和预警信息"修改为了"汇总分析突发事件隐患和监测信息"，这是十分科学的。多年来的不断实践表明，能够进行预警的主要是自然灾害，特别是气象灾害，此类预警一旦发布，影响就已基本明晰，应当随即采取响应措施。实际上，自然灾害的预警响应措施更加类似于其他事件发生后的应急响应措施，因此预警信息不应当作为事前汇总分析之用。而监测信息是一类长期、连续收集获得的原始数据，是制作预警信息的重要基础，更应当与隐患信息并列，用于事前汇总分析。

县级以上地方人民政府应当对收集到的有关突发事件隐患和监测信息及时进行汇总，并进行分析，对发生突发事件的可能性及其可能造成的影响进行评估。在分析评估过程中，必要时组织相关部门、专业技术人员、专家学者进行会商，为突发事件的可能性及突发事件如果发生可能造成的影响提供专业意见，提供决策参考。所谓必要时，是指对突发事件发生的可能性、影响范围、强度、可能产生的损害等难以判断的情况。通过科学的分析和评估，判断突发事件发生的可能性和其潜在影响，县级以上地方人民政府认为可能发生重大或者特别重大突发事件的，应当立即向上级人民政府报告并向上级人民政府相关部门、当地驻军和可能受到危害的毗邻或者相关地区的人民政府通报，以便及时采取有效的预防措施和应急响应策略，最大限度地减少突发事件对人民生命财产安全和社会秩序的影响。

本条规定，只有评估可能发生重大或者特别重大突发事件的，才应当报告和通报，如果评估可能发生一般和较大的突发事件的，无须报告和通报。这是因为，在汇总分析阶段得出的结论，只是认为有发生突发事件的可能性，而实际不一定发生或影响可能更低，因此如果认为可能发生一般和较大的突发事件，县级人民政府就已有能力做好预防和处置工作，不必立即向上级人民政府报告。但是，如果评估有可能发生的是重大或者特别重大的突发事件，就意味着其发展态势将会迅猛，可能会造成严重的危害，在应急准备和处置救援方面需要在较大范围内由上级政府予以协调、支持，甚至需要当地驻军的支援，因此必须立即向上级人民政府报告，必要时向当地驻军通报。另外，重大和特别重大的流域洪水、森林火灾、传染病疫情等突发事件，其影响范围往往超出一个行政区划的管辖范围，因此应当向可能受到危害的毗邻或者相关地区的人民政府通报，开展联合会商研判，提早加强监测并做好应对准备工作。

当可以预警的自然灾害、事故灾难或者公共卫生事件即将发生或者发生的可能性增大时，就意味着具有现实的紧迫性，有关政府应当根据本法第六十四条的规定发布警报，并上报和通报有关信息。

第六十三条　【突发事件预警制度】 国家建立健全突发事件预警制度。

可以预警的自然灾害、事故灾难和公共卫生事件的预警级别，按照突发事件发生的紧急程度、发展势态和可能造成的危害程度分为一级、二级、三级和四级，分别用红色、橙色、黄色和蓝色标示，一级为最高级别。

预警级别的划分标准由国务院或者国务院确定的部门制定。

【条文主旨】

本条是关于突发事件预警制度及预警级别划分的规定。

【条文解读】

一、预警的概念与内涵

预警是指根据有关突发事件过去和现在的数据、情报和资料，运用逻辑推理和科学预测的方法和技术，对某些突发事件现象征兆信息度量的某种状态偏离预警线的强弱程度，对未来可能出现的风险因素、发展趋势和演变规律等作出估计与推断，并发出确切的警示信号或信息（预警信号），使政府和公众提前了解事态发展的趋势，以便及时采取应对策略，防止或消除不利后果的一系列活动。

预警是在监测的基础上提前发布警告，即对未来可能发生的危险进行事先的预报，提请相关当事人注意。因而，预警不是一般情况的预测，而是特殊情况的预测；不是一般的预报，而是含有参与性的预报；不是从正面分析，而是从反面剖析。预警可以说是更高层次的监测和预测。

二、预警制度的建立

建立健全预警制度的目的是及时向公众发布突发事件即将发生的信息，使公众为应对突发事件做好准备，并为行政机关采取应急措施提供合法性。各类突发事件都应当建立健全预警制度，本条规定应当建立预警级别的突发事件是自然灾害、事故灾难和公共卫生事件。在应急管理实践中，最常见的是气象灾害预警信号，其他诸如事故灾难、公共卫生、社会安全类预警信号较为少见，这是由气象灾害具有可长期细致监测相关数据、可科学计算演化趋势等特点决定的。相较之下，其他类型突发事件往往难以精准预警。

三、预警级别的划分标准

本条授权由国务院或者国务院规定的部门制定预警级别的划分标准，具体一般在国家相关专项或部门应急预案中进行明确。例如，《中央气象台气象灾害预警发布办法》中明确了台风、暴雨、暴雪、寒潮、海上大风、沙尘暴、低温、高温、干旱、霜冻、冰冻、大雾和霾13类气象灾害预警标准。需要注意的是，并不是所有预警信号都划分为四级。如寒潮预警包含蓝色、黄色、橙色三级，海上大风预警仅包含黄色、橙色两级，这是根据实际需要确定的。

【实务指引】

尽管本条规定预警级别的划分标准由国务院或者国务院确定的部门制定，在实践中各地有时也会结合自身实际制定本地预警级别的划分标准。仍以气象灾害预警信号为例，不仅有国家预警信号标准，各地也都制作了预警信号标准，且各地气象灾害预警信号的类别和级别也不统一，这是由于我国地理范围广大，各地受气象灾害影响的种类和范围都不一样，各省、自治区、直辖市等可以根据当地气象灾害的特点，选用或者增设规定的预警信号种类，设置不同信号标准。

第六十四条　【预警信息发布、报告和通报】 可以预警的自然灾害、事故灾难或者公共卫生事件即将发生或者发生的可能性增大时，县级以上地方人民政府应当根据有关法律、行政法规和国务院规定的权限和程序，发布相应级别的警报，决定并宣布有关地区进入预警期，同时向上一级人民政府报告，必要时可以越级上报；具备条件的，应当进行网络直报或者自动速报；同时向当地驻军和可能受到危害的毗邻或者相关地区的人民政府通报。

发布警报应当明确预警类别、级别、起始时间、可能影响的范围、警示事项、应当采取的措施、发布单位和发布时间等。

【条文主旨】

本条是关于预警信息发布、报告和通报的规定。

【条文解读】

本条明确了对于可以预警的自然灾害、事故灾难或公共卫生事件即将发生或者发生的可能性增大时，县级以上地方人民政府应当发布相应级别的警报，并宣布有关地区进入预警期。发布警报须根据有关的法律、行政法规和国务院规定的权限和程序。例如，《国家森林草原火灾应急预案》规定，由应急管理部门组织，各级林草、公安和气象主管部门加强会商，联合制作森林草原火险预警信息，并通过预警信息发布平台和广播、电视、报刊、网络、微信公众号以及应急广播等方式向涉险区域相关部门和社会公众发布。当发布蓝色、黄色预警信息后，预警地区县级以上地方人民政府及其有关部门密切关注天气情况和森林草原火险预警变化，加强森林草原防火巡护、卫星林火监测和瞭望监测，做好预警信息发布和森林草原防火宣传工作，加强火源管理，落实防火装备、物资等各项扑火准备，当地各级各类森林消防队伍进入待命状态。当发布橙色、红色预警信息后，预警地区县级以上地方人民政府及其有关部门在蓝色、黄色预警响应措施的基础上，进一步加强野外火源管理，开展森林草原防火检查，加大预警信息播报频次，做好物资调拨准备，地方专业防扑火队伍、国家综合性消防救援队伍视情对力量部署进行调整，靠前驻防。

县级以上人民政府在宣布有关地区进入预警期时，必须同时报告上一级人民政府。一是因为有些突发事件需要上级政府在人力、财力和物力上的支持，或者有些突发事件可能跨区域、跨流域，需要上级政府组织协调其他区域政府做好处置准备；二是因为统一的信息系统要求下级人民政府必须向上级人民政府及时报告与突发事件相关的信息，使上级人民政府及时了解有关情况，以便在其职责范围内统筹计划，必要时统一领导应对工作。必要时，宣布有关地区进入预警期的县级以上地方人民政府，可以越级上报有关预警信息。必要时，一是指可能会发生特别重大突发事件的时候，在这种情况下，县级以上地方人民政府可以越级上报，这对有效地应对突发事件是非常必要的；二是指在一些巨灾场景下，直接上级政府可能已经失联，这时只能选择越级上报。

本次修订增加了具备条件的，应当进行网络直报或者自动速报的规定，提高报告效率，打通信息报告上行渠道。关于网络直报，本法

第五十九条关于突发事件信息系统的有关规定中已有阐述。关于自动速报，2008年汶川地震后，地震灾害速报预警技术大范围应用，一改以往只能依靠前兆信息进行预测性预报，经人工研判后才能发布预警，信息报送的各个环节必须依靠人工报告的局面。新技术、新方法的应用不仅提高了预警和信息报送的速度和准确性，还最大限度减少了信息报送的中间环节，有效化解对案件进行干预、插手、过问等过程风险，提高事故和险情的协调处置效率，最大限度地防止瞒报、谎报等行为。

发布气象灾害预警信息时，各级人民政府要及时通报军队有关单位和武警部队，共同做好各类气象灾害应对工作。宣布有关地区进入预警期的县级以上地方人民政府，应当向可能受到危害的毗邻或者相关地区人民政府通报相关预警信息。突发事件有可能突破发生地人民政府的管辖范围影响到毗邻或者其他相关地区，如洪水、台风、河流污染、传染病等突发事件所造成的影响都有可能造成跨县、市，甚至跨省的影响。在预警期就通报这些地区，以便早预防、早准备，提高应对的主动性和有效性。

【典型示例】

应急管理部和中国气象局于2022年联合印发《关于强化气象预警和应急响应联动工作的意见》，强化气象预警与应急响应联动机制。各级应急管理部门收到气象预警信息后，组织灾害风险综合会商研判，及时报请本级防汛抗旱指挥机构依据预案启动应急响应；收到气象红色预警信息后，应急管理部门第一时间报请本级党委政府和防汛抗旱指挥机构进一步组织研判，提出"关、停"等强制措施实施意见，依据预案和会商意见果断执行。地方各级气象部门发布暴雨、台风、强对流天气等气象红色预警信息，第一时间电话报告本级防汛抗旱指挥机构负责人，并通知同级应急管理部门主要负责人或分管负责人；县级气象部门发布暴雨、台风、强对流天气等气象红色预警信息时，通过与当地应急管理部门提前商定的渠道提醒预警覆盖的乡镇（街道）党政主要负责人、村（社区）防汛责任人。

第六十五条　【预警信息发布】 国家建立健全突发事件预警发布平台，按照有关规定及时、准确向社会发布突发事件预警信息。

广播、电视、报刊以及网络服务提供者、电信运营商应当按照国家有关规定，建立突发事件预警信息快速发布通道，及时、准确、无偿播发或者刊载突发事件预警信息。

公共场所和其他人员密集场所，应当指定专门人员负责突发事件预警信息接收和传播工作，做好相关设备、设施维护，确保突发事件预警信息及时、准确接收和传播。

【条文主旨】

本条是关于预警信息发布要求的规定。

【条文解读】

一、突发事件预警发布平台体系

2015年2月，中央编办正式批复成立国家预警信息发布中心。同年5月，国家预警信息发布中心正式启动业务运行。《国家突发事件预警信息发布系统运行管理办法（试行）》规定，国家预警发布系统是指根据国家突发事件应急体系建设规划，由中国气象局会同有关部门和地方建设的国家、省、市、县四级相互衔接的突发事件预警信息发布平台。国务院有关部门或指挥机构、县级以上地方人民政府及其有关部门或应急指挥机构（以下统称预警发布责任单位）按照有关规定负责相应预警信息的制作和发布，国家预警发布系统为预警发布责任单位发布预警信息提供平台，不改变现有的预警信息发布责任权限，不替代相关部门已有发布渠道。预警发布责任单位利用预警发布系统发布预警信息，要与相应的预警发布工作机构建立工作机制，明确具体的预警类别、发布格式、发布流程和责任权限等。县级以上人民政府应急管理部门对国家预警发布系统运行管理工作加强指导和协调。气象部门充分发挥气象灾害预警部际联席会议制度作用，与外交、工业和信息化、公安、民政、规划与自然资源、环境保护、交通、铁路、水利、农业农村、卫生健康、应急管理、园林、地震、海洋等部门及军队有关单位和武警部队加强工作联动，定期沟通会商预警信息发布工作，协调解决预警信息发布中的重要事项。

近年来，国家预警信息发布中心持续完善国家突发事件预警信息发布系统建设。依托国家系统，公共气象服务中心构建了全国预警立体发布网络，打破纵横藩篱，初步建成规范统一、互联互通、涵盖四大类突发事件的预警信息发布系统，形成上下贯通、横向联动的防灾减灾"一盘棋"格局。纵向上，国家系统建立了贯穿国、省、市、县四级的预警发布系统，融入各级应急指挥系统，为防灾减灾救灾提供及时有效的预警"叫应"。横向上，利用国家系统连接自然资源、生态环境、交通运输、水利、农业农村、应急管理等行业部门，并与广播、电视、手机、网站等各类信息传播渠道无缝对接，实现对各类突发事件预警信息的统一发布，为各级政府应急指挥、经济社会运行提供重要支撑和保障。

二、预警信息的播发或刊载

本条规定广播、电视、报刊以及网络服务提供者、电信运营商具有按要求配合发布的义务。广播、电视、报刊以及网络服务提供者、电信运营商在突发事件应对中承担着重要的角色，如利用手机、传真、邮件、网站、广播、电视、微博、微信等多种渠道，以及农村大喇叭广播、电子显示屏等特定手段广泛传播预警信息，根据相关法律法规和应急管理部门的要求，及时、准确、无偿地向公众发布突发事件预警信息，利用自身的传播渠道和优势，确保预警信息能够迅速、广泛地传达给公众，以提高公众的应急防范意识和能力。

三、公共场所和其他人员密集场所接收和传播预警信息

地方各级人民政府和相关部门要在充分利用已有资源的基础上，在学校、社区、机场、港口、车站、旅游景点等人员密集区和公共场所建设电子显示屏等畅通、有效的预警信息接收与传播设施。完善和扩充气象频道传播预警信息功能。重点加强农村偏远地区预警信息接收终端建设，因地制宜地利用有线广播、高音喇叭、鸣锣吹哨等多种方式及时将灾害预警信息传递给受影响群众。要加快推进国家应急广播体系建设，实现与气象灾害预警信息发布体系有效衔接，进一步提升预警信息在偏远农村、牧区、山区、渔区的传播能力。具体来看，本条规定旨在积极拓展突发事件预警发布渠道，健全预警发布平台。

第六十六条 【三级、四级预警措施】发布三级、四级警报，宣布进入预警期后，县级以上地方人民政府应当根据即将发生的突发事件的特点和可能造成的危害，采取下列措施：

（一）启动应急预案；

（二）责令有关部门、专业机构、监测网点和负有特定职责的人员及时收集、报告有关信息，向社会公布反映突发事件信息的渠道，加强对突发事件发生、发展情况的监测、预报和预警工作；

（三）组织有关部门和机构、专业技术人员、有关专家学者，随时对突发事件信息进行分析评估，预测发生突发事

件可能性的大小、影响范围和强度以及可能发生的突发事件的级别；

（四）定时向社会发布与公众有关的突发事件预测信息和分析评估结果，并对相关信息的报道工作进行管理；

（五）及时按照有关规定向社会发布可能受到突发事件危害的警告，宣传避免、减轻危害的常识，公布咨询或者求助电话等联络方式和渠道。

【条文主旨】

本条是关于三级、四级预警措施的规定。

【条文解读】

本条是关于在发布三级、四级警报后，县级以上地方人民政府应当采取的措施的规定。三级、四级警报是预警当中级别相对较低的，本法根据三级、四级警报所预警的突发事件的紧急程度、发展态势和可能造成的危害，规定了以下五项措施。

1. 启动应急预案。应急预案是经过科学论证和实践验证的，各级政府及其有关部门应对各类突发事件的经验总结。预案一般包含突发事件预防、预警、处置、救援和恢复等内容。我国目前已经形成了由国家突发事件总体应急预案、国家专项应急预案、国务院各部门应急预案和地方应急预案组成的国家突发事件应急预案体系，经过多年建设，质量水平有了长足进步，其中关于预警响应措施的内容也更加实用。在三、四级警报发出后，应及时依据相关应急预案启动预警响应，做好应对突发事件的准备工作。

2. 责令有关部门、专业机构、监测网点和负有特定职责的人员及时收集、报告有关信息，向社会公布反映突发事件信息的渠道，加强对突发事件发生、发展情况的监测、预报和预警工作。本法第六十条、第六十一条、第六十二条规定了日常对突发事件相关信息的收集、监测与报送工作。在进入预警期后，对突发事件有关信息收集和报告的要求，比日常更加严格，本法第九十五条也明确了违反相关规定的法律责任。县级以上地方人民政府应当责令有关部门、单位和人员收集、报告有关信息。政府还应通向社会公布反映突发事件信息的渠道。反映渠道主要包括电话和网络，政府要设置 24 小时接听和处置渠道，并保证渠道畅通。政府有关部门、专业机构和检测网点，应当加大监测力度，为预报、预警和决策工作提供更加翔实、准确和具体的基础性材料。

3. 组织有关部门和机构、专业技术人员、有关专家学者，随时对突发事件信息进行分析评估，预测发生突发事件可能性的大小、影响范围和强度以及可能发生的突发事件的级别。进入预警期后，县级以上地方人民政府在分析、评估、预测突发事件信息时，更应注重发挥有关部门、专业机构、专业技术人员和有关专家学者的作用，随时组织他们进行会商。随时会商可以保证决策的及时性、科学性和准确性。例如，应急管理部会同住房和城乡建设部、中国气象局成立城市内涝灾害预警工作专班和专家团队，加强城市内涝灾害预警发布工作，并建立国家防灾预警一张图系统，与国家突发事件预警信息发布平台相衔接，及时发布年月度、关键时间节点灾害风险研判信息以及重大灾害风险提示信息。

4. 定时向社会发布与公众有关的突发事件预测信息和分析评估结果，并对相关信息的报道工作进行管理。警报发出后，要迅速启动信息发布工作。信息发布工作应及时、准确。履行统一领导职责的人民政府应当在预警期内，定时发布与公众有关的突发事件发展情况的信息和政府的分析评估结果，并对相关信息的报道工作进行管理，对舆论进行引导，防止虚假信息的传播。

5. 及时按照有关规定向社会发布可能受到突发事件危害的警告，宣传避免、减轻危害的常识，公布咨询或者求助电话等联络方式和渠道。当前各类预警信息发布后经常面临的一个问题就是对公众的防御或防护指引不足，公众只知道发布了预警，然而不清楚自身需采取哪些恰当的措施，停工、停课、停学等大范围强制性措施的条件也不够清晰。因此，发布警告、宣传常识是为了让人民群众了解应对要点掌握必要的应对方法和技巧，提高各类人员的自救与互救能力，尽量避免、减少突发事件发生时带来的危险，减少损失。人民政府还应设立并公布专门的咨询电话、求助电话，负责解答公众提出的与应对突发事件有关的问题，接收并及时处理公众提出的求助信息，确保维护人民群众生命和财产安全。

第六十七条 【一级、二级预警措施】 发布一级、二级警报，宣布进入预警期后，县级以上地方人民政府除采取本法第六十六条规定的措施外，还应当针对即将发生的突发事件的特点和可能造成的危害，采取下列一项或者多项措施：

（一）责令应急救援队伍、负有特定职责的人员进入待命状态，并动员后备人员做好参加应急救援和处置工作的准备；

（二）调集应急救援所需物资、设备、工具，准备应急设施和应急避难、封闭隔离、紧急医疗救治等场所，并确保其处于良好状态、随时可以投入正常使用；

（三）加强对重点单位、重要部位和重要基础设施的安全保卫，维护社会治安秩序；

（四）采取必要措施，确保交通、通信、供水、排水、供电、供气、供热、医疗卫生、广播电视、气象等公共设施的安全和正常运行；

（五）及时向社会发布有关采取特定措施避免或者减轻危害的建议、劝告；

（六）转移、疏散或者撤离易受突发事件危害的人员并予以妥善安置，转移重要财产；

（七）关闭或者限制使用易受突发事件危害的场所，控制或者限制容易导致危害扩大的公共场所的活动；

（八）法律、法规、规章规定的其他必要的防范性、保护性措施。

【条文主旨】

本条是关于一级、二级警报措施的规定。

【条文解读】

一级、二级预警相对于三级、四级预警而言级别更高，突发事件将发生的时间更为紧迫，事件发展态势已经一触即发，人民生命财安全即将面临威胁。特别是发布一级警报，意味着应对突发事件进入最高警戒级别。因此，有关政府除了继续采取三级、四级预警期间的措施外，还应当及时采取有关先期应急处置措施，努力做好应急准备，避免人员伤亡和财产损失，尽量减少突发事件所造成的不利影响，并防止其演变为重大事件。

1. 责令应急救援队伍、负有特定职责的人员进入待命状态，并动员后备人员做好参加应急救援和处置工作的准备。县级以上人民政府可以责令应急救援队伍、负有特定职责的人员如突发事件应急救援与处置指挥人员、值班人员、专家学者、技术骨干等进入待命状态，为各类突发事件随时做好应急备战，随时参与突发事件应急救援与处置工作。有关单位负责同志还应当依据应急预案,熟悉本级救灾响应启动标准条件,提前分析研判灾情,提前部署响应动作,确保救灾响应有力有序。在待命期间,应当重点检查落实突发事件应急预案执行情况,检查应急救援队伍装备落实情况,确保信息畅通和命令下达无误等。

2. 调集应急救援所需物资、设备、工具,准备应急设施和应急避难、封闭隔离、紧急医疗救治等场所,并确保其处于良好状态、随时可以投入正常使用。为确保在突发事件发生时能够迅速、有效地进行应急救援,要明确专门队伍负责救灾物资的紧急装卸、调运等工作,确保关键时刻拿得出、调得快、用得上。各级政府应急管理部门应当根据灾害风险、灾情研判、预警信息等,提前向灾害高风险和多灾易灾地区前置预置救灾物资,确保受灾群众第一时间得到救助。同时根据应急预案,进一步准备好所需装备、设备、工具,并确保其处于良好状态、随时可以投入正常使用。

加强应急设施和避难场所的维护、建设,使之处于随时可以启用的状态。在人口较密集的地区,按照有关规划和相关标准,指定或建设应急避难场所和紧急疏散通道;拓展广场绿地、公园、学校操场、体育场馆、停车场等公共场所的应急避难功能;设置必要的基本生活设施,储备一定数量的食品帐篷、移动厕所等;公共场所和家庭配置避险救生设施和应急物品;落实台风、地震、地质灾害、洪涝等多灾、易灾的农村地区,以及国家规划的防洪保护区和蓄滞洪区等区域的避难场所基础设施建设。

3. 加强对重点单位、重要部位和重要基础设施的安全保卫,维护社会治安秩序。在突发事件应急处置中,治安保障具有非常重要的作用和地位,特别是在重大突发事件发生后,很多政府部门在现场和相关场所开展的工作都具有治安保障的性质。在重大突发事件应急中,治安保障的首要作用是通过控制秩序防止事态的进一步蔓延扩大,出现新的损害后果或者其他连带反应。良好的秩序不仅可以防止事态的恶化,也是整个应急工作开展的基础。为保证处置工作的顺利进行,首先,要对重点单位、重要部位和重要基础设施进行安全保卫,可以使应急工作的开展不受干扰。其次,在应急过程中,需要调集大量的人员、物资、设备进入现场,还需将受伤人员从现场运出,治安保障包括对现场和周边道路实施交通管制,以满足应急工作的需求。

4. 采取必要措施,确保交通、通信、供水、排水、供电、供气、供热、医疗卫生、广播电视、气象等公共设施的安全和正常运行。应急工作的开展还可能依赖于交通、通信、供水、排水、供电、供气、供热、医疗卫生、广播电视、气象等基础设施的正常运转,如果对这些设施保护不力,应急工作可能无法开展。面对突发事件的预警,各系统积极行动起来,采取一系列措施,全力以赴确保公共设施的安全和正常运行。(1) 及时掌握和分析天气预报信息,进一步完善供水、供气、城市公交、供热等应对灾害天气的预案,细化应对措施,预防和及时处置灾情发生。(2) 努力保障水厂正常生产用电,加大巡查力度,对裸露的生产设备、管道及时做好防冻措施。进行 24 小时值班,对因灾情出现的停水和设施损害等情况,及时调度抢修车辆、材料、设备等物资和人员,力争最短时间恢复供水。对停水时间较长的地段,及时安排消防车、洒水车流动送水,保障居民的用水。(3) 努力保障供气企业正常生产用电,优先保障液化石油气等城市燃气的运输,努力保障城市燃气的气源储备,缓解燃气供应紧张局面。(4) 交通主管部门加强营运调度和现场管理,努力保障车用燃气、燃油,落实车辆的防滑、防冻措施和物资,尽量保证灾害天气下的正常运营。(5) 及时组织各种力量做好城市道路除雪破冰工作,重点加强城市高架、立交、桥梁、陡坡等危险路段的管理,确保城市道路交通畅通,尽可能降低灾害对城市公交的影响程度。(6) 医疗卫生部门提供紧急医疗服务,对受伤人员进行救治、进行疾病预防和控制,如传染病的防控、开展健康教育，提高公众的健康意识和自我防护能力。(7)广播电视部门在突发事件中发挥着信息传播和舆论引导的作用，及时、准确地传播官方信息，避免谣言的传播，通过应急广播系统，向公众提供紧急情况下的指导和建议。协助政府进行社会动员，组织社会力量参与救援和恢复工作。(8)气象部门提供气象信息，监测和预测天气变化，提供预警信息。分析气象条件对突发事件的影响，为应对措施提供科学依据，并通过信息平台发布预警信息，提醒公众采取相应的防护措施。

5. 及时向社会发布有关采取特定措施避免或者减轻危害的建议、劝告。进入一级、二级预警期后，县级以上人民政府应当及时向社会发布有关采取特定措施避免或者减轻危害的建议、劝告，这对于提高突发事件可能影响区域内的社会公众公共安全意识和避灾风险意识，及时采取针对性、有效性的避险措施，减少损失，具有极其关键的作用。各类突发事件的性质危害、发展机理、演变过程各不相同，应急救援与处置措施必须得当和有效。政府建议和劝告社会公众采取的特定措施是有效避险的重要手段，有利于社会公众做好自救和互救的准备工作。

6. 转移、疏散或者撤离易受突发事件危害的人员并予以妥善安置，转移重要财产。转移、疏散或者撤离易受突发事件危害的人员并予以妥善安置，转移重要财产，是突发事件应对工作的重要组成部分，旨在最大限度地减少突发事件对人员和财产的损害。这一措施的实施，通常基于对突发事件可能造成的危害的评估，以及对人员安全风险的判断。通过转移、疏散或撤离易受突发事件危害的人员，可以避免他们直接面对突发事件的威胁，从而降低人员伤亡的风险；如将重要财产转移到安全地点，可以防止这些财产在突发事件中遭受破坏或损失，从而减少经济损失。在转移和安置过程中，需要确保被转移人员的基本生活需求得到满足，如食物、水源和医疗服务等，以确保他们的基本生活需求得到满足。

7. 关闭或者限制使用易受突发事件危害的场所，控制或者限制容易导致危害扩大的公共场所的活动。公共场所一般也是人员密集场所，一旦发生突发事件，可能会给人民群众的生命和财产造成巨大的损失，也会对社会秩序造成严重的冲击，必须依法加强管理。进入一级、二级警报预警期后，受到突发事件威胁的上述场所面临的风险日益加大，为有效避免伤亡和财产损失，对其进行关闭或者限制使用，对容易导致危害扩大的公共场所的活动加以控制或者限制是十分必要的。例如，《国家突发事件总体应急预案》明确预警响应当采取的限制公共场所活动、错峰上下班或者停课、停业、停工、停产、停运以及其他防范性、保护性措施等。需要注意的是，在采取上述措施时，政府应当通过公告或通知等方式，及时告知公众有关关闭或限制公共场所活动的具体信息。

8. 法律、法规、规章规定的其他必要的防范性、保护性措施。本款为兜底性条款，鉴于不同类别突发事件具有各自的特殊性，仅仅采取本条所列举的七种防范性、保护性措施不能确保完全消除、减轻突发事件的危害。许多法律、法规和规章中都有关于突发事件预警期内各种防范性、保护性措施的规定，对于应对特定种类的突发事件起到了十分重要的作用。本条规定县级以上人民政府根据应对突发事件工作的需要，依法采取本法之外的法律、法规、规章规定的其他必要的防范性、保护性措施，更有利于突发事件的应急救援与处置工作的开展。

例如，《国家森林草原火灾应急预案》规定，当发布蓝色、黄色预警信息后，预警地区县级以上地方人民政府及其有关部门密切关注天气情况和森林草原火险预警变化，加强森林草原防火巡护、卫星林火监测和瞭望监测，做好预警信息发布和森林草原防火宣传工作，加强火源管理，落实防火装备、物资等各项扑火准备，当地各级各类森林消防队伍进入待命状态。当发布橙色、红色预警信息后，预警地区县级以上地方人民政府及其有关部门在蓝色、黄色预警响应措施的基础上，进一步加强野外火源管理，开展森林草原防火检查，加大预警信息播报频次，做好物资调拨准备，地方专业防扑火队伍、国家综合性消防救援队伍视情对力量部署进行调整，靠前驻防。各级森林（草原）防（灭）火指挥机构视情对预警地区森林草原防灭火工作进行督促和指导。

第六十八条 【预警期保障措施】 发布警报，宣布进入预警期后，县级以上人民政府应当对重要商品和服务市场情况加强监测，根据实际需要及时保障供应、稳定市场。必要时，国务院和省、自治区、直辖市人民政府可以按照《中华人民共和国价格法》等有关法律规定采取相应措施。

【条文主旨】

本条是关于重要商品和服务市场情况的监测及应对措施的规定。

【条文解读】

本条是新增条文。近年来，在一些大灾、巨灾发生期间，出现了重要商品紧缺情况，一些不法商贩趁机哄抬物价，牟取暴利，严重扰乱市场经济秩序，更是对突发事件应对造成了不良影响，损害了人民群众利益。对此，县级以上人民政府必须从预警期就采取有力措施，加强对重要商品和服务市场情况的监测，确保重要商品和服务的供应稳定，防止价格异常波动，保障公众的基本生活需求和社会经济的平稳运行。

重要商品和服务市场，是指国民经济发展和人民生活关系密切的商品和服务所形成的市场，包括但不限于食品类（如粮、油、肉、蛋、菜、果、奶等）、生产资料类（如化肥、农药、有色金属等）、消费品和服务类（如家用电器、交通、物流、医疗、教育等）。这些市场的稳定对于保障民生、促进经济发展具有重要意义。

《价格法》第三十九条规定，经营者不执行政府指导价、政府定价以及法定的价格干预措施、紧急措施的，责令改正，没收违法所得，可以并处违法所得五倍以下的罚款；没有违法所得的，可以处以罚款；情节严重的，责令停业整顿。第四十条规定，经营者有本法第十四条所列行为之一的，责令改正，没收违法所得，可以并处违法所得五倍以下的罚款；没有违法所得的，予以警告，可以并处罚款；情节严重的，责令停业整顿，或者由工商行政管理机关吊销营业执照。有关法律对本法第十四条所列行为的处罚及处罚机关另有规定的，可以依照有关法律的规定执行。有本法第十四条第（一）项、第（二）项所列行为，属于是全国性的，由国务院价格主管部门认定；属于是省及省以下区域性的，由省、自治区、直辖市人民政府价格主管部门认定。第四十一条规定，经营者因价格违法行为致使消费者或者其他经营者多付价款的，应当退还多付部分；造成损害的，应当依法承担赔偿责任。

《非常时期落实价格干预措施和紧急措施暂行办法》第二条规定，在突发公共事件、严重自然灾害、战争、通货膨胀等非常时期，当重要商品和服务价格显著上涨或者有可能显著上涨，影响经济发展和国民经济正常运行时，国务院价格主管部门或者省、自治区、直辖市价格主管部门应当向本级人民政府提出实行价格干预措施的建议；当价格总水平出现剧烈波动等异常状态，影响人民生活安定和社会稳定时，国务院价格主管部门应当向国务院提出实行价格紧急措施的建议。价格主管部门对纳入价格干预措施或者紧急措施范围的商品和服务，以及可能波及的相关商品和服务，应当加强市场供求情况和价格监测，建立畅通的信息渠道，及时将市场供求和价格的监测结果上报本级人民政府和上一级价格主管部门；市场价格有可能出现异常波动时，要及时做出预警。

第六十九条　【社会安全事件信息报告制度】 对即将发生或者已经发生的社会安全事件，县级以上地方人民政府及其有关主管部门应当按照规定向上一级人民政府及其有关主管部门报告，必要时可以越级上报，具备条件的，应当进行网络直报或者自动速报。

【条文主旨】

本条是关于社会安全事件信息报告制度的规定。

【条文解读】

本条规定了两种情形：一是即将发生的社会安全事件；二是已经发生的社会安全事件。当社会安全事件即将发生或者已经发生时，负责组织处置的人民政府在针对事件的性质和特点，及时采取应急处置措施时，必须同时报告上一级人民政府及其有关主管部门。因为社会安全事件多由人为因素引发，其发展态势比其他三类突发事件更难预测和掌握，很有可能发展到负责处置的人民政府不能单独应对的程度，随时可能需要上级政府在人力、财力和物力上给予支持。统一的信息系统也要求下级人民政府必须向上级人民政府及时报告社会安全事件的相关信息，以便上级人民政府全面掌握其管辖领域内的情况，在其职责范围内统筹计划，必要时统一领导应对工作。

《国家安全法》在第四章"国家安全制度"第二节专门对国家安全情报信息制度作出了规定：一是第五十一条规定，国家健全统一归口、反应灵敏、准确高效、运转顺畅的情报信息收集、研判和使用制度，建立情报信息工作协调机制，实现情报信息的及时收集、准确研判、有效使用和共享；二是第五十二条规定，国家安全机关、公安机关、有关军事机关根据职责分工，依法搜集涉及国家安全的情报信息。国家机关各部门在履行职责过程中，对于获取的涉及国家安全的有关信息应当及时上报；三是第五十三条规定，开展情报信息工作，应当充分运用现代科学技术手段，加强对情报信息的鉴别、筛选、综合和研判分析；四是第五十四条规定，情报信息的报送应当及时、准确、客观，不得迟报、漏报、瞒报和谎报。

鉴于社会安全事件的敏感性和紧迫性，本条规定，必要时县级以上地方人民政府及其有关主管部门可以越级上报有关即将发生或已经发生的社会安全事件。所谓必要时，是指事态发展非常严重的时候，在这种情况下，地方政府及其主管部门可以越级上报，以利于有效地对突发事件进行处置。本条还新增了网络直报或者自动速报的规定，有利于提高报告效率，打通信息报告上行渠道，这与本法第十七条、第六十四条的规定相匹配。

第七十条　【预警调整和解除】发布突发事件警报的人民政府应当根据事态的发展，按照有关规定适时调整预警级别并重新发布。

有事实证明不可能发生突发事件或者危险已经解除的，发布警报的人民政府应当立即宣布解除警报，终止预警期，并解除已经采取的有关措施。

【条文主旨】

本条是关于预警级别调整和警报解除的规定。

【条文解读】

县级以上地方人民政府在对有关突发事件隐患和预警信息进行汇总分析和评估之后，如果认为突发事件很有可能发生，应当依法发布警报，宣布有关地区进入预警期。但是，事态总是处于发展变化之中。

因此，发布突发事件警报的人民政府应当根据事态的发展适时调整预警级别并重新发布。有的时候，预警级别可能从较低级别转变为较高级别；也有的时候，预警级别可能从较高级别转变为较低级别；还有的时候，可能会出现突发事件已经不可能发生的情形。当情况发生变化时，人民政府应当依据有关规定，适时地调整预警级别，并向公众重新发布。这意味着，随着事态的演变，预警级别可能会升级或降级，以反映当前的风险状况。

人民政府在调整预警级别并重新发布时，需依据突发事件的发展态势和可能造成的危害程度进行。当认为预警级别需要调整时，人民政府应按照规定的权限和程序，及时调整预警级别，并向社会重新发布预警信息。重新发布的预警信息会明确新的预警级别、起始时间、可能影响的范围、警示事项、应当采取的措施等关键内容，以确保公众能够及时了解最新的预警情况，并采取相应的防范措施。同时，人民政府也会通过广播、电视、报刊、网络等多种渠道，及时、准确地向社会传播预警信息，以最大限度地预防和减少突发事件的发生及其造成的危害。

政府判断有事实证明不可能发生突发事件或者危险已经解除，主要依据以下几个方面：(1) 监测与评估结果。政府依靠专业机构对突发事件或潜在危险进行实时监测和评估，包括收集现场数据、分析趋势等。(2) 专家意见。组织相关领域专家进行会商，综合专家意见判断事态发展。(3) 公众反馈与实际情况。结合公众反馈和现场实际情况，综合评估危险是否已解除。(4) 法律法规与预案中的相关条件。当所有证据表明突发事件不可能发生或危险已经得到有效控制时，政府会采取一系列行动来宣布解除警报，终止预警期，并解除已经采取的有关措施。这包括：(1) 正式发布解除警报的公告。通过官方渠道，如政府网站、新闻媒体等，向公众发布解除警报的正式公告，明确表明危险已经解除。(2) 终止预警期的相关措施。撤销之前因应对突发事件而实施的特殊措施，如交通管制、人员疏散等，组织力量进行后期恢复工作，帮助受影响地区恢复正常生活秩序。

第五章　应急处置与救援

第七十一条　【应急响应制度】国家建立健全突发事件应急响应制度。

突发事件的应急响应级别，按照突发事件的性质、特点、可能造成的危害程度和影响范围等因素分为一级、二级、三级和四级，一级为最高级别。

突发事件应急响应级别划分标准由国务院或者国务院确定的部门制定。县级以上人民政府及其有关部门应当在突发事件应急预案中确定应急响应级别。

【条文主旨】

本条是关于建立健全突发事件应急响应制度的规定。

【条文解读】

突发事件应急响应制度是在突发事件发生时，由政府及其有关部门按照既定程序和措施，快速反应、有序组织和指挥协调相关部门、人员开展应急处置工作的制度，对提高政府保障公共安全和处置突发事件的能力，最大限度地预防和减少突发事件造成的损害，维护国家安全和社会稳定具有重要的作用。应急响应坚持以人为本，减少危害；统一领导，分级负责；快速反应，协同应对；依法规范，加强管理等工作原则。主要工作包括响应分级标准、组织指挥体系、响应启动条件、响应措施、应对工作、响应联动、响应终止和后期工作。本条明确了应急响应级别分级、划分标准制定，同时要求县级以上人民政府及其有关部门应当在突发事件应急预案中确定应急响应级别。

一、应急响应级别

本条规定突发事件应急响应分为一级、二级、三级和四级，最高级别为一级，最低级别为四级。具体划分方法参考突发事件的性质、特点、可能造成的危害程度和影响范围等因素确定。

此处需要额外加以甄别的是事件等级和响应等级这两个概念，现实中经常有人混淆，特别是在编制应急预案的过程中，造成预案实用性下降。本法第三条规定，各类突发事件分为特别重大、重大、较大和一般四级。本条规定，突发事件应急响应分为一级、二级、三级和四级。首先，可以看出，关于级别的表述是明显不同的，在使用中不能串用，如不能说"发生一级事件"或"启动特别重大级别响应"，而应该是"发生特别重大事件"或"启动一级响应"。其次，二者分属两个概念，但又有紧密联系。具体来说，事件等级关注事件本身，即社会危害程度、影响范围等，而响应等级除关注上述因素外，还有突发事件的性质、特点，必要时还关注不同响应层级或主体的资源与能力。总之，切忌将二者画等号。例如，同样一起较大级别火灾，当发生在核心城区和边远山区这两个不同区域时，所启动的响应等级可能是不一样的。

二、响应级别划分标准

本条第三款明确突发事件应急响应级别划分标准由国务院或者国务院确定的部门制定，这可以确保全国范围内的应急响应工作在统一的标准下进行，避免因地方标准不一导致的协调困难。国务院作为国家的最高行政机关，其制定的标准具有最高的权威性。同时，由国务院确定的专业部门参与制定，可以确保标准的科学性和专业性，提高应急响应的效率和效果。例如，《国家防汛抗旱应急预案》规定，按洪涝、干旱、台风、堰塞湖等灾害严重程度和范围,将应急响应行动分为一、二、三、四级。一级应急响应级别最高,其启动条件包括:(1)某个流域发生特大洪水;(2)多个流域同时发生大洪水;(3)多个省(自治区、直辖市)启动防汛抗旱一级应急响应;(4)大江大河干流重要河段堤防发生决口;(5)重点大型水库发生垮坝;(6)多个省(自治区、直辖市)发生特大干旱;(7)多座特大及以上城市发生特大干旱;(8)其他需要启动一级应急响应的情况。根据汛情、险情、灾情、旱情发展变化,当发生符合启动一级应急响应条件的事件时,国家防总办公室提出启动一级应急响应的建议,由副总指挥审核后,报总指挥批准;遇紧急情况,由总指挥决定。必要时,国务院直接决定启动一级应急响应。

同时,此次修订给各地政府留出了一定空间,就是在突发事件应急响应级别划分标准由国务院或者国务院确定的部门制定的基础上,增加了县级以上人民政府及其有关部门应当在突发事件应急预案中确定应急响应级别的规定,这可以确保地方政府在具体确定应急响应级别时有明确的依据,为地方政府保留一定的自主权,以适应地方实际情况。地方政府及其有关部门在突发事件应急响应中承担着重要角色,赋予地方政府一定的自主权有助于政府及其有关部门根据突发事件的性质、特点和危害程度,采取相应的应对措施,确保资源的最有效利用和应对策略的针对性。通过明确各级别的响应措施,可以确保在面对不同级别的突发事件时,能够迅速、科学、有序地展开应急救援工作,最大限度地减少突发事件造成的损害。此外,这一做法还有助于提高应急预案的实用性和可操作性,确保在紧急情况下,各级政府和相关部门能够迅速、准确地采取适当的应对措施,保护人民生命财产安全,维护社会稳定。

尽管如此,针对突发事件应急响应级别划分标准由国务院或者国务院确定的部门制定,县级以上人民政府及其有关部门在突发事件应急预案中确定这一规定,在实际中到底如何落实才能更加满足突发事件应对需要,仍需进一步探索和完善。

第七十二条 【应急处置机制】突发事件发生后,履行统一领导职责或者组织处置突发事件的人民政府应当针对其性质、特点、危害程度和影响范围等,立即启动应急响应,组织有关部门,调动应急救援队伍和社会力量,依照法律、法规、规章和应急预案的规定,采取应急处置措施,并向上级人民政府报告;必要时,可以设立现场指挥部,负责现场应急处置与救援,统一指挥进入突发事件现场的单位和个人。

启动应急响应,应当明确响应事项、级别、预计期限、应急处置措施等。

履行统一领导职责或者组织处置突发事件的人民政府,应当建立协调机制,提供需求信息,引导志愿服务组织和志愿者等社会力量及时有序参与应急处置与救援工作。

【条文主旨】

本条是关于突发事件发生后采取应急处置措施的规定。

【条文解读】

突发事件发生后,往往造成人民生命财产和国家财产的巨大损失,正常的社会功能受到破坏,人们的心理也受到伤害。在这种情况下,突发事件发生地的人民政府应当及时采取应急处置措施,以使各种抢险救援工作得到有力的组织并有序开展。

一、承担处置职责的主体

本条规定,突发事件发生后,履行统一领导职责或者组织处置突发事件的主体是人民政府。根据本法第十六条关于建立综合协调、分类管理、分级负责、属地管理为主的工作体系以及第十七条、第十八条关于各级人民政府对突发事件应对工作的分工的规定，县级人民政府对本行政区域内突发事件的应对管理工作负责，突发事件发生地县级人民政府不能消除或者不能有效控制突发事件引起的严重社会危害的，上级人民政府应当及时采取措施，统一领导应急处置工作。突发事件涉及两个以上行政区域的，其应对管理工作由有关行政区域共同的上一级人民政府负责，或者由各有关行政区域的上一级人民政府共同负责。

二、启动应急响应

本条第二款规定启动应急响应，应当明确响应事项、级别、预计期限、应急处置措施等关键信息，进一步对应急响应要求进行了具体细化。

1. 响应事项：明确需要应对的具体事件或情况，确保所有相关人员清楚应急响应的目的和任务。例如，洪水可能造成房屋倒塌、人员失踪、水利设施受损等不同后果，启动应急响应时应当首先了解具体的灾害后果，然后明确需要处置的具体事项，而不是一概而论。

2. 级别：根据事件的严重程度和影响范围，确定应急响应的级别，以便调动相应的资源和采取措施。

3. 预计期限：对紧急情况的持续时间和预计结束时间进行评估，有助于合理安排应急资源和人员。在紧急状态下采取的应急处置措施，当突发事件的威胁和危害得到控制或者消除后，履行统一领导职责或者组织处置工作的人民政府应当停止相关的应急处置措施，本法第八十六条也对此作出了具体规定。

4. 应急处置措施：详细说明针对特定事件应采取的具体措施，包括人员疏散、物资调配、医疗救治等，确保响应行动的有效性和效率。为了应对突发事件，政府可以依法采取各种应急措施，调动应急救援队伍和社会力量。应急处置措施是一种暂时的行政强制措施，虽然在形式上可能限制了公民或组织的部分权利，但其根本目的是更有效地保护全体公民和社会整体的权益，为处置与救援顺利开展服务。

三、设立现场指挥部

在应对突发事件时，现场指挥部扮演着至关重要的角色。通过设立现场指挥部，可以更好地整合资源、明确责任，实现靠前指挥、压缩指挥层级、增加指挥跨度、提高指挥效能，确保单位和个人能够有效地响应和执行救援任务，各项救援措施能够迅速实施，从而最大限度地减少人员伤亡和财产损失，这对于提高应急救援的效率和效果至关重要。

具体来说，现场指挥部负责统一组织、指挥和协调现场的应急救援工作。根据突发事件的进展、相关应急预案和领导指示，组织指挥参与现场救援的单位和人员，迅速控制局势，力争把损失降到最低限度；组织公安、交通等部门和属地政府做好现场管控、交通保障、人员疏散和安置工作；协调各相关部门和单位，做好调查、善后工作，防止出现次生、衍生灾害，尽快恢复正常秩序；及时向上一级应急指挥机构报告重要信息，及时向有关单位通报情况。

现场应急处置与救援工作是一项非常危险且复杂的工作，参与救援的各有关方面不仅需要有专业的知识和技能，还需要有高度的责任感和执行力。在执行任务时，应当严格按照现场指挥部的统一指挥，服从指挥部的各项安排，与其他参与单位保持协同配合，充分发挥专业能力，最大限度地减轻损失。

其他法律法规对现场指挥部也有相关规定。例如，《生产安全事故应急条例》对设立现场救援指挥部有明确规定。针对事故比较复杂，救援难度大，救援队伍、人员、政府领导和专家等较多，救援方案难以统一的情况，可以设立现场指挥部，由本级人民政府及其有关部门负责人、应急救援专家、应急救援队伍负责人、事故发生单位负责人等人员组成，并指定现场指挥部总指挥。现场指挥部实行总指挥负责制，按照本级人民政府的授权组织制定并实施生产安全事故现场应急救援方案，协调、指挥有关单位和个人参加现场应急救援。参加生产安全事故现场应急救援的单位和个人应当服从现场指挥部的统一指挥。

四、引导社会力量参与

第三款增加规定政府建立协调机制、提供需求信息，引导志愿服务组织和志愿者等社会力量有序参与应急处置与救援工作。

发生重大自然灾害、事故灾难和公共卫生事件等突发事件时，社会力量往往能够迅速响应，形成强大的救援力量。然而，由于缺乏有效的协调机制，社会力量的参与有时会出现混乱和无序的情况。因此，履行统一领导职责或组织处置突发事件的人民政府有必要建立协调机制，明确专门机构和人员，提供需求信息，更好地组织和管理社会力量，引导志愿服务组织和志愿者等社会力量及时有序参与应急处置与救援工作，确保他们在应急处置中发挥最大效用。例如，应急管理、卫生健康等部门应当会同有关部门加强对应急志愿服务组织的指导和规范，组织开发应急救援类志愿服务项目，引导志愿者有序参与防灾避险、急救技能等公共安全与突发事件应对知识的宣教和普及。志愿服务组织应整合志愿服务相关信息和数据资源，在招募志愿者时，应当说明与志愿服务有关的真实、准确、完整的信息以及在志愿服务过程中可能发生的风险，安排志愿者参与志愿服务活动时，应当与志愿者的年龄、知识、技能和身体状况相适应，不得要求志愿者提供超出其能力的志愿服务。

此外，2024年4月印发的《中共中央办公厅、国务院办公厅关于健全新时代志愿服务体系的意见》，专门对提升志愿服务队伍应急动员能力提出了要求。坚持平急结合，将志愿服务纳入重大突发事件应急管理体系，统筹部署实施。制定应急志愿服务预案，健全指挥调度机制，有效调配力量、组织救援、保障物资，做到依法有序参与、科学安全高效。扶持发展各类应急志愿服务队伍，持续提升应急救援能力。完善登记管理、应急值守、培训演练、安全保障、集结出动等制度，建立与国家和地方综合性、专业性队伍共训共练机制，强化应急协同效能。通过立法明确社会力量参与应急救援的主体地位，出台相关指导意见细化制度内容等一系列措施，不仅有利于社会力量的长远健康发展，还有利于形成政府与社会力量多元化、一体化发展的新格局，提升整体应急响应的效能。

五、应急处置依据

本条还明确了采取应急处置措施应当依照法律、法规、规章和应急预案的规定。在采取应急处置措施时，要处理好本法和其他相关法律法规之间的关系。突发事件发生后，有关人民政府应当针对突发事件的性质、特点和危害程度，依照有关法律、法规、规章和应急预案的规定采取应急处置措施。本法作为综合性法律，规定了应对突发事件的共同性规范，而《防震减灾法》《防洪法》《传染病防治法》《固体废物污染环境防治法》等单行法规定了相关领域突发事件发生后的处置措施。这些单行法与本法之间是特别法和普通法的关系。当发生相应的自然灾害时，应当首先适用这些单行法的规定；本法有规定而单行法未作规定的，适用本法的规定。本法所规定的应急处置措施与其他单行法规定的应急处置措施并不互相排斥，在采取本法所规定的应急处置措施的同时，仍然可以采取相关单行法律、法规、规章规定的其他应急处置措施。

第七十三条 【自然灾害、事故灾难和公共卫生事件应急处置措施】

自然灾害、事故灾难或者公共卫生事件发生后，履行统一领导职责的人民政府应当采取下列一项或者多项应急处置措施：

（一）组织营救和救治受害人员，转移、疏散、撤离并妥善安置受到威胁的人员以及采取其他救助措施；

（二）迅速控制危险源，标明危险区域，封锁危险场所，划定警戒区，实行交通管制、限制人员流动、封闭管理以及其他控制措施；

（三）立即抢修被损坏的交通、通信、供水、排水、供电、供气、供热、医疗卫生、广播电视、气象等公共设施，向受到危害的人员提供避难场所和生活必需品，实施医疗救护和卫生防疫以及其他保障措施；

（四）禁止或者限制使用有关设备、设施，关闭或者限制使用有关场所，中止人员密集的活动或者可能导致危害扩大的生产经营活动以及采取其他保护措施；

（五）启用本级人民政府设置的财政预备费和储备的应急救援物资，必要时调用其他急需物资、设备、设施、工具；

（六）组织公民、法人和其他组织参加应急救援和处置工作，要求具有特定专长的人员提供服务；

（七）保障食品、饮用水、药品、燃料等基本生活必需品的供应；

（八）依法从严惩处囤积居奇、哄抬价格、牟取暴利、制假售假等扰乱市场秩序的行为，维护市场秩序；

（九）依法从严惩处哄抢财物、干扰破坏应急处置工作等扰乱社会秩序的行为，维护社会治安；

（十）开展生态环境应急监测，保护集中式饮用水水源地等环境敏感目标，控制和处置污染物；

（十一）采取防止发生次生、衍生事件的必要措施。

【条文主旨】

本条是关于自然灾害、事故灾难或者公共卫生事件发生后的应急处置措施的规定。

【条文解读】

自然灾害、事故灾难或者公共卫生事件具有突发性、紧急性、易变性的特点。这些事件的应急处置工作面临着多种复杂因素的影响，包括现场情况的快速变化、不确定性强、可能涉及多个相关方的协调等。重大事故的处置措施还往往涉及较强的专业技术支持，包括易燃、有毒物质的处理，复杂工艺的操作等，这些都需要专业人员的支持和决策。因此，应急处置过程中，需要各级政府、救援队伍、医疗机构、社会力量等多方面的协调合作。政府需要组织协调运输经营单位，优先运送所需物资和人员，同时要求其他单位配合政府的应急处置措施，确保救援工作的顺利进行。

本次修订将"可以采取"改为"应当采取"，体现了强制性，要求人民政府应当履职尽责。同时，进一步完善了可以采取的应急处置措施：一是组织转移人员；二是限制人员流动、封闭管理；三是立即抢修被损坏医疗卫生、广播电视、气象等公共设施；四是保障药品供应；五是从严惩处牟取暴利；六是开展生态环境应急监测，保护集中式饮用水水源地等环境敏感目标，控制和处置污染物。

1. 救治转移人员。组织营救和救治受害人员，转移、疏散、撤离并妥善安置受到威胁的人员是突发事件发生后采取的首要措施，旨在最大限度地减少人员伤亡。在突发事件发生后，要迅速组织专业救援队伍，对受伤或受困人员进行紧急救治，确保他们的生命安全。对于受到威胁的人员，需要迅速进行转移、疏散或撤离，以避免事态进一步恶化造成更大伤害。在转移或疏散后，需要为这些人员提供安全的避难所。

2. 控制危险源及区域。迅速控制危险源、标明危险区域、封锁危险场所、划定警戒区、实行交通管制、限制使用有关设备设施、中止人员密集的活动等，通过上述措施，对于控制危险源的扩散，保护现场人员及周边群众的安全，防止危害进一步扩大具有重要作用。其中，实行交通管制在应急处置中是一种常用的措施。通过实行交通管制，对突发事件发生地的交通采取严格控制，对交通工具以及人员、物品进出实施特别管制，必要时开辟救援专用路线，使救援人员、物资能够快速运达。

3. 抢修公共设施。在突发事件发生后，为了保障公众的基本生活需求和社会正常运行，应立即抢修被损坏的交通、通信、供水、排水、供电、供气、供热等公共设施，确保这些基础设施的快速恢复，以减少对公众日常生活的影响。其中，立即抢修是国家对恢复生命线工程的时效要求。抢修行动越快，得救的人就越多，对次生灾害的控制和社会功能的恢复也就越有成效。此外，要向受到危害的人员提供避难场所和生活必需品，实施医疗救护和卫生防疫，确保受影响区域居民的基本生活需求得到满足。

4. 关闭或限制使用有关场所、设备、设施。禁止或限制使用有关设备、设施，关闭或限制使用有关场所，中止可能导致危害扩大的生产经营活动，以防止危害的进一步扩大，减少突发事件对公众生活和社会运行的影响。例如，封闭可能造成传染病扩散的场所，关闭或者限制人员密集的商场、公共交通站点等。

5. 启用财政预备费及应急救援物资。当突发事件发生时，政府应当启用本级人民政府设置的财政预备费，以确保有足够的资金支持应急响应和救援工作。这包括但不限于救援人员的薪酬、救援物资的采购、受损设施的修复等。同时，调用储备的应急救援物资、救援装备和设备。政府需要组织协调各方面的资源，确保应急响应和救援工作的顺利进行。本法第四十四条、第四十五条也就相关内容作出了规定。

6. 组织社会力量参与应急救援。组织公民、法人和其他组织参加应急救援和处置工作，要求具有特定专长的人员提供服务，这一措施旨在整合社会资源，提高应急响应的效率。具体而言，这些特定专长可能包括但不限于医疗急救、工程技术、安全管理等方面的专业技能。例如，在公共卫生事件中，可能需要具有医疗背景的专业人员提供紧急医疗救助；在自然灾害中，可能需要具备工程技术的专业人员参与救援设施的搭建和维护等。通过上述措施，政府和社会各界共同努力，形成一个多层次、全方位的应急救援和处置网络，以提高应对突发事件的能力。

7. 保障生活必需品供应。食品、饮用水、药品、燃料等基本生活必需品是维持人们基本生活需求的必要条件，对于保障受影响人群的生活质量和健康至关重要。在突发事件发生后，这些物品的需求可能会急剧增加，因此需要政府采取措施确保供应的稳定性和充足性，减少因物资短缺而引发的社会问题。

8. 稳定市场秩序。突发事件发生后，依法从严惩处囤积居奇、哄抬价格、牟取暴利、制假售假等行为，是为了稳定市场价格，维护市场秩序，确保基本生活必需品的供应。相关规定还体现在《价格法》中，明确规定了经营者的行为规范和政府的应急处置权力。

9. 严惩扰乱社会秩序的行为。依法从严惩处哄抢财物、干扰破坏应急处置工作等扰乱社会秩序的行为，是维护社会治安的重要举措。在突发事件发生后，哄抢财物、干扰破坏应急处置工作等行为，不仅违反了法律规定，也严重阻碍了正常的社会秩序和公共安全，必须依法予以严惩。同时，也应加强宣传教育，提高公众的法律意识和应急意识，共同营造和谐、有序的社会环境。

10. 生态环境应急监测。开展生态环境应急监测，保护集中式饮用水水源地等环境敏感区域，是突发事件应对的重要一环。突发事件发生后,如自然灾害、工业事故等,可能导致环境受到严重污染,对人类健康和生态系统造成威胁,特别是集中式饮用水水源地,其水质安全直接关系到广大居民的生活质量。因此,应急监测在突发事件发生后显得尤为重要。应急监测能够迅速准确地掌握污染物的种类、浓度和扩散范围,为应急响应提供科学依据。这对于及时采取措施,防止污染扩大,保护环境和公众健康至关重要。

11. 防止发生次生、衍生事件。次生、衍生事件通常由主要事件触发,如地震可能引发滑坡、泥石流,交通事故、工业事故可能引发火灾、爆炸、环境污染,恐怖袭击可能引发社会动荡、经济混乱等。次生、衍生事件会加剧主要事件的破坏程度、扩大影响范围、增加救援难度,对社会稳定和经济发展造成更大威胁。因此,突发事件发生后,要健全完善预警系统,及时发现和预测次生、衍生事件的发生;针对可能发生的次生、衍生事件制定详细的应急预案,明确各部门的职责和应对措施;加强公众对次生、衍生事件的认识和应对能力,提高社会反应能力等,通过采取一系列必要措施,最大限度地减少突发事件可能带来的连锁反应和进一步损害。

第七十四条 【社会安全事件应急处置措施】社会安全事件发生后,组织处置工作的人民政府应当立即启动应急响应,组织有关部门针对事件的性质和特点,依照有关法律、行政法规和国家其他有关规定,采取下列一项或者多项应急处置措施:

(一)强制隔离使用器械相互对抗或者以暴力行为参与冲突的当事人,妥善解决现场纠纷和争端,控制事态发展;

(二)对特定区域内的建筑物、交通工具、设备、设施以及燃料、燃气、电力、水的供应进行控制;

（三）封锁有关场所、道路，查验现场人员的身份证件，限制有关公共场所内的活动；

（四）加强对易受冲击的核心机关和单位的警卫，在国家机关、军事机关、国家通讯社、广播电台、电视台、外国驻华使领馆等单位附近设置临时警戒线；

（五）法律、行政法规和国务院规定的其他必要措施。

【条文主旨】

本条是关于社会安全事件发生后的应急处置措施的规定。

【条文解读】

社会安全事件危害大、影响广，容易引发社会公共秩序混乱，给正常的政治生活和社会安全稳定构成极大威胁。因此，社会安全事件的应急处置措施与其危害性相一致，具有严厉、强制、限制、约束等强行性特点。

1. 强制隔离。社会安全事件发生后，强制隔离使用器械相互对抗或者以暴力行为参与冲突的人员，是为了控制事态发展，防止危害扩大。通过控制使用器械和暴力行为，可以有效地减少冲突双方的对立状态，避免进一步的伤害和财产损失。此外，这一措施还有助于维护社会秩序，确保应急救援和处置工作的顺利进行。

2. 控制特定区域供应。社会安全事件发生后，在特定区域内的一些建筑物、交通工具、设备、设施以及燃料、燃气、电力、水等能源供应系统可能受到威胁。负责应急处置工作的人民政府应当组织有关部门对这些特定建筑物、设备、设施和能源供应系统进行必要的控制，确保重要设施和系统的安全，这样也可以有效地控制或减轻危害进一步扩大。

3. 限制活动。在应对社会安全事件时，政府可能会封闭相关的建筑物、场所，暂停公共交通工具的运行，以及限制人员密集的活动，这是为了控制事态的发展，防止事件进一步扩大化。通过查验现场人员的身份证件，也可以有效地控制人员流动，减少不必要的干扰和冲突。同时，限制有关公共场所内的活动，也可以避免事件波及更广泛的区域，减少潜在的安全风险。

4. 加强重要单位警戒。社会安全事件发生后，加强对易受冲击的核心机关和单位的警卫，在国家机关、军事机关、国家通讯社、广播电台、电视台、外国驻华使领馆等单位附近设置临时警戒线，是为了防止这些重要单位受到破坏或干扰，确保国家的重要职能能够正常运转，信息能够准确、及时地传递给公众，维护国家的政治稳定和社会秩序。此外，这也是为了保护国家安全，防止外部势力利用社会安全事件进行干涉或破坏活动。

5. 其他必要措施。社会安全事件的处置措施有很多，在国家其他法律法规中也有相关规定，可根据事件的具体情况进行处置。比如，《戒严法》第十四条、第十五条规定，戒严期间，戒严实施机关可以决定在戒严地区采取交通管制措施，限制人员进出交通管制区域，并对进出交通管制区域人员的证件、车辆、物品进行检查。戒严期间，戒严实施机关可以决定在戒严地区采取宵禁措施。宵禁期间，在实行宵禁地区的街道或者其他公共场所通行，必须持有本人身份证件和戒严实施机关制发的特别通行证。为保障戒严地区内的人民基本生活必需品的供应，戒严实施机关可以对基本生活必需品的生产、运输、供应、价格，采取特别管理措施。此外，《治安管理处罚法》《集会游行示威法》《国家安全法》等法律也规定了应对社会公共安全事件的处置措施。

第七十五条　【严重影响国民经济运行的突发事件应急处置机制】 发生突发事件，严重影响国民经济正常运行时，国务院或者国务院授权的有关主管部门可以采取保障、控制等必要的应急措施，保障人民群众的基本生活需要，最大限度地减轻突发事件的影响。

【条文主旨】

本条是关于突发事件严重影响国民经济正常运行时的应急处置措施的规定。

【条文解读】

严重影响国民经济运行的突发事件，是指具有影响全国或者某一局部地区的经济社会秩序稳定，妨碍国民经济正常运行，并对社会经济安全构成威胁的经济类危机事件。常见的类型有银行挤兑、股市暴跌、金融机构破产、金融危机等。这些事件的发生往往会对国家的经济体系造成重大冲击，影响国民经济的正常运行。例如，银行挤兑可能导致金融机构流动性不足，股市暴跌和金融机构倒闭则会影响投资者的信心和市场稳定性，而金融危机更是可能导致经济活动的全面放缓或衰退。这些事件的发生，不仅会影响到人民群众的基本生活需要，还会对国家的经济发展和社会稳定造成严重影响。

发生严重影响国民经济正常运行的突发事件，国务院或其授权的有关主管部门可以采取必要的应急措施，以保障人民群众的基本生活需要，最大限度地减轻突发事件的影响。考虑到此类突发事件处置的复杂性，本法仅作出原则性规定。这些措施可能包括但不限于对金融市场进行干预、提供必要的财政支持、加强监管等，以确保国民经济能够尽快恢复正常运行。比如，及时调整税目税率，实行税收开征、停征以及减税、免税等调控措施；对银行、保险、证券等金融机构和证券、期货登记结算机构提供流动性资金支持，启动支付系统的灾难备份系统，保障支付、清算系统的正常运行等保障措施；暂停部分或者全部银行业务、保险业务、证券交易和兑付、期货交易，暂停开放式证券投资基金赎回，限制给付保险金，限额提取现金等限制措施；采取限制货币汇兑、资金跨境收付和转移等维护国际收支平衡的外汇管制措施等。

第七十六条　【应急协作机制和救援帮扶制度】 履行统一领导职责或者组织处置突发事件的人民政府及其有关部门，必要时可以向单位和个人征用应急救援所需设备、设施、场地、交通工具和其他物资，请求其他地方人民政府及其有关部门提供人力、物力、财力或者技术支援，要求生产、供应生活必需品和应急救援物资的企业组织生产、保证供给，要求提供医疗、交通等公共服务的组织提供相应的服务。

履行统一领导职责或者组织处置突发事件的人民政府和有关主管部门，应当组织协调运输经营单位，优先运送处置突发事件所需物资、设备、工具、应急救援人员和受到突发事件危害的人员。

履行统一领导职责或者组织处置突发事件的人民政府及其有关部门，应当为受突发事件影响无人照料的无民事行为能力人、限制民事行为能力人提供及时有效帮助；建立健全联系帮扶应急救援人员家庭制度，帮助解决实际困难。

【条文主旨】

本条是关于突发事件应急救援协作机制和救援帮扶制度的规定。

【条文解读】

本条明确了突发事件发生时，履行统一领导职责或者组织处置突发事件的人民政府及其有关部门拥有的应急权力和责任。当突发事件发生时，为了有效地应对和解决紧急情况，地方人民政府有权采取一系列措施来确保必要的资源和服务得到提供。同时，也要求企业组织、公共服务组织、运输经营单位以及社会公众有义务提供必要的资源和服务。

一、征用措施

在突发事件应对中，人民政府及其有关部门拥有广泛的权力以应对紧急情况。当突发事件发生时，为了有效地应对和解决危机，政府可以采取一系列措施，其中包括向单位和个人征用应急救援所需的设备、设施、场地、交通工具和其他物资。这种征用行为是为了确保在紧急情况下，能够迅速调动必要的资源，以最大限度地减少损失和保护人民的生命财产安全。征用权的行使需要遵循法律规定，确保征用措施与突发事件可能造成的社会危害的性质、程度和范围相适应，并选择有利于最大限度地保护公民、法人和其他组织权益的措施。此外，征用单位和个人的财产应当及时归还，并对被征用财产的单位和个人给予补偿，以避免对被征用方的合法权益造成不当影响。

相关法律也有关于征用权的规定。比如，《防汛条例》第三十二条规定，在紧急防汛期，为了防汛抢险需要，防汛指挥部有权在其管辖范围内，调用物资、设备、交通运输工具和人力，事后应当及时归还或者给予适当补偿。因抢险需要取土占地、砍伐林木、清除阻水障碍物的，任何单位和个人不得阻拦。同时，《民法典》第一百一十七条也规定，为了公共利益的需要，依照法律规定的权限和程序征收、征用不动产或者动产的，应当给予公平、合理的补偿。

二、协调支援

当突发事件超出某一地区的应对能力时，履行统一领导职责或组织处置突发事件的人民政府，通过请求其他地区提供支持和协助，可以有效地整合资源，共同应对突发事件，减轻单一地区的压力。这种跨地区的合作机制，不仅体现了国家在应对突发事件时的整体协调能力和资源整合能力，也体现了对人民群众生命财产安全的高度负责态度。通过这种合作，可以迅速调动必要的资源，如人力、物资和资金，以最快的速度到达现场进行紧急救援和处置，从而最大限度地减少损失。

履行统一领导职责或者组织处置突发事件的人民政府及其有关部门可以要求生产、供应生活必需品和应急救援物资的企业组织生产、保证供给，确保在紧急情况下，基本的生活需求和救援物资能够得到满足。还可以要求提供医疗、交通等公共服务的组织提供相应的服务，确保在突发事件发生后，公众能够获得必要的医疗服务和其他公共服务。

履行统一领导职责或者组织处置突发事件的人民政府及其有关部门还应组织协调运输经营单位，优先运送处置突发事件所需物资、设备、工具、应急救援人员和受到突发事件危害的人员，以确保救援物资和人员的及时到达。这些措施的实施，有助于提高全社会应对突发事件的能力，最大限度减少对公众生活和经济社会的影响。

三、帮扶制度

本条第三款为新增内容，增加了政府对特殊人群提供帮助的责任，着重强化了对特定弱势群体的保护以及对应急救援人员及其家庭的关怀和支持。这一新增条款体现了法律保障人权、尊重生命的温度。

一是应当为受突发事件影响无人照料的无民事行为能力人、限制民事行为能力人提供及时有效帮助。突发事件发生后，履行统一领导职责或者组织处置突发事件的人民政府及其有关部门应第一时间进行摸底排查，了解受突发事件影响无人照料的无民事行为能力人和限制民事行为能力人的情况，协调乡镇街道、村（居）委会或者未成年人救助保护机构，落实临时照料措施，确保他们得到基本的生活照料。同时，组织心理辅导等关爱服务活动，帮助无人照料的无民事行为能力人、限制民事行为能力人进行心理疏导和情感支持。《民法典》第二十四条规定，不能辨认或者不能完全辨认自己行为的成年人的利害关系人或有关组织（包括居民委员会、村民委员会、学校、医疗机构、妇女联合会、残疾人联合会、依法设立的老年人组织、民政部门等）可以向人民法院申请认定该成年人为无民事行为能力人或者限制民事行为能力人。被人民法院认定为无民事行为能力人或者限制民事行为能力人的，经本人、利害关系人或有关组织申请，人民法院可以根据其智力、精神健康恢复的状况，认定该成年人恢复为限制民事行为能力人或者完全民事行为能力人。

二是建立健全联系帮扶应急救援人员家庭制度，确保他们在面对家庭困难或紧急情况时能够得到及时有效的援助。帮扶的对象包括所有参与应急救援工作的家庭成员，特别关注那些因应急救援工作而面临特殊困难的家庭，包括但不限于提供生活必需品、医疗援助、心理咨询服务等，以应对可能出现的各种紧急情况。通过建立一个有效的联系帮扶应急救援人员家庭制度，为应急救援人员提供必要的支持和帮助，确保他们在执行紧急任务时能够专心工作。这一制度不仅能够提高应急救援工作的效率，还能增强应急救援人员的归属感，确保他们在执行紧急任务时无后顾之忧。

第七十七条 【群众性基层自治组织组织自救与互助】

突发事件发生地的居民委员会、村民委员会和其他组织应当按照当地人民政府的决定、命令，进行宣传动员，组织群众开展自救与互救，协助维护社会秩序；情况紧急的，应当立即组织群众开展自救与互救等先期处置工作。

【条文主旨】

本条是关于居民委员会、村民委员会以及其他组织应急处置职责的规定。

【条文解读】

为了提高全社会特别是基层社区、农村的应急意识和自我管理能力，本条明确规定，突发事件发生地的居民委员会、村民委员会和其他组织应当按照当地人民政府的决定、命令，进行宣传动员，组织群众开展自救和互救，协助维护社会秩序。《国务院办公厅关于加强基层应急管理工作的意见》也提出，突发公共事件发生后，基层组织和单位要立即组织应急队伍，以营救遇险人员为重点，开展先期处置工作；要采取必要措施，防止发生次生、衍生事故，避免造成更大的人员伤亡、财产损失和环境污染；要及时组织受威胁群众疏散、转移，做好安置工作。基层群众要积极自救、互救，服从统一指挥。当上级政府、部门和单位负责现场指挥救援工作时，基层组织和单位要积极配合，做好现场取证、道路引领、后勤保障、秩序维护等协助处置工作。

居民委员会、村民委员会等群众性基层自治组织应急职责主要体现在以下几个方面：一是宣传动员，通过各种方式向群众传达政府关于应急处置的决策和指令，确保信息准确无误地传达给每一个居民；二是组织自救和互救，组织和指导群众进行自救和互救，减少人员伤亡和财产损失；三是协助维护社会秩序，在紧急情况下，协助政府维护社会秩序，确保救援工作的顺利进行和社会稳定。此外，还需要根据实际情况，开展有关突发事件应急知识的宣传普及活动和必要的应急演练，以提高公众的应急反应能力和自我保护意识。

此次修订，进一步完善了组织群众开展自救和互救的规定，强化先期处置工作要求，规定情况紧急的，应当立即组织群众开展自救与互救等先期处置工作。情况紧急是指在突发事件发生时，局势发展迅速且危及人们生命财产安全，迫切需要立即采取行动的状态。这种情况下，专业救援力量可能尚未到达，或需要一定时间才能到达现场，而此时如果不立即采取应急措施，可能会导致更大的损失或灾难。因此，在情况紧急时，突发事件发生地的居民委员会、村民委员会和其他组织应迅速行动，立即采取措施控制事态发展，组织群众自救互救，疏散、撤离、安置受威胁人员，控制、封锁危险源、传染源，尽可能防止发生次生、衍生灾害。这种快速的响应机制能够在第一时间控制事态发展，可以有效地减少人员伤亡和财产损失，还能为专业的应急救援队伍争取时间，为后续的救援工作创造有利条件。通过基层组织的先期处置，也可以减轻政府处置的压力，使得政府能够更专注于协调更大范围的救援行动和资源调配。其他法律法规也有类似规定，如《地质灾害防治条例》第二十九条规定，接到地质灾害险情报告的当地人民政府、基层群众自治组织在情况紧急时，可以强行组织避灾疏散。

此外，提高居民委员会、村民委员会等基层组织突发事件应急处置能力也至关重要。作为基层组织要将应急管理作为自治管理的重要内容，落实应急管理工作责任人，做好群众的组织、动员工作；组织基层群众开展形式多样的宣传培训活动，提高社区、农村居民的综合应急和自我保护能力；加强隐患区域、应急基础设备、设施及避难场所的日常管理和巡查，提高基层应急保障能力。

第七十八条　【突发事件有关单位的应急职责】 受到自然灾害危害或者发生事故灾难、公共卫生事件的单位，应当立即组织本单位应急救援队伍和工作人员营救受害人员，疏散、撤离、安置受到威胁的人员，控制危险源，标明危险区域，封锁危险场所，并采取其他防止危害扩大的必要措施，同时向所在地县级人民政府报告；对因本单位的问题引发的或者主体是本单位人员的社会安全事件，有关单位应当按照规定上报情况，并迅速派出负责人赶赴现场开展劝解、疏导工作。

突发事件发生地的其他单位应当服从人民政府发布的决定、命令，配合人民政府采取的应急处置措施，做好本单位的应急救援工作，并积极组织人员参加所在地的应急救援和处置工作。

【条文主旨】

本条是关于突发事件发生地有关单位的应急处置职责的规定。

【条文解读】

受到自然灾害危害或者发生事故灾难、公共卫生事件的单位是危机防范和应急处置的"第一责任人"。事件发生单位作为直接受害者，比政府及其他单位更清楚突发事件的具体情况，单位的自我救援是突发事件应急处置的重要方面。突发事件发生后，事件发生单位应当立即组织本单位应急救援队伍以及相关专业技术人员，针对突发事件发生的原因和特点，采取适当措施进行应急处置。应当充分利用熟悉本地地形、人员分布情况的优势，在第一时间营救受害人员，疏散、撤离、安置受到威胁的人员，尽量减少人员伤亡；并及时控制危险源，标明危险区域，封锁危险场所，控制事态发展，防止危害进一步扩大；同时，在事件处置第一现场及时向有关政府部门通报事态发展情况，为应急处置指挥决策提供依据。

其他法律法规对事件发生单位开展应急处置的职责也作出了明确规定。例如，《矿山安全法》第三十六条规定，发生矿山事故，矿山企业必须立即组织抢救，防止事故扩大，减少人员伤亡和财产损失，对伤亡事故必须立即如实报告劳动行政主管部门和管理矿山企业的主管部门。《安全生产法》第八十三条规定，生产经营单位发生生产安全事故后，事故现场有关人员应当立即报告本单位负责人。单位负责人接到事故报告后，应当迅速采取有效措施，组织抢救，防止事故扩大，减少人员伤亡和财产损失，并按照国家有关规定立即如实报告当地负有安全生产监督管理职责的部门，不得隐瞒不报、谎报或者迟报，不得故意破坏事故现场、毁灭有关证据。《破坏性地震应急条例》第三十一条规定，石油、化工、水利、电力、建设等部门和单位以及危险品生产、储运等单位，应当按照各自的职责，对可能发生或者已经发生次生灾害的地点和设施采取紧急处置措施，并加强监视、控制，防止灾害扩展。

本条第二款规定，突发事件发生地的其他单位应当服从人民政府发布的决定和命令，配合人民政府采取的应急处置措施。突发事件发生地的其他单位具有协助处置救援突发事件的有利条件，负有不可推卸的应急责任。这些单位应当服从、配合政府的决定、命令，采取相应的应急处置措施，积极组织救援物资和人员，不遗余力地参与应急救援和处置工作。这一规定确保了在突发事件发生时，属地的所有单位能够形成合力，第一时间采取有效的处置措施。

第七十九条　【突发事件发生地的公民应当履行的义务】突发事件发生地的个人应当依法服从人民政府、居民委员会、村民委员会或者所属单位的指挥和安排，配合人民政府采取的应急处置措施，积极参加应急救援工作，协助维护社会秩序。

【条文主旨】

本条是关于突发事件发生地公民应当履行的应急义务的规定。

【条文解读】

为了保障突发事件发生地各项应急处置措施的有效实施，本次修订增加了"依法"二字，要求突发事件发生地的个人要依照法律规定，服从人民政府、居民委员会、村民委员会或者所属单位的指挥和安排，配合做好各项应急处置工作。这一规定体现了国家对于公民在突发事件应对过程中应承担的法律责任和社会责任的要求，既有助于增强公民的应急意识和应急能力，确保公民在紧急情况下能够依法行动，又有利于增强社会凝聚力，形成全社会共同应对突发事件的良好氛围。

公民在国家、社会面临突发事件危害的过程中，不仅仅是单向的受保护者，还是承担了相应应急职责的义务人，负有服从、配合和协助应急处置工作的责任。具体来说，这一法律义务包括：一是服从指挥和安排，公民需要按照政府、居民委员会、村民委员会或所属单位的指示行动，约束管理好个人行为，确保自己的行为符合应急处置的要求，避免因个人行为导致更大的危害；二是配合政府采取的应急处置措施，如封锁危险场所、实施交通管制、提供避难场所等，按照政府发布的各项措施要求行动；三是积极参与力所能及的应急救援工作，为遭受损害者提供救治、物资帮助或者心理抚慰等救援工作；四是协助维护社会秩序，在紧急情况下，公民有责任协助维护社会秩序，确保救援工作的顺利进行和社会稳定。这些责任和义务的履行，能够提升应急救援资源的合理分配和使用，避免出现人员混乱和无序的状态，从而更好地应对突发事件带来的挑战。

第八十条　【城乡社区组织应急工作机制】国家支持城乡社区组织健全应急工作机制，强化城乡社区综合服务设施和信息平台应急功能，加强与突发事件信息系统数据共享，增强突发事件应急处置中保障群众基本生活和服务群众能力。

【条文主旨】

本条是关于加强城乡社区组织应急工作机制、强化综合服务设施和信息平台应急功能的规定。

【条文解读】

本条是新增条文。本条的核心在于通过建立和完善城乡社区组织应急工作机制，强化综合服务设施和信息平台的应急功能以及信息系统数据共享，进一步增强城乡社区组织在突发事件应急处置过程中保障和服务群众的能力。

一、健全应急工作机制

2024 年 9 月印发的《中共中央办公厅、国务院办公厅关于进一步提升基层应急管理能力的意见》专门对加强基层应急管理能力建设提出要求，强调加强基层应急管理能力建设是防范化解重大安全风险、及时应对处置各类灾害事故的固本之策，是推进应急管理体系和能力现代化的重要内容。要求推进标准化建设。鼓励地方采取以奖代补等方式支持村（社区）综合减灾等工作。加快基层应急力量配置、场所设施、物资装备、应急标识等标准化建设，做到力量充足、设施完备、装备齐全、标识一致、管理规范。广泛开展科普宣传。开展全国防灾减灾日、安全生产月、消防宣传月等活动。加强科普读物、动漫游戏、短视频等公众教育产品开发推送，采取案例警示、模拟仿真、体验互动、文艺作品等形式，深入推进安全宣传进企业、进农村、进社区、进学校、进家庭，普及应急管理法律法规和防灾减灾救灾知识，培育安全文化。有条件的地方依托公共场所、各类场馆等因地制宜建设防灾减灾体验场所，常态化开展科普宣传和技能培训，强化对基层干部教育培训，提升社会公众风险防范意识和自救互救能力。

此外，村（居）委会应明确应急管理有关职责，形成完善覆盖各层级的工作网络；持续探索向社会放权赋能，培育壮大社会应急力量，不断完善动员社会力量参与应急工作的制度机制；加强业务培训，提升应急能力，按照属地管理、分级负责的原则，组织开展工作人员的业务培训；同时，做实网格共管共治，推进城乡社区和功能区网格化管理，促进网格化与基层群众自治有机衔接。城乡社区组织通过上述措施能够进一步健全完善应急工作机制，确保在突发事件发生时迅速有效应对。

二、强化综合服务设施和信息平台应急功能

根据《中共中央办公厅、国务院办公厅关于进一步提升基层应急管理能力的意见》的有关要求，强化城乡社区综合服务设施和信息平台的应急功能：一是要按照部省统筹管理、市县推广创新、基层落地应用的要求，推广应用符合基层实际需求的科技手段和信息化系统。强化系统集成，加强数据融合与分析应用，为乡镇（街道）和村（社区）提供隐患辅助识别、预警预报自动提醒等智能服务。加强"断路、断网、断电"等极端状态下的应急通信保障能力建设。在基层推广配备"小、快、轻、智"新型技术装备。二是进一步强化智能监测预警，推动公共安全治理模式向事前预防转型，促进专业监测和群测群防深度融合，进一步完善监测手段，提高预警精准度，实现从人防、技防向智防提升。加强洪涝、泥石流等自然灾害和安全生产、消防安全风险监测网络建设，建立专职或兼职信息报告员制度，推动系统应用向基层延伸，强化数据汇聚共享。三是积极运用物联网、大数据等先进技术，对老化燃气管道、桥涵隧道、病险水库等高风险领域加强风险实时监测，制定安全防范措施。乡镇（街道）和村（社区）在相

关部门指导下建立风险隐患"一张图",畅通预警信息发布和传播渠道,落实直达网格责任人的预警"叫应"机制,综合运用应急广播、短信微信、智能外呼、鸣锣吹哨、敲门入户等手段,及时传达到户到人。

三、加强信息系统间的数据共享

加强城乡社区组织与国家突发事件信息系统之间的数据共享,可以确保在发生突发事件时城乡社区组织能够获取最新、最准确的信息,并据此采取相应措施。可以采取以下措施加强与突发事件信息系统数据共享:一是县级以上地方人民政府建立本地区统一的突发事件信息系统,汇集、储存、分析、传输有关突发事件的信息,实现省、市、县、乡镇(街道)、村(社区)及有关专业机构、监测网点和重点企业之间互联互通,加强跨部门、跨地区的信息共享与情报合作。二是建立专职或兼职信息报告员制度,居民委员会、村民委员会和有关单位建立专职或者兼职信息报告员制度。专业机构、监测网点和信息报告员应当及时向所在地人民政府及其有关主管部门报告突发事件信息,确保信息的及时性和准确性。三是加强互联网、云计算、大数据、人工智能等现代技术手段应用,实现突发事件信息数据统一汇聚、科学分析、互联共享。

第八十一条 【心理援助工作】国家采取措施,加强心理健康服务体系和人才队伍建设,支持引导心理健康服务人员和社会工作者对受突发事件影响的各类人群开展心理健康教育、心理评估、心理疏导、心理危机干预、心理行为问题诊治等心理援助工作。

【条文主旨】

本条是关于加强心理健康服务体系和心理援助工作的规定。

【条文解读】

突发事件发生以后，对相关人群提供心理干预的必要性有目共睹，在当下也形成了社会共识。2024年7月印发的《中共中央关于进一步全面深化改革、推进中国式现代化的决定》专门强调，健全社会心理服务体系和危机干预机制，满足人民群众的精神文化需求，促进社会和谐稳定，提升国家治理能力和水平。《精神卫生法》第十四条规定，各级人民政府和县级以上人民政府有关部门制定的突发事件应急预案，应当包括心理援助的内容。发生突发事件，履行统一领导职责或者组织处置突发事件的人民政府应当根据突发事件的具体情况，按照应急预案的规定，组织开展心理援助工作。

社会心理健康服务体系的健全对于促进社会和谐稳定具有重要意义。加强社会心理健康服务，培养社会心理健康服务专业人才队伍，可以培育自尊自信、理性平和、积极向上的社会心态，有助于有效应对各种社会心理问题和危机情况，提高国家应对复杂局势和挑战的能力，是提升国家治理能力和水平的重要途径，也为推进中国式现代化提供强大的动力和制度保障。

一、加强心理健康服务体系和人才队伍建设

心理健康服务工作的专业性很强，国家采取了一系列措施来加强心理健康服务体系和人才队伍建设，包括加强社会心理健康服务专业人才学历教育、注重在职人员专业培训、发挥相关行业组织作用、出台相关政策完善服务保障、优化协作机制、提升人才培养质量、配齐心理健康教师、畅通教师发展渠道等。比如，教育部牵头组织对职业教育专业目录进行全面修订，设置社会工作事务、社会福利事业管理等中职专业，心理咨询、心理健康教育等高职专科专业，以及社会工作等高职本科专业；民政部等部门加大心理学和精神卫生知识在社会工作岗前培训和在职培训中的权重，提升社会工作从业人员业务水平；

同时，发挥心理健康相关协会、学会等行业组织作用，加强心理健康学术交流、培训、科学研究等工作。国家通过一系列的措施，对心理健康服务人员和社会工作者提供专业培训、增设岗位、改善工作条件和提高从业者待遇等支持与引导，旨在构建一支稳定且专业的心理健康服务人才队伍。

二、支持引导心理援助工作

2016 年印发的《关于加强心理健康服务的指导意见》提出，要重视心理危机干预和心理援助工作，建立和完善心理健康教育、心理热线服务、心理评估、心理咨询、心理治疗、精神科治疗等衔接递进、密切合作的心理危机干预和心理援助服务模式，重视和发挥社会组织和社会工作者的作用。将心理危机干预和心理援助纳入各类突发事件应急预案和技术方案，加强心理危机干预和援助队伍的专业化、系统化建设，定期开展培训和演练。在突发事件发生时，立即开展有序、高效的个体危机干预和群体危机管理，重视自杀预防。在事件善后和恢复重建过程中，依托各地心理援助专业机构、社会工作服务机构、志愿服务组织和心理援助热线，对高危人群持续开展心理援助服务。

本条明确心理援助的内容包括心理健康教育、心理评估、心理疏导、心理危机干预、心理行为问题诊治等。突发事件中，不同年龄段、自我功能强弱、既往经历等因素都会影响个体对事件的应对能力。此外，一线医护人员等可能会因为责任感和信念感等"超我"支撑而压制正常的急性应激反应，引发焦虑等严重心理问题。因此，通过心理健康教育、心理评估、心理疏导和心理危机干预，可以帮助这些人群科学对待突发事件，减轻心理压力，避免极端事件和群体心理危机事件的发生，促进社会和谐稳定。

关于提供心理援助的途径，2018 年印发的《全国社会心理服务体系建设试点工作方案》提出，要建立健全心理援助服务平台。依托精神卫生医疗机构或具备条件的社会服务机构、12320 公共卫生公益热线或其他途径，通过热线、网络、APP、公众号等建立提供公益服务的心理援助平台。通过报纸、广播、电视、网络等多种形式宣传、扩大心理援助平台的社会影响力和利用率。将心理危机干预和心理援助纳入各类突发事件应急预案和技术方案，加强心理危机干预和援助队伍的专业化、系统化建设。在自然灾害等突发事件发生时，立即组织开展个体危机干预和群体危机管理，提供心理援助服务，及时处理急性应激反应，预防和减少极端行为发生。在事件善后和恢复重建过程中，对高危人群持续开展心理援助服务。

第八十二条　【遗体处置及遗物保管】 对于突发事件遇难人员的遗体，应当按照法律和国家有关规定，科学规范处置，加强卫生防疫，维护逝者尊严。对于逝者的遗物应当妥善保管。

【条文主旨】

本条是关于处置突发事件遇难人员的遗体及遗物的规定。

【条文解读】

本条新增了对突发事件遇难人员遗体的规范处置要求，明确应当按照法律和国家有关规定，科学规范处置，加强卫生防疫，同时，要求维护逝者尊严，对于逝者的遗物应当妥善保管。突发事件发生后，科学规范处置遗体及妥善保管遗物是至关重要的，既体现了对逝者的尊重和对生命的敬畏，也能够避免因处理不当而引发的社会混乱和不满情绪，在保障社会公共秩序、维护公共卫生安全的同时，体现出人文关怀。

一、遗体处置主体与职责

2017 年印发的《重大突发事件遇难人员遗体处置工作规程》规定，事发地县级以上地方人民政府应当根据重大突发事件性质、特点以及遇难人员情况，成立遗体处置协调机构，或者由民政等有关部门按照各自职责，负责遇难人员遗体处置及相关善后事宜。必要时，上级民政部门及其他有关部门给予工作指导和协调支持。遗体处置协调机构或者民政等有关部门应当结合实际，听取有关专家意见，研究制定遇难人员遗体处置工作方案，明确职责分工，对遗体处置及相关善后事宜作出部署安排。事发地县级人民政府民政部门应当根据遇难人员殡仪服务需求情况，全面摸清本地区第一时间可调用的殡仪服务力量、设施、设备、物资等资源状况，必要时可请求上级民政部门协调其他地区给予支援。

二、科学规范处置遗体

在突发事件应对中，遇难人员遗体的处理是一项重要工作，它直接关系到公共卫生安全和社会的稳定。主要有以下几个方面：一是遗体处置协调机构或者民政部门具体负责遇难人员遗体处置相关工作。公安机关负责遇难人员遗体或人体组织身份确认、出具《居民死亡医学证明（推断）书》，配合殡葬服务机构处理遇难人员家属拒不火化遗体相关事宜；卫生健康部门负责制定遇难人员遗体消毒、防疫等相关技术文件，指导医疗机构做好遗体规范处置等工作。二是对于因炭疽等死亡的特定疾病患者遗体，由所在医疗机构医务人员按照相关规定对遗体进行消毒、密封处理，严禁打开密封后的遗体；疾病预防控制机构监督指导卫生防疫工作，对殡仪车、火化设备和相关场所进行消毒处理。三是所在医疗机构及时开具死亡医学证明，通知殡仪馆接运遗体。殡仪馆负责及时接运遗体，设立专用通道和火化炉进行火化，并开具火化证明。卫生健康部门负责制定遗体消毒等卫生防疫相关技术文件，指导医疗机构做好遗体规范处置。通过这样科学规范的处置方式，可以有效防范疾病传播风险，保障人体健康和社会安全。

三、妥善保管遗物

突发事件发生后，对于逝者的遗物应当妥善保管，这既是对逝者的一种纪念，也是对家属情感的一种慰藉。妥善处置遇难者遗物涉及多个方面，包括遗物的认领、处理方式以及特殊遗物的管理和保护。以下是一些关键步骤和考虑因素：一是遗物认领与处理。遗物认领工作由遗体处置协调机构或民政等有关部门统筹安排，制定遗物整理清点、登记造册、组织认领、移交以及无人认领遗物处理等相关程序和办法。认领人需凭有效身份证件认领遗物，填写遗物认领登记表，注明与遇难人员的关系等信息。二是处理方式。家属可以选择具有特殊意义的遗物，如照片、手写信件等，作为对逝者的怀念。对于逝者生前的物品，如书籍、衣物等，可以考虑捐赠给慈善机构或分享给需要的人，这不仅是对逝者喜好的延续，也是一种善举。对于无法保留或捐赠的遗物，可以选择焚烧或土葬。焚烧可以将遗物化为灰烬，而土葬则是将遗物与逝者一同安葬。三是特殊遗物的管理和保护。对于烈士遗物，我国进行专门的管理和保护，包括量尺、照相、登记造册、建立电子档案等，并安排专人妥善保管。此外，还通过深入挖掘和研究烈士遗物，发挥其在红色教育中的作用。在处理遗物时，应尊重逝者的意愿，如果逝者关于如何处理其遗物有明确的意愿，应优先考虑。通过上述措施，可以在尊重逝者和家属意愿的前提下，确保遇难者遗物得到妥善处理。

第八十三条　【政府及部门信息收集与个人信息保护】

县级以上人民政府及其有关部门根据突发事件应对工作需要，在履行法定职责所必需的范围和限度内，可以要求公民、法人和其他组织提供应急处置与救援需要的信息。公民、法人和其他组织应当予以提供，法律另有规定的除外。县级以上人民政府及其有关部门对获取的相关信息，应当严格保密，并依法保护公民的通信自由和通信秘密。

【条文主旨】

本条是关于政府及其有关部门收集信息及保密的规定。

【条文解读】

本条是新增条文，规定了县级以上人民政府及其有关部门收集应急处置与救援信息的职权，但限于突发事件应对工作需要且在履行法定职责所必需的范围和限度内。同时规定，公民、法人和其他组织应当配合政府及有关部门，提供相关信息，但法律另有规定的除外，如涉及国家秘密、商业秘密和个人隐私，政府及有关部门无权收集的情况。此外，对政府及其有关部门获取信息后的保密责任以及保障基本人权的责任也作出规定，要求应当严格保密，并依法保护公民的通信自由和通信秘密。

一、政府收集有关信息的权力

在突发事件应对中，政府为了快速、准确地开展应急处置和救援工作，可能会根据需要要求公民、法人和其他组织提供有关信息，以便更准确地评估突发事件的规模和影响范围，从而制定更有效的应对策略。例如，在公共卫生事件中，通过收集个人的健康信息，政府可以更好地了解疫情的传播情况，从而采取相应的隔离和治疗措施。政府需要掌握详细的个人信息来进行资源的有效调配，包括但不限于医疗资源的分配、救援物资的发放等，以确保在最短时间内将资源送到最需要的地方。收集的信息可能包括个人身份信息、联系方式、居住地址等，用于联系受影响的个人、组织资源、协调救援行动。政府及其有关部门采取的应对措施应当与突发事件可能造成的社会危害的性质、程度和范围相适应，选择有利于最大限度地保护公民、法人和其他组织权益的措施。

二、公民、法人和其他组织提供有关信息的义务

在突发事件发生时，政府要求公民、法人和其他组织提供应急处

置与救援需要的信息的，公民、法人和其他组织应当予以提供。这是法律规定的义务，法律另有规定的除外。这一规定有助于确保政府能够及时获取关键信息，从而更有效地协调和指挥应急救援工作，最大限度地减少损失。

具体来说，公民、法人或其他组织应当服从人民政府、居民委员会、村民委员会或者所属单位的指挥和安排，配合人民政府采取的应急处置措施，积极参加应急救援工作，包括在紧急情况下，可能需要提供个人信息以便政府或相关机构进行必要的联系和协调。此外，当突发事件发生时，获悉有关突发事件信息的公民、法人或其他组织有向政府报告的义务。这意味着，如果公民、法人或其他组织了解到任何与突发事件相关的信息，他们有义务立即向所在地人民政府、有关主管部门或者指定的专业机构报告，不得隐瞒、缓报、谎报突发事件信息，以确保信息的准确性和及时性。综上所述，公民、法人和其他组织在突发事件应对中承担着重要义务，包括参与应对工作、提供必要的信息，这些义务的履行对于有效应对突发事件、保护公众安全具有重要意义。

三、保密责任

政府在突发事件应对中要求公民、法人和其他组织提供有关信息是基于应急管理的需要，如重大公共卫生事件中，政府可能会收集和使用个人信息，但这一过程必须严格遵守法律法规，且应当严格保密。因此，本条明确规定，政府在收集个人信息时，应当严格按照法律规定，确保信息的合法收集。《个人信息保护法》第三十四条和第三十五条规定，国家机关为履行法定职责处理个人信息，应当依照法律、行政法规规定的权限、程序进行，不得超出履行法定职责所必需的范围和限度。国家机关为履行法定职责处理个人信息，应当履行告知义务。政府在使用个人信息时，必须采取必要的安全措施保护公民的个人信息安全。例如，通过匿名化处理个人信息，确保个人隐私得到保护。综上所述，政府在应对突发事件时，可以根据情况，要求公民、法人和其他组织提供个人信息，但必须遵守相关法律法规，在保护个人隐私和维护公共安全之间找到平衡点。

第八十四条　【有关单位、个人获取信息及使用限制】
在突发事件应急处置中，有关单位和个人因依照本法规定配合突发事件应对工作或者履行相关义务，需要获取他人个人信息的，应当依照法律规定的程序和方式取得并确保信息安全，不得非法收集、使用、加工、传输他人个人信息，不得非法买卖、提供或者公开他人个人信息。

【条文主旨】

本条是关于有关单位和个人获取、使用他人个人信息的规定。

【条文解读】

本条是新增条文，对有关单位和个人获取他人个人信息予以严格规范，明确规定在突发事件应急处置中，依法确需获取他人个人信息的，应当依照法律规定的程序和方式取得并确保信息安全，并作出禁止性规定，即不得非法收集、使用、加工、传输他人个人信息，不得非法买卖、提供或者公开他人个人信息。

个人信息，是指以电子或者其他方式记录的能够单独或者与其他信息结合识别自然人个人身份的各种信息，包括但不限于自然人的姓名、出生日期、身份证件号码、个人生物识别信息、住址、电话号码等。个人信息的处理包括个人信息的收集、存储、使用、加工、传输、提供、公开、删除等。个人信息一旦泄露或者非法使用，容易导致自然人的人格尊严受到侵害或者人身、财产安全受到威胁。《个人信息保护法》第六条规定，处理个人信息应当具有明确、合理的目的，并应当与处理目的直接相关，采取对个人权益影响最小的方式。收集个人信息，应当限于实现处理目的的最小范围，不得过度收集个人信息。《信息安全技术　个人信息安全规范》也详细规定了个人信息处理活动的安全要求和隐私保护措施，适用于各类组织和个人在突发事件中的信息处理行为。

在突发事件应急处置过程中，除政府及有关部门以外，参与应急处置的单位和人员因配合处置工作或者履行相关义务，也会获取他人个人信息。例如，应急救援队伍在紧急情况下可获取和使用个人信息，以确保救援行动的顺利进行；医疗救助机构需要获取个人信息以提供紧急医疗援助；电力、供水、燃气等公共服务部门，在突发事件中可能需要获取个人信息以确保基本生活服务的连续性；新闻媒体需要获取个人信息以进行报道和传播信息等。这些单位和个人在获取和使用个人信息时需要严格遵循法律法规和伦理规范，明确收集信息的范围和目的，以确保信息的合理使用，防止信息泄露和滥用。

同时，还需要采取一系列综合措施确保信息安全。比如，要强化数据安全措施，收集或掌握有关信息的单位和个人要对信息安全保护负责，采取严格的管理和技术防护措施，防止信息被窃取。切实加强数据在采集、存储、传输、处理、应用、共享、销毁等全生命周期的安全防护，严防信息泄露。要严格控制个人信息收集，原则上不采集未成年人的人脸、指纹等生物识别信息，禁止通过公共邮箱和微信等公共即时通信工具传递非涉密重要数据。要统一审核发布信息，确保突发事件预警信息由官方授权的媒体首发，其他网络平台进行转载，严格控制不宜公开的信息传阅范围，避免个人数据和敏感信息在网上传播。此外，政府还应加强对个人信息保护的宣传和教育，提高公民的个人信息保护意识，确保个人信息安全。

第八十五条　【信息用途、销毁和处理】因依法履行突发事件应对工作职责或者义务获取的个人信息，只能用于突发事件应对，并在突发事件应对工作结束后予以销毁。确因依法作为证据使用或者调查评估需要留存或者延期销毁的，应当按照规定进行合法性、必要性、安全性评估，并采取相应保护和处理措施，严格依法使用。

【条文主旨】

本条是关于个人信息使用及保护的规定。

【条文解读】

本条为新增条文，旨在确保个人信息的收集和使用严格限定于突发事件应对范围内，并在任务完成后进行妥善处理，以防止信息滥用和泄露。在突发事件应对中，个人信息保护与提供信息的义务是平衡的。一方面，为了应对突发事件的需要，要求公民、法人和其他组织在某些情况下提供必要的个人信息。另一方面，强调这些信息的提供应当遵循法律规定，保护个人信息不被滥用，确保信息的合法使用和安全。

随着大数据、人工智能、互联网等新技术的应用，个人信息泄露和隐私侵犯的问题日益突出，引起了广泛关注。因此，加强个人信息保护，严格规范个人信息处理活动，成为突发事件应对中的重要一环。这不仅涉及个人的基本信息，还包括设备信息、账户信息、照片等私人信息、社会关系信息、网络行为信息等。多样化的信息类别在互联网快速发展下，也使得个人信息安全问题愈加突出，因此需要采取更加严格的措施来保护个人信息。本法第八十三条、第八十四条和第八十五条对因突发事件应对管理工作需要对个人信息的获取、使用及销毁分别作了细化规定，始终贯穿了合法性、必要性、安全性原则，形成了突发事件处置过程中对个人信息保护的完整框架，通过严格的程序和措施，以加强对突发事件应对过程中公民个人信息的保护，防止滥用职权和任意行为。

本条对个人信息使用的范围作出限制性要求，明确在突发事件处置中获取的个人信息只能用于突发事件应对，并在突发事件应对工作结束后销毁。对确因依法作为证据使用或者调查评估需要留存或者延期销毁的，设计了评估制度，明确应当按照规定进行合法性、必要性、安全性评估，并采取相应保护和处理措施。具体来说，进行合法性、必要性、安全性评估主要包括以下几个方面：一是合法性评估。确保数据的收集、存储、处理和使用符合相关法律法规的规定。二是必要性评估。评估数据留存或延期销毁的必要性，确保这些数据对于证据使用或调查评估是不可或缺的。三是安全性评估。评估数据存储和处理的安全性，包括采取适当的技术和管理措施，防止数据泄露、篡改或滥用。在评估过程中，需要考虑多种因素，如数据的敏感性、存储期限、使用目的等。同时，也需要确保数据的处理和使用符合最小必要原则，即只收集和处理与证据使用或调查评估直接相关的数据，并尽可能减少数据的存储期限和访问权限。

此外，本法第九十九条新增了违反个人信息保护规定的处罚，对违法使用个人信息行为明确了有关法律责任，以此对应有关个人信息保护条文的规定，避免相关法律义务悬空。

第六章　事后恢复与重建

第八十六条　【应急响应解除】突发事件的威胁和危害得到控制或者消除后，履行统一领导职责或者组织处置突发事件的人民政府应当宣布解除应急响应，停止执行依照本法规定采取的应急处置措施，同时采取或者继续实施必要措施，防止发生自然灾害、事故灾难、公共卫生事件的次生、衍生事件或者重新引发社会安全事件，组织受影响地区尽快恢复社会秩序。

【条文主旨】

本条是关于突发事件得到控制后，解除应急响应，对后续事故的防范，以及社会秩序的恢复，均由履行统一领导职责或者组织处置突发事件的人民政府负责的规定。

【条文解读】

履行统一领导职责或者组织处置突发事件的人民政府在突发事件的威胁和危害得到控制或者消除后，要积极采取以下措施，使受突发事件影响的地区从"应急状态"平稳过渡到"日常状态"。

首先，宣布解除应急响应，停止执行应急处置措施。在采取了必要的应急处置措施并取得相当效果之后，一旦社会已处于相对安全或危险已基本解除的状态当中，社会秩序已趋于平稳或法律秩序得以开始重建，则承担应急职能的政府应当宣布应急响应解除，并对其之前采取的应急措施作出调整，或停止其执行，或降低执行的强度，以结束应急状态，尽快开始各种善后处理工作。宣布解除应急响应，是应急工作从"应急处置与救援"转换到"事后恢复与重建阶段"的重要标志。同时，开展一系列突发事件善后措施，都必须以法定的有权机关正式宣告应急响应的解除、中止各种应急措施的实施为前提。

其次，采取或者继续实施必要措施，防止发生自然灾害、事故灾难、公共卫生事件的次生、衍生事件或者重新引发社会安全事件。政府应防止突发事件的二次爆发及其次生、衍生事件的发生，这是基于突发事件发展的不确定性所提出的必然要求。也就是说，政府仍然不能对突发事件所遗留下来的各种有害因素掉以轻心，既要避免其危害的延续和变种，也要防止有害因素蛰伏下来，在适当的条件下重新引发危机。对于自然灾害、事故灾难、公共卫生事件等突发事件，其发展过程的高度不确定性决定了其发生、发展的时间和形态等，均不能以常规的科学规律或规则进行判断，事件本身可能产生的影响以及它可能衍生、次生的二次事件等也无先例可循，难以预测。所以，对各种突发事件次生、衍生和重新爆发的控制和防范同样重要而迫切，如果控制不及时、处置不准确，可能造成更大的损失和危害。

最后，组织受影响地区尽快恢复社会秩序。事后恢复与重建阶段的开始意味着应急活动中最为紧迫的应急处置阶段的结束，标志着应急状态的基本结束，非常态法治向常态法治的正式回归。应急处置、开始恢复重建依赖于履行统一领导职责或者组织处置突发事件的人民政府在面对实际突发事件中的权衡，即客观上达到"威胁和危害得到控制或消除"的条件，就应当启动恢复重建的工作，组织受影响地区尽快恢复社会秩序。这要求履行统一领导职责或者组织处置突发事件的人民政府合理选择恢复重建的时间节点，以及在应急状态与重建阶段的往复摇摆间协调应急与重建的并行模式。同时，加强履行统一领导职责或者组织处置突发事件的人民政府对组织受影响地区尽快恢复社会秩序的职责，有助于在突发事件的危害消除、危险得到控制之后使社会尽快回归正常状态，有利于和此前负责应急处置的主体相对应、相统一，提高恢复重建的效能。

【典型示例】

2023年12月18日23时59分，甘肃临夏州积石山县发生6.2级地震，国家地震应急响应提升至二级。在2023年12月28日24时起，甘肃省、青海省抗震救灾指挥部分别终止甘肃省和青海省地震二级应急响应，安置救助、恢复重建等后续工作开始有序展开，于2024年3月全面开工，包括居民住房建设、村镇建设、公共服务设施、基础设施建设等方面。例如，甘肃省灾区在2024年1月15日前完成居民住房和村镇建设选址工作，确保居民住房于2024年10月底前建成入住，保障灾民基本生活，使生产生活秩序得到尽快恢复。①

【关联规范】

《中华人民共和国防震减灾法》（2008年修订）

第六十条 过渡性安置点应当设置在交通条件便利、方便受灾群众恢复生产和生活的区域，并避开地震活动断层和可能发生严重次生灾害的区域。

过渡性安置点的规模应当适度，并采取相应的防灾、防疫措施，配套建设必要的基础设施和公共服务设施，确保受灾群众的安全和基本生活需要。

第六十二条 过渡性安置点所在地的县级人民政府，应当组织有

---

① 《二级应急响应终止 安置救助有序展开——积石山6.2级地震灾后第11日救援安置情况综述》，载中国政府网，https：//www.gov.cn/lianbo/difang/202312/content_6923398.htm，2025年3月31日访问。

关部门加强对次生灾害、饮用水水质、食品卫生、疫情等的监测，开展流行病学调查，整治环境卫生，避免对土壤、水环境等造成污染。

过渡性安置点所在地的公安机关，应当加强治安管理，依法打击各种违法犯罪行为，维护正常的社会秩序。

《中华人民共和国安全生产法》（2021年修正）

第七十条 负有安全生产监督管理职责的部门依法对存在重大事故隐患的生产经营单位作出停产停业、停止施工、停止使用相关设施或者设备的决定，生产经营单位应当依法执行，及时消除事故隐患。生产经营单位拒不执行，有发生生产安全事故的现实危险的，在保证安全的前提下，经本部门主要负责人批准，负有安全生产监督管理职责的部门可以采取通知有关单位停止供电、停止供应民用爆炸物品等措施，强制生产经营单位履行决定。通知应当采用书面形式，有关单位应当予以配合。

负有安全生产监督管理职责的部门依照前款规定采取停止供电措施，除有危及生产安全的紧急情形外，应当提前二十四小时通知生产经营单位。生产经营单位依法履行行政决定、采取相应措施消除事故隐患的，负有安全生产监督管理职责的部门应当及时解除前款规定的措施。

《国家突发事件总体应急预案》（2025年）

3.3.6 应急结束

突发事件应急处置工作结束，或者相关威胁、危害得到控制和消除后，按照"谁启动、谁终止"的原则，由相关党委和政府或者有关应急指挥机构、部门宣布应急结束，设立现场应急指挥机构的应当及时撤销。同时，采取必要措施，防止发生次生、衍生事件或者突发事件复发。

第八十七条　【影响、损失评估与恢复重建】 突发事件应急处置工作结束后，履行统一领导职责的人民政府应当立即组织对突发事件造成的影响和损失进行调查评估，制定恢复重建计划，并向上一级人民政府报告。

受突发事件影响地区的人民政府应当及时组织和协调应急管理、卫生健康、公安、交通、铁路、民航、邮政、电信、建设、生态环境、水利、能源、广播电视等有关部门恢复社会秩序，尽快修复被损坏的交通、通信、供水、排水、供电、供气、供热、医疗卫生、水利、广播电视等公共设施。

【条文主旨】

本条是关于在突发事件应对结束后进行调查评估和恢复重建等工作的规定。

【条文解读】

本条与第八十八条、第八十九条一起构成《突发事件应对法》关于恢复重建的制度设计。实施调查评估主要调查灾害情况以及预防与应急准备、监测与预警、应急处置与救援等情况，在调查基础上全面分析灾害原因和经过，综合分析防灾减灾救灾能力，系统评估灾害防治、应急处置情况和效果，总结灾害应对经验和做法，剖析存在问题和深层次原因，形成调查评估结论，针对存在问题，举一反三，提出改进灾害防治和应急管理工作，提升防灾减灾救灾能力的措施建议。可以根据需要，提出灾害防治建设或灾后恢复重建实施计划。

突发事件发生后，及时、客观、全面地开展事件情况调查评估非常重要，是事后恢复和重建工作的基础。突发事件应对法第八十七条、第八十八条、第八十九条关于恢复重建过程的工作都需要以本条第一款关于突发事件调查评估作为工作依据。

对于突发调查评估的内容和范围，对比 2007 年《突发事件应对法》相关条款看，此次新修订的条款界定为"突发事件造成的影响和损失进行调查评估"，而 2007 年《突发事件应对法》第五十九条界定为"突发事件造成的损失进行评估"。从条文的调整可以看到，从范围上，调查评估范围扩大了，从过去聚焦于单纯性的损失评估，扩大到比较宽泛的造成的影响和损失。从措施上，既有评估，又强调调查。我们可以理解为，本条所称的调查评估，是包括灾害损失评估在内的综合调查评估。

在自然灾害领域，对重特大自然灾害开展调查评估，有助于全面掌握灾害影响范围和损失支撑应急救援工作开展，为灾后重建恢复工作提供科学依据，促进综合防灾减灾工作的不断优化。在此基础上，为了规范自然灾害领域调查评估工作，2023 年，应急管理部印发《重特大自然灾害调查评估暂行办法》（以下简称《暂行办法》）。坚持人民至上、生命至上的理念，以党的二十大提出的推动公共安全治理模式向事前预防转型、推进国家治理体系和治理能力现代化建设的要求为指引，重特大自然灾害调查评估以"查明问题、总结经验、汲取教训、提升能力"为目的，从已经发生的自然灾害中全面总结自然灾害应对活动经验教训，通过调查评估推动补齐相关短板，促进有关方面落实灾害防治责任，全面提升全社会抵御自然灾害的综合防范能力水平，从而有效防范重大安全风险，最大限度地减少因自然灾害造成的人员伤亡和财产损失。组织开展重特大自然灾害调查评估应当提高政治站位，牢牢把握调查工作正确方向，依照相关法律法规，体现权威性，提高统筹性，严谨周密做好各项组织工作，确保形成对党和人民负责、经得起历史检验的高质量调查报告。为此，《暂行办法》对组织单位、组建调查评估组、统筹管理要求、地方配合、支撑保障等方面作出规定：一是由国家层面和省级层面分级组织开展特别重大和重大自然灾害的调查评估工作，国家层面认为必要时，可以提级调查评估重大自然灾害。二是实施调查评估应当成立调查评估组，负责调查评估具体实施工作，调查评估组一般由应急管理部门牵头，邀请灾害防治主管部门、应急处置相关部门以及受灾地区人民政府有关人员参加，聘请有关专家参与。三是调查评估组应当制定调查评估工作方案和工作制度，注重加强调查评估各项工作的统筹协调和过程管理。四是组织地方各级应急管理部门及时收集、汇总和报告相关灾情、应急处置与救援等信息数据，配合做好调查评估工作。五是对技术支撑、信息共享和信息化建设等保障机制建设作出了规定。六是资金保障方面，经商财政部同意，应急管理部负责的重特大自然灾害调查评估工作经费由中央财政保障，通过应急管理部门预算统筹安排。省级应急管理部门负责的重大自然灾害调查评估工作经费由省级财政保障。

灾害调查评估分为前期调查和后期评估两个环节。灾害调查还原灾害过程并统计经济损失情况，灾害评估判定灾害的级别和受灾的严重性，并回顾和评价政府的灾前预警、灾中救援、灾后恢复工作。从应用对象来看，承灾体是各类调查评估共同的应用对象，但不同的调查评估关注承灾体的不同面向。防灾减灾工作的目的在于保护人类社会这一承灾体免受灾害的威胁。风险评估针对承灾体可能面临的灾害进行预分析，估量灾害可能的发生过程和潜在影响，并对诸多相关社会与人文因素加以考虑。灾害调查评估关注承灾体受损及保护情况，即统计受灾损失，判定灾害级别，评估应对工作，通过从危机中学习提升综合防灾减灾能力。从应用价值来看，防灾减灾工作是一个完整的过程，包括疏缓、准备、应对、恢复等环节。风险类调查的价值在于疏缓、准备这些前期环节，有助于形成风险地图掌握风险概况，并为完善应急救灾预案提供科学依据。灾害调查评估对整个防灾减灾工作都有价值。灾害调查评估统计受灾损失，是科学开展救援和灾后恢复总结经验得失，从危机中学习，改善后来的疏缓、准备工作。

在生产安全领域，生产安全事故调查评估工作可以说是生产安全事故处置的"规定动作"，各类标准、规范持续丰富，不断健全。2007年，国家出台《生产安全事故报告和调查处理条例》，对生产安全事故的调查处理提出明确要求。特别是明确了生产安全事故调查的四项主要任务：一是及时准确查清事故经过、事故原因和事故损失。这是事故调查的首要任务，也是后续工作开展的前提和基础。二是查明事故性质，认定事故责任。事故性质是指事故是人为事故还是自然事故，是意外事故还是责任事故。查明事故是认定事故责任的基础和前提。三是总结事故教训，提出整改措施。通过查明事故经过和事故原因，发现安全生产管理工作的漏洞，从事故中总结经验教训，并提出整改措施，最终最大限度避免后续类似事故再次发生，这也是事故调查处理的根本目的。四是对事故责任者依法追究责任。生产安全事故责任追究制度是我国安全生产领域的一项基本制度。《安全生产法》第十六条规定，国家实行生产安全事故责任追究制度。这对于增强有关人员责任心，预防事故再次发生，具有重要意义。

本条第二款聚焦的受灾地区灾后重要基础设施、生活条件的修复重建工作。生产生活秩序、条件的修复是一项系统工程，牵扯的面广、涉及的部门多，不是某一个部门能够独立完成的。为此，《突发事件应对法》明确，相关工作是由受突发事件影响地区的人民政府组织，各职能部门各司其职共同推进。

这里就涉及一个统筹协调的问题。在恢复重建的工作实践中，扮演统筹协调的角色部门往往是发展改革这类综合性协调部门。2019年，国家发展改革委牵头印发了《关于做好特别重大自然灾害灾后恢复重建工作的指导意见》，对恢复重建工作作了进一步的部署。

需要特别强调的是，在恢复重建工作中，地方主体责任是第一位的。具体体现在两个方面。一是要制定恢复重建实施方案。灾区所在省份省级人民政府承担灾后恢复重建主体责任，及时建立灾后恢复重建领导机制，认真落实党中央、国务院决策部署，按照灾后恢复重建规划，组织编制各领域恢复重建专项规划，细化制定灾后恢复重建相关政策措施，指导灾区所在市级及以下人民政府编制具体实施方案。由中央有关部门组织编制或指导地方编制灾后恢复重建规划的，灾区省级人民政府要与中央有关部门有效对接，科学制定规划实施方案。灾区省级人民政府也可根据灾后恢复重建资金规模，结合实际自主编制规划。二是要完善工作机制。灾区所在省份省级人民政府要合理安排重建时序、把握重建节奏，优先建设灾害防治、住房、教育、医疗卫生、广播电视等急需项目。灾区所在市级及以下人民政府作为恢复重建执行和落实主体，要建立专门工作机制，负责辖区内灾后恢复重建各项工作。组织力量进行废墟清理，制定建材、运输、施工保障方案。优化调整灾区政府考核评价机制，引导灾区集中力量抓恢复重建。

【典型示例】

案件事实：2018年，马某因某区人民政府未履行事后评估职责，造成其民事权利不能正当行使，请求判决某区政府给予其行政赔偿。法院经审理查明，2014年2月3日凌晨，因案外人驾驶油罐车侧翻导致车内原油倾倒、泄漏，某区政府立即组织有关部门进行应急处置，次日下午将污染现场及水面污染物清理完毕；同年5月20日某区环境保护监测站对水质现状作出监测报告，检测结果显示所有项目均未超标，至此案涉原油泄漏事件应急处置工作已结束，但某区政府未立即组织对案涉突发事件造成的损失进行评估，直至2017年8月10日某区政府才作出《关于某水库因交通肇事致使原油泄漏事件损害评估报告》。[1]

争议点：某区人民政府事后的评估行为是否违法，对马某的损失是否有赔偿义务。

---

[1] 最高人民法院（2019）最高法行申14167号行政裁定书。

法院认为：根据2007年《突发事件应对法》第五十九条的规定，突发事件应急处置工作结束后，履行统一领导职责的人民政府应当立即组织对突发事件造成的损失进行评估。本案中，某区政府在2014年案涉原油泄漏事件应急处置工作结束后，直至2017年8月10日才对该事件造成的损失进行评估，不符合上述法律规定，某区政府对这起原油泄漏事件损害评估行为违法。但关于马某的行政赔偿请求问题。因其受到损害的原因是某区原油泄漏事件，该起原油泄漏的起因系刑事犯罪分子在实施盗窃原油的犯罪行为中所致，马某的财产损失并非由某区政府造成，其请求某区政府给予赔偿缺少法律依据，不予支持。

关键点：突发事件处置工作结束后，应立即开展损失评估工作。

【关联规范】

《重特大自然灾害调查评估暂行办法》（2023年）

第三条　重特大自然灾害调查评估应当坚持人民至上、生命至上，按照科学严谨、依法依规、实事求是、注重实效的原则，遵循自然灾害规律，全面查明灾害发生经过、灾情和灾害应对过程，准确查清问题原因和性质，评估应对能力和不足，总结经验教训，提出防范和整改措施建议。

第五条　国家层面的调查评估由国务院应急管理部门按照职责组织开展。省级层面的调查评估由省级应急管理部门按照职责组织开展。法律法规另有规定的从其规定。

《生产安全事故报告和调查处理条例》（2007年）

第四条　事故报告应当及时、准确、完整，任何单位和个人对事故不得迟报、漏报、谎报或者瞒报。

事故调查处理应当坚持实事求是、尊重科学的原则，及时、准确地查清事故经过、事故原因和事故损失，查明事故性质，认定事故责任,总结事故教训,提出整改措施,并对事故责任者依法追究责任。

第二十五条 事故调查组履行下列职责:

(一)查明事故发生的经过、原因、人员伤亡情况及直接经济损失;

(二)认定事故的性质和事故责任;

(三)提出对事故责任者的处理建议;

(四)总结事故教训,提出防范和整改措施;

(五)提交事故调查报告。

《关于做好特别重大自然灾害灾后恢复重建工作的指导意见》(2019年)

(二)基本原则。

……

中央统筹,地方为主。健全中央统筹指导、地方作为主体、灾区群众广泛参与的灾后恢复重建机制。中央层面在资金、政策、规划等方面发挥统筹指导和支持作用,地方作为灾后恢复重建的责任主体和实施主体,承担组织领导、协调实施、提供保障等重点任务。

……

(四)确定启动程序。

按照党中央、国务院决策部署,启动救灾Ⅰ级响应的特别重大自然灾害,国务院有关部门会同灾区所在省份启动恢复重建工作,按程序组建灾后恢复重建指导协调小组。指导协调小组负责研究解决恢复重建中的重大问题,指导恢复重建工作有力有序有效推进。未启动救灾Ⅰ级响应的自然灾害由地方政府负责组织灾后恢复重建工作。(发展改革委、财政部、应急部牵头,有关部门和灾区所在省份省级人民政府按职责分工负责)。

……

第八十八条　【支援恢复重建】受突发事件影响地区的人民政府开展恢复重建工作需要上一级人民政府支持的，可以向上一级人民政府提出请求。上一级人民政府应当根据受影响地区遭受的损失和实际情况，提供资金、物资支持和技术指导，组织协调其他地区和有关方面提供资金、物资和人力支援。

【条文主旨】

本条是关于在恢复重建工作中对灾区政府提供资金支持保障的规定。

【条文解读】

突发事件的应对工作遵循分级管理、属地为主原则。恢复重建工作作为突发事件后端的"收尾性"善后工作，同样适用于分级管理、属地为主的原则。属地政府承担灾后恢复重建的主体责任。《关于做好特别重大自然灾害灾后恢复重建工作的指导意见》提出，重特大自然灾害恢复重建工作遵循中央统筹、地方为主的原则。中央层面恢复重建任务主要聚焦在资金、政策、规划方面的指导和支持。而地方则是恢复重建工作的责任主体和实施主体，承担恢复重建组织领导、协调实施、提供保障任务。《突发事件应对法》第八十八条规定是将中央及上级政府对灾区的恢复重建支持通过法律的形式固定下来。这有利于更好地统筹各方力量，集中力量办大事。

但是，在强调恢复重建属地主体责任的基础上，我们也应当看到，越是严重的突发事件，单凭属地政府力量推动工作还是面临诸多困难的。中央及上级政府在资金、政策、规划方面的支持是高效推进灾区恢复重建工作的重要力量。为此，《关于做好特别重大自然灾害灾后恢复重建工作的指导意见》提出，恢复重建的资金筹措可以多措并举，根据灾害损失评估、次生衍生灾害隐患排查及危险性评估、住房及其他建筑物受损程度鉴定等，以及灾区所在省份省级人民政府提出的灾后恢复重建地方资金安排意见，研究确定中央补助资金规模、筹集方式以及灾后恢复重建资金总规模。建立健全巨灾保险制度，完善市场化筹集重建资金机制，引导国内外贷款、对口支援资金、社会捐赠资金等参与灾后恢复重建。除了资金以外，扶持政策往往更能起到事半功倍的效果。通行的做法可以考虑根据灾害损失情况、环境和资源状况、恢复重建目标和经济社会发展需要等，研究制定支持灾后恢复重建的财税、金融、土地、社会保障、产业扶持等配套政策。建立恢复重建政策实施监督评估机制，确保相关政策落实到位，资金分配使用安全规范有效。

此外，对灾区的支持，不光来源于中央和上级政府。近年来，我国横向援建支援机制也日趋成熟完善。一方面，一旦某省出现特别重大自然灾害，其他省市往往会在中央统筹下共同支援受灾省救灾和恢复重建工作。另一方面，对于省内区域性重大灾害，省级政府也可以组织同省其他地区支援重灾地区建设。加强灾区所在市县干部配备，选派得力干部赴灾区任职支援恢复重建工作，组织专业技术人才提供技术支持。鼓励和支持其他地区与灾区深化教育、医疗等合作，探索相对发达地区的名校、名院到灾区办学、办医，加强中小学教师和管理骨干培训交流，建立健全远程会诊系统，定期对灾区医务人员进行培训。

本条还明确了中央和上级政府对受灾地区提供救灾资金依据，重点是根据受影响地区遭受的损失和实际情况来综合考虑，又进一步对第八十七条突发事件调查评估工作的作用作了回应。

【典型示例】

汶川大地震是新中国历史上破坏性最大、影响范围最广、救灾最困难的一次地震灾害，灾后恢复和重建工作极为艰难，仅依靠四川一省资源并不能顺利完成事后重建工作。所以，国家启动了"对口支援"的政策，提出了以国家资源为依托，以"一方有难，八方支援，自力更生，艰苦奋斗"的方针，按照"一省帮扶一重灾县"的原则，合理调配资源，组织19个省份对四川18个市县进行了对口支援，制定了《汶川地震灾后恢复重建条例》与《汶川地震灾后恢复重建对口支援方案》，有序开展灾后重建工作，并在相对较短的时间完成恢复与重建工作。

【关联规范】

《关于做好特别重大自然灾害灾后恢复重建工作的指导意见》(2019年)

……

（八）多方筹措资金。根据灾害损失评估、次生衍生灾害隐患排查及危险性评估、住房及其他建筑物受损程度鉴定等，以及灾区所在省份省级人民政府提出的灾后恢复重建地方资金安排意见，研究确定中央补助资金规模、筹集方式以及灾后恢复重建资金总规模。建立健全巨灾保险制度，完善市场化筹集重建资金机制，引导国内外贷款、对口支援资金、社会捐赠资金等参与灾后恢复重建。(财政部牵头，有关部门和灾区所在省份省级人民政府按职责分工负责)

……

（十五）加强援建支持。省级人民政府要组织省（区、市）内相对发达地区对口援建重灾地区。加强灾区所在市县干部配备，选派得力干部赴灾区任职支援恢复重建工作，组织专业技术人才提供技术支持。鼓励和支持其他地区与灾区深化教育、医疗等合作，探索相对发达地区的名校、名院到灾区办学、办医，加强中小学教师和管理骨干培训交流，建立健全远程会诊系统，定期对灾区医务人员进行培训。

(灾区所在省份 省级人民政府负责，有关部门配合)

……

《中华人民共和国防震减灾法》（2008年修订）

第七十二条 地震灾后恢复重建应当坚持政府主导、社会参与和市场运作相结合的原则。

地震灾区的地方各级人民政府应当组织受灾群众和企业开展生产自救，自力更生、艰苦奋斗、勤俭节约，尽快恢复生产。

国家对地震灾后恢复重建给予财政支持、税收优惠和金融扶持，并提供物资、技术和人力等支持。

第八十九条 【扶持优惠和善后工作】 国务院根据受突发事件影响地区遭受损失的情况，制定扶持该地区有关行业发展的优惠政策。

受突发事件影响地区的人民政府应当根据本地区遭受的损失和采取应急处置措施的情况，制定救助、补偿、抚慰、抚恤、安置等善后工作计划并组织实施，妥善解决因处置突发事件引发的矛盾纠纷。

【条文主旨】

本条是关于在恢复重建工作中对灾区政府提供政策支持保障和地方政府开展突发事件善后及恢复重建工作的规定。

【条文解读】

突发事件的善后和恢复重建工作，不仅需要资金投入和支持，还需要从宏观角度提供产业发展和行业发展的支持。如果说，恢复重建过程中的资金投入支持是对灾区的直接"输血"，那么对灾区行业和产业发展制定扶持优惠政策就属于"造血",根本目的就是让受灾地区走上自救自运转的良性发展轨道。

本条第二款较为翔实地明确了受灾地区人民政府对受灾人员的善后工作任务和措施。从程序上,法律规定首先要制定善后工作计划,然后再组织实施。这有利于善后工作的高效有序开展。在善后措施方面,法律规定了救助、补偿、抚慰、抚恤、安置等。这也是突发事件应对过程中善后工作经常会采取的措施,主要工作还多集中在各级应急管理部门。

在救助、安置方面,包括对受灾群众灾害过渡期生活救助,也就是在灾情平稳后,但是因为灾害发生导致社会生产生活秩序尚未恢复,受灾人员基本生活还难以回归正轨的阶段,灾区政府给那些居无定所、基本生活存在困难的人员以救助,帮助他们度过灾后最为困难的时刻。在具体的救助形式方面,对于那些灾区基础设施破坏较严重,个人无法通过自身解决,如安全住所等个人基本生活所需的人员,政府可以通过设立过渡期集中安置点等多种方式给予救助。当然有的受灾群众有亲朋好友帮助,只是短期在收入等方面出现生计困难,这时候政府也可以通过发放一些救灾款、救灾物资方式,让受灾人员通过投亲靠友,或者自行筹措安全住所。此外,对于受灾群众的善后救助,除了过渡期生活救助外,还有为保障受灾群众受灾当年冬天到来年春天基本生活的冬春生活救助,以及为因灾造成个人基本住房倒塌或者损坏的受灾人员给予的倒损住房恢复重建补助等。相关善后救助措施在《自然灾害救助条例》中有进一步的详细制度安排。

在补偿方面,灾后善后工作存在多种补偿情形,这里列举常见的两种情形。一是对于在救灾过程中可能存在紧急征用个人或者相关组织物资、设备用于抢险救援的,要本着谁使用、谁补偿原则给予相关补偿。相关制度在一些专项法律法规中已经相对明确,如《自然灾害救助条例》第十五条、《防洪法》第四十五条等。二是对于在抢救救援过程中为了全局、大局利益而不得不做出的牺牲个人或者相关组织给予的补偿。比如说在防汛过程中,为了保障主干河流行洪安全,河、湖泊水位或者流量达到国家规定的分洪标准在紧急情况下启用蓄滞洪区分洪,那么灾后就需要对相关受灾人员给予适当补偿。《防洪法》第三十二条第二款规定,因蓄滞洪区而直接受益的地区和单位,应当对蓄滞洪区承担国家规定的补偿、救助义务。国务院和有关的省、自治区、直辖市人民政府应当建立对蓄滞洪区的扶持和补偿、救助制度。

在抚慰、抚恤方面,重点是针对两种情形的抚慰、抚恤。一种是对于因灾遇难人员的家属的抚慰、抚恤。因灾导致人员死亡或者失踪,是突发事件导致的最为严重后果,国家始终坚持"人民至上、生命至上"妥善做好因灾遇难人员的家属抚慰、抚恤工作。这项工作通常有三个层面的具体工作。一是对于遇难人员家属心理的抚慰。受灾地区政府要通过走访慰问,安排专业社工者、心理从业人员等对遇难人员亲属给予关心、关爱,帮助他们稳定情绪,抚平创伤。二是要妥善处理好遇难人员的遗体。特别是对于大震大灾导致较大伤亡的重特大突发事件,要同步做好防疫消杀工作,严防大灾后有大疫。三是给予遇难人员家属适当的抚慰金,帮助遇难人员家庭尽早走出困难。另一种是对于在突发事件应对过程中因公殉职(牺牲)的人员抚慰、抚恤。在自然灾害过程中,因公殉职人员一并纳入因灾死亡失踪人员统计范围。对于因灾遇难人员的抚慰、抚恤工作同样适用于因公殉职人员。但是,毕竟因公殉职人员具有相对特殊性,在具体实践中,我们在抚慰、抚恤工作中也有差异。国家对于因公殉职、牺牲人员都有进一步的抚慰、抚恤待遇。对于因公殉职人员以及在抢险救灾中牺牲的烈士依法进行褒扬,也有利于弘扬社会主义核心价值观和正能量。

本条要求灾区政府在做好安置、救助、抚慰、抚恤等工作之外,还要妥善解决处置突发事件引发的矛盾纠纷。突发事件发生后,一方面社会生产生活活动必然会受到影响产生矛盾纠纷，一些民事合同无法履行，产生民事纠纷；另一方面政府在突发事件应对处置的措施也可能导致公民或者组织的个人利益受损，产生行政纠纷。这些都需要灾区政府本着依法依规、及时高效原则，将纠纷矛盾化解在基层、化解在萌芽，避免再次衍生出其他不稳定因素，影响灾区生产生活秩序。

【关联规范】

《中华人民共和国防洪法》（2006年修正）

第三十二条 洪泛区、蓄滞洪区所在地的省、自治区、直辖市人民政府应当组织有关地区和部门，按照防洪规划的要求，制定洪泛区、蓄滞洪区安全建设计划，控制蓄滞洪区人口增长，对居住在经常使用的蓄滞洪区的居民，有计划地组织外迁，并采取其他必要的安全保护措施。

因蓄滞洪区而直接受益的地区和单位，应当对蓄滞洪区承担国家规定的补偿、救助义务。国务院和有关的省、自治区、直辖市人民政府应当建立对蓄滞洪区的扶持和补偿、救助制度。

国务院和有关的省、自治区、直辖市人民政府可以制定洪泛区、蓄滞洪区安全建设管理办法以及对蓄滞洪区的扶持和补偿、救助办法。

第四十五条 在紧急防汛期，防汛指挥机构根据防汛抗洪的需要，有权在其管辖范围内调用物资、设备、交通运输工具和人力，决定采取取土占地、砍伐林木、清除阻水障碍物和其他必要的紧急措施；必要时，公安、交通等有关部门按照防汛指挥机构的决定，依法实施陆地和水面交通管制。

依照前款规定调用的物资、设备、交通运输工具等，在汛期结束后应当及时归还；造成损坏或者无法归还的，按照国务院有关规定给予适当补偿或者作其他处理。取土占地、砍伐林木的，在汛期结束后依法向有关部门补办手续；有关地方人民政府对取土后的土地组织复垦，对砍伐的林木组织补种。

《自然灾害救助条例》（2019 年修订）

第十五条 在自然灾害救助应急期间，县级以上地方人民政府或者人民政府的自然灾害救助应急综合协调机构可以在本行政区域内紧急征用物资、设备、交通运输工具和场地，自然灾害救助应急工作结束后应当及时归还，并按照国家有关规定给予补偿。

第十九条 自然灾害危险消除后，受灾地区人民政府应当统筹研究制订居民住房恢复重建规划和优惠政策，组织重建或者修缮因灾损毁的居民住房，对恢复重建确有困难的家庭予以重点帮扶。

居民住房恢复重建应当因地制宜、经济实用，确保房屋建设质量符合防灾减灾要求。

《关于做好特别重大自然灾害灾后恢复重建工作的指导意见》（2019 年）

……

（九）制定配套政策。根据灾害损失情况、环境和资源状况、恢复重建目标和经济社会发展需要等，研究制定支持灾后恢复重建的财税、金融、土地、社会保障、产业扶持等配套政策。建立恢复重建政策实施监督评估机制，确保相关政策落实到位，资金分配使用安全规范有效。（财政部牵头，有关部门和灾区所在省份省级人民政府按职责分工负责）

……

（十五）加强援建支持。省级人民政府要组织省（区、市）内相对发达地区对口援建重灾地区。加强灾区所在市县干部配备，选派得力干部赴灾区任职支援恢复重建工作，组织专业技术人才提供技术支持。鼓励和支持其他地区与灾区深化教育、医疗等合作，探索相对发达地区的名校、名院到灾区办学、办医，加强中小学教师和管理骨干培训交流，建立健全远程会诊系统，定期对灾区医务人员进行培训。

(灾区所在省份省级人民政府负责，有关部门配合)

……

第九十条　【公民参与应急的保障】公民参加应急救援工作或者协助维护社会秩序期间，其所在单位应当保证其工资待遇和福利不变，并可以按照规定给予相应补助。

【条文主旨】

本条是关于公民参加应急救援工作或者协助维护社会秩序期间，单位应维持其工资、福利不变和给予补助的规定。

【条文解读】

突发事件的事后重建与恢复工作，应当遵循社会协同、公众参与的社会治理原则。公民个人在参与突发事件的事后重建和恢复工作过程中，既付出了正常劳动，又承担了特殊风险，应有获得酬劳的权利。本条保障公民由于参与突发事件应对工作而应当享有的权益，即所在单位对其工资、福利的维持职责，同时可以根据有关规定给予补助。这也意味着突发事件虽然是不可抗力可以作为一般合同的免责条款，但不能成为劳动合同单位一方的免职条款。

应急救援工作队伍包括国家综合性消防救援队伍、县级以上人民政府及其有关部门建立的以志愿者组成的救援队伍、乡政府、街道和居委会组建的基层救援队伍、单位组建的应急救援队伍，同时也包括源自社会力量自发成立的救援队伍。以上所有公民在参与应急救援工作或维持社会秩序等方面都付出了相应劳动，承担了相应风险。所以，应从有单位与自由职业两个维度解读该法条。第一，从现实的情况来看，如果本条规定中的所在单位指的是国家机关、事业单位、国有企业、人民团体等公有制单位，则隶属于这些单位的公民参与应急救援期间的工资待遇几乎不用担心。但如果这些公民是非公有制单位的工作人员，则其参与应急救援期间的工资待遇如何保障便将成为问题。尽管本条规定的单位包括民营企业等非公有制单位在内，但在贯彻实施时难免遇到阻力，因为这些公民所在的单位对于这些资金的付出未必情愿。因此，一旦该种情况下公民与所在单位出现纠纷，当地人民政府应当采取措施保障公民的利益。第二，如果参与应急救援的公民属于自由职业者或者无业者，本条规定没有把那些没有单位而参加应急救援工作的公民涵盖进来。为了保障这一部分公民的利益，应当由当地人民政府保障其参与应急救援工作期间的待遇，待遇标准应当参照当地上年度职工日平均工资支付。

此外，本条文增设单位对公民依规补助之规定。补助，顾名思义是指补贴帮助的意思，是指单位针对本单位成员为应对突发事件所做出的某类专项工作，使单位成员获利的行为，这些补助举措能让民众重拾重建家园的信心，激发民众恢复重建的内生动力，有效推动恢复重建。本条规定有关单位在补助的适用上，采取原则性、非必须性质的规定，即相应补助是否发放、补助的具体标准等具体细则，应根据国家、单位内部的有关规定与应急救援工作的实际情况进行确认。

本条规定充分体现了"以人为本，群防群治"的立法原则，进一步完善了公民参加应急救援工作的保障措施。此外，2007年《突发事件应对法》第六十一条相应规定了县级以上人民政府对参加应急救援工作或者协助维护社会秩序过程中具有突出贡献的公民的表彰和奖励制度，2024年修订的《突发事件应对法》将这部分内容纳入总则之中，即第十五条。因此，本条规定的主要内容被限缩为单位职责，即对参与救援工作公民的物质保障，既包括对公民工资与福利的维持，还包括提供相应的补助。

【关联规范】

《中华人民共和国劳动法》（2018 年修正）

第五十一条 劳动者在法定休假日和婚丧假期间以及依法参加社会活动期间，用人单位应当依法支付工资。

《中华人民共和国防汛条例》（2011 年修订）

第三十九条 由财政部门安排的防汛经费，按照分级管理的原则，分别列入中央财政和地方财政预算。

在汛期，有防汛任务的地区的单位和个人应当承担一定的防汛抢险的劳务和费用，具体办法由省、自治区、直辖市人民政府制定。

第九十一条 【伤亡人员保障】县级以上人民政府对在应急救援工作中伤亡的人员依法落实工伤待遇、抚恤或者其他保障政策，并组织做好应急救援工作中致病人员的医疗救治工作。

【条文主旨】

本条是关于落实伤亡人员保障政策的规定。

【条文解读】

切实保障应急救援工作人员权益，使他们持续健康地投入防灾减灾救灾工作中，需要进一步完善应急救援伤亡人员的保障相应法律规定，建立规范化应急救援人员保障长效机制，有序落实应急救援工作伤亡人员的各项保障政策。以应对突发公共卫生事件的医护人员为例，2021 年，国家卫生健康委、人力资源社会保障部、财政部颁布实施了《关于建立保护关心爱护医务人员长效机制的指导意见》，其中明确提到对符合《工伤保险条例》等规定的认定工伤情形的，开辟工伤认定绿色通道，保障医务人员及时依法享受工伤保险待遇。

县级以上人民政府需要依法落实工伤待遇、抚恤或其他保障政策，确保这些在一线工作中受伤或牺牲的人员得到应有的关怀和补偿。此外，政府还需组织做好应急救援工作中致病人员的医疗救治工作，保障他们的健康和生命安全。在县级以上人民政府对伤亡人员依法提供抚恤的基础上，细化政府的保障职责与措施，以保障救援人员的权益。以下为对县级以上人民政府应采取的主要保障措施。

一、落实应急救援工作中伤亡人员的工伤待遇

一般在形成劳动关系后，提供劳务一方因劳务原因出现伤亡，可以基于《民法典》与《工伤保险条例》中的规定进行工伤认定，享受工伤保险待遇以及其他工伤待遇。而在本法中，应急救援工作队伍，包括国家综合性消防救援队伍，县级以上人民政府及其有关部门建立的以志愿者组成的救援队伍，乡政府、街道和居委会组建的基层救援队伍，单位组建的应急救援队伍，同时也包括源自社会力量自发成立的救援队伍。同时，本法第二十三条规定了公民、法人和其他组织参与突发事件应对工作的义务。所以，存在没有与其他个人订立劳动关系的人员在应急救援工作中出现伤亡的情形。2007年《突发事件应对法》对此类情况的应对出现了无法应用工伤待遇予以保障的情况。经过新法的进一步规定，则认可了所有人员在参加应急救援工作的劳动以及在救援工作过程中出现影响身体健康的风险，并通过县级以上人民政府通过承担行政职责的方式，落实相关伤亡人员的工伤待遇，填补了相应的制度空白。

二、落实应急救援工作中伤亡人员的抚恤

抚恤是指国家或者组织对因公伤残人员，或者因公牺牲的家属进行安慰并给予物质帮助。在应急救援工作中，参加应急救援工作的公民自身的健康和生命可能受到威胁。对于在应急救援工作中伤亡的人员由县级以上人民政府依法给予残疾抚恤或者死亡抚恤。例如，对于

因公牺牲的，符合条件的，可以给予见义勇为奖励，依法依规评定为革命烈士等。这种抚恤既是对他们身体所受伤害的补偿，又是对他们工作的肯定。

三、其他保障政策

其他保障政策作为兜底保障措施，包括但不限于对应急救援工作伤残人员与死亡人员的亲属的就业、教育、心理救助、社会保险缴纳等政策。当地政府可以根据当地经济发展情况，依法构建更加完善的伤亡人员保障制度。

四、组织应急救援工作中致病人员的医疗救治工作

县级以上人民政府还需组织做好应急救援工作中致病人员的医疗救治工作。这包括但不限于提供紧急医疗服务、药品、专业治疗，确保应急救援人员在受伤或生病时能够迅速获得专业的医疗人员的急救处理，减少病情恶化的风险。同时，在事后恢复重建过程中，县级以上人民政府要持续关注相应人员的后续恢复康复治疗、心理救助，以保证伤病人员更好地恢复到日常的工作生活当中去。

【关联规范】

《中华人民共和国民法典》（2021年）

第一百八十三条　因保护他人民事权益使自己受到损害的，由侵权人承担民事责任，受益人可以给予适当补偿。没有侵权人、侵权人逃逸或者无力承担民事责任，受害人请求补偿的，受益人应当给予适当补偿。

第一百八十四条　因自愿实施紧急救助行为造成受助人损害的，救助人不承担民事责任。

第一千一百九十二条　个人之间形成劳务关系，提供劳务一方因劳务造成他人损害的，由接受劳务一方承担侵权责任。接受劳务一方承担侵权责任后，可以向有故意或者重大过失的提供劳务一方追偿。

提供劳务一方因劳务受到损害的，根据双方各自的过错承担相应的责任。

提供劳务期间，因第三人的行为造成提供劳务一方损害的，提供劳务一方有权请求第三人承担侵权责任，也有权请求接受劳务一方给予补偿。接受劳务一方补偿后，可以向第三人追偿。

《工伤保险条例》（2010 年修订）

第十五条 职工有下列情形之一的，视同工伤：

……

（二）在抢险救灾等维护国家利益、公共利益活动中受到伤害的；

……

职工有前款第（一）项、第（二）项情形的，按照本条例的有关规定享受工伤保险待遇；职工有前款第（三）项情形的，按照本条例的有关规定享受除一次性伤残补助金以外的工伤保险待遇。

《烈士褒扬条例》（2025 年修订）

第八条 公民牺牲符合下列情形之一的，评定为烈士：

……

（二）抢险救灾或者其他为了抢救、保护国家财产、集体财产、公民生命财产牺牲的；

……

第九十二条 【突发事件调查、应急处置总结】 履行统一领导职责的人民政府在突发事件应对工作结束后，应当及时查明突发事件的发生经过和原因，总结突发事件应急处置工作的经验教训，制定改进措施，并向上一级人民政府提出报告。

【条文主旨】

本条是关于突发事件应对工作结束后,对突发事件调查与处置工作总结,并向上级政府报告的规定。

【条文解读】

此规定是站在事后角度对整个突发事件的总结,所以本条的突发事件应急处置工作是指针对突发事件应对事前、事中、事后整个过程,包括预防、监测、预警、处置和恢复重建,履行统一领导职责的人民政府对突发事件的应急处理工作或突发事件的应对工作。根据本条规定,突发事件调查与处置工作总结包括以下几个方面的内容:

其一,履行统一领导职责的人民政府是事后调查总结与报告的主体。所谓履行统一领导职责的人民政府,是按照属地管辖原则和事件发生的范围、烈度等因素确定的。一般情况下,县级人民政府对本行政区域内突发事件的应对工作负责,涉及两个以上行政区域的,由有关行政区域共同的上一级人民政府负责,或者由各有关行政区域的上一级人民政府共同负责。当突发事件比较严重,县级人民政府无法控制时,由其上级人民政府履行统一领导职责。一般情况下,在突发事件应对工作结束后,履行统一领导职责的人民政府可以成立专项事故调查组,进行事后调查。另外,上级人民政府认为必要时,也可以调查由下级人民政府负责调查的事故。但当突发事件的后果极为恶劣,严重影响社会秩序,使公民的生命财产安全产生严重损失,突发事件的级别可以被认定为特别重大时,由国务院或者国务院授权有关部门组织事故调查组进行提格调查。

其二,事后总结与报告的内容主要包括调查突发事件发生的经过与原因、总结工作中的经验教训与制定改进措施等。第一,调查突发事件发生的经过与原因。履行统一领导职责的人民政府应当按照科学严谨、依法依规、实事求是、注重实效的原则,通过现场勘验、调查取证、视频分析、检测鉴定、模拟实验、专家论证等手段,查清事故经过、发生原因、人员伤亡、直接经济损失和有关单位情况,完整记录突发事件发生的时间、地点、严重程度、外在表现、造成的损失等各项要素,详细描述突发事件从发生到消除的整个经过以及引起突发事件变化的各项自然因素和人为措施。通过对事故的调查,能够确定事故性质与主体责任,可以依法对责任者提出处理意见。第二,总结工作中的经验教训。履行统一领导职责的人民政府应当对突发事件的全过程进行分析,主要包括是否制定的应急预案,采取预防措施的有效性,应急准备是否充分,监测、预警系统是否及时、客观、真实反映突发事件的情况,应急处置措施和恢复重建措施是否合理、合法以及组织体系是否运转良好等方面。通过事后总结,能够认识到事发地相关主体突发事件应对工作中存在的问题。第三,制定改进措施。履行统一领导职责的人民政府应当针对应对工作中的漏洞与薄弱环节,制定相应的改进措施,避免或减少突发事件中人为因素的发生,完善突发事件的应急预案,加强对以后同类型事故的应对能力。

其三,本条明确将事后总结与报告的时间置于全部突发事件应对工作结束后。根据本法第二条之规定,突发事件应对工作其内容包括突发事件的预防与应急准备、监测与预警、应急处置与救援、事后恢复与重建等应对活动。突发事件应对工作结束,也就意味着事后恢复与重建工作基本完成,此时履行统一领导职责的人民政府可以着手进行事后总结与报告,对突发事件应对全过程进行反思总结,并向上级政府报告。通过将总结上报上一级人民政府,建立相对完善清晰的灾后学习制度,促进本区域乃至全国突发事件应对工作的逐步完善。

【典型示例】

2023 年 4 月 18 日 12 时 50 分,北京市丰台区稻厂新村 291 号北京长峰医院发生重大火灾事故，造成29人死亡、42人受伤，直接经济损失3831.82万元。鉴于该起事故性质严重、影响恶劣，经国务院批准，成立由应急管理部牵头，公安部、住房城乡建设部、国家卫生健康委、国家消防救援局、全国总工会和北京市人民政府参加的国务院北京丰台长峰医院"4·18"火灾事故调查组，在北京市前期工作基础上，对该起事故进行提格调查。事故调查组通过现场勘验、调查取证、视频分析、检测鉴定、模拟实验、专家论证等，查清了事故经过、发生原因、人员伤亡、直接经济损失和有关单位情况，查明了地方党委政府、有关部门和单位存在的问题和责任，总结分析了事故主要教训，提出了整改和防范措施建议。

事故调查组查明，事故直接原因是北京长峰医院改造工程施工现场，施工单位违规进行自流平地面施工和门框安装切割交叉作业，环氧树脂底涂材料中的易燃易爆成分挥发、形成爆炸性气体混合物，遇角磨机切割金属净化板产生的火花发生爆燃；引燃现场附近可燃物，产生的明火及高温烟气引燃楼内木质装修材料，部分防火分隔未发挥作用，固定消防设施失效，致使火势扩大、大量烟气蔓延；加之初期处置不力，未能有效组织高楼层患者疏散转移，造成重大人员伤亡。

调查查清事故暴露的主要问题是医院主体责任严重不落实，施工单位违规动火交叉作业，地方党委政府防范化解重大风险意识薄弱，医疗卫生机构行政审批和安全管理短板明显，建设工程安全监督管理存在漏洞，消防安全风险防控网不严密等。

针对事故中暴露的问题，事故调查组总结了五个方面的主要教训：防范化解重大风险意识薄弱，医疗卫生行业行政审批和安全管理不严格，建设工程规划、施工安全监管存在短板漏洞，消防监督检查和专项整治不深入，初期应急处置能力不足。同时，提出五项整改和防范措施建议：切实扛起防范化解重大风险政治责任，着力补齐医疗卫生机构安全管理短板，坚决堵塞建设工程安全监督管理漏洞，全面织牢织密消防安全风险防控网，加快提升基层一线应急处置能力和水平。[1]

【关联规范】

《重特大自然灾害调查评估暂行办法》（2023年）

第三条　重特大自然灾害调查评估应当坚持人民至上、生命至上，按照科学严谨、依法依规、实事求是、注重实效的原则，遵循自然灾害规律，全面查明灾害发生经过、灾情和灾害应对过程，准确查清问题原因和性质，评估应对能力和不足，总结经验教训，提出防范和整改措施建议。

第四条　重特大自然灾害调查评估分级组织实施。原则上，国家层面负责特别重大自然灾害的调查评估，省级层面负责重大自然灾害的调查评估。国家层面认为必要时，可以提级调查评估重大自然灾害。

重特大自然灾害分级参照《地质灾害防治条例》《森林防火条例》《草原防火条例》《国家森林草原火灾应急预案》《国家地震应急预案》《国家防汛抗旱应急预案》《国家自然灾害救助应急预案》等有关法规规定及省级以上应急预案执行。

第九十三条　【资金和物资审计监督】 突发事件应对工作中有关资金、物资的筹集、管理、分配、拨付和使用等情况，应当依法接受审计机关的审计监督。

【条文主旨】

本条是关于审计机关审计监督突发事件应对工作的规定。

---

[1] 《北京长峰医院重大火灾事故调查报告公布》，载中国政府网，https://www.gov.cn/yaowen/liebiao/202310/content_6911729.htm，2025年4月1日访问。

【条文解读】

本条作为新增条文,为审计机关对突发事件应对工作中有关资金、物资的筹集、管理、分配、拨付和使用等情况依法进行审计监督提供法律依据。

一、审计监督的主体与对象

审计工作的主体为国家审计机关。依法履行监督职责的审计机关,具有独立、客观、公正、涉及经济社会各方面的优势,因而能够而且有责任及时发现苗头性、倾向性问题,及早感受风险,提前发出警报,起到预警作用。根据《审计法》,审计的首要职责是监督。针对突发事件应对工作中可能出现的违法违规、经济犯罪、损失浪费、奢侈铺张、损坏资源、污染环境、损害人民群众利益、危害国家安全、破坏民主法治等各种行为,审计监督必须查错纠弊,必须揭示体制障碍、制度缺陷和管理漏洞,以保护经济社会运行的安全健康。在此基础上,审计机关还可以立足建设和服务,提出完善制度和规范管理的建议,促进抵御突发事件的能力,降低突发事件发生的概率。

审计的对象是与突发事件应对相关的资金和物资。而根据本法规定,相关资金主要包括事前本级政府应对突发事件的财政预算与物资储备、上级政府的拨款、社会捐赠、基于紧急需要对私主体征用的有关财产等方面。

二、审计监督的内容

审计的内容主要针对有权机关对物资的筹集、管理、分配、拨付和使用等情况。

从筹集层面,审计机关可以验证资金和物资的筹集是否遵循了法律法规,是否有适当的授权和批准,确保物资来源的合法化。同时加强筹集过程中的信息公开,可以使物资捐赠者或受影响人员了解物资筹集的规模与来源。

从管理层面，审计机关可以检查现有的内部管理系统是否足以防止错误、欺诈和其他财务不当行为，是否符合相关物资管理标准，以加强对物资管理过程中潜在风险的识别，及时发现和整改管理过程中的违规问题，提高有权机关对物资管理的安全性。

从分配层面，审计机关可以检查分配资金和物资的标准是否明确，程序是否公平公正。根据审计机关的独立性与公正性，其可以更好地帮助有权机关对物资的分配进行优先级识别，保障物资分配的效益性。

从拨付层面，审计机关的参与可以对物资拨付的及时性进行监督，同时对拨付资金的流向进行全程性监督，保障相应款项拨付符合法定程序，促进物资的尽快落实与及时到位。

从使用层面，审计机关可以监督资金和物资的使用是否严格遵循规定用途，防止相应资源的挪用与滥用。同时审计机关可以进行成本效益分析，评估资金和物资使用的效益，以实现资源的最大化利用，从而取得突发事件应对工作的预期效果。

此外审计机关应依据《审计法》的规定与程序，开展突发事件治理的审计工作，通过发挥审计工作相对独立的监督作用，提升突发事件应对能力和治理水平。

【典型示例】

2008年汶川地震发生后，为了保障抗震救灾款物和灾后恢复重建不出重大问题，促进恢复重建工作顺利进行，审计署组织了有史以来最大规模的跟踪审计。截至2010年2月底，全国各级审计机关已经派出近3000个审计组、8000余人次审计人员，对4000亿元汶川地震灾后恢复重建资金和1.3万多个项目进行了跟踪审计和审计调查。[①]

[①] 张晓松：《1.3万多个汶川地震灾后恢复重建项目被跟踪审计》，载中国政府网，https://www.gov.cn/jrzg/2010-04/18/content_1585513.htm，2025年4月1日访问。

【关联规范】

《自然灾害救助条例》（2019 年修订）

第二十八条　县级以上人民政府监察机关、审计机关应当依法对自然灾害救助款物和捐赠款物的管理使用情况进行监督检查，应急管理、财政等部门和有关社会组织应当予以配合。

《中华人民共和国审计法》（2021 年修正）

第三条　审计机关依照法律规定的职权和程序，进行审计监督。

审计机关依据有关财政收支、财务收支的法律、法规和国家其他有关规定进行审计评价，在法定职权范围内作出审计决定。

第五条　审计机关依照法律规定独立行使审计监督权，不受其他行政机关、社会团体和个人的干涉。

第六条　审计机关和审计人员办理审计事项，应当客观公正，实事求是，廉洁奉公，保守秘密。

第二十七条　除本法规定的审计事项外，审计机关对其他法律、行政法规规定应当由审计机关进行审计的事项，依照本法和有关法律、行政法规的规定进行审计监督。

第九十四条　【应对工作档案管理】 国家档案主管部门应当建立健全突发事件应对工作相关档案收集、整理、保护、利用工作机制。突发事件应对工作中形成的材料，应当按照国家规定归档，并向相关档案馆移交。

【条文主旨】

本条是关于建立健全突发事件应对工作档案制度的规定。

【条文解读】

本条是新增条文。突发事件应对的档案管理制度，即对突发事件的事后档案的收集、整理、保护、利用以及对相关材料的归档，是事后处理阶段的一项重要制度。本条规定这项制度具有两个方面的意义：

第一，从突发事件应对的整个过程来看，应急状态的终结以履行统一领导职责或者组织处置突发事件的人民政府宣布结束应急响应并停止执行应急处置措施为标志，但对某一突发事件处理的结束并不是以此为标志，而是以建立健全某一具体突发事件的档案并对应急工作中形成的全部材料依法归档为标志。包括相关政府所撰写事后报告等内容，也需要收集整理到档案之中。

第二，档案制度确保了对已经结束的突发事件、决策和活动的记录，为历史研究提供了原始资料和证据，有助于理解某一特定突发事件的发展原因以及在未来与其相似突发事件的发生时，为决策者提供相对科学高效的解决思路，能够以此构建灾后学习制度，扩大经验教训的学习范围，有利于本区域乃至全国突发事件应对工作的逐步完善。

本条对档案制度的规定的内容主要分为两部分：一是规定国家档案机关依法对相应工作机制的建立健全，以档案管理的工作步骤建立相应工作机制，确立突发事件档案管理工作的政策、程序和标准，确保档案管理工作的有序进行。二是规定材料归档与移交程序，相应材料必须依照法定程序进行归档，并移交到相关档案馆。根据规定各级各类档案馆，是集中管理档案的文化事业机构，负责收集、整理、保管和提供利用各自分管范围内的档案。归档与移交程序的规定，突发事件应对工作形成的材料获得相对统一的集中管理，以实现档案的保存与共享，方便后续有关组织和个人对突发事件全宗档案的查阅利用。

　　档案管理工作可分为以下四个步骤。第一，档案收集，档案主管部门需要指导和监督相关部门收集与事件相关的所有材料和信息，这需要跨部门的协调与合作，以确保信息收集的全面性和准确性。第二，档案整理，将档案收集的材料编辑成册，以便于档案的存储和后续的检索。第三，档案保护，依据档案法相关规定，通过对档案实体与数字化保护手段，即构建适宜档案保存的库房和必要的设施、设备，确保档案的安全，同时采用先进技术，实现档案管理的现代化。第四，档案利用，突发事件档案制度的核心在于档案的利用，对档案信息资源的整合与掌握，在此基础上对过往应对突发事件实践系统总结，基于对突发事件产生、发展和应对措施的学习，避免类似突发事件发生，或者减轻类似突发事件的危害后果。

　　此外，本条对突发事件应对工作中形成材料的归档主体未作明确规定，实践中并不能将其认定为国家档案主管部门单个主体。通过分析突发事件应对工作相关档案的收集过程，虽然本条将其规定为国家档案主管部门的职责，但在实践中档案收集过程隐含着材料的提供方，所以其背后蕴含着提供方职责，而在突发事件应对工作中的信息提供方主要是履行统一领导职责或者组织处置突发事件的人民政府。因此，对归档主体需要进行广义理解，以保证突发事件全宗档案的准确性与全面性。

【关联规范】

《重大活动和突发事件档案管理办法》（2021年）

（全文）

《中华人民共和国档案法》（2020年修订）

　　第二条　从事档案收集、整理、保护、利用及其监督管理活动，适用本法。

本法所称档案,是指过去和现在的机关、团体、企业事业单位和其他组织以及个人从事经济、政治、文化、社会、生态文明、军事、外事、科技等方面活动直接形成的对国家和社会具有保存价值的各种文字、图表、声像等不同形式的历史记录。

第七章　法律责任

第九十五条　【地方政府、有关部门及其人员不依法履责的法律责任】地方各级人民政府和县级以上人民政府有关部门违反本法规定，不履行或者不正确履行法定职责的，由其上级行政机关责令改正；有下列情形之一，由有关机关综合考虑突发事件发生的原因、后果、应对处置情况、行为人过错等因素，对负有责任的领导人员和直接责任人员依法给予处分：

（一）未按照规定采取预防措施，导致发生突发事件，或者未采取必要的防范措施，导致发生次生、衍生事件的；

（二）迟报、谎报、瞒报、漏报或者授意他人迟报、谎报、瞒报以及阻碍他人报告有关突发事件的信息，或者通报、报送、公布虚假信息，造成后果的；

（三）未按照规定及时发布突发事件警报、采取预警期的措施，导致损害发生的；

（四）未按照规定及时采取措施处置突发事件或者处置不当，造成后果的；

（五）违反法律规定采取应对措施，侵犯公民生命健康权益的；

（六）不服从上级人民政府对突发事件应急处置工作的

统一领导、指挥和协调的；

（七）未及时组织开展生产自救、恢复重建等善后工作的；

（八）截留、挪用、私分或者变相私分应急救援资金、物资的；

（九）不及时归还征用的单位和个人的财产，或者对被征用财产的单位和个人不按照规定给予补偿的。

【条文主旨】

本条是关于国务院工作部门、地方各级人民政府及其工作部门的法律责任，以及负有责任的领导人员和直接责任人员的规定。

【条文解读】

行政机关与机关工作人员两位一体，行政机关履行职责由具体机关工作人员负责，机关工作人员履行职责需要以行政机关名义开展，因此，在突发事件应对工作出现问题，行政机关和有关机关工作人员均需要承担相应的法律责任。

一、行政机关的责任

1. 违法主体。对突发事件应对工作负责的行政机关包括国务院工作部门、地方各级人民政府及其工作部门。在突发事件应对工作中，县级以上人民政府及其工作部门以及乡镇人民政府均依法承担相应的职责，县级以上地方人民政府负责本行政区域的内突发事件应对工作，国务院有关工作部门负责行业领域内的突发事件应对工作，乡镇人民政府、街道办事处依照法律、法规和县级人民政府的有关部署做好突发事件应对工作，因此，当行政机关不履行或者不正确履行法定职责，导致发生突发事件或者突发事件影响扩大时，应当承担相应的责任。

2. 违法行为。不履行或者不正确履行法定职责。法定职责是指法律、法规、规章规定的各级行政机关对社会的管理职能，以及可以行使的相应职权。法定职责不得不履行，否则无法实现设立行政机关对社会管理的目的；也不得不正确履行，如不按法律、法规、规章以及相关政策规定的制度履行，将会对社会、单位和个人造成损失。不履行或者不正确履行法定职责表现为工作人员的失职、渎职，并且会因此受到纪律处分或者构成玩忽职守罪，两者的本质区别在于，工作人员不履行或者不正确履行职责的行为是否致使公共财产、国家和人民利益遭受重大损失。

3. 法律责任。由其上级行政机关责令改正。责令改正的本质是命令相应的行政机关依法履职或者正确履职，从而实现设立行政机关的目的。对社会主体的行政处罚和对公职人员的政务处分等法律责任对行政机关并没有意义。

二、负有责任的领导人员和直接责任人员的责任

1. 违法主体。对违法情形负有责任的领导人员和直接责任人员。行政机关履行法定职责，相关的决策过程包括诸多人员，但并不能追究所有接触过的工作人员的法律责任，只是追究其中发挥作用最大的负有责任的领导人员和直接责任人员的责任即可。《中国共产党纪律处分条例》第三十九条规定，直接责任者，是指在其职责范围内，不履行或者不正确履行自己的职责，对造成的损失或者后果起决定性作用的党员或者党员领导干部；主要领导责任者，是指在其职责范围内，对主管的工作不履行或者不正确履行职责，对造成的损失或者后果负直接领导责任的党员领导干部；重要领导责任者，是指在其职责范围内，对应管的工作或者参与决定的工作不履行或者不正确履行职责，对造成的损失或者后果负次要领导责任的党员领导干部。条例所称领导责任者，包括主要领导责任者和重要领导责任者。

2. 违法情形。本条规定的违法情形是对不履职和不正确履职的详细列举。第一项至第四项是关于应对措施不当引发的后果比较严重的，分别是预防措施不当、事件信息不准、预警时间和措施不当、事件发生后应对措施不当；第五项是关于侵害公民生命健康权益的；第六项是关于不接受上级指导或者领导的；第七项是关于延误善后工作的；第八项是关于违规处置应急救援资金、物资的；第九项是关于违规处理征用财产的。

3. 违法行为构成要素。对于追究负有责任的领导人员和直接责任人员的责任，规定综合考虑突发事件发生的原因、后果、应对处置情况、行为人过错等因素。法律责任的追究，需要考虑与突发事件有关的各种主客观条件，做到过罚相当，这样更符合突发事件往往情势紧迫的实际情况，有利于鼓励干部在临机处置时勇于担当作为。

4. 法律责任。由有关机关依法给予处分，具体而言是指监察机关对违法的公职人员给予政务处分和公职人员任免机关、单位对违法的公职人员给予处分。政务处分与处分有以下不同：一是主体不同。政务处分是监察机关作出；处分是任免机关、单位作出。二是政务处分属于国家监察体制的具体体现；处分是公务员管理体系范畴。两者在种类、期间、适用的违法情形、从重、从轻或者减轻、免予或者不予处分，违法利益的处理等方面是完全一致的。突发事件发生的原因、后果、应对处置情况、行为人过错等因素既是衡量是否给予处分的参考，也是从重、从轻或者减轻、免予或者不予处分的参考。

【关联规范】

《中华人民共和国公职人员政务处分法》（2020年）

第二十九条第一款　不按照规定请示、报告重大事项，情节较重的，予以警告、记过或者记大过；情节严重的，予以降级或者撤职。

第三十条　有下列行为之一的，予以警告、记过或者记大过；情节严重的，予以降级或者撤职：

……

（二）拒不执行或者变相不执行、拖延执行上级依法作出的决定、命令的。

第三十九条 有下列行为之一，造成不良后果或者影响的，予以警告、记过或者记大过；情节较重的，予以降级或者撤职；情节严重的，予以开除：

（一）滥用职权，危害国家利益、社会公共利益或者侵害公民、法人、其他组织合法权益的；

（二）不履行或者不正确履行职责，玩忽职守，贻误工作的；

（三）工作中有形式主义、官僚主义行为的；

（四）工作中有弄虚作假、误导、欺骗行为的；

（五）泄露国家秘密、工作秘密，或者泄露因履行职责掌握的商业秘密、个人隐私的。

《地质灾害防治条例》（2004年）

第四十条 违反本条例规定，有关县级以上地方人民政府、国土资源主管部门和其他有关部门有下列行为之一的，对直接负责的主管人员和其他直接责任人员，依法给予降级或者撤职的行政处分；造成地质灾害导致人员伤亡和重大财产损失的，依法给予开除的行政处分；构成犯罪的，依法追究刑事责任：

（一）未按照规定编制突发性地质灾害应急预案，或者未按照突发性地质灾害应急预案的要求采取有关措施、履行有关义务的；

（二）在编制地质灾害易发区内的城市总体规划、村庄和集镇规划时，未按照规定对规划区进行地质灾害危险性评估的；

（三）批准未包含地质灾害危险性评估结果的可行性研究报告的；

（四）隐瞒、谎报或者授意他人隐瞒、谎报地质灾害灾情，或者擅自发布地质灾害预报的；

（五）给不符合条件的单位颁发地质灾害危险性评估资质证书或

者地质灾害治理工程勘查、设计、施工、监理资质证书的；

（六）在地质灾害防治工作中有其他渎职行为的。

第九十六条　【突发事件发生地的单位不履行法定义务的法律责任】有关单位有下列情形之一，由所在地履行统一领导职责的人民政府有关部门责令停产停业，暂扣或者吊销许可证件，并处五万元以上二十万元以下的罚款；情节特别严重的，并处二十万元以上一百万元以下的罚款：

（一）未按照规定采取预防措施，导致发生较大以上突发事件的；

（二）未及时消除已发现的可能引发突发事件的隐患，导致发生较大以上突发事件的；

（三）未做好应急物资储备和应急设备、设施日常维护、检测工作，导致发生较大以上突发事件或者突发事件危害扩大的；

（四）突发事件发生后，不及时组织开展应急救援工作，造成严重后果的。

其他法律对前款行为规定了处罚的，依照较重的规定处罚。

【条文主旨】

本条是关于单位在突发事件应对工作中违法行为的法律责任的规定。

【条文解读】

根据本法和其他突发事件专项法律、法规的规定，单位有义务参与突发事件应对工作，并且相关法律、法规明确了单位的具体义务。如果单位在突发事件应对工作中不履行或者不正确履行相关义务，则需要承担相应的法律责任。

一、违法主体

单位是本条规定的违法主体，从民事责任主体种类划分来看，包括法人和非法人组织；从注册登记的种类划分，包括行政机关、事业单位、企业、社会团体和其他组织。本法规定了部分容易产生突发事件的单位，如第三十六条规定的矿山、金属冶炼、建筑施工单位和易燃易爆物品、危险化学品、放射性物品等危险物品的生产、经营、运输、储存、使用单位；部分发生突发事件容易造成重大人员伤亡的单位，如第三十七条规定的公共交通工具、公共场所和其他人员密集场所的经营单位或者管理单位，以及第七十四条规定的受到自然灾害危害或者发生事故灾难、公共卫生事件的单位。除上述重点单位之外，本法第三十五条还规定所有单位有义务采取建立安全制度、定期检查等预防措施。

二、违法情形

本条针对突发事件发生前的预防措施、发生后的救援措施规范了违法行为，其中前三项是关于预防措施，第四项是关于救援措施。

1. 未按照规定采取预防措施，导致发生较大以上突发事件。该违法情形由行为和后果两部分构成：一是法律法规规定应当采取预防措施而未采取，或者虽采取预防措施但不符合有关规定。本法第三十五条规定，所有单位应当建立健全安全管理制度，定期开展危险源辨识评估，制定安全防范措施；第三十六条、第三十七条规定重点单位应当制定具体应急预案，配备必要的设备、设施等。二是导致发生突发事件且级别为较大以上级别。突发事件一般分为特别重大、重大、较大和一般四级，导致发生一般级别突发事件的，不属于本条规范对象。明确突发事件的级别提升了执法的可操作性，减少了自由裁量的空间，在行政处罚重的情况下，有利于保护单位的合法权益。

2. 未及时消除已发现的可能引发突发事件的隐患，导致发生较大以上突发事件。该违法情形由行为和后果两部分构成：一是在日常排查工作中已经发现可能引发突发事件的隐患，但是未及时消除。本法第三十五条规定，所有单位应当定期检查本单位各项安全防范措施的落实情况，及时消除事故隐患；第三十六条规定，矿山、金属冶炼、建筑施工单位和易燃易爆物品、危险化学品、放射性物品等危险物品的生产、经营、运输、储存、使用单位，应当对生产经营场所、有危险物品的建筑物、构筑物及周边环境开展隐患排查，及时采取措施管控风险和消除隐患，防止发生突发事件。二是导致发生较大以上突发事件。具体内容前项已作解读，不再赘述。

3. 未做好应急物资储备和应急设备、设施日常维护、检测工作，导致发生较大以上突发事件或者突发事件危害扩大。该违法情形由行为和后果两部分构成：一是违法行为。（1）未按规定做好应急物资储备。本法第四十五条规定国家建立健全应急物资储备保障制度。《国家物资储备管理规定》明确了储备物资品种和规模。本法第十六条规定，承储单位在保管期内对国家储备物资数量、质量和储存安全负责。一般单位不构成本项违法行为主体，国家只是鼓励一般单位储备基本的应急自救物资和生活必需品，不是强制性义务，但也仅限用于自救。（2）未做好应急设备、设施日常维护、检测工作。例如，本法第三十六条规定的矿山等单位配备必要的应急救援器材、设备，本法第三十七条规定的公共交通工具等经营单位或者管理单位应当定期检测、维护其报警装置和应急救援设备、设施，使其处于良好状态，确保正常使用。二是违法行为造成的后果，是导致发生较大以上突发事件或者突发事件危害扩大。既包括导致突发事件的发生，也包括突发事件的危害扩大。比如，应急物资储备数量不足、质量不达标，将影响受灾人员的基本生活保障、伤病人员的救治，导致危害扩大；而应急设备、设施如不能正常使用可能会直接导致突发事件的发生、危害的扩大（如消防栓内无水）。

4. 突发事件发生后，不及时组织开展应急救援工作，造成严重后果。该违法情形由行为和后果两部分构成：一是突发事件发生后，不及时组织开展应急救援工作。本法第七十八条规定，受到自然灾害危害或者发生事故灾难、公共卫生事件的单位，应当营救受害人员，疏散、撤离、安置受到威胁的人员，控制危险源，标明危险区域，封锁危险场所以及其他必要措施；对因本单位的问题引发的或者主体是本单位人员的社会安全事件的，应当按照规定上报情况，并开展劝解、疏导工作。突发事件发生地的其他单位应当配合做好本单位的应急救援工作，并积极组织人员参加所在地的应急救援和处置工作。二是造成严重后果。该项违法行为是在突发事件发生后，不能对应突发事件的级别，只是涉及突发事件危害的扩大，具体包括人员伤亡增加、财产损失扩大和发生本可以不会发生的次生、衍生事件。

三、法律责任

单位因为本条规定的违法行为应当受到的行政处罚包括责令停产停业、暂扣或者吊销许可证件，以及根据不同情节处以不同金额的罚款。

1. 行政处罚实施机关。由所在地履行统一领导职责的人民政府有关部门作出行政处罚。具体处罚主体根据突发事件的类型不同而不同，如突发公共卫生事件的行政处罚由卫生健康部门作出。从级别上看，可以是县级以上地方各级人民政府有关部门。

2. 行政处罚种类。（1）责令停产停业，是责令违法主体停止生产经营活动的一种处罚，是一种行为罚。（2）暂扣或者吊销许可证件，是一种资格罚，是暂时取消或者永久取消违法主体从事特定活动的一种处罚。（3）罚款，是强制违法主体承担一定金钱给付义务的一种处罚，罚款金额根据情节严重程度确定。另外，责令停产停业不能与暂扣、吊销许可证件同时作出，因为暂扣、吊销许可证件意味着违法主体被暂时或永久剥夺了从事有关活动的资格，当然要停产停业。

四、违法行为竞合

违法行为竞合，是指行为人一个违法行为违反了两个以上法律法规条款的情况。关于突发事件，我国有多部法律法规，其中本法是综合性法律，还有防洪、防震、传染病防治、消防等方面的法律，所以存在一个违法行为违反多个法律规定的情形。本条第二款规定的就是违法行为竞合问题。

1. 只能是其他法律的规定，即该款并不适用于其他相关法规、规章的规定。法规、规章的效力层级低于法律，应按照下位法服从上位法的原则适用。

2. 适用较重的处罚。（1）行政处罚种类。行政处罚种类中，对于单位而言是吊销企业的营业执照、社会组织的法人资格证书，均属于《行政处罚法》第九条规定的吊销许可证件的范畴。《行政许可法》第三十九条第一款规定，行政许可证件包括许可证、执照或者其他许可证书。吊销许可证可能剥夺相关单位在社会中存在的法律地位，因此，理论上，在本法关于行政处罚的种类中是最重的。另外，许可证件与许可证是包含与被包含关系，前者是类概念，后者是种概念。（2）罚款金额。《行政处罚法》第二十九条规定，对当事人的同一个违法行为，不得给予两次以上罚款的行政处罚。同一个违法行为违反多个法律规范应当给予罚款处罚的，按照罚款数额高的规定处罚。本条第二款规定依照较重的规定处罚，是本法此次修改的内容，修改之前是按照一般法与特殊法的关系进行适用，修改后与《行政处罚法》的规定保持一致。

3. 注意事项。（1）关于违法情形的规定相同。由于本条的违法情形包括行为和后果两部分，因此，其他法律的规定也应包括两部分且相同，才能适用第二款规定。比如，《安全生产法》第一百零一条第五项只规定了未建立事故隐患排查治理制度的违法行为,并没有规定后果,因此违法情形与本法的规定不同。(2)处罚对象相同。本法只规定了对单位的处罚,并没有规定对直接负责的主管人员和其他直接责任人员的处罚,因此,如果其他法律有对单位和个人同时处罚的,对单位的处罚适用本条规定,对个人的处罚则适用其他法律规定。

五、行政处罚裁量基准

本条第一款第四项和行政处罚的规定在行政执法过程中均涉及行政机关的自由裁量权。为了进一步约束行政机关规范行使行政处罚权,保护行政相对人的合法权益,《行政处罚法》第三十四条规定,行政机关可以依法制定行政处罚裁量基准,规范行使行政处罚裁量权。行政处罚裁量基准应当向社会公布。《国务院办公厅关于进一步规范行政裁量权基准制定和管理工作的意见》进一步明确,行政裁量权基准是行政机关结合本地区本部门行政管理实际,按照裁量涉及的不同事实和情节,对法律、法规、规章中的原则性规定或者具有一定弹性的执法权限、裁量幅度等内容进行细化量化,以特定形式向社会公布并施行的具体执法尺度和标准;还要求明确不予处罚、免予处罚、从轻处罚、减轻处罚、从重处罚的裁量阶次,有处罚幅度的要明确情节轻微、情节较轻、情节较重、情节严重的具体情形。目前,我国行政裁量权基准制度普遍建立,各地方人民政府及其工作部门多数已经明确行政处罚裁量基准。

【关联规范】

《中华人民共和国安全生产法》(2021年修正)

第九十五条 生产经营单位的主要负责人未履行本法规定的安全生产管理职责,导致发生生产安全事故的,由应急管理部门依照下列规定处以罚款:

(一)发生一般事故的,处上一年年收入百分之四十的罚款;

(二) 发生较大事故的，处上一年年收入百分之六十的罚款；

(三) 发生重大事故的，处上一年年收入百分之八十的罚款；

(四) 发生特别重大事故的，处上一年年收入百分之一百的罚款。

第九十七条　【编造、传播虚假信息的法律责任】违反本法规定，编造并传播有关突发事件的虚假信息，或者明知是有关突发事件的虚假信息而进行传播的，责令改正，给予警告；造成严重后果的，依法暂停其业务活动或者吊销其许可证件；负有直接责任的人员是公职人员的，还应当依法给予处分。

【条文主旨】

本条是关于编造、传播有关突发事件的虚假信息行为的法律责任的规定。

【条文解读】

在突发事件应对过程中，全面、准确、完整、客观的信息是有效应对工作开展的基础，也是获得社会公众全力支持的前提。虚假信息容易造成社会心理恐慌，导致群众采取错误的应对措施，从而引发恐慌性物资抢购、人员踩踏等事件，甚至导致发生突发事件或者危害扩大，影响社会稳定、扰乱社会和经济管理秩序。

1. 违法主体。任何单位和个人都可能构成违法行为的主体，包括公职人员。本法第七条第二款规定，任何单位和个人不得编造、故意传播有关突发事件的虚假信息。因此，该禁止性义务的主体并没有年龄、职业等限制。

关于公职人员的范围，根据《监察法》第十五条的规定包括：

（1）中国共产党机关、人民代表大会及其常务委员会机关、人民政府、监察委员会、人民法院、人民检察院、中国人民政治协商会议各级委员会机关、民主党派机关和工商业联合会机关的公务员，以及参照《公务员法》管理的人员；（2）法律、法规授权或者受国家机关依法委托管理公共事务的组织中从事公务的人员；（3）国有企业管理人员；（4）公办的教育、科研、文化、医疗卫生、体育等单位中从事管理的人员；（5）基层群众性自治组织中从事管理的人员；（6）其他依法履行公职的人员。

2. 违法行为。本条包括两类违法行为。（1）编造并传播有关突发事件的虚假信息。需要注意的是，该违法行为是不仅编造虚假信息，还传播虚假信息，两者缺一不可。只是编造虚假信息而不传播，一般不会造成负面影响，因此不需要处罚。编造并传播也意味着违法主体是同一主体，是故意传播，不存在误认、误信的问题。（2）明知是有关突发事件的虚假信息而进行传播。构成该违法行为，主观上需要是明知，过错责任方面是故意，误认、误信地将虚假信息作为真实信息传播不在处罚之列。另外，构成两类违法行为，虚假信息还应当与突发事件有关，传播与突发事件无关的虚假信息不在本条规范之列。

3. 法律责任。（1）责令改正、警告。对于本条规定的违法行为未造成严重后果的，适用本规定。责令改正是行政机关责令违法行为主体停止和纠正违法行为，以恢复原状，维持法定的秩序或者状态，本质上属于违法行为主体遵守法律法规，没有减损其权益或者增加其义务，不具有惩戒性质，因此也不属于行政处罚种类。警告属于名誉罚，是行政处罚中最轻的一种，是指行政机关对违法行为主体提出告诫，使其知晓自己违法所在并改正。（2）暂停业务活动或者吊销其许可证件。暂停业务活动属于行为罚，与责令停产停业类似，该处罚的条件是造成严重后果。此处的严重后果需要根据具体情况而定，包括但不限于导致突发事件发生或者危害扩大，导致政府有关部门采取紧急应对措施、产生重大社会影响等。吊销许可证件既包括单位的许可证件，如新闻出版许可证、互联网新闻信息服务许可证；也包括直接责任人员的许可证件，如新闻记者证。此类行政处罚由相关行业主管部门作出。(3) 公职人员违法适用问题。本条规定的给予处分包括政务处分和处分。本条规定的公职人员包括本法第九十五条规定的通报、报送、公布虚假信息的负有责任的领导人员和直接责任人员。两条规定的主要区别是，如果公职人员是在履行法定职责工作过程中公布的虚假信息，则适用第九十五条的规定；如果是以个人名义通过互联网站、应用程序、论坛、博客、即时通信工具、网络直播等途径传播的，则适用本条规定。

4. 特殊说明。本条规定的行政处罚种类，只有警告、暂停业务活动或者吊销其许可证件。前者针对情节轻微行为，属于名誉罚；后者针对情节严重行为，分别属于行为罚和资格罚；并没有罚款、没收违法所得等经济罚的处罚种类。

【关联规范】

《中华人民共和国刑法》(2023 年修正)

第二百九十一条之一第二款　编造虚假的险情、疫情、灾情、警情，在信息网络或者其他媒体上传播，或者明知是上述虚假信息，故意在信息网络或者其他媒体上传播，严重扰乱社会秩序的，处三年以下有期徒刑、拘役或者管制；造成严重后果的，处三年以上七年以下有期徒刑。

《中华人民共和国治安管理处罚法》(2012 年修正)

第二十五条　有下列行为之一的，处五日以上十日以下拘留，可以并处五百元以下罚款；情节较轻的，处五日以下拘留或者五百元以下罚款：

(一) 散布谣言，谎报险情、疫情、警情或者以其他方法故意扰乱公共秩序的；

（二）投放虚假的爆炸性、毒害性、放射性、腐蚀性物质或者传染病病原体等危险物质扰乱公共秩序的；

（三）扬言实施放火、爆炸、投放危险物质扰乱公共秩序的。

《新闻记者证管理办法》（2009年修订）

第三十五条 新闻机构工作人员有以下行为之一的，由新闻出版总署或者省、自治区、直辖市新闻出版行政部门给予警告，并处3万元以下罚款，情节严重的，吊销其新闻记者证，构成犯罪的，依法追究刑事责任：

（一）违反本办法第十七条，从事有关活动的；

（二）违反本办法第十八条，编发虚假报道的；

（三）违反本办法第十九条，转借、涂改新闻记者证或者利用职务便利从事不当活动的；

（四）违反本办法第二十条，未在离岗前交回新闻记者证的。

《互联网新闻信息服务管理规定》（2017年）

第十六条第一款 互联网新闻信息服务提供者和用户不得制作、复制、发布、传播法律、行政法规禁止的信息内容。

第二十五条 互联网新闻信息服务提供者违反本规定第三条、第十六条第一款、第十九条第一款、第二十条第二款规定的，由国家和地方互联网信息办公室依据职责给予警告，责令限期改正；情节严重或拒不改正的，暂停新闻信息更新，处二万元以上三万元以下罚款；构成犯罪的，依法追究刑事责任。

《互联网信息服务管理办法》（2011年修订）

第十五条 互联网信息服务提供者不得制作、复制、发布、传播含有下列内容的信息：

……

（六）散布谣言，扰乱社会秩序，破坏社会稳定的；

……

第九十八条　【单位和个人不服从、不配合的法律责任】单位或者个人违反本法规定，不服从所在地人民政府及其有关部门依法发布的决定、命令或者不配合其依法采取的措施的，责令改正；造成严重后果的，依法给予行政处罚；负有直接责任的人员是公职人员的，还应当依法给予处分。

【条文主旨】

本条是关于单位、个人不服从政府及其有关部门依法发布的决定、命令或者不配合其依法采取的措施的法律责任的规定。

【条文解读】

突发事件发生后，县级以上人民政府及其设立的突发事件应急指挥机构发布有关突发事件应对的决定、命令、措施，也可以依法采取相应措施，以应对突发事件，控制、消除其危害。根据本法第七十八条和第七十九条规定，单位和个人应当服从人民政府发布的决定、命令，配合人民政府采取的应急处置措施，积极参加应急救援工作。

1. 违法主体。在突发事件发生所在地活动的单位和个人。人民政府的管辖权仅限于所辖行政区域，因此，各地方人民政府发布的决定、命令、措施仅适用本行政区域以及在本行政区域范围内活动的单位和个人。国务院管辖全国，发布的决定、命令、措施也适用于全国，国内任何地域发生突发事件，都需要执行国务院发布的决定、命令、措施。简言之，本条所说的所在地人民政府是指突发事件发生所在县级、地级市、省级人民政府和国务院。

2. 违法情形。不服从所在地人民政府及其有关部门依法发布的决定、命令或者不配合其依法采取的措施。需要注意三点：一是决定、命令只能由人民政府及其设立的应急指挥机构发布。二是不服从和不配合从本质上是相同的，即不执行，之所以用词不同是因为决定、命令与措施的性质不同，前者属于具有普遍约束力的规范性文件，此处语境下的措施更多的是指具体的应对活动。三是不服从、不配合与拒不执行的关系。此处规定的拒不执行是指明知人民政府发布的决定、命令的内容，有能力执行而执意不履行其义务的行为。拒不执行一般主要表现为经劝说、警告或者处罚后仍不履行相关义务的行为。

3. 法律责任。（1）责令改正。责令违法行为主体履行其应当履行的义务，即执行人民政府及其有关部门发布的决定、命令、措施。（2）给予行政处罚。前提条件是不服从、不配合的行为造成严重后果。本法并没有明确应当给予行政处罚的种类，主要是考虑到不同性质的突发事件，不服从、不配合所造成的严重后果也不同。对此，可以通过两个途径解决：一是在突发事件其他专项法律法规或者有关法律法规的专项条款中作细化规定。目前在《粮食安全保障法》等法律法规中已经有相关规定。二是由国家各相关部门或者省级人民政府相关部门通过制定裁量基准实现。

4. 修订沿革。本条规定的违法情形的法律责任在2007年《突发事件应对法》中，并没有规定责令改正和行政处罚，而是直接规定构成违反治安管理行为的，由公安机关依法给予处罚。实践中，在应对已发生突发事件时发现，并非所有的违法行为都能构成违法治安管理的行为，在不服从、不配合与拒不执行之间存在很大的空间，对部分不服从、不配合的行为也可以通过行政处罚矫正。《粮食安全保障法》等法律法规中，对相应的空隙进行了弥补。本法此次的修订进一步应用了这些经验。

【关联规范】

《中华人民共和国粮食安全保障法》（2024年）

第六十九条 违反本法规定，粮食应急状态发生时，不服从县级以上人民政府的统一指挥和调度，或者不配合采取应急处置措施的，由县级以上人民政府有关部门依照职责责令改正，给予警告；拒不改正的，对单位处二万元以上二十万元以下罚款，对个人处二千元以上二万元以下罚款；情节严重的，对单位处二十万元以上二百万元以下罚款，对个人处二万元以上二十万元以下罚款。

《中华人民共和国医师法》（2022年）

第五十五条 违反本法规定，医师在执业活动中有下列行为之一的，由县级以上人民政府卫生健康主管部门责令改正，给予警告；情节严重的，责令暂停六个月以上一年以下执业活动直至吊销医师执业证书：

（一）在提供医疗卫生服务或者开展医学临床研究中，未按照规定履行告知义务或者取得知情同意；

（二）对需要紧急救治的患者，拒绝急救处置，或者由于不负责任延误诊治；

（三）遇有自然灾害、事故灾难、公共卫生事件和社会安全事件等严重威胁人民生命健康的突发事件时，不服从卫生健康主管部门调遣；

（四）未按照规定报告有关情形；

（五）违反法律、法规、规章或者执业规范，造成医疗事故或者其他严重后果。

《中华人民共和国海上交通安全法》（2021年修订）

第一百一十二条 船舶、海上设施不依法履行海上救助义务，不服从海上搜救中心指挥的，由海事管理机构对船舶、海上设施的所有人、经营人或者管理人处三万元以上三十万元以下的罚款，暂扣船长、责任船员的船员适任证书六个月至十二个月，直至吊销船员适任证书。

《粮食流通管理条例》（2021年修订）

第四十九条 从事政策性粮食经营活动，有下列情形之一的，由粮食和储备行政管理部门责令改正，给予警告，没收违法所得，并处50万元以上200万元以下罚款；情节严重的，并处200万元以上500

万元以下罚款：……

粮食应急预案启动后，不按照国家要求承担应急任务，不服从国家的统一安排和调度的，依照前款规定予以处罚。

《中华人民共和国内河交通安全管理条例》（2019 年修订）

第七十八条 违反本条例的规定，遇险现场和附近的船舶、船员不服从海事管理机构的统一调度和指挥的，由海事管理机构给予警告，并可以对责任船员给予暂扣适任证书或者其他适任证件 3 个月至 6 个月直至吊销适任证书或者其他适任证件的处罚。

《气象灾害防御条例》（2017 年修订）

第四十四条 违反本条例规定，有下列行为之一的，由县级以上地方人民政府或者有关部门责令改正；构成违反治安管理行为的，由公安机关依法给予处罚；构成犯罪的，依法追究刑事责任：

（一）未按照规定采取气象灾害预防措施的；

（二）不服从所在地人民政府及其有关部门发布的气象灾害应急处置决定、命令，或者不配合实施其依法采取的气象灾害应急措施的。

第九十九条　【单位和个人违反个人信息保护规定的法律责任】单位或者个人违反本法第八十四条、第八十五条关于个人信息保护规定的，由主管部门依照有关法律规定给予处罚。

【条文主旨】

本条是关于违反个人信息保护有关义务的法律责任的规定。

【条文解读】

本条属于指引性条款。根据本法第八十四条、第八十五条的规定，授权有关单位和个人依法配合突发事件应对工作或者履行相关义务，可以获取其他人信息，并遵守相关规范：一是有关单位和个人依照法定程序和方式取得；二是获取个人信息的用途仅限于用于突发事件应对；三是要确保个人信息安全，其中包括不得非法收集、使用、加工、传输他人个人信息，不得非法买卖、提供或者公开他人个人信息；四是突发事件应对工作结束后应当予以销毁，因依法作为证据使用或者调查评估的，经评估并采取相应保护和处理措施后，可以留存或者延期销毁。对违反上述规范的行为，应当依法承担相应的法律责任。

1. 违法主体。在突发事件应急处置中，涉及处理个人信息的任何单位和个人。《个人信息保护法》第四条第二款规定，个人信息的处理包括个人信息的收集、存储、使用、加工、传输、提供、公开、删除等。本法第八十五条规定的销毁即删除，相对而言，删除一般指电子信息，销毁则包括以实物为载体的信息，既包括存储个人信息的硬盘，也包括记载个人信息的纸张等。

2. 违法行为。包括违法处理个人信息和处理个人信息未履行个人信息保护义务两类，具体包括：（1）在突发事件应急处置中，非经本法授权获取他人个人信息；（2）获取的信息不符合法定程序和方式；（3）获取的个人信息用于突发事件应对工作以外的；（4）未保障个人信息安全，有非法收集、使用、加工、传输他人个人信息，非法买卖、提供或者公开他人个人信息等违法行为；（5）除依法作为证据或者调查评估需要留存的外，突发事件应对工作结束后未在规定的期限内将有关个人信息销毁。

3. 法律责任。本条的法律责任核心内容是处罚，即行政处罚，因此，并不包括相关的民事责任、刑事责任等。（1）处罚依据。本条规定的依照有关法律规定指引至《个人信息保护法》等法律，并不包括行政法规、地方性法规、规章。（2）处罚主体。本条规定的主管部门是指《个人信息保护法》规定的履行个人信息保护职责的部门，具体包括国家网信部门、国务院有关部门和县级以上地方人民政府有关部门。国务院有关部门和县级以上地方人民政府有关部门，主要是涉及个人信息保护的行业主管部门，如市场监管部门、金融监管部门以及工信、教育、卫生健康等有关部门，按照各自法定职责保护个人信息。

(3) 法律责任。《个人信息保护法》第六十六条对违法处理个人信息和处理个人信息未履行个人信息保护义务规定的行为规定的法律责任包括责令改正和行政处罚。对情节轻微、情节较重的违法行为，行政处罚的种类包括：警告、没收违法所得、责令暂停或者终止提供服务、拒不改正的并处罚款；对单位直接负责的主管人员和其他直接责任人员同时处以罚款。对情节严重的违法行为，行政处罚的种类包括没收违法所得、责令暂停相关业务或者停业整顿、吊销相关业务许可或者吊销营业执照；对直接负责的主管人员和其他直接责任人员处以罚款、禁止一定期限内担任企业的董事、监事、高级管理人员和个人信息保护负责人。情节严重的违法行为的法律责任中有两点需注意：一是处以的罚款是以上一年度的营业额的一定比例为上限；二是对直接负责的主管人员和其他直接责任人员的从业禁止并非必须给予的处罚，而是属于处罚机关的自由裁量权范围，可以制定相关的行政处罚裁量基准，明确必须处罚的情形。

另外，与个人相关的法律还有《网络安全法》《数据安全法》，相对于《个人信息保护法》，前两者属于一般法，后者属于特殊法，即网络安全、数据安全包括但不限于个人信息保护，因此相关法律责任规定不一致时，如果是针对个人信息保护的法律责任，则应当适用《个人信息保护法》。

【关联规范】

《中华人民共和国个人信息保护法》（2021 年）

第六十六条　违反本法规定处理个人信息，或者处理个人信息未履行本法规定的个人信息保护义务的，由履行个人信息保护职责的部门责令改正，给予警告，没收违法所得，对违法处理个人信息的应用程序，责令暂停或者终止提供服务；拒不改正的，并处一百万元以下罚款；对直接负责的主管人员和其他直接责任人员处一万元以上十万元以下罚款。

有前款规定的违法行为，情节严重的，由省级以上履行个人信息保护职责的部门责令改正，没收违法所得，并处五千万元以下或者上一年度营业额百分之五以下罚款，并可以责令暂停相关业务或者停业整顿、通报有关主管部门吊销相关业务许可或者吊销营业执照；对直接负责的主管人员和其他直接责任人员处十万元以上一百万元以下罚款，并可以决定禁止其在一定期限内担任相关企业的董事、监事、高级管理人员和个人信息保护负责人。

《中华人民共和国数据安全法》（2021年）

第四十五条 开展数据处理活动的组织、个人不履行本法第二十七条、第二十九条、第三十条规定的数据安全保护义务的，由有关主管部门责令改正，给予警告，可以并处五万元以上五十万元以下罚款，对直接负责的主管人员和其他直接责任人员可以处一万元以上十万元以下罚款；拒不改正或者造成大量数据泄露等严重后果的，处五十万元以上二百万元以下罚款，并可以责令暂停相关业务、停业整顿、吊销相关业务许可证或者吊销营业执照，对直接负责的主管人员和其他直接责任人员处五万元以上二十万元以下罚款。

违反国家核心数据管理制度，危害国家主权、安全和发展利益的，由有关主管部门处二百万元以上一千万元以下罚款，并根据情况责令暂停相关业务、停业整顿、吊销相关业务许可证或者吊销营业执照；构成犯罪的，依法追究刑事责任。

《中华人民共和国网络安全法》（2017年）

第六十四条 网络运营者、网络产品或者服务的提供者违反本法第二十二条第三款、第四十一条至第四十三条规定，侵害个人信息依法得到保护的权利的，由有关主管部门责令改正，可以根据情节单处或者并处警告、没收违法所得、处违法所得一倍以上十倍以下罚款，没有违法所得的，处一百万元以下罚款，对直接负责的主管人员和其他直接责任人员处一万元以上十万元以下罚款；情节严重的，并可以责令暂停相关业务、停业整顿、关闭网站、吊销相关业务许可证或者吊销营业执照。

违反本法第四十四条规定，窃取或者以其他非法方式获取、非法出售或者非法向他人提供个人信息，尚不构成犯罪的，由公安机关没收违法所得，并处违法所得一倍以上十倍以下罚款，没有违法所得的，处一百万元以下罚款。

第一百条 【民事责任】单位或者个人违反本法规定，导致突发事件发生或者危害扩大，造成人身、财产或者其他损害的，应当依法承担民事责任。

【条文主旨】

本条是关于单位或者个人因违反本法规定造成人身、财产或者其他损害应当承担的民事责任的规定。

【条文解读】

本法第三十五条、第三十六条、第三十七条、第三十九条、第四十二条、第六十条、第七十八条等规定了单位在突发事件应对工作中的采取预防措施、组建救援队伍、建立专职或者兼职信息报告员制度、组织救援和配合政府组织救援等义务；第七十九条规定了个人的配合政府、基层群众性自治组织和有关单位的应急处置工作的义务；第七条、第二十八条、第八十四条等规定了单位和个人关于不得编造、故意传播有关突发事件的虚假信息，参与突发事件应对工作，依法处理个人信息等义务。违反上述义务，导致突发事件发生或者危害扩大，造成人身、财产或者其他损害的，应当依法承担民事责任。

一、违约责任

在突发事件应对中，涉及合同的情形非常多，最典型的就是食品、药品、防护用品等物资的买卖合同。此类合同的不履行或者不按期履行，都可能引发合同纠纷，导致突发事件发生或者危害扩大，对此违约方应当依法承担民事责任。民事责任具有补偿性质，即以对方受到的损失为补偿标准。另外，实践中也有一些特殊规定，如以违约方获得的利润为赔偿标准。根据有关司法解释，在突发事件中，出卖人与买受人订立物资买卖合同后，将物资高价转卖他人致使合同不能履行，买受人请求将出卖人所得利润作为损失赔偿数额的，人民法院应予支持。

二、侵权责任

单位和个人依法承担的侵权责任，包括过错责任（含过错推定责任）、无过错责任。

1. 在突发事件中，过错责任情形可能表现为：一是故意引发各类事故等其他突发事件，如故意放火、传播病原体等；二是不遵守相关行为规范或者违反禁止性规范，如安全隐患不及时消除，未采取保护个人信息的有关措施等。此外，宾馆、商场、银行、车站、机场、体育场馆、娱乐场所等经营场所、公共场所的经营者、管理者或者群众性活动的组织者，未尽到安全保障义务；无民事行为能力人在幼儿园、学校或者其他教育机构学习、生活期间受到人身损害的，也可能属于突发事件，如集体食物中毒、踩踏等。

2. 在突发事件中，无过错责任情形可能表现为：重大交通责任事故、环境污染事故、产品缺陷导致群体性损害等。

三、不可抗力

《民法典》第一百八十条规定，因不可抗力不能履行民事义务的，不承担民事责任。法律另有规定的，依照其规定。不可抗力是不能预见、不能避免且不能克服的客观情况。不可抗力一般包括自然灾害，如台风、洪水、冰雹；政府行为，如征收、征用；社会异常事件，如罢工、骚乱、战争。自然灾害是突发事件的一类；政府征收、征用可能适用在任何突发事件中；社会安全事件属于社会异常事件。突发公共卫生事件一般也是不能预见、不能避免且不能克服的客观情况，因此，总体而言，突发事件均属于不可抗力的情形。当然，不可抗力的适用需要当事人依法履行了法律法规规定的相关义务。当事人主张适用不可抗力部分或者全部免责的，应当就不可抗力直接导致民事义务部分或者全部不能履行的事实承担举证责任。对于比较有争议的政府行为是否属于不可抗力，最高人民法院有关司法解释中已明确，因政府依法调用或者临时征用有关物资，致使出卖人不能履行买卖合同，买受人请求出卖人承担违约责任的，人民法院不予支持。

四、惩罚性赔偿

除了消费者可以要求赔偿损失外，在我国现行部分法律中，还规定可以要求惩罚性赔偿。

1. 具体情形。《消费者权益保护法》第五十五条规定的提供商品、服务有欺诈行为的或者提供明知有缺陷商品、服务的，《食品安全法》第一百四十八条第二款规定的销售明知是不符合安全标准的食品的，《药品管理法》第一百四十四条第三款规定的明知是假药、劣药仍然销售、使用的，均可以适用惩罚性赔偿。

2. 赔偿金额。提供商品或者服务有欺诈行为的，消费者可以要求购买商品的价款或者接受服务的费用的三倍赔偿；增加赔偿的金额不足五百元的，为五百元。明知商品或者服务存在缺陷仍然向消费者提供的，消费者可以要求所受损失二倍以下的惩罚性赔偿。明知是假药、劣药仍然销售、使用的，销售明知是不符合安全标准的食品的，消费者可以向生产者或者经营者要求支付价款十倍或者损失三倍的赔偿金；

增加赔偿的金额不足一千元的,为一千元。

《最高人民法院关于审理食品药品纠纷案件适用法律若干问题的规定》第十五条再次作出解释规定,对涉及食品、药品的违法行为,消费者要求惩罚性赔偿的,人民法院应予支持。在突发事件中,如生产经营者在提供防护物品以及食品、药品时,存在上述情形的,消费者主张依法适用惩罚性赔偿的,人民法院将予以支持。

【典型示例】

案件事实:某晚,某养护中心发生火灾,入住人刘某死亡。[1]

争论点:某养护中心认为火灾由刘某私自携带打火机引起,且在火灾后未采取正确应对措施导致火灾进一步恶化,某养护中心不应承担相关责任。刘某家属则认为刘某自理能力为"重度依赖",全部需要他人照顾,火灾后只能被动等待救援,不能苛责没有自理能力的老人采取自救措施;还认为某养护中心作为专业的养老机构,未尽到安全保障义务,具有严重过错,应承担全部责任。

法院认为:刘某自理能力等级为重度依赖,需要照顾程度为全部需要他人照顾。涉案火灾事故发生时,刘某穿着约束衣,身体活动受限,在火灾中自救能力较低。刘某入住某养护中心后,已脱离亲属控制,转由养护中心管理养护,应由养护中心保障刘某的人身安全。养护中心未举证证明其提供养护的房间内设施是否符合安全标准、起火原因等事实,应由其承担不利的举证后果,依据民法典第一千一百六十五条第一款的规定,认定养护中心应承担本案事故的全部责任。

关键点:导致火灾发生或者危害扩大的责任与受害人的民事行为能力密切相关。

---

[1] 广东省高级人民法院(2024)粤民申 6584 号民事裁定书。

【关联规范】

《中华人民共和国民法典》（2021 年）

第五百七十七条 当事人一方不履行合同义务或者履行合同义务不符合约定的，应当承担继续履行、采取补救措施或者赔偿损失等违约责任。

第五百八十四条 当事人一方不履行合同义务或者履行合同义务不符合约定，造成对方损失的，损失赔偿额应当相当于因违约所造成的损失，包括合同履行后可以获得的利益；但是，不得超过违约一方订立合同时预见到或者应当预见到的因违约可能造成的损失。

第五百九十条 当事人一方因不可抗力不能履行合同的，根据不可抗力的影响，部分或者全部免除责任，但是法律另有规定的除外。因不可抗力不能履行合同的，应当及时通知对方，以减轻可能给对方造成的损失，并应当在合理期限内提供证明。

当事人迟延履行后发生不可抗力的，不免除其违约责任。

第一千一百六十五条 行为人因过错侵害他人民事权益造成损害的，应当承担侵权责任。

依照法律规定推定行为人有过错，其不能证明自己没有过错的，应当承担侵权责任。

第一千一百七十三条 被侵权人对同一损害的发生或者扩大有过错的，可以减轻侵权人的责任。

第一千二百零七条 明知产品存在缺陷仍然生产、销售，或者没有依据前条规定采取有效补救措施，造成他人死亡或者健康严重损害的，被侵权人有权请求相应的惩罚性赔偿。

第一千二百三十二条 侵权人违反法律规定故意污染环境、破坏生态造成严重后果的，被侵权人有权请求相应的惩罚性赔偿。

第一百零一条 【紧急避险】为了使本人或者他人的人身、财产免受正在发生的危险而采取避险措施的，依照《中华人民共和国民法典》、《中华人民共和国刑法》等法律关于紧急避险的规定处理。

【条文主旨】

本条是关于在突发事件中紧急避险行为的法律责任的规定。

【条文解读】

紧急避险是指为使国家、公共利益，本人、他人的人身、财产权益免受正在发生的危险，不得已采取的牺牲较小利益而保全较大利益的行为。在突发事件应对过程中，往往会有公民为了避免人身、财产损害而采取紧急避险行为的情况。本条对公民采取紧急避险措施的相关法律责任承担作出规定，为鼓励公民在突发事件应急处置中积极参与应急救援，开展自救互救、减少损失提供法律依据。

一、构成要件

紧急避险的构成要件包括：一是必须是为了使本人、他人（含国家、公共利益）的人身、财产权利免受危险的损害。二是必须是对正在发生的危险采取的紧急避险行为，损害行为已经结束且损害结果已经最终发生的不能适用紧急避险。三是必须是在不得已情况下采取避险措施，紧急避险人没有其他更为有效的措施可选择。四是避险措施适当且不能超过必要的限度。紧急避险措施是否不当或者超过必要的限度，需要由人民法院综合危险的性质、急迫程度、避险行为所保护的权益以及造成的损害后果等因素判断。

二、民事责任

《民法典》第一百八十二条规定了紧急避险行为的民事责任。《最高人民法院关于适用〈中华人民共和国民法典〉总则编若干问题的解释》第三十二条、第三十三条对紧急避险措施的认定，措施是否适当、超过必要限度的认定，以及相应民事责任的认定进行了解释。紧急避险行为民事责任具体如下：

1. 紧急避险措施并无不当且未超过必要的限度，紧急避险人不承担民事责任。一是紧急避险措施并无不当和未超过必要的限度两个条件均符合，紧急避险人方才不承担民事责任。二是险情由人为原因引起的，由引起险情发生的人承担民事责任，紧急避险人不承担民事责任。三是险情由自然原因引起的，紧急避险人不承担民事责任，但可以给予适当补偿。

2. 紧急避险措施不当或者超过必要的限度，且造成不应有的损害的，紧急避险人应当承担适当的民事责任。一是紧急避险措施不当、超过必要的限度有一种情形符合即可。二是紧急避险措施确属不当或者超过必要限度的，由人民法院根据紧急避险人的过错程度、避险措施造成不应有的损害的原因力大小、紧急避险人是否为受益人等因素认定紧急避险人的责任，且承担的责任应当在造成的不应有的损害范围内。

三、刑事责任

《刑法》第二十一条规定了紧急避险行为的刑事责任。

1. 与民事责任的认定条件不同。紧急避险行为的民事责任是通过采取措施是否不当和是否超过必要的限度两个条件认定，而其刑事责任只通过是否超过必要的限度一个条件认定。从中也可以看出，对紧急避险行为人刑事责任的追究更为严格。

2. 未超过必要限度的，不负刑事责任。

3. 超过必要限度的，且造成不应有的损害的，应当负刑事责任，但是应当减轻或者免除处罚。如果没有造成不应有的损害，也不承担刑事责任。减轻处罚是指在法定最低刑罚以下处罚；免除处罚是指依法判定罪名但不予刑事处罚。

【典型示例】

案件事实：某牧场为国有独资企业，在连续四场降雨后，某牧场难以承受水患，采取泄洪措施，给地势较低的于某的草原造成财产损失。[①]

争论点：于某认为某牧场是营利企业，两者应当同等保护，因此应当赔偿全部损失。某牧场认为自己代行部分行政职能，作为防汛抗旱指挥部成员，在上级指挥调度下，迫不得已泄洪，构成紧急避险，不承担民事责任。

法院认为：焦点是某牧场泄洪导致于某的草原被淹造成损失的行为是否构成民法中的紧急避险行为。某牧场为国有独资企业，代行部分行政管理职能，辖区内有村屯，居住人口一千余人，其中存在危房55处。依据某区政府防汛抗旱指挥部办公室相关文件，可以认定因连续强降雨，加之上游泄洪，导致某牧场辖区内居民区、农田、林地、草原等多处内涝，为保障辖区内居民的生命和财产安全，维护公共利益，某牧场作为指挥部成员，其在上级指挥调度下，履行自身职责，迫不得已向地势较低处进行排水，导致案涉草原受淹，该行为构成紧急避险。

关键点：一是如何判定紧急避险构成要件中的迫不得已；二是真正的受益主体是谁会影响紧急避险行为的构成。

【关联规范】

《中华人民共和国民法典》（2021年）

第一百八十二条　因紧急避险造成损害的，由引起险情发生的人承担民事责任。

[①] 黑龙江省大庆市中级人民法院（2024）黑06民终206号民事判决书。

危险由自然原因引起的，紧急避险人不承担民事责任，可以给予适当补偿。

紧急避险采取措施不当或者超过必要的限度，造成不应有的损害的，紧急避险人应当承担适当的民事责任。

《最高人民法院关于适用〈中华人民共和国民法典〉总则编若干问题的解释》（2022 年）

第三十三条　对于紧急避险是否采取措施不当或者超过必要的限度，人民法院应当综合危险的性质、急迫程度、避险行为所保护的权益以及造成的损害后果等因素判断。

经审理，紧急避险采取措施并无不当且没有超过必要限度的，人民法院应当认定紧急避险人不承担责任。紧急避险采取措施不当或者超过必要限度的，人民法院应当根据紧急避险人的过错程度、避险措施造成不应有的损害的原因力大小、紧急避险人是否为受益人等因素认定紧急避险人在造成的不应有的损害范围内承担相应的责任。

《中华人民共和国刑法》（2023 年修正）

第二十一条　为了使国家、公共利益、本人或者他人的人身、财产和其他权利免受正在发生的危险，不得已采取的紧急避险行为，造成损害的，不负刑事责任。

紧急避险超过必要限度造成不应有的损害的，应当负刑事责任，但是应当减轻或者免除处罚。

第一款中关于避免本人危险的规定，不适用于职务上、业务上负有特定责任的人。

《关于处理涉及汶川地震相关案件适用法律问题的意见（二）》（2009 年）

十、因抗震救灾需要采取的排险、抢修、拆除等紧急避险行为造成公民人身或者公民、法人财产损害的，行为人不承担民事责任或者承担适当的民事责任。

第一百零二条 【治安管理处罚和刑事责任】违反本法规定，构成违反治安管理行为的，依法给予治安管理处罚；构成犯罪的，依法追究刑事责任。

【条文主旨】

本条是关于构成违反治安管理行为的和构成犯罪的法律责任的规定。

【条文解读】

根据全国人大常委会法工委发布的立法技术规范，违反治安管理行为的和构成犯罪的法律责任，一般只做衔接性规定，分别根据《治安管理处罚法》《刑法》追究相关法律责任。本法此次修改更进一步，不再在每条法律责任条款中规定治安管理处罚和刑事责任，而是在本章的最后一条集中规定，删除了其他法律责任条款中构成治安管理行为的和构成犯罪的规定，只是规定相关违法行为的处分、行政处罚等法律责任。

一、构成治安管理行为的

《治安管理处罚法》是规范违反治安管理行为的专项法律，治安管理处罚也属于行政处罚；该法与《行政处罚法》是特殊法与一般法的关系。

1. 适用范围。在中华人民共和国领域内发生的违反治安管理行为，以及在中华人民共和国船舶和航空器内发生的违反治安管理行为，除法律有特别规定的外，适用《治安管理处罚法》。

2. 实施机关。国务院公安部门负责全国的治安管理工作；县级以上地方各级人民政府公安机关负责本行政区域内的治安管理工作。具体到治安管理处罚则由县级以上人民政府公安机关决定；其中警告、五百元以下的罚款可以由公安派出所决定。

3. 违法主体。单位和个人都是违反治安管理行为的适格主体。单位违反治安管理的,对其直接负责的主管人员和其他直接责任人员依照本法的规定处罚。不满十四周岁的人违反治安管理的,不予处罚,但是应当责令其监护人严加管教。

4. 构成违反治安管理行为的情形。违反治安管理行为,主要包括扰乱公共秩序,妨害公共安全,侵犯人身权利、财产权利,妨害社会管理等行为,依照《刑法》的规定构成犯罪的,依法追究刑事责任;尚不够刑事处罚的,由公安机关依法给予治安管理处罚。本条关于构成犯罪的解读部分已经列举了在突发事件中可能涉及的犯罪罪名,可以依次对照有关违反治安管理的行为。

《治安管理处罚法》中直接与突发事件相关的行为包括:(1)第二十五条规定的散布谣言,谎报险情、疫情、警情或者以其他方法故意扰乱公共秩序的;投放虚假的爆炸性、毒害性、放射性、腐蚀性物质或者传染病病原体等危险物质扰乱公共秩序的;扬言实施放火、爆炸、投放危险物质扰乱公共秩序的。(2)第三十条规定的违反国家规定,制造、买卖、储存、运输、邮寄、携带、使用、提供、处置爆炸性、毒害性、放射性、腐蚀性物质或者传染病病原体等危险物质的。(3)第三十三条规定的盗窃、损毁水利防汛工程设施等公共设施的。(4)第四十七条规定的煽动民族仇恨、民族歧视,或者在出版物、计算机信息网络中刊载民族歧视、侮辱内容的。(5)第五十条规定的拒不执行人民政府在紧急状态情况下依法发布的决定、命令的;阻碍国家机关工作人员依法执行职务的;阻碍执行紧急任务的消防车、救护车、工程抢险车、警车等车辆通行的等。

5. 法律责任。治安管理处罚的种类主要包括:警告、罚款、行政拘留、吊销公安机关发放的许可证;对违反治安管理的外国人,可以附加适用限期出境或者驱逐出境。

二、构成犯罪的

1. 犯罪主体。单位和个人依法都可能构成与突发事件相关的某种犯罪的适格主体。

2. 涉及的罪名。突发事件包括自然灾害、事故灾难、公共卫生事件和社会安全事件。根据事件产生的原因或者目的、应急救援措施的执行以及应对过程中的相关意外情况，对《刑法》中突发事件涉及的部分相关犯罪情形分类列举如下：

（1）抗拒突发事件应对措施类犯罪，如妨害公务罪，以危险方法危害公共安全罪，妨害传染病防治罪，妨害动植物防疫、检疫罪。

（2）造谣传谣类犯罪，如编造、故意传播虚假信息罪，寻衅滋事罪，煽动分裂国家罪，煽动颠覆国家政权罪，拒不履行信息网络安全管理义务罪。

（3）制假售假类犯罪，如生产、销售伪劣产品罪，生产、销售假药罪，生产、销售劣药罪，生产、销售不符合标准的医用器材罪。

（4）物价类犯罪，如非法经营罪，主要是指违反国家有关市场经营、价格管理等规定，囤积居奇，哄抬防护用品、药品或者其他涉及民生的物品价格，牟取暴利的行为。

（5）聚众哄抢、诈骗类犯罪，如聚众哄抢罪、诈骗罪、虚假广告罪。

（6）暴力伤人和限制他人人身自由类犯罪，如故意伤害罪、寻衅滋事罪、非法拘禁罪。

（7）破坏交通设施类犯罪，如破坏交通设施罪。

（8）破坏野生动物资源类犯罪，此类犯罪主要涉及突发公共卫生事件，如危害珍贵、濒危野生动物罪，非法狩猎罪，非法经营罪，掩饰、隐瞒犯罪所得罪。

（9）制造或者参与社会安全事件类犯罪，如分裂国家罪、颠覆国家政权罪、叛逃罪、间谍罪。此类犯罪主要涉及社会安全事件。

（10）制造各类事故类犯罪，如放火罪、决水罪、爆炸罪、投放危险物质罪、以危险方法危害公共安全罪。

（11）失职渎职、贪污挪用类犯罪，如滥用职权罪、玩忽职守罪、传染病防治失职罪、传染病毒种扩散罪、挪用特定款物罪。

此外，《刑法》第二编第二章"危害公共安全罪"中的航空、铁路、教育设施等安全事故类犯罪也与本法直接相关。

3. 法律责任。（1）刑罚分为主刑和附加刑。主刑种类包括管制、拘役、有期徒刑、无期徒刑、死刑。除死刑是直接剥夺罪犯的生命权和政治权利外，其他的主刑都是自由刑，死缓则是剥夺生命权和自由刑的结合。附加刑种类包括罚金、剥夺政治权利、没收财产。罚金和没收财产属于经济刑，剥夺政治权利属于资格刑；附加刑也可以独立适用。（2）从重规定。《刑法》还规定了与突发事件相关的犯罪行为应当从重处罚，如第三百八十四条规定的挪用公款罪，明确挪用于救灾、抢险、防汛款物归个人使用的，从重处罚；第三百九十条规定的行贿罪，明确在防灾救灾等领域行贿，实施违法犯罪活动的，从重处罚。

【关联规范】

《中华人民共和国刑法》（2023年修正）

第一百三十四条第二款 强令他人违章冒险作业，或者明知存在重大事故隐患而不排除，仍冒险组织作业，因而发生重大伤亡事故或者造成其他严重后果的，处五年以下有期徒刑或者拘役；情节特别恶劣的，处五年以上有期徒刑。

第二百七十三条 挪用用于救灾、抢险、防汛、优抚、扶贫、移民、救济款物，情节严重，致使国家和人民群众利益遭受重大损害的，对直接责任人员，处三年以下有期徒刑或者拘役；情节特别严重的，处三年以上七年以下有期徒刑。

第二百七十七条 以暴力、威胁方法阻碍国家机关工作人员依法执行职务的，处三年以下有期徒刑、拘役、管制或者罚金。

以暴力、威胁方法阻碍全国人民代表大会和地方各级人民代表大会代表依法执行代表职务的,依照前款的规定处罚。

在自然灾害和突发事件中,以暴力、威胁方法阻碍红十字会工作人员依法履行职责的,依照第一款的规定处罚。

……

第二百九十一条之一第二款 编造虚假的险情、疫情、灾情、警情,在信息网络或者其他媒体上传播,或者明知是上述虚假信息,故意在信息网络或者其他媒体上传播,严重扰乱社会秩序的,处三年以下有期徒刑、拘役或者管制;造成严重后果的,处三年以上七年以下有期徒刑。

第三百三十七条 违反有关动植物防疫、检疫的国家规定,引起重大动植物疫情的,或者有引起重大动植物疫情危险,情节严重的,处三年以下有期徒刑或者拘役,并处或者单处罚金。

单位犯前款罪的,对单位判处罚金,并对其直接负责的主管人员和其他直接责任人员,依照前款的规定处罚。

第八章 附 则

第一百零三条 【紧急状态】 发生特别重大突发事件，对人民生命财产安全、国家安全、公共安全、生态环境安全或者社会秩序构成重大威胁，采取本法和其他有关法律、法规、规章规定的应急处置措施不能消除或者有效控制、减轻其严重社会危害，需要进入紧急状态的，由全国人民代表大会常务委员会或者国务院依照宪法和其他有关法律规定的权限和程序决定。

紧急状态期间采取的非常措施，依照有关法律规定执行或者由全国人民代表大会常务委员会另行规定。

【条文主旨】

本条是关于进入紧急状态的条件、决定主体、紧急状态期间采取的非常措施的规定。

【条文解读】

本条旨在加强突发事件应对法律制度与紧急状态制度的衔接。

紧急状态，是指发生或者即将发生特别重大突发事件，需要国家机关行使紧急权力予以控制、消除其社会危害和威胁时，有关国家机关按照宪法、法律规定的权限决定并宣布局部地区或者全国实行的一种临时性的严重危急状态，是一种突发因素引起的非常态化的社会状态。根据本条第一款规定，紧急状态具有以下特征：

1. 实行紧急状态时，一定区域或全国的国家安全、公共安全、生态环境安全或者社会秩序正在遭受严重威胁，因此相较于一般的突发事件，紧急状态的引发因素的危害性更大，发生概率更低，影响范围更大。

2. 引起紧急状态的一般为普通应急处置措施难以控制的特别重大突发事件，需要特定国家机关行使紧急权力，采取更为严苛的紧急措施加以控制。

3. 紧急状态的引发因素具有突然性，但紧急状态并不当然具有突发性，因为紧急状态由全国人民代表大会常务委员会或者国务院依照宪法和其他有关法律规定的权限和程序主动决定。另外根据本条第一款规定，突发事件与紧急状态虽然有严格区分，但是突发事件在满足本法和其他有关法律、法规、规章规定的应急处置措施不能消除或者有效控制时，可能会演变成紧急状态的前提条件时，再由有权机关决定是否进入应急状态。

4. 紧急状态下产生的危害后果远大于普通的突发事件，同时紧急状态一般由全国人民代表大会常务委员会决定，所以调整紧急状态的法律规范的效力一般大于突发事件应对法律规范。

本条第二款，规定了紧急状态的非常措施由全国人民代表大会常务委员会另行决定或者根据其他法律规定。本条旨在加强《突发事件应对法》与《宪法》规定的紧急状态的衔接，并未对紧急状态的非常措施进行详细规定。

此外，根据《宪法》相关规定，全国人大常委会决定全国或者个别省、自治区、直辖市进入紧急状态。中华人民共和国主席根据全国人大常委会的决定，宣布进入紧急状态。国务院依照法律规定决定省、自治区、直辖市的范围内部分地区进入紧急状态。

【关联规范】

《中华人民共和国宪法》（2018年修正）

第六十七条　全国人民代表大会常务委员会行使下列职权：

……

（二十一）决定全国或者个别省、自治区、直辖市进入紧急状态；

……

第八十条　中华人民共和国主席根据全国人民代表大会的决定和全国人民代表大会常务委员会的决定，公布法律，任免国务院总理、副总理、国务委员、各部部长、各委员会主任、审计长、秘书长，授予国家的勋章和荣誉称号，发布特赦令，宣布进入紧急状态，宣布战争状态，发布动员令。

第八十九条　国务院行使下列职权：

……

（十六）依照法律规定决定省、自治区、直辖市的范围内部分地区进入紧急状态；

……

第一百零四条　【域外突发事件应对】 中华人民共和国领域外发生突发事件，造成或者可能造成中华人民共和国公民、法人和其他组织人身伤亡、财产损失的，由国务院外交部门会同国务院其他有关部门、有关地方人民政府，按照国家有关规定做好应对工作。

【条文主旨】

本条是关于对中国公民、法人和其他社会组织造成影响的域外突发事件应对工作的规定。

【条文解读】

本条是新增条文,旨在为国务院外交部门会同国务院其他有关部门、有关地方人民政府针对造成或者可能造成中华人民共和国公民、法人和其他组织人身伤亡、财产损失的域外突发事件,做好相关应对工作提供充分的法律依据。

根据《国家安全法》第三十三条的规定,国家依法采取必要措施,保护海外中国公民、组织和机构的安全和正当权益,保护国家的海外利益不受威胁和侵害。《国民经济和社会发展第十四个五年规划和2035年远景目标纲要》第四节"健全开放安全保障体系"中明确提到,构建海外利益保护和风险预警防范体系。优化提升驻外外交机构基础设施保障能力,完善领事保护工作体制机制,维护海外中国公民、机构安全和正当权益。随着深入推进高水平对外开放,我国海外利益拓展明显提速,海外人员、境外企业等规模不断扩大,但地缘政治博弈,局部地区出现动乱,"灰犀牛"事件发生概率增加,需要国务院外交部门同其他部门坚持贯彻总体国家安全观、以人为本,积极承担起海外公民、法人和其他组织的保护责任,依法科学应对突发事件。相较于国内突发事件,海外公民、法人等主体要格外注意社会安全事件,包括战争、政变、恐怖袭击,不断提升自身风险识别、危地分析等安全评估能力,保障自身生命安全,防止恶性事件的发生。

对于海外发生的突发事件应对工作,应加强突发事件的预防与应急准备、预警与监测、应急处置与救援、事后恢复等措施。一般是驻外使领馆负责开展突发事件的处置工作,由国务院外交部门同其他国务院部门负责相应预警工作。例如,《对外投资合作境外安全事件应急响应和处置规定》第八条规定,驻外使(领)馆负责指导境外中资企业机构开展具体处置工作,并妥善协调处理善后事宜。在未建交国家和地区发生的境外安全事件，由代管驻外机构负责指导和协调。第九条规定，外交部会同商务部向驻外使（领）馆发布境外安全风险预警，指导驻外使（领）馆协助处置对外投资合作境外安全事件，依据职责维护境外中资企业机构和人员的安全与合法权益。

【典型示例】

2011年，利比亚国内发生严重骚乱，给当地中国公民的生命财产安全带来了极大威胁。中国政府迅速启动应急机制，展开了新中国成立以来规模最大、行动最迅速的撤侨行动。在短短12天时间内，通过91架次中国民航包机、35架次外航包机、12架次军机、租用外国邮轮11艘、国有商船5艘及军舰1艘，成功将35860名在利中国公民安全撤离，并帮助12个国家撤出了2100名外籍公民。

这次撤侨行动中，中国政府展现了高度的责任感和高效的组织协调能力。在党中央、国务院的坚强领导下，前后方、各部门通力合作，创造了新中国成立以来最大规模撤侨行动的多个"第一"，包括第一次海陆空联动、第一次采用摆渡中转方式撤离等。[1]

【关联规范】

《中华人民共和国国家安全法》（2015年）

第三十三条 国家依法采取必要措施，保护海外中国公民、组织和机构的安全和正当权益，保护国家的海外利益不受威胁和侵害。

《对外投资合作境外安全事件应急响应和处置规定》（2013年）

第四条 本规定适用于对境外中资企业机构和人员生命财产安全构成威胁或造成损失的境外安全事件的处置工作，包括战争、政变、恐怖袭击、绑架、治安犯罪、自然灾害、生产安全事故和公共卫生事

---

[1] 《中国在利比亚人员已全部回国 撤离行动圆满结束》，载中国政府网，https://www.gov.cn/jrzg/2011-03/06/content_1817344.htm，2025年4月1日访问。

件等。

第五条　境外安全事件处置遵循"以人为本、依法办事、预防为主、安全第一"的原则。

第八条　驻外使（领）馆负责指导境外中资企业机构开展具体处置工作，并妥善协调处理善后事宜。在未建交国家和地区发生的境外安全事件，由代管驻外机构负责指导和协调。

第九条　外交部会同商务部向驻外使（领）馆发布境外安全风险预警，指导驻外使（领）馆协助处置对外投资合作境外安全事件，依据职责维护境外中资企业机构和人员的安全与合法权益。

第一百零五条　【境内的外国人、无国籍人义务】在中华人民共和国境内的外国人、无国籍人应当遵守本法，服从所在地人民政府及其有关部门依法发布的决定、命令，并配合其依法采取的措施。

【条文主旨】

本条是关于外国人、无国籍人遵守本法，服从决定、命令，配合有关措施的规定。

【条文解读】

本条是新增条文，规定了在中国境内的外国人、无国籍人应当遵守本法，服从所在地人民政府及其有关部门依法发布的决定、命令，并配合行政机关依法采取的措施。本条规定的内容，是外国人、无国籍人应当遵守一般属地管辖，即接受本人所在地的国家的管辖，此处不光是出于立法技术的考量，使突发事件应对法更为完整，也是进一步明确外国人、无国籍人在中国境内遵守突发事件法律规范的责任与义务，同时由于本法作为突发事件规范的基本法，本条的新增能够加强外国人、无国籍人适用《传染病防治法》等特别法的便宜性。

外国人、无国籍人遵守本法,即积极履行本法规定的义务,不得违反本法与其相关的禁止性规定,一旦违反将承担相应的行政、民事或刑事责任。例如,本法第七条第二款规定,任何单位和个人不得编造、故意传播有关突发事件的虚假信息。外国人、无国籍人也可以作为本条的适格主体,如果违反则应承担本法第九十七条规定的相应责任。同理,外国人、无国籍人也应同时遵守所在地人民政府及其部门发布的命令与决定、积极配合其采取的措施。

外国人、无国籍人在遵守法律、承担相应义务的同时,自身合法权益也受到本法保护,如外国人、无国籍人也可以依法行使本法第九条所规定的投诉、举报权,或者接受本法第八十一条的心理救助。

【关联规范】

《中华人民共和国宪法》(2018 年修正)

第三十二条　中华人民共和国保护在中国境内的外国人的合法权利和利益,在中国境内的外国人必须遵守中华人民共和国的法律。

中华人民共和国对于因为政治原因要求避难的外国人,可以给予受庇护的权利。

《中华人民共和国出境入境管理法》(2013 年)

第三条　国家保护中国公民出境入境合法权益。

在中国境内的外国人的合法权益受法律保护。在中国境内的外国人应当遵守中国法律,不得危害中国国家安全、损害社会公共利益、破坏社会公共秩序。

第一百零六条　【施行日期】本法自 2024 年 11 月 1 日起施行。

【条文主旨】

本条是关于本法施行时间的规定。

《中华人民共和国突发事件应对法》修改前后对照表[*]

突发事件应对法（2007年）	突发事件应对法（2024年修订）
目　录 第一章　总则 第二章　预防与应急准备 第三章　监测与预警 第四章　应急处置与救援 第五章　事后恢复与重建 第六章　法律责任 第七章　附则	目　录 第一章　总则 **第二章　管理与指挥体制** 第三章　预防与应急准备 第四章　监测与预警 第五章　应急处置与救援 第六章　事后恢复与重建 第七章　法律责任 **第八章**　附则
第一章　总　则	第一章　总　则
第一条　为了预防和减少突发事件的发生，控制、减轻和消除突发事件引起的严重社会危害，规范突发事件应对活动，保护人民生命财产安全，维护国家安全、公共安全、环境安全和社会秩序，制定本法。	第一条　为了预防和减少突发事件的发生，控制、减轻和消除突发事件引起的严重社会危害，**提高突发事件预防和应对能力**，规范突发事件应对活动，保护人民生命财产安全，维护国家安全、公共安全、**生态**环境安全和社会秩序，**根据宪法**，制定本法。
第二条　突发事件的预防与应急准备、监测与预警、应急处置与救援、事后恢复与重建等应对活动，适用本法。	第二条　本法所称突发事件，是指突然发生，造成或者可能造成严重社会危害，需要采取应急处置措施予以应对的自然灾害、事故灾难、公共卫生事件

[*] 左栏加下画线表示移动，加下画线和阴影表示删除；右栏黑体字为增加或修改内容。

突发事件应对法（2007年）	突发事件应对法（2024年修订）
	和社会安全事件。 　　突发事件的预防与应急准备、监测与预警、应急处置与救援、事后恢复与重建等应对活动，适用本法。 　　《中华人民共和国传染病防治法》等有关法律对突发公共卫生事件应对作出规定的，适用其规定。有关法律没有规定的，适用本法。
第三条　本法所称突发事件，是指突然发生，造成或者可能造成严重社会危害，需要采取应急处置措施予以应对的自然灾害、事故灾难、公共卫生事件和社会安全事件。 　　按照社会危害程度、影响范围等因素，自然灾害、事故灾难、公共卫生事件分为特别重大、重大、较大和一般四级。法律、行政法规或者国务院另有规定的，从其规定。 　　突发事件的分级标准由国务院或者国务院确定的部门制定。	**第三条**　按照社会危害程度、影响范围等因素，**突发**自然灾害、事故灾难、公共卫生事件分为特别重大、重大、较大和一般四级。法律、行政法规或者国务院另有规定的，从其规定。 　　突发事件的分级标准由国务院或者国务院确定的部门制定。
	第四条　突发事件应对工作坚持中国共产党的领导，坚持以马克思列宁主义、毛泽东思想、邓小平理论、"三个代表"重要思想、科学发展观、习近平新时代中国特色社会主义思想为指导，建立健全集中统一、高效权威的中国特色突发事件应对工作领导体制，完善党委领导、政府负责、部门联动、军地联合、社会协同、公众参与、科技支撑、法治保障的治理体系。
第五条　突发事件应对工作实行预防为主、预防与应急相结合的原则。国家建立重大突发事件风险评估体系，对	**第五条**　突发事件应对工作应当坚持总体国家安全观，统筹发展与安全；坚持人民至上、生命至上；坚持依法科

突发事件应对法（2007年）	突发事件应对法（2024年修订）
可能发生的突发事件进行综合性评估，减少重大突发事件的发生，最大限度地减轻重大突发事件的影响。	学应对，尊重和保障人权；坚持预防为主、预防与应急相结合。
第六条 国家建立有效的社会动员机制，增强全民的公共安全和防范风险的意识，提高全社会的避险救助能力。	第六条 国家建立有效的社会动员机制，组织动员企业事业单位、社会组织、志愿者等各方力量依法有序参与突发事件应对工作，增强全民的公共安全和防范风险的意识，提高全社会的避险救助能力。
第十条 有关人民政府及其部门作出的应对突发事件的决定、命令，应当及时公布。 第五十三条 履行统一领导职责或者组织处置突发事件的人民政府，应当按照有关规定统一、准确、及时发布有关突发事件事态发展和应急处置工作的信息。 第五十四条 任何单位和个人不得编造、传播有关突发事件事态发展或者应急处置工作的虚假信息。	第七条 国家建立健全突发事件信息发布制度。有关人民政府和部门应当及时向社会公布突发事件相关信息和有关突发事件应对的决定、命令、措施等信息。 任何单位和个人不得编造、故意传播有关突发事件的虚假信息。有关人民政府和部门发现影响或者可能影响社会稳定、扰乱社会和经济管理秩序的虚假或者不完整信息的，应当及时发布准确的信息予以澄清。
第二十九条第三款 新闻媒体应当无偿开展突发事件预防与应急、自救与互救知识的公益宣传。	第八条 国家建立健全突发事件新闻采访报道制度。有关人民政府和部门应当做好新闻媒体服务引导工作，支持新闻媒体开展采访报道和舆论监督。 新闻媒体采访报道突发事件应当及时、准确、客观、公正。 新闻媒体应当开展突发事件应对法律法规、预防与应急、自救与互救知识等的公益宣传。
	第九条 国家建立突发事件应对工作投诉、举报制度，公布统一的投诉、举报方式。 对于不履行或者不正确履行突发事

突发事件应对法（2007 年）	突发事件应对法（2024 年修订）
	件应对工作职责的行为，任何单位和个人有权向有关人民政府和部门投诉、举报。 接到投诉、举报的人民政府和部门应当依照规定立即组织调查处理，并将调查处理结果以适当方式告知投诉人、举报人；投诉、举报事项不属于其职责的，应当及时移送有关机关处理。 有关人民政府和部门对投诉人、举报人的相关信息应当予以保密，保护投诉人、举报人的合法权益。
第十一条 有关人民政府及其部门采取的应对突发事件的措施，应当与突发事件可能造成的社会危害的性质、程度和范围相适应；有多种措施可供选择的，应当选择有利于最大程度地保护公民、法人和其他组织权益的措施。 公民、法人和其他组织有义务参与突发事件应对工作。	第十条 突发事件应对措施应当与突发事件可能造成的社会危害的性质、程度和范围相适应；有多种措施可供选择的，应当选择有利于最大程度地保护公民、法人和其他组织权益，且对他人权益损害和生态环境影响较小的措施，并根据情况变化及时调整，做到科学、精准、有效。
	第十一条 国家在突发事件应对工作中，应当对未成年人、老年人、残疾人、孕产期和哺乳期的妇女、需要及时就医的伤病人员等群体给予特殊、优先保护。
第十二条 有关人民政府及其部门为应对突发事件，可以征用单位和个人的财产。被征用的财产在使用完毕或者突发事件应急处置工作结束后，应当及时返还。财产被征用或者征用后毁损、灭失的，应当给予补偿。	第十二条 县级以上人民政府及其部门为应对突发事件的紧急需要，可以征用单位和个人的设备、设施、场地、交通工具等财产。被征用的财产在使用完毕或者突发事件应急处置工作结束后，应当及时返还。财产被征用或者征用后毁损、灭失的，应当给予公平、合理的补偿。

突发事件应对法（2007年）	突发事件应对法（2024年修订）
第十三条 因采取突发事件应对措施，诉讼、行政复议、仲裁活动不能正常进行的，适用有关时效中止和程序中止的规定，但法律另有规定的除外。	**第十三条** 因**依法**采取突发事件应对措施，**致使**诉讼、**监察调查**、行政复议、仲裁、**国家赔偿等**活动不能正常进行的，适用有关时效中止和程序中止的规定，法律另有规定的除外。
第十五条 中华人民共和国政府在突发事件的预防、监测与预警、应急处置与救援、事后恢复与重建等方面，同外国政府和有关国际组织开展合作与交流。	**第十四条** 中华人民共和国政府在突发事件的预防**与应急准备**、监测与预警、应急处置与救援、事后恢复与重建等方面，同外国政府和有关国际组织开展合作与交流。
	第十五条 对在突发事件应对工作中做出突出贡献的单位和个人，按照国家有关规定给予表彰、奖励。
	第二章 管理与指挥体制
第四条 国家建立统一**领导**、综合协调、分类管理、分级负责、属地管理为主的应急管理体制。	**第十六条** 国家建立统一**指挥**、**专常兼备**、**反应灵敏**、**上下联动的**应急管理体制**和**综合协调、分类管理、分级负责、属地管理为主的**工作体系**。
第七条 县级人民政府对本行政区域内突发事件的应对工作负责；涉及两个以上行政区域的，由有关行政区域共同的上一级人民政府负责，或者由各有关行政区域的上一级人民政府共同负责。 突发事件发生后，发生地县级人民政府应当立即采取措施控制事态发展，组织开展应急救援和处置工作，并立即向上一级人民政府报告，必要时可以越级上报。 突发事件发生地县级人民政府不能消除或者不能有效控制突发事件引起的严重社会危害的，应当及时向上级人民政府报告。上级人民政府应当及时采取措施，统一领导应急处置工作。	**第十七条** 县级人民政府对本行政区域内突发事件的应对**管理**工作负责。 突发事件发生后，发生地县级人民政府应当立即采取措施控制事态发展，组织开展应急救援和处置工作，并立即向上一级人民政府报告，必要时可以越级上报，**具备条件的，应当进行网络直报或者自动速报**。 突发事件发生地县级人民政府不能消除或者不能有效控制突发事件引起的严重社会危害的，应当及时向上级人民政府报告。上级人民政府应当及时采取措施，统一领导应急处置工作。 法律、行政法规规定由国务院有关部门对突发事件应对**管理**工作负责的，

突发事件应对法（2007 年）	突发事件应对法（2024 年修订）
法律、行政法规规定由国务院有关部门对突发事件的应对工作负责的，从其规定；地方人民政府应当积极配合并提供必要的支持。	从其规定；地方人民政府应当积极配合并提供必要的支持。 第十八条　突发事件涉及两个以上行政区域的，**其应对管理工作**由有关行政区域共同的上一级人民政府负责，或者由各有关行政区域的上一级人民政府共同负责。共同负责的人民政府应当按照国家有关规定，建立信息共享和协调配合机制。根据共同应对突发事件的需要，地方人民政府之间可以建立协同应对机制。
第八条第一款　国务院在总理领导下研究、决定和部署特别重大突发事件的应对工作；根据实际需要，设立国家突发事件应急指挥机构，负责突发事件应对工作；必要时，国务院可以派出工作组指导有关工作。 第二款　县级以上地方各级人民政府设立由本级人民政府主要负责人、相关部门负责人、驻当地中国人民解放军和中国人民武装警察部队有关负责人组成的突发事件应急指挥机构，统一领导、协调本级人民政府各有关部门和下级人民政府开展突发事件应对工作；根据实际需要，设立相关类别突发事件应急指挥机构，组织、协调、指挥突发事件应对工作。 第九条　国务院和县级以上地方各级人民政府是突发事件应对工作的行政领导机关，其办事机构及具体职责由国务院规定。	第十九条　县级以上人民政府是突发事件应对**管理**工作的行政领导机关。 国务院在总理领导下研究、决定和部署特别重大突发事件的应对工作；根据实际需要，设立国家突发事件应急指挥机构，负责突发事件应对工作；必要时，国务院可以派出工作组指导有关工作。 县级以上地方人民政府设立由本级人民政府主要负责人、相关部门负责人、**国家综合性消防救援队伍**和驻当地中国人民解放军、中国人民武装警察部队有关负责人**等**组成的突发事件应急指挥机构，统一领导、协调本级人民政府各有关部门和下级人民政府开展突发事件应对工作；根据实际需要，设立相关类别突发事件应急指挥机构，组织、协调、指挥突发事件应对工作。 第二十条　突发事件应急指挥机构在突发事件应对过程中可以依法发布有关突发事件应对的决定、命令、措施。

突发事件应对法（2007 年）	突发事件应对法（2024 年修订）
	突发事件应急指挥机构发布的决定、命令、措施与设立它的人民政府发布的决定、命令、措施具有同等效力，法律责任由设立它的人民政府承担。
第八条第三款 上级人民政府主管部门应当在各自职责范围内，指导、协助下级人民政府及其相应部门做好有关突发事件的应对工作。	第二十一条 县级以上人民政府应急管理部门和卫生健康、公安等有关部门应当在各自职责范围内做好有关突发事件应对管理工作，并指导、协助下级人民政府及其相应部门做好有关突发事件的应对管理工作。
	第二十二条 乡级人民政府、街道办事处应当明确专门工作力量，负责突发事件应对有关工作。 居民委员会、村民委员会依法协助人民政府和有关部门做好突发事件应对工作。
第十一条第二款 公民、法人和其他组织有义务参与突发事件应对工作。	第二十三条 公民、法人和其他组织有义务参与突发事件应对工作。
第十四条 中国人民解放军、中国人民武装警察部队和民兵组织依照本法和其他有关法律、行政法规、军事法规的规定以及国务院、中央军事委员会的命令，参加突发事件的应急救援和处置工作。	第二十四条 中国人民解放军、中国人民武装警察部队和民兵组织依照本法和其他有关法律、行政法规、军事法规的规定以及国务院、中央军事委员会的命令，参加突发事件的应急救援和处置工作。
第十六条 县级以上人民政府作出应对突发事件的决定、命令，应当报本级人民代表大会常务委员会备案；突发事件应急处置工作结束后，应当向本级人民代表大会常务委员会作出专项工作报告。	第二十五条 县级以上人民政府及其设立的突发事件应急指挥机构发布的有关突发事件应对的决定、命令、措施，应当及时报本级人民代表大会常务委员会备案；突发事件应急处置工作结束后，应当向本级人民代表大会常务委员会作出专项工作报告。

突发事件应对法（2007 年）	突发事件应对法（2024 年修订）
第二章　预防与应急准备	第三章　预防与应急准备
第十七条第一款　国家建立健全突发事件应急预案体系。 　　第二款　国务院制定国家突发事件总体应急预案，组织制定国家突发事件专项应急预案；国务院有关部门根据各自的职责和国务院相关应急预案，制定国家突发事件部门应急预案。 　　第三款　地方各级人民政府和县以上地方**各级**人民政府有关部门根据有关法律、法规、规章、上级人民政府及其有关部门的应急预案以及本地区的实际情况，制定相应的突发事件应急预案。	第二十六条　国家建立健全突发事件应急预案体系。 　　国务院制定国家突发事件总体应急预案，组织制定国家突发事件专项应急预案；国务院有关部门根据各自的职责和国务院相关应急预案，制定国家突发事件部门应急预案**并报国务院备案**。 　　地方各级人民政府和县级以上地方人民政府有关部门根据有关法律、法规、规章、上级人民政府及其有关部门的应急预案以及本地区、**本部门**的实际情况，制定相应的突发事件应急预案**并按国务院有关规定备案**。
	第二十七条　县级以上人民政府应急管理部门指导突发事件应急预案体系建设，综合协调应急预案衔接工作，增强有关应急预案的衔接性和实效性。
第十八条　应急预案应当根据本法和其他有关法律、法规的规定，针对突发事件的性质、特点和可能造成的社会危害，具体规定突发事件应急管理工作的组织指挥体系与职责和突发事件的预防与预警机制、处置程序、应急保障措施以及事后恢复与重建措施等内容。 　　第十七条第四款　应急预案制定机关应当根据实际需要**和**情势变化，**适时**修订应急预案。应急预案的制定、修订程序由国务院规定。	第二十八条　应急预案应当根据本法和其他有关法律、法规的规定，针对突发事件的性质、特点和可能造成的社会危害，具体规定突发事件应**对**管理工作的组织指挥体系与职责和突发事件的预防与预警机制、处置程序、应急保障措施以及事后恢复与重建措施等内容。 　　应急预案制定机关应当**广泛听取有关部门、单位、专家和社会各方面意见，增强应急预案的针对性和可操作性**，并根据实际需要、情势变化、**应急演练中发现的问题等**及时对应急预案作出修订。 　　应急预案的制定、修订、**备案等**工作程序**和管理办法**由国务院规定。

突发事件应对法（2007 年）	突发事件应对法（2024 年修订）
	第二十九条　县级以上人民政府应当将突发事件应对工作纳入国民经济和社会发展规划。县级以上人民政府有关部门应当制定突发事件应急体系建设规划。
第十九条　城乡规划应当符合预防、处置突发事件的需要，统筹安排应对突发事件所必需的设备和基础设施建设，合理确定应急避难场所。	第三十条　国土空间规划等规划应当符合预防、处置突发事件的需要，统筹安排突发事件应对工作所必需的设备和基础设施建设，合理确定应急避难、封闭隔离、紧急医疗救治等场所，实现日常使用和应急使用的相互转换。
	第三十一条　国务院应急管理部门会同卫生健康、自然资源、住房城乡建设等部门统筹、指导全国应急避难场所的建设和管理工作，建立健全应急避难场所标准体系。县级以上地方人民政府负责本行政区域内应急避难场所的规划、建设和管理工作。
第五条　突发事件应对工作实行预防为主、预防与应急相结合的原则。国家建立重大突发事件风险评估体系，对可能发生的突发事件进行综合性评估，减少重大突发事件的发生，最大限度地减轻重大突发事件的影响。	第三十二条　国家建立健全突发事件风险评估体系，对可能发生的突发事件进行综合性评估，有针对性地采取有效防范措施，减少突发事件的发生，最大限度减轻突发事件的影响。
第二十条　县级人民政府应当对本行政区域内容易引发自然灾害、事故灾难和公共卫生事件的危险源、危险区域进行调查、登记、风险评估，定期进行检查、监控，并责令有关单位采取安全防范措施。 省级和设区的市级人民政府应当对本行政区域内容易引发特别重大、重大突发事件的危险源、危险区域进行调查、	第三十三条　县级人民政府应当对本行政区域内容易引发自然灾害、事故灾难和公共卫生事件的危险源、危险区域进行调查、登记、风险评估，定期进行检查、监控，并责令有关单位采取安全防范措施。 省级和设区的市级人民政府应当对本行政区域内容易引发特别重大、重大突发事件的危险源、危险区域进行调查、

突发事件应对法（2007 年）	突发事件应对法（2024 年修订）
登记、风险评估，组织进行检查、监控，并责令有关单位采取安全防范措施。县级以上地方各级人民政府按照本法规定登记的危险源、危险区域，应当按照国家规定及时向社会公布。	登记、风险评估，组织进行检查、监控，并责令有关单位采取安全防范措施。县级以上地方人民政府应当根据情况变化，及时调整危险源、危险区域的登记。登记的危险源、危险区域及其基础信息，应当按照国家有关规定接入突发事件信息系统，并及时向社会公布。
第二十一条　县级人民政府及其有关部门、乡级人民政府、街道办事处、居民委员会、村民委员会应当及时调解处理可能引发社会安全事件的矛盾纠纷。	第三十四条　县级人民政府及其有关部门、乡级人民政府、街道办事处、居民委员会、村民委员会应当及时调解处理可能引发社会安全事件的矛盾纠纷。
第二十二条　所有单位应当建立健全安全管理制度，定期检查本单位各项安全防范措施的落实情况，及时消除事故隐患；掌握并及时处理本单位存在的可能引发社会安全事件的问题，防止矛盾激化和事态扩大；对本单位可能发生的突发事件和采取安全防范措施的情况，应当按照规定及时向所在地人民政府或者人民政府有关部门报告。	第三十五条　所有单位应当建立健全安全管理制度，定期开展危险源辨识评估，制定安全防范措施；定期检查本单位各项安全防范措施的落实情况，及时消除事故隐患；掌握并及时处理本单位存在的可能引发社会安全事件的问题，防止矛盾激化和事态扩大；对本单位可能发生的突发事件和采取安全防范措施的情况，应当按照规定及时向所在地人民政府或者有关部门报告。
第二十三条　矿山、建筑施工单位和易燃易爆物品、危险化学品、放射性物品等危险物品的生产、经营、储运、使用单位，应当制定具体应急预案，并对生产经营场所、有危险物品的建筑物、构筑物及周边环境开展隐患排查，及时采取措施消除隐患，防止发生突发事件。	第三十六条　矿山、金属冶炼、建筑施工单位和易燃易爆物品、危险化学品、放射性物品等危险物品的生产、经营、运输、储存、使用单位，应当制定具体应急预案，配备必要的应急救援器材、设备和物资，并对生产经营场所、有危险物品的建筑物、构筑物及周边环境开展隐患排查，及时采取措施管控风险和消除隐患，防止发生突发事件。
第二十四条　公共交通工具、公共场所和其他人员密集场所的经营单位或者管理单位应当制定具体应急预案，为	第三十七条　公共交通工具、公共场所和其他人员密集场所的经营单位或者管理单位应当制定具体应急预案，为

突发事件应对法（2007 年）	突发事件应对法（2024 年修订）
交通工具和有关场所配备报警装置和必要的**应急救援设备**、设施，注明其使用方法，并显著标明安全撤离的通道、路线，保证安全通道、出口的畅通。 　　有关单位**应**当定期检测、维护其报警装置和应急救援设备、设施，使其处于良好状态，确保正常使用。	交通工具和有关场所配备报警装置和必要的应急救援设备、设施，注明其使用方法，并显著标明安全撤离的通道、路线，保证安全通道、出口的畅通。 　　有关单位应当定期检测、维护其报警装置和应急救援设备、设施，使其处于良好状态，确保正常使用。
第二十五条　县级以上人民政府应当建立健全突发事件应**急**管理培训制度，对人民政府及其有关部门负有**处置**突发事件职责的工作人员定期进行培训。	**第三十八条**　县级以上人民政府应当建立健全突发事件应**对**管理培训制度，对人民政府及其有关部门负有突发事件**应对管理**职责的工作人员**以及居民委员会、村民委员会有关人员**定期进行培训。
第二十六条　**县级以上人民政府应当整合应急资源，建立或者确定综合性应急救援队伍。**人民政府有关部门可以根据实际需要设立专业应急救援队伍。 　　县级以上人民政府及其有关部门可以建立由成年志愿者组成的**应急救援队伍**。单位应当建立由本单位职工组成的专职或者兼职应急救援队伍。 　　县级以上人民政府应当**加强**专业应急救援队伍与非专业应急救援队伍**的合作**，联合培训、联合演练，提高合成应急、协同应急的能力。	**第三十九条**　**国家综合性消防救援队伍是应急救援的综合性常备骨干力量，按照国家有关规定执行综合应急救援任务。**县级以上人民政府有关部门可以根据实际需要设立专业应急救援队伍。 　　县级以上人民政府及其有关部门可以建立由成年志愿者组成的应急救援队伍。**乡级人民政府、街道办事处和有条件的居民委员会、村民委员会可以建立基层应急救援队伍，及时、就近开展应急救援。**单位应当建立由本单位职工组成的专职或者兼职应急救援队伍。 　　**国家鼓励和支持社会力量建立提供社会化应急救援服务的应急救援队伍。社会力量建立的应急救援队伍参与突发事件应对工作应当服从履行统一领导职责或者组织处置突发事件的人民政府、突发事件应急指挥机构的统一指挥。** 　　县级以上人民政府应当**推动**专业应急救援队伍与非专业应急救援队伍联合培训、联合演练，提高合成应急、协同应急的能力。

突发事件应对法（2007 年）	突发事件应对法（2024 年修订）
第二十七条　国务院有关部门、县级以上地方各级人民政府及其有关部门、有关单位应当为专业应急救援人员购买人身意外伤害保险，配备必要的防护装备和器材，减少应急救援人员的人身风险。	第四十条　地方各级人民政府、县级以上人民政府有关部门、有关单位应当为其组建的应急救援队伍购买人身意外伤害保险，配备必要的防护装备和器材，防范和减少应急救援人员的人身伤害风险。 　　专业应急救援人员应当具备相应的身体条件、专业技能和心理素质，取得国家规定的应急救援职业资格，具体办法由国务院应急管理部门会同国务院有关部门制定。
第二十八条　中国人民解放军、中国人民武装警察部队和民兵组织应当有计划地组织开展应急救援的专门训练。	第四十一条　中国人民解放军、中国人民武装警察部队和民兵组织应当有计划地组织开展应急救援的专门训练。
第二十九条　县级人民政府及其有关部门、乡级人民政府、街道办事处应当组织开展应急知识的宣传普及活动和必要的应急演练。 　　居民委员会、村民委员会、企业事业单位应当根据所在地人民政府的要求，结合各自的实际情况，开展有关突发事件应急知识的宣传普及活动和必要的应急演练。 　　新闻媒体应当无偿开展突发事件预防与应急、自救与互救知识的公益宣传。	第四十二条　县级人民政府及其有关部门、乡级人民政府、街道办事处应当组织开展面向社会公众的应急知识宣传普及活动和必要的应急演练。 　　居民委员会、村民委员会、企业事业单位、社会组织应当根据所在地人民政府的要求，结合各自的实际情况，开展面向居民、村民、职工等的应急知识宣传普及活动和必要的应急演练。
第三十条　各级各类学校应当把应急知识教育纳入教学内容，对学生进行应急知识教育，培养学生的安全意识和自救与互救能力。 　　教育主管部门应当对学校开展应急知识教育进行指导和监督。	第四十三条　各级各类学校应当把应急教育纳入教育教学计划，对学生及教职工开展应急知识教育和应急演练，培养安全意识，提高自救与互救能力。 　　教育主管部门应当对学校开展应急教育进行指导和监督，应急管理等部门应当给予支持。

突发事件应对法（2007年）	突发事件应对法（2024年修订）
第三十一条 <u>国务院和县级以上地方</u>各级人民政府应当<u>采取财政措施，保障</u>突发事件应对工作所需经费。	第四十四条 各级人民政府应当**将**突发事件应对工作所需经费纳入**本级预算，并加强资金管理，提高资金使用绩效**。
第三十二条第一款 国家建立健全应急物资储备保障制度，完善重要应急物资的监管、生产、储备、调拨和紧急配送体系。	第四十五条 国家按照集中管理、统一调拨、平时服务、灾时应急、采储结合、节约高效的原则，建立健全应急物资储备保障制度，动态更新应急物资储备品种目录，完善重要应急物资的监管、生产、采购、储备、调拨和紧急配送体系，促进安全应急产业发展，优化产业布局。 国家储备物资品种目录、总体发展规划，由国务院发展改革部门会同国务院有关部门拟订。国务院应急管理等部门依据职责制定应急物资储备规划、品种目录，并组织实施。应急物资储备规划应当纳入国家储备总体发展规划。
第三十二条第二款 设区的市级以上人民政府和突发事件易发、多发地区的县级人民政府应当建立应急救援物资、生活必需品和应急处置装备的储备制度。 第三款 县级以上地方<u>各级</u>人民政府应当根据本地区的实际情况，与有<u>关</u>企业签订协议，保障应急救援物资、生活必需品和应急处置装备的生产、供给。	第四十六条 设区的市级以上人民政府和突发事件易发、多发地区的县级人民政府应当建立应急救援物资、生活必需品和应急处置装备的储备**保障**制度。 县级以上地方人民政府应当根据本地区的实际情况**和突发事件应对工作的需要，依法**与**有条件**的企业签订协议，保障应急救援物资、生活必需品和应急处置装备的生产、供给。**有关企业应当根据协议，按照县级以上地方人民政府要求，进行应急救援物资、生活必需品和应急处置装备的生产、供给，并确保符合国家有关产品质量的标准和要求。** **国家鼓励公民、法人和其他组织储备基本的应急自救物资和生活必需品。有关部门可以向社会公布相关物资、物品的储备指南和建议清单。**

《中华人民共和国突发事件应对法》修改前后对照表

突发事件应对法（2007年）	突发事件应对法（2024年修订）
	第四十七条　国家建立健全应急运输保障体系，统筹铁路、公路、水运、民航、邮政、快递等运输和服务方式，制定应急运输保障方案，保障应急物资、装备和人员及时运输。 县级以上地方人民政府和有关主管部门应当根据国家应急运输保障方案，结合本地区实际做好应急调度和运力保障，确保运输通道和客货枢纽畅通。 国家发挥社会力量在应急运输保障中的积极作用。社会力量参与突发事件应急运输保障，应当服从突发事件应急指挥机构的统一指挥。
	第四十八条　国家建立健全能源应急保障体系，提高能源安全保障能力，确保受突发事件影响地区的能源供应。
第三十三条　国家建立健全应急通信保障体系，完善公用通信网，建立有线与无线相结合、基础电信网络与机动通信系统相配套的应急通信系统，确保突发事件应对工作的通信畅通。	第四十九条　国家建立健全应急通信、应急广播保障体系，加强应急通信系统、应急广播系统建设，确保突发事件应对工作的通信、广播安全畅通。
	第五十条　国家建立健全突发事件卫生应急体系，组织开展突发事件中的医疗救治、卫生学调查处置和心理援助等卫生应急工作，有效控制和消除危害。
	第五十一条　县级以上人民政府应当加强急救医疗服务网络的建设，配备相应的医疗救治物资、设施设备和人员，提高医疗卫生机构应对各类突发事件的救治能力。
第三十四条　国家鼓励公民、法人和其他组织为人民政府应对突发事件工作提供物资、资金、技术支持和捐赠。	第五十二条　国家鼓励公民、法人和其他组织为突发事件应对工作提供物资、资金、技术支持和捐赠。

突发事件应对法（2007年）	突发事件应对法（2024年修订）
	接受捐赠的单位应当及时公开接受捐赠的情况和受赠财产的使用、管理情况，接受社会监督。
	第五十三条　红十字会在突发事件中，应当对伤病人员和其他受害者提供紧急救援和人道救助，并协助人民政府开展与其职责相关的其他人道主义服务活动。有关人民政府应当给予红十字会支持和资助，保障其依法参与应对突发事件。 　　慈善组织在发生重大突发事件时开展募捐和救助活动，应当在有关人民政府的统筹协调、有序引导下依法进行。有关人民政府应当通过提供必要的需求信息、政府购买服务等方式，对慈善组织参与应对突发事件、开展应急慈善活动予以支持。
	第五十四条　有关单位应当加强应急救援资金、物资的管理，提高使用效率。 　　任何单位和个人不得截留、挪用、私分或者变相私分应急救援资金、物资。
第三十五条　国家发展保险事业，建立国家财政支持的巨灾风险保险体系，并鼓励单位和公民参加保险。	第五十五条　国家发展保险事业，建立政府支持、社会力量参与、市场化运作的巨灾风险保险体系，并鼓励单位和个人参加保险。
第三十六条　国家鼓励、扶持具备相应条件的教学科研机构培养应急管理专门人才，鼓励、扶持教学科研机构和有关企业研究开发用于突发事件预防、监测、预警、应急处置与救援的新技术、新设备和新工具。	第五十六条　国家加强应急管理基础科学、重点行业领域关键核心技术的研究，加强互联网、云计算、大数据、人工智能等现代技术手段在突发事件应对工作中的应用，鼓励、扶持有条件的教学科研机构、企业培养应急管理人才和科技人才，研发、推广新技术、新材料、新设备和新工具，提高突发事件应对能力。

突发事件应对法（2007年）	突发事件应对法（2024年修订）
	第五十七条　县级以上人民政府及其有关部门应当建立健全突发事件专家咨询论证制度，发挥专业人员在突发事件应对工作中的作用。
第三章　监测与预警	第四章　监测与预警
第四十一条　国家建立健全突发事件监测制度。 　　县级以上人民政府及其有关部门应当根据自然灾害、事故灾难和公共卫生事件的种类和特点，建立健全基础信息数据库，完善监测网络，划分监测区域，确定监测点，明确监测项目，提供必要的设备、设施，配备专职或者兼职人员，对可能发生的突发事件进行监测。	第五十八条　国家建立健全突发事件监测制度。 　　县级以上人民政府及其有关部门应当根据自然灾害、事故灾难和公共卫生事件的种类和特点，建立健全基础信息数据库，完善监测网络，划分监测区域，确定监测点，明确监测项目，提供必要的设备、设施，配备专职或者兼职人员，对可能发生的突发事件进行监测。
第三十七条　国务院建立全国统一的突发事件信息系统。 　　县级以上地方各级人民政府应当建立或者确定本地区统一的突发事件信息系统，汇集、储存、分析、传输有关突发事件的信息，并与上级人民政府及其有关部门、下级人民政府及其有关部门、专业机构和监测网点的突发事件信息系统实现互联互通，加强跨部门、跨地区的信息交流与情报合作。	第五十九条　国务院建立全国统一的突发事件信息系统。 　　县级以上地方人民政府应当建立或者确定本地区统一的突发事件信息系统，汇集、储存、分析、传输有关突发事件的信息，并与上级人民政府及其有关部门、下级人民政府及其有关部门、专业机构、监测网点和重点企业的突发事件信息系统实现互联互通，加强跨部门、跨地区的信息共享与情报合作。
第三十八条　县级以上人民政府及其有关部门、专业机构应当通过多种途径收集突发事件信息。 　　县级人民政府应当在居民委员会、村民委员会和有关单位建立专职或者兼职信息报告员制度。 　　获悉突发事件信息的公民、法人或者其他组织，应当立即向所在地人民政	第六十条　县级以上人民政府及其有关部门、专业机构应当通过多种途径收集突发事件信息。 　　县级人民政府应当在居民委员会、村民委员会和有关单位建立专职或者兼职信息报告员制度。 　　公民、法人或者其他组织发现发生突发事件，或者发现可能发生突发事件

突发事件应对法（2007 年）	突发事件应对法（2024 年修订）
府、有关主管部门或者指定的专业机构报告。	的异常情况，应当立即向所在地人民政府、有关主管部门或者指定的专业机构报告。**接到报告的单位应当按照规定立即核实处理，对于不属于其职责的，应当立即移送相关单位核实处理。**
第三十九条　地方各级人民政府应当按照国家有关规定向上级人民政府报送突发事件信息。县级以上人民政府有关主管部门应当向本级人民政府相关部门通报突发事件信息。专业机构、监测网点和信息报告员应当及时向所在地人民政府及其有关主管部门报告突发事件信息。 　　有关单位和人员报送、报告突发事件信息，应当做到及时、客观、真实，不得迟报、谎报、瞒报、漏报。	第六十一条　地方各级人民政府应当按照国家有关规定向上级人民政府报送突发事件信息。县级以上人民政府有关主管部门应当向本级人民政府相关部门通报突发事件信息，**并报告上级人民政府主管部门**。专业机构、监测网点和信息报告员应当及时向所在地人民政府及其有关主管部门报告突发事件信息。 　　有关单位和人员报送、报告突发事件信息，应当做到及时、客观、真实，不得迟报、谎报、瞒报、漏报，**不得授意他人迟报、谎报、瞒报，不得阻碍他人报告**。
第四十条　县级以上地方<u>各级</u>人民政府应当及时汇总分析突发事件隐患和<u>预警</u>信息，必要时组织相关部门、专业技术人员、专家学者进行会商，对发生突发事件的可能性及其可能造成的影响进行评估；认为可能发生重大或者特别重大突发事件的，应当立即向上级人民政府报告，并向上级人民政府有关部门、当地驻军和可能受到危害的毗邻或者相关地区的人民政府通报。	第六十二条　县级以上地方人民政府应当及时汇总分析突发事件隐患和**监测**信息，必要时组织相关部门、专业技术人员、专家学者进行会商，对发生突发事件的可能性及其可能造成的影响进行评估；认为可能发生重大或者特别重大突发事件的，应当立即向上级人民政府报告，并向上级人民政府有关部门、当地驻军和可能受到危害的毗邻或者相关地区的人民政府通报，**及时采取预防措施**。
第四十二条　国家建立健全突发事件预警制度。 　　可以预警的自然灾害、事故灾难和公共卫生事件的预警级别，按照突发事	第六十三条　国家建立健全突发事件预警制度。 　　可以预警的自然灾害、事故灾难和公共卫生事件的预警级别，按照突发事

突发事件应对法（2007年）	突发事件应对法（2024年修订）
件发生的紧急程度、发展势态和可能造成的危害程度分为一级、二级、三级和四级，分别用红色、橙色、黄色和蓝色标示，一级为最高级别。 　　预警级别的划分标准由国务院或者国务院确定的部门制定。	件发生的紧急程度、发展势态和可能造成的危害程度分为一级、二级、三级和四级，分别用红色、橙色、黄色和蓝色标示，一级为最高级别。 　　预警级别的划分标准由国务院或者国务院确定的部门制定。
第四十三条　可以预警的自然灾害、事故灾难或者公共卫生事件即将发生或者发生的可能性增大时，县级以上地方<u>各级</u>人民政府应当根据有关法律、行政法规和国务院规定的权限和程序，发布相应级别的警报，决定并宣布有关地区进入预警期，同时向上一级人民政府报告，必要时可以越级上报，并向当地驻军和可能受到危害的毗邻或者相关地区的人民政府通报。	**第六十四条**　可以预警的自然灾害、事故灾难或者公共卫生事件即将发生或者发生的可能性增大时，县级以上地方人民政府应当根据有关法律、行政法规和国务院规定的权限和程序，发布相应级别的警报，决定并宣布有关地区进入预警期，同时向上一级人民政府报告，必要时可以越级上报；**具备条件的，应当进行网络直报或者自动速报**；同时向当地驻军和可能受到危害的毗邻或者相关地区的人民政府通报。 　　发布警报应当明确预警类别、级别、起始时间、可能影响的范围、警示事项、应当采取的措施、发布单位和发布时间等。
	第六十五条　国家建立健全突发事件预警发布平台，按照有关规定及时、准确向社会发布突发事件预警信息。 　　广播、电视、报刊以及网络服务提供者、电信运营商应当按照国家有关规定，建立突发事件预警信息快速发布通道，及时、准确、无偿播发或者刊载突发事件预警信息。 　　公共场所和其他人员密集场所，应当指定专门人员负责突发事件预警信息接收和传播工作，做好相关设备、设施维护，确保突发事件预警信息及时、准确接收和传播。

突发事件应对法（2007年）	突发事件应对法（2024年修订）
第四十四条 发布三级、四级警报，宣布进入预警期后，县级以上地方各级人民政府应当根据即将发生的突发事件的特点和可能造成的危害，采取下列措施： （一）启动应急预案； （二）责令有关部门、专业机构、监测网点和负有特定职责的人员及时收集、报告有关信息，向社会公布反映突发事件信息的渠道，加强对突发事件发生、发展情况的监测、预报和预警工作； （三）组织有关部门和机构、专业技术人员、有关专家学者，随时对突发事件信息进行分析评估，预测发生突发事件可能性的大小、影响范围和强度以及可能发生的突发事件的级别； （四）定时向社会发布与公众有关的突发事件预测信息和分析评估结果，并对相关信息的报道工作进行管理； （五）及时按照有关规定向社会发布可能受到突发事件危害的警告，宣传避免、减轻危害的常识，公布咨询电话。	**第六十六条** 发布三级、四级警报，宣布进入预警期后，县级以上地方人民政府应当根据即将发生的突发事件的特点和可能造成的危害，采取下列措施： （一）启动应急预案； （二）责令有关部门、专业机构、监测网点和负有特定职责的人员及时收集、报告有关信息，向社会公布反映突发事件信息的渠道，加强对突发事件发生、发展情况的监测、预报和预警工作； （三）组织有关部门和机构、专业技术人员、有关专家学者，随时对突发事件信息进行分析评估，预测发生突发事件可能性的大小、影响范围和强度以及可能发生的突发事件的级别； （四）定时向社会发布与公众有关的突发事件预测信息和分析评估结果，并对相关信息的报道工作进行管理； （五）及时按照有关规定向社会发布可能受到突发事件危害的警告，宣传避免、减轻危害的常识，公布咨询**或者求助**电话**等联络方式和渠道**。
第四十五条 发布一级、二级警报，宣布进入预警期后，县级以上地方各级人民政府除采取本法第四十四条规定的措施外，还应当针对即将发生的突发事件的特点和可能造成的危害，采取下列一项或者多项措施： （一）责令应急救援队伍、负有特定职责的人员进入待命状态，并动员后备人员做好参加应急救援和处置工作的准备； （二）调集应急救援所需物资、设备、工具，准备应急设施和避难场所，	**第六十七条** 发布一级、二级警报，宣布进入预警期后，县级以上地方人民政府除采取本法第六十六条规定的措施外，还应当针对即将发生的突发事件的特点和可能造成的危害，采取下列一项或者多项措施： （一）责令应急救援队伍、负有特定职责的人员进入待命状态，并动员后备人员做好参加应急救援和处置工作的准备； （二）调集应急救援所需物资、设备、工具，准备应急设施和**应急避难**、

突发事件应对法（2007 年）	突发事件应对法（2024 年修订）
并确保其处于良好状态、随时可以投入正常使用； （三）加强对重点单位、重要部位和重要基础设施的安全保卫，维护社会治安秩序； （四）采取必要措施，确保交通、通信、供水、排水、供电、供气、供热等公共设施的安全和正常运行； （五）及时向社会发布有关采取特定措施避免或者减轻危害的建议、劝告； （六）转移、疏散或者撤离易受突发事件危害的人员并予以妥善安置，转移重要财产； （七）关闭或者限制使用易受突发事件危害的场所，控制或者限制容易导致危害扩大的公共场所的活动； （八）法律、法规、规章规定的其他必要的防范性、保护性措施。	**封闭隔离、紧急医疗救治等**场所，并确保其处于良好状态、随时可以投入正常使用； （三）加强对重点单位、重要部位和重要基础设施的安全保卫，维护社会治安秩序； （四）采取必要措施，确保交通、通信、供水、排水、供电、供气、供热、**医疗卫生、广播电视、气象**等公共设施的安全和正常运行； （五）及时向社会发布有关采取特定措施避免或者减轻危害的建议、劝告； （六）转移、疏散或者撤离易受突发事件危害的人员并予以妥善安置，转移重要财产； （七）关闭或者限制使用易受突发事件危害的场所，控制或者限制容易导致危害扩大的公共场所的活动； （八）法律、法规、规章规定的其他必要的防范性、保护性措施。
	第六十八条　发布警报，宣布进入预警期后，县级以上人民政府应当对重要商品和服务市场情况加强监测，根据实际需要及时保障供应、稳定市场。必要时，国务院和省、自治区、直辖市人民政府可以按照《中华人民共和国价格法》等有关法律规定采取相应措施。
第四十六条　对即将发生或者已经发生的社会安全事件，县级以上地方**各级**人民政府及其有关主管部门应当按照规定向上一级人民政府及其有关主管部门报告，必要时可以越级上报。	第六十九条　对即将发生或者已经发生的社会安全事件，县级以上地方人民政府及其有关主管部门应当按照规定向上一级人民政府及其有关主管部门报告，必要时可以越级上报，**具备条件的，应当进行网络直报或者自动速报**。

突发事件应对法（2007年）	突发事件应对法（2024年修订）
第四十七条　发布突发事件警报的人民政府应当根据事态的发展，按照有关规定适时调整预警级别并重新发布。 　　有事实证明不可能发生突发事件或者危险已经解除的，发布警报的人民政府应当立即宣布解除警报，终止预警期，并解除已经采取的有关措施。	第七十条　发布突发事件警报的人民政府应当根据事态的发展，按照有关规定适时调整预警级别并重新发布。 　　有事实证明不可能发生突发事件或者危险已经解除的，发布警报的人民政府应当立即宣布解除警报，终止预警期，并解除已经采取的有关措施。
第四章　应急处置与救援	第五章　应急处置与救援
	第七十一条　国家建立健全突发事件应急响应制度。 　　突发事件的应急响应级别，按照突发事件的性质、特点、可能造成的危害程度和影响范围等因素分为一级、二级、三级和四级，一级为最高级别。 　　突发事件应急响应级别划分标准由国务院或者国务院确定的部门制定。县级以上人民政府及其有关部门应当在突发事件应急预案中确定应急响应级别。
第四十八条　突发事件发生后，履行统一领导职责或者组织处置突发事件的人民政府应当针对其性质、特点和危害程度，立即组织有关部门，调动应急救援队伍和社会力量，依照<u>本章的规定和有关</u>法律、法规、规章的规定采取应急处置措施。	第七十二条　突发事件发生后，履行统一领导职责或者组织处置突发事件的人民政府应当针对其性质、特点、危害程度和影响范围等，立即<u>启动应急响应</u>，组织有关部门，调动应急救援队伍和社会力量，依照法律、法规、规章和<u>应急预案</u>的规定，采取应急处置措施，并向上级人民政府报告；必要时，可以设立现场指挥部，负责现场应急处置与救援，统一指挥进入突发事件现场的单位和个人。 　　启动应急响应，应当明确响应事项、级别、预计期限、应急处置措施等。 　　履行统一领导职责或者组织处置突发事件的人民政府，应当建立协调机制，

突发事件应对法（2007 年）	突发事件应对法（2024 年修订）
	提供需求信息，引导志愿服务组织和志愿者等社会力量及时有序参与应急处置与救援工作。
第四十九条　自然灾害、事故灾难或者公共卫生事件发生后，履行统一领导职责的人民政府可以采取下列一项或者多项应急处置措施： （一）组织营救和救治受害人员，疏散、撤离并妥善安置受到威胁的人员以及采取其他救助措施； （二）迅速控制危险源，标明危险区域，封锁危险场所，划定警戒区，实行交通管制以及其他控制措施； （三）立即抢修被损坏的交通、通信、供水、排水、供电、供气、供热等公共设施，向受到危害的人员提供避难场所和生活必需品，实施医疗救护和卫生防疫以及其他保障措施； （四）禁止或者限制使用有关设备、设施，关闭或者限制使用有关场所，中止人员密集的活动或者可能导致危害扩大的生产经营活动以及采取其他保护措施； （五）启用本级人民政府设置的财政预备费和储备的应急救援物资，必要时调用其他急需物资、设备、设施、工具； （六）组织公民参加应急救援和处置工作，要求具有特定专长的人员提供服务； （七）保障食品、饮用水、燃料等基本生活必需品的供应； （八）依法从严惩处囤积居奇、哄抬物价、制假售假等扰乱市场秩序的行为，稳定市场价格，维护市场秩序；	第七十三条　自然灾害、事故灾难或者公共卫生事件发生后，履行统一领导职责的人民政府应当采取下列一项或者多项应急处置措施： （一）组织营救和救治受害人员，转移、疏散、撤离并妥善安置受到威胁的人员以及采取其他救助措施； （二）迅速控制危险源，标明危险区域，封锁危险场所，划定警戒区，实行交通管制、限制人员流动、封闭管理以及其他控制措施； （三）立即抢修被损坏的交通、通信、供水、排水、供电、供气、供热、医疗卫生、广播电视、气象等公共设施，向受到危害的人员提供避难场所和生活必需品，实施医疗救护和卫生防疫以及其他保障措施； （四）禁止或者限制使用有关设备、设施，关闭或者限制使用有关场所，中止人员密集的活动或者可能导致危害扩大的生产经营活动以及采取其他保护措施； （五）启用本级人民政府设置的财政预备费和储备的应急救援物资，必要时调用其他急需物资、设备、设施、工具； （六）组织公民、法人和其他组织参加应急救援和处置工作，要求具有特定专长的人员提供服务； （七）保障食品、饮用水、药品、燃料等基本生活必需品的供应；

突发事件应对法（2007年）	突发事件应对法（2024年修订）
（九）依法从严惩处哄抢财物、干扰破坏应急处置工作等扰乱社会秩序的行为，维护社会治安； （十）采取防止发生次生、衍生事件的必要措施。	（八）依法从严惩处囤积居奇、哄抬**价格**、**牟取暴利**、制假售假等扰乱市场秩序的行为，维护市场秩序； （九）依法从严惩处哄抢财物、干扰破坏应急处置工作等扰乱社会秩序的行为，维护社会治安； （十）**开展生态环境应急监测，保护集中式饮用水水源地等环境敏感目标，控制和处置污染物**； （十一）采取防止发生次生、衍生事件的必要措施。
第五十条　社会安全事件发生后，组织处置工作的人民政府应当立即组织有关部门<u>并由公安机关</u>针对事件的性质和特点，依照有关法律、行政法规和国家其他有关规定，采取下列一项或者多项应急处置措施： （一）强制隔离使用器械相互对抗或者以暴力行为参与冲突的当事人，妥善解决现场纠纷和争端，控制事态发展； （二）对特定区域内的建筑物、交通工具、设备、设施以及燃料、燃气、电力、水的供应进行控制； （三）封锁有关场所、道路，查验现场人员的身份证件，限制有关公共场所内的活动； （四）加强对易受冲击的核心机关和单位的警卫，在国家机关、军事机关、国家通讯社、广播电台、电视台、外国驻华使领馆等单位附近设置临时警戒线； （五）法律、行政法规和国务院规定的其他必要措施。	第七十四条　社会安全事件发生后，组织处置工作的人民政府应当立即**启动应急响应**，组织有关部门针对事件的性质和特点，依照有关法律、行政法规和国家其他有关规定，采取下列一项或者多项应急处置措施： （一）强制隔离使用器械相互对抗或者以暴力行为参与冲突的当事人，妥善解决现场纠纷和争端，控制事态发展； （二）对特定区域内的建筑物、交通工具、设备、设施以及燃料、燃气、电力、水的供应进行控制； （三）封锁有关场所、道路，查验现场人员的身份证件，限制有关公共场所内的活动； （四）加强对易受冲击的核心机关和单位的警卫，在国家机关、军事机关、国家通讯社、广播电台、电视台、外国驻华使领馆等单位附近设置临时警戒线； （五）法律、行政法规和国务院规定的其他必要措施。

突发事件应对法（2007 年）	突发事件应对法（2024 年修订）
严重危害社会治安秩序的事件发生时，公安机关应当立即依法出动警力，根据现场情况依法采取相应的强制性措施，尽快使社会秩序恢复正常。	
第五十一条　发生突发事件，严重影响国民经济正常运行时，国务院或者国务院授权的有关主管部门可以采取保障、控制等必要的应急措施，保障人民群众的基本生活需要，最大限度地减轻突发事件的影响。	第七十五条　发生突发事件，严重影响国民经济正常运行时，国务院或者国务院授权的有关主管部门可以采取保障、控制等必要的应急措施，保障人民群众的基本生活需要，最大限度地减轻突发事件的影响。
第五十二条　履行统一领导职责或者组织处置突发事件的人民政府，必要时可以向单位和个人征用应急救援所需设备、设施、场地、交通工具和其他物资，请求其他地方人民政府提供人力、物力、财力或者技术支援，要求生产、供应生活必需品和应急救援物资的企业组织生产、保证供给，要求提供医疗、交通等公共服务的组织提供相应的服务。 　　履行统一领导职责或者组织处置突发事件的人民政府，应当组织协调运输经营单位，优先运送处置突发事件所需物资、设备、工具、应急救援人员和受到突发事件危害的人员。	第七十六条　履行统一领导职责或者组织处置突发事件的人民政府**及其有关部门**，必要时可以向单位和个人征用应急救援所需设备、设施、场地、交通工具和其他物资，请求其他地方人民政府**及其有关部门**提供人力、物力、财力或者技术支援，要求生产、供应生活必需品和应急救援物资的企业组织生产、保证供给，要求提供医疗、交通等公共服务的组织提供相应的服务。 　　履行统一领导职责或者组织处置突发事件的人民政府**和有关主管部门**，应当组织协调运输经营单位，优先运送处置突发事件所需物资、设备、工具、应急救援人员和受到突发事件危害的人员。 　　履行统一领导职责或者组织处置突发事件的人民政府及其有关部门，应当为受突发事件影响无人照料的无民事行为能力人、限制民事行为能力人提供及时有效帮助；建立健全联系帮扶应急救援人员家庭制度，帮助解决实际困难。

突发事件应对法（2007年）	突发事件应对法（2024年修订）
第五十五条　突发事件发生地的居民委员会、村民委员会和其他组织应当按照当地人民政府的决定、命令，进行宣传动员，组织群众开展自救和互救，协助维护社会秩序。	第七十七条　突发事件发生地的居民委员会、村民委员会和其他组织应当按照当地人民政府的决定、命令，进行宣传动员，组织群众开展自救与互救，协助维护社会秩序；情况紧急的，应当立即组织群众开展自救与互救等先期处置工作。
第五十六条　受到自然灾害危害或者发生事故灾难、公共卫生事件的单位，应当立即组织本单位应急救援队伍和工作人员营救受害人员，疏散、撤离、安置受到威胁的人员，控制危险源，标明危险区域，封锁危险场所，并采取其他防止危害扩大的必要措施，同时向所在地县级人民政府报告；对因本单位的问题引发的或者主体是本单位人员的社会安全事件，有关单位应当按照规定上报情况，并迅速派出负责人赶赴现场开展劝解、疏导工作。 突发事件发生地的其他单位应当服从人民政府发布的决定、命令，配合人民政府采取的应急处置措施，做好本单位的应急救援工作，并积极组织人员参加所在地的应急救援和处置工作。	第七十八条　受到自然灾害危害或者发生事故灾难、公共卫生事件的单位，应当立即组织本单位应急救援队伍和工作人员营救受害人员，疏散、撤离、安置受到威胁的人员，控制危险源，标明危险区域，封锁危险场所，并采取其他防止危害扩大的必要措施，同时向所在地县级人民政府报告；对因本单位的问题引发的或者主体是本单位人员的社会安全事件，有关单位应当按照规定上报情况，并迅速派出负责人赶赴现场开展劝解、疏导工作。 突发事件发生地的其他单位应当服从人民政府发布的决定、命令，配合人民政府采取的应急处置措施，做好本单位的应急救援工作，并积极组织人员参加所在地的应急救援和处置工作。
第五十七条　突发事件发生地的公民应当服从人民政府、居民委员会、村民委员会或者所属单位的指挥和安排，配合人民政府采取的应急处置措施，积极参加应急救援工作，协助维护社会秩序。	第七十九条　突发事件发生地的个人应当依法服从人民政府、居民委员会、村民委员会或者所属单位的指挥和安排，配合人民政府采取的应急处置措施，积极参加应急救援工作，协助维护社会秩序。
	第八十条　国家支持城乡社区组织健全应急工作机制，强化城乡社区综合服务设施和信息平台应急功能，加强与

突发事件应对法（2007年）	突发事件应对法（2024年修订）
	突发事件信息系统数据共享，增强突发事件应急处置中保障群众基本生活和服务群众能力。
	第八十一条 国家采取措施，加强心理健康服务体系和人才队伍建设，支持引导心理健康服务人员和社会工作者对受突发事件影响的各类人群开展心理健康教育、心理评估、心理疏导、心理危机干预、心理行为问题诊治等心理援助工作。
	第八十二条 对于突发事件遇难人员的遗体，应当按照法律和国家有关规定，科学规范处置，加强卫生防疫，维护逝者尊严。对于逝者的遗物应当妥善保管。
	第八十三条 县级以上人民政府及其有关部门根据突发事件应对工作需要，在履行法定职责所必需的范围和限度内，可以要求公民、法人和其他组织提供应急处置与救援需要的信息。公民、法人和其他组织应当予以提供，法律另有规定的除外。县级以上人民政府及其有关部门对获取的相关信息，应当严格保密，并依法保护公民的通信自由和通信秘密。
	第八十四条 在突发事件应急处置中，有关单位和个人因依照本法规定配合突发事件应对工作或者履行相关义务，需要获取他人个人信息的，应当依照法律规定的程序和方式取得并确保信息安全，不得非法收集、使用、加工、传输他人个人信息，不得非法买卖、提供或者公开他人个人信息。

突发事件应对法（2007年）	突发事件应对法（2024年修订）
	第八十五条　因依法履行突发事件应对工作职责或者义务获取的个人信息，只能用于突发事件应对，并在突发事件应对工作结束后予以销毁。确因依法作为证据使用或者调查评估需要留存或者延期销毁的，应当按照规定进行合法性、必要性、安全性评估，并采取相应保护和处理措施，严格依法使用。
第五章　事后恢复与重建	第六章　事后恢复与重建
第五十八条　突发事件的威胁和危害得到控制或者消除后，履行统一领导职责或者组织处置突发事件的人民政府应当停止执行依照本法规定采取的应急处置措施，同时采取或者继续实施必要措施，防止发生自然灾害、事故灾难、公共卫生事件的次生、衍生事件或者重新引发社会安全事件。	第八十六条　突发事件的威胁和危害得到控制或者消除后，履行统一领导职责或者组织处置突发事件的人民政府应当**宣布解除应急响应**，停止执行依照本法规定采取的**应急处置**措施，同时采取或者继续实施必要措施，防止发生自然灾害、事故灾难、公共卫生事件的次生、衍生事件或者重新引发社会安全事件，组织受影响地区尽快恢复社会秩序。
第五十九条　突发事件应急处置工作结束后，履行统一领导职责的人民政府应当立即组织对突发事件造成的损失进行评估，组织受影响地区尽快恢复**生产、生活、工作和**社会秩序，制定恢复重建计划，并向上一级人民政府报告。 受突发事件影响地区的人民政府应当及时组织和协调公安、交通、铁路、民航、邮电、建设等有关部门恢复社会**治安**秩序，尽快修复被损坏的交通、通信、供水、排水、供电、供气、供热等公共设施。	第八十七条　突发事件应急处置工作结束后，履行统一领导职责的人民政府应当立即组织对突发事件造成的**影响和损失**进行**调查**评估，制定恢复重建计划，并向上一级人民政府报告。 受突发事件影响地区的人民政府应当及时组织和协调**应急管理、卫生健康**、公安、交通、铁路、民航、邮政、电信、建设、**生态环境、水利、能源、广播电视**等有关部门恢复社会秩序，尽快修复被损坏的交通、通信、供水、排水、供电、供气、供热、**医疗卫生、水利、广播电视**等公共设施。

突发事件应对法（2007年）	突发事件应对法（2024年修订）
第六十条 受突发事件影响地区的人民政府开展恢复重建工作需要上一级人民政府支持的，可以向上一级人民政府提出请求。上一级人民政府应当根据受影响地区遭受的损失和实际情况，提供资金、物资支持和技术指导，组织其他地区提供资金、物资和人力支援。	第八十八条 受突发事件影响地区的人民政府开展恢复重建工作需要上一级人民政府支持的，可以向上一级人民政府提出请求。上一级人民政府应当根据受影响地区遭受的损失和实际情况，提供资金、物资支持和技术指导，组织**协调**其他地区**和有关方面**提供资金、物资和人力支援。
第六十一条第一款 国务院根据受突发事件影响地区遭受损失的情况，制定扶持该地区有关行业发展的优惠政策。 第二款 受突发事件影响地区的人民政府应当根据本地区遭受损失的情况，制定救助、补偿、抚慰、抚恤、安置等善后工作计划并组织实施，妥善解决因处置突发事件引发的矛盾和纠纷。	第八十九条 国务院根据受突发事件影响地区遭受损失的情况，制定扶持该地区有关行业发展的优惠政策。 受突发事件影响地区的人民政府应当根据本地区遭受的损失**和采取应急处置措施**的情况，制定救助、补偿、抚慰、抚恤、安置等善后工作计划并组织实施，妥善解决因处置突发事件引发的矛盾纠纷。
第六十一条第三款 公民参加应急救援工作或者协助维护社会秩序期间，其在**本单位的**工资待遇和福利不变；**表现突出、成绩显著的，由县级以上人民政府给予表彰或者奖励**。	第九十条 公民参加应急救援工作或者协助维护社会秩序期间，其**所在单位应当保证其**工资待遇和福利不变，**并可以按照规定给予相应补助**。
第六十一条第四款 县级以上人民政府对在应急救援工作中伤亡的人员依**法给予**抚恤。	第九十一条 县级以上人民政府对在应急救援工作中伤亡的人员依法落实**工伤待遇、抚恤或者其他保障政策，并组织做好应急救援工作中致病人员的医疗救治工作**。
第六十二条 履行统一领导职责的人民政府应当及时查明突发事件的发生经过和原因，总结突发事件应急处置工作的经验教训，制定改进措施，并向上一级人民政府提出报告。	第九十二条 履行统一领导职责的人民政府**在突发事件应对工作结束后**，应当及时查明突发事件的发生经过和原因，总结突发事件应急处置工作的经验教训，制定改进措施，并向上一级人民政府提出报告。

突发事件应对法（2007年）	突发事件应对法（2024年修订）
	第九十三条　突发事件应对工作中有关资金、物资的筹集、管理、分配、拨付和使用等情况，应当依法接受审计机关的审计监督。
	第九十四条　国家档案主管部门应当建立健全突发事件应对工作相关档案收集、整理、保护、利用工作机制。突发事件应对工作中形成的材料，应当按照国家规定归档，并向相关档案馆移交。
第六章　法律责任	第七章　法律责任
第六十三条　地方各级人民政府和县级以上各级人民政府有关部门违反本法规定，不履行法定职责的，由其上级行政机关或者监察机关责令改正；有下列情形之一的，根据情节对直接负责的主管人员和其他直接责任人员依法给予处分： （一）未按规定采取预防措施，导致发生突发事件，或者未采取必要的防范措施，导致发生次生、衍生事件的； （二）迟报、谎报、瞒报、漏报有关突发事件的信息，或者通报、报送、公布虚假信息，造成后果的； （三）未按规定及时发布突发事件警报、采取预警期的措施，导致损害发生的； （四）未按规定及时采取措施处置突发事件或者处置不当，造成后果的； （五）不服从上级人民政府对突发事件应急处置工作的统一领导、指挥和协调的； （六）未及时组织开展生产自救、恢复重建等善后工作的；	第九十五条　地方各级人民政府和县级以上人民政府有关部门违反本法规定，不履行**或者不正确履行**法定职责的，由其上级行政机关责令改正；有下列情形之一，**由有关机关综合考虑突发事件发生的原因、后果、应对处置情况、行为人过错等因素**，对负有责任的领导人员和直接责任人员依法给予处分： （一）未按照规定采取预防措施，导致发生突发事件，或者未采取必要的防范措施，导致发生次生、衍生事件的； （二）迟报、谎报、瞒报、漏报**或者授意他人迟报、谎报、瞒报以及阻碍他人报告**有关突发事件的信息，或者通报、报送、公布虚假信息，造成后果的； （三）未按照规定及时发布突发事件警报、采取预警期的措施，导致损害发生的； （四）未按照规定及时采取措施处置突发事件或者处置不当，造成后果的； （五）**违反法律规定采取应对措施，侵犯公民生命健康权益的**； （六）不服从上级人民政府对突发

突发事件应对法（2007年）	突发事件应对法（2024年修订）
（七）截留、挪用、私分或者变相私分应急救援资金、物资的； （八）不及时归还征用的单位和个人的财产，或者对被征用财产的单位和个人不按规定给予补偿的。	事件应急处置工作的统一领导、指挥和协调的； （七）未及时组织开展生产自救、恢复重建等善后工作的； （八）截留、挪用、私分或者变相私分应急救援资金、物资的； （九）不及时归还征用的单位和个人的财产，或者对被征用财产的单位和个人不按照规定给予补偿的。
第六十四条 有关单位有下列情形之一的，由所在地履行统一领导职责的人民政府责令停产停业，暂扣或者吊销许可证或者营业执照，并处五万元以上二十万元以下的罚款；构成违反治安管理行为的，由公安机关依法给予处罚： （一）未按规定采取预防措施，导致发生严重突发事件的； （二）未及时消除已发现的可能引发突发事件的隐患，导致发生严重突发事件的； （三）未做好应急设备、设施日常维护、检测工作，导致发生严重突发事件或者突发事件危害扩大的； （四）突发事件发生后，不及时组织开展应急救援工作，造成严重后果的。 前款规定的行为，其他法律、行政法规规定由人民政府有关部门依法决定处罚的，从其规定。	第九十六条 有关单位有下列情形之一，由所在地履行统一领导职责的人民政府有关部门责令停产停业，暂扣或者吊销许可证件，并处五万元以上二十万元以下的罚款；情节特别严重的，并处二十万元以上一百万元以下的罚款： （一）未按照规定采取预防措施，导致发生较大以上突发事件的； （二）未及时消除已发现的可能引发突发事件的隐患，导致发生较大以上突发事件的； （三）未做好应急物资储备和应急设备、设施日常维护、检测工作，导致发生较大以上突发事件或者突发事件危害扩大的； （四）突发事件发生后，不及时组织开展应急救援工作，造成严重后果的。 其他法律对前款行为规定了处罚的，依照较重的规定处罚。
第六十五条 违反本法规定，编造并传播有关突发事件事态发展或者应急处置工作的虚假信息，或者明知是有关突发事件事态发展或者应急处置工作的虚假信息而进行传播的，责令改正，给予警告；造成严重后果的，依法暂停其	第九十七条 违反本法规定，编造并传播有关突发事件的虚假信息，或者明知是有关突发事件的虚假信息而进行传播的，责令改正，给予警告；造成严重后果的，依法暂停其业务活动或者吊销其许可证件；负有直接责任的人员是

突发事件应对法（2007年）	突发事件应对法（2024年修订）
业务活动或者吊销其执业许可证；负有直接责任的人员是国家工作人员的，还应当对其依法给予处分；构成违反治安管理行为的，由公安机关依法给予处罚。	公职人员的，还应当依法给予处分。
第六十六条　单位或者个人违反本法规定，不服从所在地人民政府及其有关部门发布的决定、命令或者不配合其依法采取的措施，构成违反治安管理行为的，由公安机关依法给予处罚。	第九十八条　单位或者个人违反本法规定，不服从所在地人民政府及其有关部门依法发布的决定、命令或者不配合其依法采取的措施的，责令改正；造成严重后果的，依法给予行政处罚；负有直接责任的人员是公职人员的，还应当依法给予处分。
	第九十九条　单位或者个人违反本法第八十四条、第八十五条关于个人信息保护规定的，由主管部门依照有关法律规定给予处罚。
第六十七条　单位或者个人违反本法规定，导致突发事件发生或者危害扩大，给他人人身、财产造成损害的，应当依法承担民事责任。	第一百条　单位或者个人违反本法规定，导致突发事件发生或者危害扩大，造成人身、财产或者其他损害的，应当依法承担民事责任。
	第一百零一条　为了使本人或者他人的人身、财产免受正在发生的危险而采取避险措施的，依照《中华人民共和国民法典》、《中华人民共和国刑法》等法律关于紧急避险的规定处理。
第六十八条　违反本法规定，构成犯罪的，依法追究刑事责任。	第一百零二条　违反本法规定，构成违反治安管理行为的，依法给予治安管理处罚；构成犯罪的，依法追究刑事责任。
第七章　附　则	第八章　附　则
第六十九条　发生特别重大突发事件，对人民生命财产安全、国家安全、	第一百零三条　发生特别重大突发事件，对人民生命财产安全、国家安全、

突发事件应对法（2007年）	突发事件应对法（2024年修订）
公共安全、环境安全或者社会秩序构成重大威胁，采取本法和其他有关法律、法规、规章规定的应急处置措施不能消除或者有效控制、减轻其严重社会危害，需要进入紧急状态的，由全国人民代表大会常务委员会或者国务院依照宪法和其他有关法律规定的权限和程序决定。 紧急状态期间采取的非常措施，依照有关法律规定执行或者由全国人民代表大会常务委员会另行规定。	公共安全、**生态**环境安全或者社会秩序构成重大威胁，采取本法和其他有关法律、法规、规章规定的应急处置措施不能消除或者有效控制、减轻其严重社会危害，需要进入紧急状态的，由全国人民代表大会常务委员会或者国务院依照宪法和其他有关法律规定的权限和程序决定。 紧急状态期间采取的非常措施，依照有关法律规定执行或者由全国人民代表大会常务委员会另行规定。
	第一百零四条　中华人民共和国领域外发生突发事件，造成或者可能造成中华人民共和国公民、法人和其他组织人身伤亡、财产损失的，由国务院外交部门会同国务院其他有关部门、有关地方人民政府，按照国家有关规定做好应对工作。
	第一百零五条　在中华人民共和国境内的外国人、无国籍人应当遵守本法，服从所在地人民政府及其有关部门依法发布的决定、命令，并配合其依法采取的措施。
第七十条　本法自 <u>2007</u> 年11月1日起施行。	第一百零六条　本法自 **2024** 年11月1日起施行。